iPhone 6s

Die verständliche Anleitung

von
Hans-Peter Kusserow

Vierfarben

Liebe Leserin, lieber Leser,

das iPhone ist ohne Frage ein Smartphone, das zu begeistern weiß. Apple gelingt es mit jeder Gerätegeneration auf ein Neues, ihrem »Kassenschlager« interessante und bisweilen revolutionäre neue Funktionen hinzuzufügen. Das iPhone 6s und das 6s Plus sind da keine Ausnahme, denn die Techniker aus Cupertino haben für die beiden Modelle die Bedienung des Smartphones überdacht und weiterentwickelt. Dank der neuen Technologie *3D Touch* erreichen Sie nun die wichtigsten Befehle durch einen festeren Druck auf den Bildschirm schneller und ganz ohne langes Suchen in den App-Menüs.

Sie fragen sich nun mit Sicherheit: »Wenn die Bedienung ohnehin so einfach ist, wozu brauche ich dann überhaupt noch ein Handbuch?« Was die grundlegende Bedienung angeht, liegen Sie da sicherlich nicht ganz falsch, möchten Sie jedoch jederzeit Herr der Lage sein, empfehle ich Ihnen die Lektüre dieser Anleitung. Unser iPhone-Experte Hans-Peter Kusserow erklärt Ihnen sämtliche Funktionen schrittweise und anschaulich, sodass Sie Ihr iPhone bald nicht nur als Telefon nutzen werden. Er zeigt Ihnen, wie Sie per SMS, iMessage und E-Mail mit Ihren Freunden und Familienmitgliedern in Kontakt bleiben, Ihren Alltag mit den Apps Kalender und Erinnerungen organisieren, schöne Momente mit der Kamera festhalten und Ihre Musik immer und überall genießen können. Nach dem Lesen dieser Anleitung werden Sie staunen, wie viel in dem »kleinen Riesen« steckt!

Dieses Buch wurde mit größter Sorgfalt geschrieben und hergestellt. Sollten Sie dennoch einmal Fehler finden oder inhaltliche Anregungen haben, freue ich mich, wenn Sie mir schreiben. Jetzt wünsche ich Ihnen aber zunächst viel Spaß beim Lesen und Lernen!

Ihr Lars Wolf
Lektorat Vierfarben

lars.wolf@vierfarben.de
www.facebook.com/vierfarben

Auf einen Blick

Sie haben Fragen, Wünsche oder Anregungen zum Buch?
Gerne sind wir für Sie da:

Anmerkungen zum Inhalt des Buches: lars.wolf@vierfarben.de
Bestellungen und Reklamationen: service@vierfarben.de
Rezensions- und Schulungsexemplare: sophie.herzberg@vierfarben.de

An diesem Buch haben viele mitgewirkt, insbesondere:

Lektorat Lars Wolf
Korrektorat Marita Böhm, München
Herstellung Janina Brönner
Layout und Typografie Vera Brauner
Einbandgestaltung Mai Loan Nguyen Duy
Coverfotos Apple Incorporated
Satz weiss.design / zienke.design, Thomas Weiß
Druck Media-Print Informationstechnologie, Paderborn

Gesetzt wurde dieses Buch aus der ITC Charter (10,5 pt/15 pt) in Adobe InDesign CC 2014.
Und gedruckt wurde es auf mattgestrichenem Bilderdruckpapier (115 g/m²).
Hergestellt in Deutschland.

Bibliografische Information der Deutschen Nationalbibliothek
Die Deutsche Nationalbibliothek verzeichnet diese Publikation in der Deutschen Nationalbibliografie; detaillierte bibliografische Daten sind im Internet über http://dnb.d-nb.de abrufbar.

ISBN 978-3-8421-0183-8

1. Auflage 2016

Vierfarben ist eine Marke der Rheinwerk Verlag GmbH
Rheinwerkallee 4, 53227 Bonn
www.vierfarben.de

Der Verlagsname Vierfarben spielt an auf den Vierfarbdruck, eine Technik zur Erstellung farbiger Bücher. Der Name steht für die Kunst, die Dinge einfach zu machen, um aus dem Einfachen das Ganze lebendig zur Anschauung zu bringen.

Inhalt

Kapitel 1

Start mit dem iPhone

Endlich ist es da – das lang erwartete iPhone 6s! Es kommt in zwei Größen daher, einmal als 5,5 Zoll großes Modell, das iPhone 6s Plus, und einmal als normal großes Modell mit 4,7 Zoll. In diesem Kapitel zeige ich Ihnen, wie Sie Ihr iPhone, egal welches Modell Sie nun besitzen, so einstellen, dass es für Sie persönlich den größten Nutzen bietet und Ihnen nebenbei auch noch richtig viel Spaß macht.

Das neue iPhone 6s und das iPhone 6s Plus zeigen echte Modelqualitäten. Die Geräte kommen groß und schlank daher, und auf dem Display führen sie elegantes Apple-Design vor.

Das iPhone 6s wird in einer schicken Verpackung ausgeliefert. Darin befindet sich neben der Garantie, den obligatorischen Apple-Aufklebern und einigen Informationen ein Stecker mit einem USB-Anschluss, das sogenannte *USB-Netzteil* oder auch *Lightning-Ladekabel*. Dieses ist wie auch schon beim Vorgänger relativ schmal und passt somit auch in flache Steckdosen.

Weitere wichtige Zubehörteile sind zum einen die Kopfhörer, die in einer speziellen Transportbox verpackt sind und dort auch aufbewahrt werden können, und ein sehr unscheinbares, filigranes Werkzeug, das zum Auswurf der SIM-Karte dient. Es sollte für den Fall der Fälle gut aufbewahrt werden. Wie Sie es handhaben, lesen Sie gleich im nächsten Abschnitt.

Die SIM-Karte einlegen

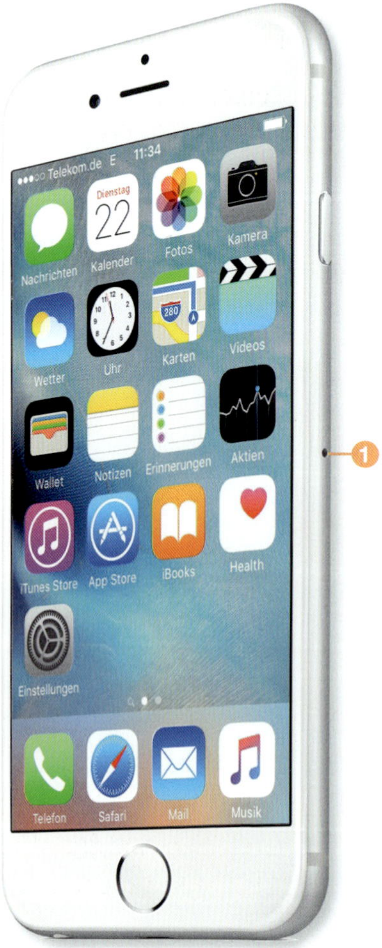

Um Ihr iPhone überhaupt als Telefon nutzen zu können, müssen Sie zuerst die SIM-Karte einlegen. Der SIM-Karten-Schacht befindet sich ungefähr mittig auf der rechten Seite des Geräts. Sie erkennen ihn an einem kleinen Loch 1, das zum Öffnen verwendet wird.

Damit Sie den SIM-Karten-Schacht öffnen können, liefert Apple Ihnen ein kleines Werkzeug mit, das Sie in der Hülle mit der Garantie und der Kurzanleitung finden. Dort ist auch eine kurze Bildanleitung aufgedruckt. Hier erkläre ich es Ihnen etwas ausführlicher:

1. Lösen Sie das mitgelieferte Werkzeug (die »Stimmgabel«) aus der Halterung, stecken Sie es in das kleine Loch an der rechten Seite, und drücken Sie so lange, bis der Schacht etwas herausfährt. Das kann besonders beim ersten Mal etwas schwierig sein, gelingt aber mit ein wenig

Geduld. Wenn Sie das mitgelieferte Werkzeug später einmal nicht zur Hand haben sollten, können Sie das Ganze auch mit einer aufgebogenen Büroklammer oder einem ähnlichen Gegenstand erledigen.

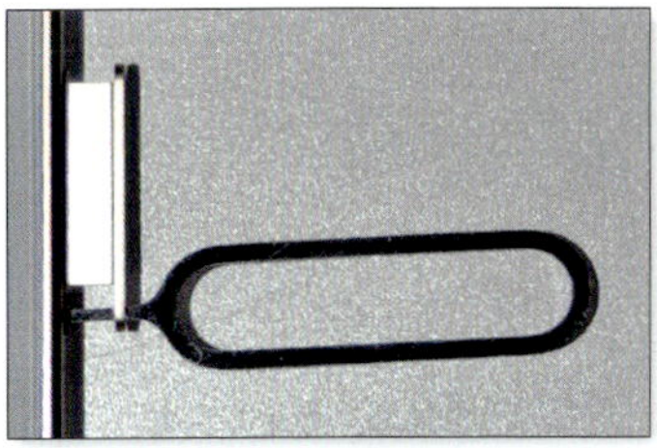

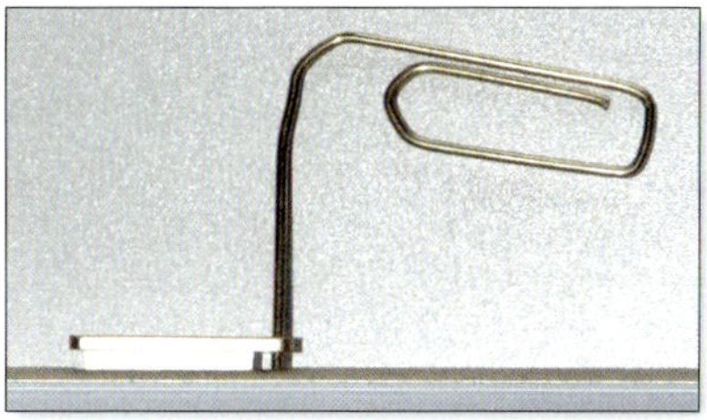

2. Ziehen Sie den Schlitten komplett heraus, und legen Sie die SIM-Karte so ein, dass sie passt. Sie erkennen das an der abgeschrägten Ecke der Karte oben links.
3. Schieben Sie anschließend den SIM-Karten-Schlitten wieder in den Schacht. Ihr iPhone gibt dann erst einmal die Meldung aus, dass die eingelegte SIM-Karte gesperrt ist.
4. Tippen Sie auf **Entsperren**, und Sie gelangen sofort auf einen Bildschirm, auf dem Sie Ihre vierstellige PIN eingeben müssen. Den PIN-Code finden Sie in Ihren Vertragsunterlagen!

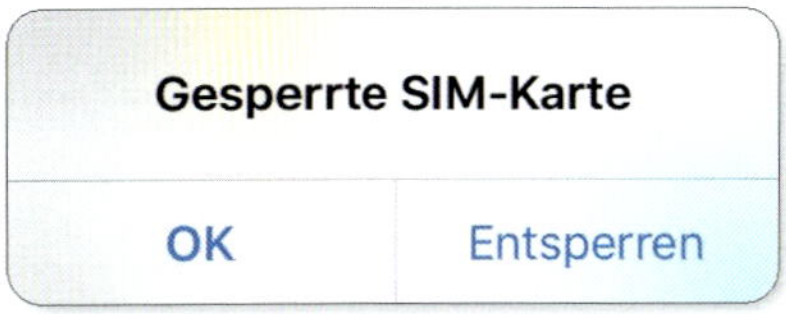

5. Bestätigen Sie anschließend die Eingabe mit **OK**, und in aller Regel wird die SIM-Karte daraufhin schon aktiviert.

Zur Information habe ich Ihnen einmal die Entwicklung der SIM-Karten dargestellt. Der Trend zur Miniaturisierung ist hier deutlich zu erkennen.

Sie sehen von links nach rechts: die normale SIM-Karte früherer Handys, die Mikro-SIM-Karte des iPhones 4s und schließlich die Nano-SIM-Karte des iPhones 6s.

INFO

Die richtige SIM-Karte?

Apple verwendet für sein iPhone 6s sogenannte *Nano-SIM-Karten*, die noch etwas kleiner sind als die handelsüblichen SIM-Karten, die noch bis zum iPhone 4S verwendet wurden. Die Provider haben dieser Entwicklung aber bereits Rechnung getragen und Karten produziert, aus denen man die Nano-SIM-Karte herausbrechen kann (1).

Ist iTunes installiert?

Ganz besonders wichtig, um Ihr iPhone mit Ihrem Mac oder PC nutzen zu können, ist *iTunes*. Dieses Programm dient nicht nur als Medienplayer und zur Verwaltung all Ihrer digitalen Medien wie Musik, Filme, Podcasts etc., sondern dient auch dazu, Ihr iPhone mit Ihrem Computer zu synchronisieren.

INFO

Download-Hinweis für Windows-Anwender

Wenn Sie eine iTunes-Version herunterladen möchten, beachten Sie bitte, dass iTunes auch für Windows nur noch in der 64-Bit-Version bereitsteht. Lesen Sie sich daher sorgfältig die Systemvoraussetzungen durch, um zu klären, ob Sie die neue Version 12.3 von iTunes auch wirklich verwenden können.

Um iTunes unter Windows zu installieren, gehen Sie wie im Folgenden beschrieben vor:

1. Laden Sie sich die aktuelle Version von iTunes bei Apple unter *www.apple.com/de/itunes/download* herunter.
2. Die heruntergeladene iTunes-Installationsdatei liegt dann standardmäßig in Ihrem *Downloads*-Ordner.
3. Starten Sie den Installationsprozess nun mit einem Doppelklick auf die iTunes-Installationsdatei, und folgen Sie den Anweisungen des Installationsassistenten.
4. Sobald iTunes installiert ist, können Sie es direkt öffnen und mit der Arbeit beginnen. Sie müssen vorher lediglich noch die Lizenzbedingungen akzeptieren.

Da iTunes auf dem Mac Teil des Betriebssystems ist, müssen Sie es nicht erst herunterladen, sondern finden es bereits unter Ihren Programmen. Sie sollten aber stets darauf achten, dass Sie jeweils die aktuelle Version von iTunes auf Ihrem Computer installiert haben. Um das zu überprüfen, klicken Sie bei iTunes unter Windows in der Menüleiste auf **? ▸ Nach Updates suchen**, auf dem Mac befindet sich der Befehl im Menü **iTunes ▸ Nach Updates suchen**. Sollte ein Update verfügbar sein, können Sie es installieren. Auf dem Mac aktualisieren Sie es über den App Store ❷.

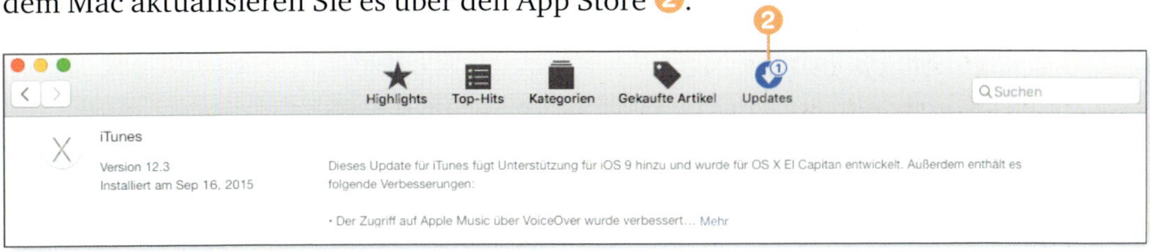

Das iPhone aktivieren

Da iTunes nun auf dem neuesten Stand ist, können Sie Ihr iPhone anmelden und aktivieren. Das tun Sie folgendermaßen:

1. Wenn Sie Ihr iPhone einschalten, gelangen Sie direkt auf den in der Abbildung dargestellten Startbildschirm. Ein Fingertipp auf das kleine **i** 1 zeigt Ihnen die MEID-, die IMEI- und die ICCID-Nummer Ihres iPhones an.

2. Entsperren Sie Ihr iPhone, indem Sie mit einem Finger von links nach rechts über das Display streichen.
3. Sie gelangen dadurch auf die Seite der Sprachwahl. An dieser Stelle tippen Sie auf **Deutsch**.
4. Sie sehen nun erst einmal einen Hinweis, dass Ihre SIM-Karte noch gesperrt ist. Tippen Sie auf den **Entsperren**-Button, und geben Sie anschließend Ihren vierstelligen SIM-Code (PIN) ein, den Sie von Ihrem Mobilfunkanbieter erhalten haben. Bestätigen Sie diese Aktion mit **OK**.
5. Wählen Sie, nachdem Sie Sprache und PIN eingegeben haben, die Region beziehungsweise das Land aus.
6. Im nächsten Schritt wählen Sie Ihr WLAN aus. Suchen Sie das gewünschte Netzwerk aus der Liste aus, tippen Sie darauf 2, und geben Sie Ihr **Passwort** über die eingeblendete Bildschirmtastatur ein. Haben Sie alles korrekt eingegeben, tippen Sie entweder oben rechts oder unten rechts auf **Verbinden** 3.

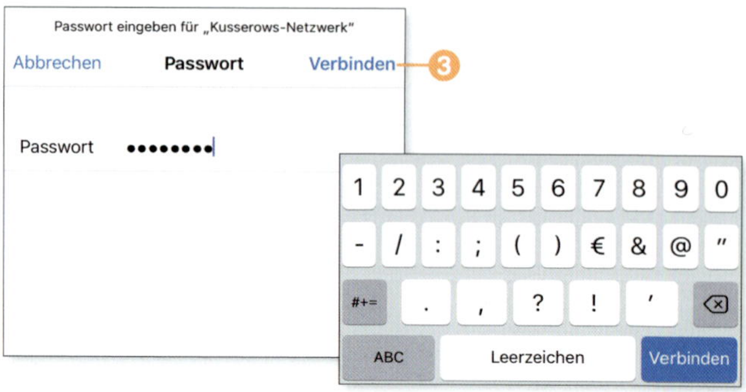

7. Nun sollten Sie die Option **Ortungsdienste aktivieren** (4) wählen. Die Ortungsdienste dienen Ihnen später z. B. bei der Routenplanung (mehr dazu erfahren Sie im Abschnitt »Die Karten-App als Routenplaner« ab Seite 313).

8. Als Nächstes können Sie *Touch ID* einrichten. Aktivieren Sie die Funktion, dann scannen Sie Ihren Fingerabdruck, um sich auf dem Gerät zu authentifizieren. Wenn Sie sich aber noch nicht sicher sind, ob Sie diese Funktion verwenden möchten, können Sie das auch später noch nachholen (siehe den Abschnitt »Den Fingerabdrucksensor einrichten« ab Seite 392). Wenn Sie Touch ID später einrichten möchten, tippen Sie auf **Touch ID später einrichten** und anschließend im nächsten Bildschirm auf **Fortfahren**.

9. Anschließend legen Sie einen sechsstelligen Sicherheitscode fest, der zusätzliche Sicherheit gibt und auch zur Sicherheit von Touch ID beiträgt. Sie müssen den Code zur Bestätigung noch ein zweites Mal eingeben. Diesen Code sollten Sie sich gut merken, denn er wird öfter benötigt.

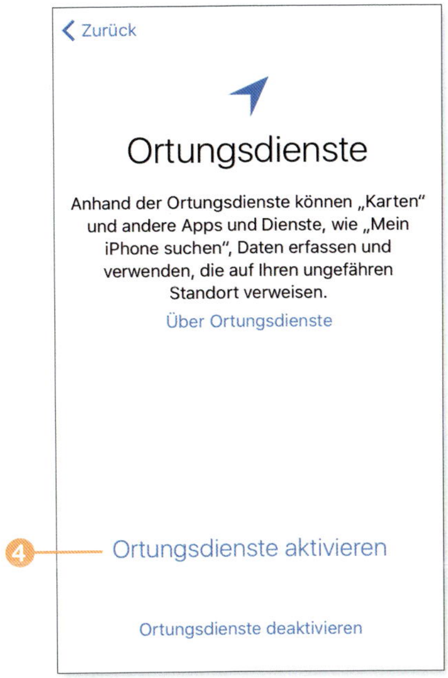

10. Ihr iPhone wird nun aktiviert, was einige Minuten dauern kann. Entscheiden Sie nun, ob Sie Ihr iPhone aus einem **iCloud-Backup wiederherstellen**, aus einem **iTunes-Backup wiederherstellen**, es als **neues iPhone konfigurieren** oder **Daten von Android übertragen** wollen. Wählen Sie aus den Optionen **Als neues iPhone konfigurieren** ① aus, wenn es sich bei Ihnen um eine Erstkonfiguration handelt.

11. Geben Sie nun Ihre Apple-ID ein, um sich bei iCloud und dem iTunes- sowie App Store anzumelden, oder erstellen Sie eine neue Apple-ID, falls Sie noch keine haben.

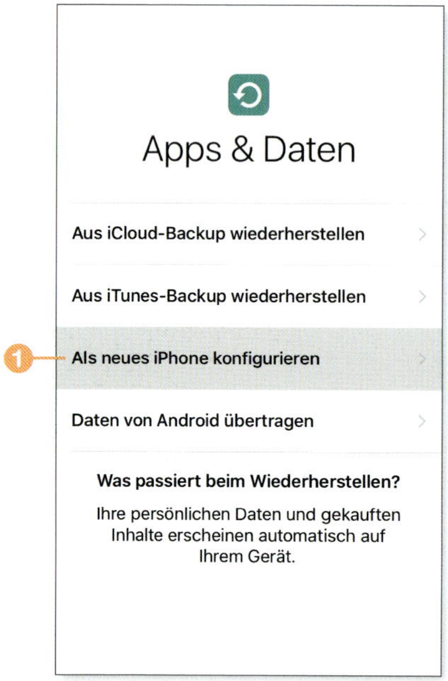

12. Haben Sie bis hierher alles eingerichtet, müssen Sie noch die Nutzungsbedingungen akzeptieren und bestätigen. Wenn Sie mögen, können Sie sich die Nutzungsbedingungen auch via E-Mail zusenden lassen.

13. Anschließend legen Sie den sechsstelligen iCloud-Schlüsselbund fest. Er dient dazu, die von Ihnen auf Webseiten verwendeten Passwörter und Logins verschlüsselt zu speichern und auf anderen iCloud-Geräten wie Ihrem Mac oder iPad zu nutzen. So müssen Sie diese nicht immer neu eingeben. Wählen Sie aus den Optionen **Über anderes Gerät bestäti-**

gen ②, **iCloud-Sicherheitscode verwenden** ③ oder **Passwörter nicht wiederherstellen** ④ die Option **iCloud-Sicherheitscode verwenden** aus.

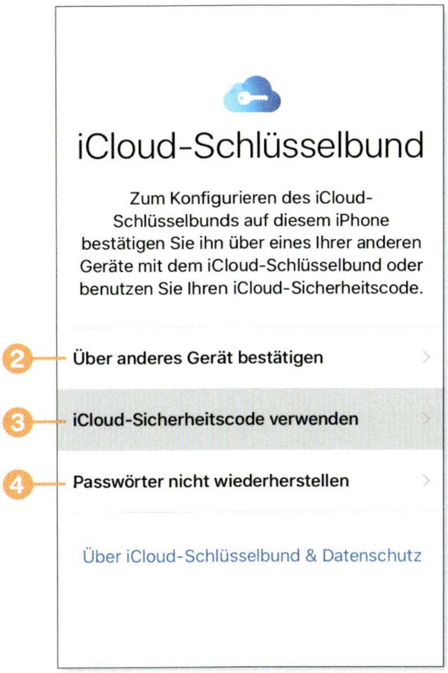

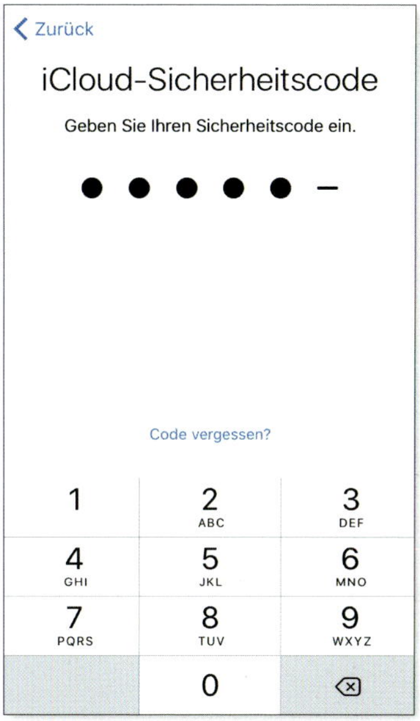

> **INFO**
>
> **Backup in iCloud?**
>
> Wenn Sie Ihr iPhone 6s ohne einen Computer betreiben möchten, dann sollten Sie nach dem Einrichten im Menü **Einstellungen ▸ iCloud ▸ Backup ▸ iCloud-Backup** auswählen. Nutzen Sie hingegen ohnehin einen Computer, mit dem Sie Ihre iPhone-Daten abgleichen, schalten Sie das iCloud-Backup aus. Sie können Ihr iPhone dann mit dem Computer verbinden und in iTunes auf der iPhone-Geräteseite **Backups Dieser Computer** auswählen.

14. Daraufhin wird Ihnen zur Bestätigung noch einmal ein sechsstelliger Überprüfungscode geschickt, der automatisch eingetragen wird.
15. Im nächsten Bildschirm legen Sie fest, ob Sie die Sprachsteuerung *Siri* verwenden möchten. Tippen Sie hierzu auf **Siri aktivieren**. Näheres zu diesem Thema erfahren Sie im Abschnitt »Den intelligenten Assistenten Siri nutzen« ab Seite 35.

16. Zu guter Letzt können Sie, wenn Sie möchten, Apple bei der Verbesserung seiner Produkte helfen, indem Sie im Bereich **Diagnose** auf **An Apple senden** tippen.

17. Der letzte Schritt ist die Einstellung des Anzeigezooms. Sie können hier zwischen **Standard** und **Vergrößert** wählen. Treffen Sie Ihre Auswahl, und bestätigen Sie diese oben rechts mit **Weiter**.

Gratulation! Sie haben es geschafft – Ihr iPhone ist eingerichtet und konfiguriert. Um es mit Daten zu versorgen, müssen Sie es nun an Ihren PC anschließen, es bei iTunes anmelden und dort mit allen Ihren Daten synchronisieren. Haben Sie bereits iCloud aktiviert, so sind Daten wie Kontakte, Kalender, Erinnerungen etc. bereits vorhanden, da sie direkt und drahtlos mit iCloud abgeglichen werden.

INFO

Alle Einstellungen zurücksetzen

Möchten Sie Ihr iPhone zurücksetzen, etwa wenn das iPhone nicht mehr ordentlich funktioniert oder Sie es verkaufen wollen, so stehen Ihnen unter **Einstellungen ▸ Allgemein ▸ Zurücksetzen** verschiedene Möglichkeiten zur Verfügung, um Ihr iPhone wieder neu zu installieren. Wählen Sie z. B. den Menüpunkt **Alle Einstellungen**, sodass Sie zwar noch über alle Inhalte verfügen, die Einstellungen aber neu anlegen können. **Inhalte & Einstellungen löschen** setzt das iPhone in den Auslieferungszustand zurück.

Das iPhone bei iTunes anmelden

In der folgenden Anleitung erfahren Sie, wie Sie das iPhone zum ersten Mal bei iTunes anmelden und die notwendigen Einstellungen für die erste Synchronisation Ihrer Daten vornehmen.

1. Schließen Sie Ihr iPhone mit dem mitgelieferten Lightning-Kabel an Ihren Computer an.

2. Öffnen Sie iTunes. Nach wenigen Augenblicken wird iTunes Ihr Gerät erkennen (1) und sich mit dem folgenden Startbildschirm melden.

3. Haben Sie Ihr iPhone bislang noch nicht eingerichtet, können Sie dies nun tun. Entscheiden Sie sich hier zunächst, ob das Gerät als neues iPhone eingerichtet oder aus einem Backup wiederhergestellt werden soll. Haben Sie alles nach Ihren Wünschen eingerichtet, bestätigen Sie Ihre Einstellungen mit einem Klick auf den Button **Fortfahren** ❷.

4. Sie können Ihrem iPhone an dieser Stelle einen beliebigen Namen geben. Dieser Name wird später immer sichtbar sein, wenn Sie Ihr iPhone mit iTunes verbinden. Sie können ihn aber nachträglich noch ändern. Sie legen hier, falls noch nicht über iCloud geschehen, ebenfalls fest, ob Sie Kontakte, Kalender und Programme synchronisieren möchten.
5. Sie gelangen zum nächsten Schritt des Einrichtungsprozesses, in dem Sie alle weiteren Synchronisationseinstellungen vornehmen können.

Neben der **Übersicht** und den **Infos** stehen Ihnen folgende Kategorien zur Verfügung: **Apps**, **Musik**, **Filme**, **TV-Sendungen**, **Podcasts**, **iTunes U**, **Bücher**, **Hörbücher**, **Töne** und **Fotos** (❶ auf Seite 24).

INFO

Was ist eine Apple-ID?

Eine *Apple-ID* ist Ihre individuelle Benutzerkennung, die Sie als Apple-Kunde ausweist und mit der Sie im App Store, im iTunes Store und im iBooks Store einkaufen können. Darüber hinaus wird die Apple-ID als Kennung für Ihre iCloud-Dienste und weitere Dienste verwendet. Das hat Apple ganz praktisch eingerichtet, denn auf diese Weise müssen Sie nicht für jede Aktion neue Anmeldedaten erstellen.

Nach Aktualisierungen für das Betriebssystem suchen

iTunes bietet Ihnen auf der Übersichtsseite für Ihr iPhone den Button **Nach Update suchen** an, der das Programm nach neuer Software für Ihr iPhone suchen lässt. Oberhalb davon befindet sich ein Bereich, in dem unter anderem die aktuelle Softwareversion verzeichnet ist ②, sodass Sie auf einen Blick erkennen, ob Sie auf dem neuesten Stand sind. Falls nicht, gehen Sie wie folgt vor, um Ihr iPhone per iTunes zu aktualisieren:

1. Klicken Sie auf den Button **Nach Update suchen**. Nach einer Weile erscheint ein Dialogfenster, in dem Sie einfach nur den Button **Laden und aktualisieren** mit der Maus oder mit der ↵-Taste bestätigen müssen. Schon startet der Aktualisierungsvorgang.
2. Als Erstes wird Ihnen angezeigt, um welche Art von Aktualisierung es sich handelt und für welche iPhone-Modelle das Update gedacht ist. Dieses Dialogfeld bestätigen Sie mit einem Klick auf den **Weiter**-Button, um zum nächsten Schritt zu gelangen.
3. Das nächste Dialogfenster enthält den iPhone-Software-Lizenzvertrag, den Sie sich durchlesen sollten. Sie können diesen Vertrag aber auch auf Ihrem Computer sichern und ihn später lesen, wenn Ihnen das lieber ist. In jedem Fall müssen Sie ihn akzeptieren, bevor Sie die neue Software auf Ihrem iPhone installieren können.
4. Haben Sie den iPhone-Software-Vertrag akzeptiert, beginnt der sofortige Download der Software. Sie erkennen den Fortschritt des Downloads in der iTunes-Anzeige und können nun in aller Ruhe den automatisierten Installationsprozess durchlaufenlassen. In diesen Prozess sollten Sie nicht eingreifen, da dies bei Ihrem Gerät zu schweren Fehlern führen kann.

Nach einigen Minuten ist der Installationsprozess beendet, und Sie müssen die SIM-Karte wieder entsperren. Verbinden Sie danach Ihr iPhone wieder mit iTunes, und der Installationsprozess ist abgeschlossen.

INFO

Softwareinstallation

Seien Sie unbedingt vorsichtig beim Installieren der neuen Firmware Ihres iPhones! Unterbrechen Sie den Aktualisierungsprozess auf keinen Fall, denn das kann zu irreparablen Schäden an Ihrem Gerät führen.

Alle Knöpfe und Schalter auf einen Blick

Ihr iPhone verfügt über einige Knöpfe und Schalter, die Sie zur gezielten Bedienung nutzen können. Diese lernen Sie im Folgenden in einem kurzen Überblick kennen:

1 Auf der rechten Seite des iPhones 6s finden Sie den Ein-Aus- und den Standby-Schalter. Die genaue Funktion wird im Abschnitt »Einschalten, Ausschalten und Standby« ab Seite 28 näher erläutert.

2 Links oben befindet sich der Schalter für die Stummschaltung. Nutzen Sie ihn, können Sie zwar weiterhin Anrufe und Nachrichten empfangen und Ihr iPhone normal bedienen, Sie hören allerdings keine Signal- und Anruftöne mehr. In einem Meeting oder bei einem Konzert stören Sie Ihre Umgebung so nicht, bleiben aber dennoch erreichbar. Wenn Sie diesen Schalter verwenden, erhalten Sie über das Display Ihres iPhones eine optische Rückmeldung, dass der Ton entweder ein- oder ausgeschaltet ist.

3. Direkt unter dem Stummschalter befinden sich die Tasten zur Steuerung der Lautstärke. Mit diesen Tasten regeln Sie die Gesamtlautstärke, die Lautstärke von Signal- und Warntönen und die Lautstärke beim Telefonieren. Auch hier bekommen Sie eine visuelle Rückmeldung, wenn Sie die Lautstärkc verändern. In einigen Apps wird die Lautstärkeanzeige farblich markiert, sobald Sie auf **Sehr laut** stellen.

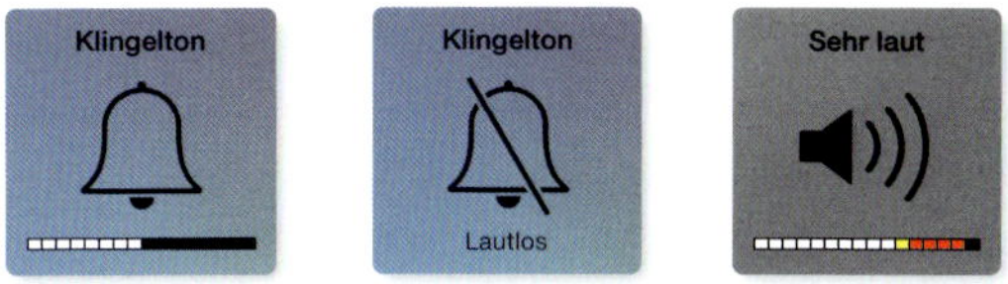

4. Diese Taste ist die sogenannte *Home-Taste* – oft auch als *Home-Button* bezeichnet –, die zentrale Steuerungstaste des iPhones. Mit dieser Taste steuern Sie ganz verschiedene Dinge. Sie können das iPhone, wie bereits erwähnt, aus dem Standby-Modus »aufwecken«, Sie steuern damit aber ebenso die Multitasking-Funktion und die Sprachsteuerung Siri. Dazu lesen Sie im Abschnitt »Den intelligenten Assistenten Siri nutzen« ab Seite 35 mehr. Mit dem Ring um den Home-Button herum führen Sie zudem noch die Touch-ID-Kennung durch, um das iPhone zu entsperren.

Diese wenigen Tasten reichen für eine schnelle Bedienung Ihres iPhones eigentlich aus. Auf die Art schalten Sie Ihr iPhone z. B. schnell und ohne Umstände stumm, wenn Sie in einer Besprechung oder im Kino sind; sie decken aber natürlich nur die Grundfunktionen und lange nicht alles ab, was das iPhone kann. Der Home-Button hat darüber hinaus aber noch eine weitere Funktion. Das iPhone 6s als auch sein größerer Bruder, das iPhone 6s Plus, können aufgrund ihrer Displaygröße nun nicht mehr nur mit einer Hand bedient werden. Apple hat sich aber dieses Problems angenommen, und so können Sie zweimal auf den Home-Button tippen (nicht drücken, nur tippen!), und die App-Icons der oberen Hälfte schieben sich nach unten (siehe Abbildung auf der vorigen Seite), wo sie für den Daumen erreichbar sind.

Einschalten, Ausschalten und Standby

Beginnen wir mit der rechten Seite des iPhones. Hier befindet sich der Ein-Aus-Schalter ❶, der gleichzeitig die Standby-Taste ist. Wenn Sie diese Taste einmal kurz drücken, »wecken« Sie das iPhone aus dem Standby-Modus auf, sodass Sie das Touch-Display entriegeln und Ihr iPhone bedienen können. Nochmaliges kurzes Drücken dieser Taste versetzt Ihr iPhone wieder in den Standby-Modus, und das Display wird wieder schwarz.

Die rechte Seite des iPhones 6s

In diesem Standby-Modus ist Ihr iPhone aber immer noch empfangsbereit, und Sie können weiterhin angerufen werden und Nachrichten empfangen. Sie können ebenfalls die iPod-Funktion nutzen und Musik hören. Nur der Bildschirm ist dabei ausgeschaltet und reagiert in diesem Zustand nicht mehr auf Berührungen. Der Standby-Modus spart so eine Menge Strom, und Ihr Akku hält entsprechend länger.

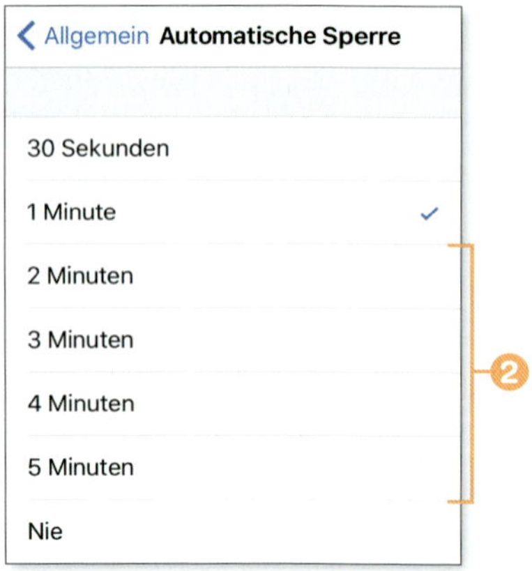

Standardmäßig ist das iPhone so eingestellt, dass der Standby-Modus aktiviert wird, wenn der Bildschirm eine Minute nicht berührt wird. Diesen Zeitraum können Sie allerdings selbst an Ihre eigenen Bedürfnisse anpassen, indem Sie unter **Einstellungen ▸ Allgemein ▸ Automatische Sperre** einen entsprechend längeren Zeitraum ② auswählen.

Längeres Drücken der Ein-Aus-Taste – mehr als drei Sekunden – führt dazu, dass Sie das iPhone komplett ausschalten können. Hierfür müssen Sie lediglich den roten Schieberegler nach rechts ziehen. Ihr iPhone wird daraufhin komplett abgeschaltet.

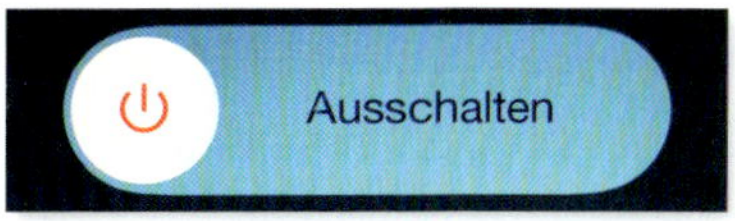

Wenn Sie diesen Schieberegler nach rechts ziehen, wird das iPhone ausgeschaltet.

Im Vergleich zum Vorgänger des iPhones 6s hat sich an den Anschlüssen wenig verändert. Über den Dock-Connector ③ laden Sie Ihr iPhone oder schließen es mit dem mitgelieferten Kabel an einen Computer an. Über den Anschluss links ④ schließen Sie die EarPod-Kopfhörer an.

Die Unterseite des iPhones 6s: Der EarPod-Anschluss ist links, in der Mitte befindet sich der Lightning-Dock-Anschluss, über den das iPhone an einen Computer angeschlossen und geladen wird.

Der Umgang mit der Batterie und der Stromsparmodus

Mit Ihrem iPhone 6s können Sie recht bequem selbst Einfluss auf Ihre Batterienutzung nehmen. Sie können unter anderem einsehen, welche App Sie am häufigsten nutzen, und Ihnen wird angezeigt, wie viel Akkuleistung für die Nutzung der verschiedenen Apps verwendet wird. Bei niedrigem Akkustand haben Sie außerdem die Möglichkeit, den Stromsparmodus Ihres iPhones zu aktivieren. Aber alles der Reihe nach.

1. Um einen Überblick über Ihren Akkustatus zu bekommen, rufen Sie die **Einstellungen** auf, und wechseln Sie hier in den Bereich **Batterie** ①.
2. Auf der folgenden Seite **Batterie** können Sie den **Stromsparmodus** ② und die Darstellungsoption **Batterieladung in %** ③ aktivieren.

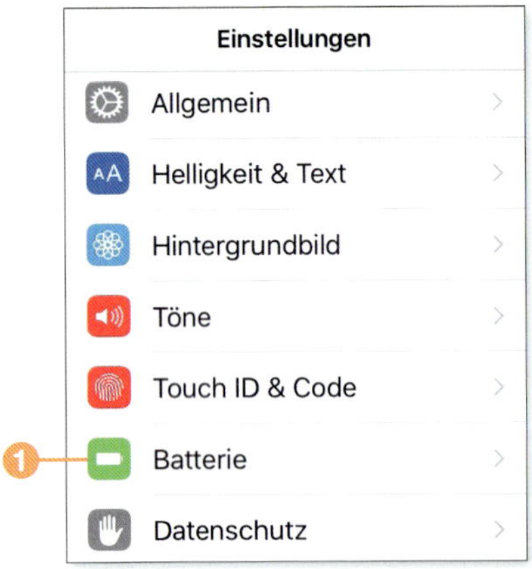

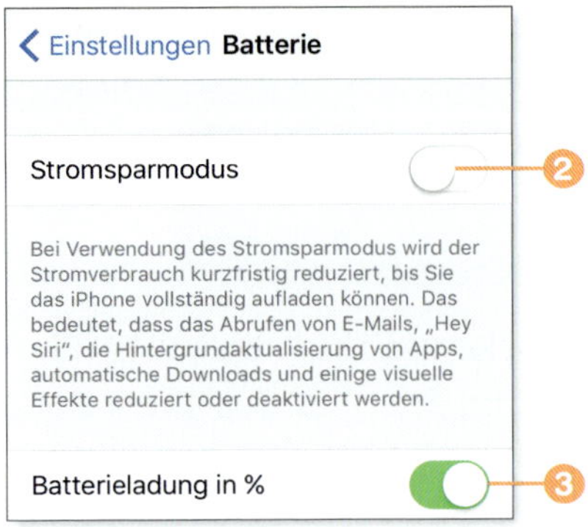

3. Wischen Sie die Seite etwas nach oben, bis Sie den Bereich **Batterienutzung** sehen. Ihnen wird hier der Stromverbrauch Ihrer Apps in den letzten 24 Stunden ④ angezeigt. Um eine etwas detailliertere Ansicht zu erhalten, tippen Sie entweder in der Auflistung auf eine App ⑤ oder oben rechts auf das Uhrensymbol ⑥.

Wenn Sie den Stromsparmodus aktivieren, erhalten Sie insgesamt eine Stunde mehr Akkulaufzeit für Ihr iPhone. Um dies gewährleisten zu können, werden einige Funktionen abgeschaltet, etwa Benachrichtigungen auf dem Sperrbildschirm. Im Stromsparmodus geht der Bildschirm außerdem nicht mehr an, wenn Ihr iPhone mit dem Bildschirm nach unten auf dem Tisch liegt. Auch etwaige Bewegungsfunktionen wie etwa bewegte Hintergrundbilder werden abgeschaltet. Sie können in der Statusleiste am oberen Bildschirmrand schnell erkennen, ob der Stromsparmodus eingeschaltet ist oder nicht. Bei eingeschaltetem Stromsparmodus wird das Batteriesymbol gelb angezeigt.

Links die normale Batterieanzeige und rechts die Anzeige im Stromsparmodus

Zwischen Bildschirmen wechseln

Die einzelnen Bildschirmdarstellungen des iPhones werden als *Screens* bezeichnet. Wenn Sie Ihr iPhone das erste Mal einschalten, gibt es zwei Screens. Wenn Sie aber – so wie ich – ein Jäger und Sammler interessanter Apps sind und diese eines Tages nicht mehr auf einen Bildschirm passen, müssen Sie notgedrungen weitere Screens anlegen, beziehungsweise Ihr iPhone erledigt das für Sie.

Insgesamt können Sie elf Bildschirme anlegen und zwischen ihnen hin und her blättern. Die Anzahl der einzelnen Bildschirme erkennen Sie an den Punkten 7 zwischen den Apps und dem sogenannten *Dock* am unteren Bildschirmrand.

Um zwischen den einzelnen Bildschirmen zu blättern, wischen Sie einfach mit dem Finger von rechts nach links; Sie schieben damit sozusagen den aktuellen Screen nach links aus dem Bild, und der nächste Screen erscheint. Der weiß hervorgehobene Punkt zeigt Ihnen dabei an, auf welchem Bildschirm Sie sich gerade befinden. Das Wischen, um die Bildschirme zu verschieben, funktioniert übrigens in beide Richtungen.

Apps starten

Das Starten von Apps ist wahrscheinlich die am meisten ausgeführte Aktion auf dem iPhone. Sie ist auch ganz einfach: Tippen Sie eine App auf dem Display lediglich mit dem Finger an. Sofort nach dem Berühren des jeweiligen App-Symbols öffnet sich die App, und Sie können sie nutzen.

INFO

Ausschalten, wenn das iPhone nicht mehr reagiert!

Sollte das iPhone einmal nicht mehr auf Ihre Eingaben reagieren, dann können Sie es auch komplett ausschalten und anschließend neu starten. Das tun Sie, indem Sie den Ein-Aus-Schalter am Gerät so lange gedrückt halten, bis das Zeichen zum Ausschalten erscheint. Wischen Sie nun mit dem Finger nach rechts, und schalten Sie das iPhone aus. Danach können Sie es direkt wieder einschalten.

Mehrere Apps gleichzeitig laufen lassen

Seit der Softwareversion iOS 4 beherrscht das iPhone das sogenannte *intelligente Multitasking*. Das bedeutet, Sie können gleichzeitig mit mehreren Apps arbeiten, ohne eine App beenden zu müssen, bevor Sie die nächste öffnen.

1. Öffnen Sie einfach einmal mehrere Apps hintereinander, und schließen Sie diese Anwendungen wieder, indem Sie auf die Home-Taste drücken.
2. Drücken Sie daraufhin die Home-Taste zweimal kurz hintereinander, öffnet sich nun die sogenannte *intelligente Multitasking-Übersicht*. Hier sehen Sie alle Apps, die Sie in der letzten Zeit ge-

öffnet haben. Die Apps werden nun mit Symbol und in einer verkleinerten Ansicht dargestellt, sodass Sie besser erkennen können, welche Apps Sie derzeit benutzen.

3. Wenn Sie mehr als drei Apps geöffnet haben, sind nicht alle sofort sichtbar, weil auf dem Display immer nur drei Apps gleichzeitig angezeigt werden können. Um die anderen anzuzeigen, wischen Sie einfach mit dem Finger nach rechts. Mit links geht es wieder zurück.
4. Tippen Sie anschließend auf die App Ihrer Wahl, und sie öffnet sich an der gleichen Stelle, an der Sie sie verlassen haben. Das erneute Drücken des Home-Buttons schließt die App wieder.

Es kommt vor, dass Sie relativ viele Apps im Hintergrund geöffnet haben. Ab und zu sollten Sie diese Liste einfach mal bereinigen.

Apps vollständig ausschalten

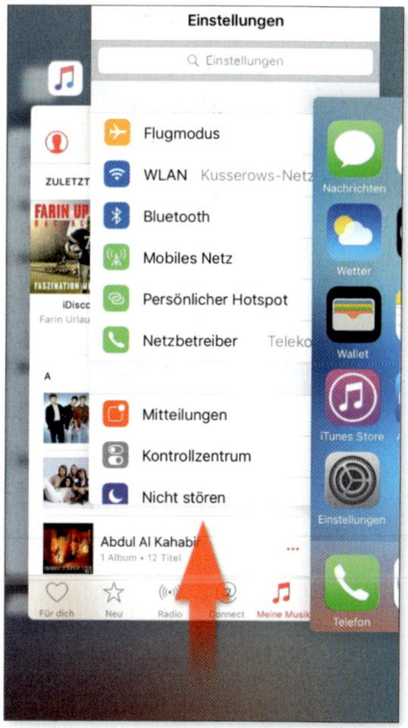

Mit der Zeit kann es passieren, dass Sie eine ganze Reihe von Apps geöffnet haben und entsprechend in der Multitasking-Übersicht hin und her wischen müssen. In dieser Situation ist es sinnvoll, einzelne Apps vollends auszuschalten. Drücken Sie dazu doppelt auf den Home-Button, und Sie gelangen in die Multitasking-Ansicht. In dieser Ansicht schließen Sie die Apps, indem sie diese auf dem Bildschirm von unten nach oben herauswischen.

Diese Aktion können Sie so lange durchführen, bis alle Apps geschlossen sind. Das erkennen Sie daran, dass Sie nur noch eine verkleinerte Ansicht des Home-Bildschirms sehen. Ein einfacher Klick auf den Home-Button oder ein Tippen auf die Home-Bildschirm-Miniatur beendet die gesamte Aktion.

Apps einrichten und sortieren

Das Organisieren Ihrer Apps funktioniert nach demselben Prinzip wie das Schließen der Apps in der Multitasking-Leiste. Angenommen, Sie haben mittlerweile eine stattliche Anzahl an Apps geladen und möchten diese nun in eine für Sie logische Reihenfolge bringen, um sich besser auf Ihrem iPhone zurechtzufinden. Gehen Sie dazu wie folgt vor:

1. Drücken Sie längere Zeit, etwa 2 bis 3 Sekunden, auf das Symbol einer App, bis alle Apps zu wackeln beginnen.
2. Nun können Sie die einzelnen Apps anfassen und an eine andere Stelle ziehen.
3. Wenn Sie eine App jeweils über den linken oder rechten Rand des Screens hinwegziehen, wird sie auf die nächste Seite bewegt. Ist dort noch keine App abgelegt, erscheint eine komplett neue Seite, die Sie nun mit Apps füllen können.
4. Auf dieser neuen Seite wird die verschobene App dann oben links eingefügt. Ein kurzer Druck auf den Home-Button fixiert Ihre Apps wieder, und sie hören auf zu wackeln.

TIPP

Ordner für Apps anlegen

Sie können Ihre Apps nicht nur anders anordnen, sondern sie sogar nach Themen zusammenfassen. Dazu legen Sie *App-Ordner* an. Drücken Sie dazu längere Zeit auf eine App, bis alle Apps zu wackeln beginnen. Ziehen Sie dann eine App auf eine andere, um den Ordner zu erstellen. Ordner können auch mehrere Seiten haben. Auf diese Weise können Sie mehr Apps pro Ordner anlegen und sparen so Platz auf Ihrem Bildschirm. Wie viele Seiten ein Ordner besitzt, erkennen Sie, wie auch bei den Bildschirmen, an den Punkten am unteren Rand des Ordnerrahmens.

Apps vom iPhone löschen

Ist die eine oder andere App nicht mehr so nach Ihrem Geschmack, können Sie sie schnell wieder loswerden, um den Speicherplatz anderweitig zu verwenden. Gehen Sie zum Löschen folgendermaßen vor:

1. Löschen Sie die App einfach, indem Sie etwa 2 bis 3 Sekunden auf ihr Symbol drücken und damit alle Apps in den Wackelzustand bringen.
2. Drücken Sie dann auf das kleine Kreuzchen oben links 1 an der App, die Sie löschen möchten.

Es gibt auch Apps, die im Wackelzustand kein Kreuzchen aufweisen. Diese Apps gehören zum Betriebssystem und können nicht gelöscht werden.

INFO

Sind gelöschte Apps endgültig verschwunden?

Sie müssen nicht befürchten, dass aus Versehen gelöschte Apps auf Nimmerwiedersehen verschwunden sind. Alle Apps, die Sie jemals geladen haben, sind nach wie vor im App Store gesichert und können aus der App unter **Updates ▸ Käufe** wieder auf Ihr iPhone geladen werden.

Den intelligenten Assistenten Siri nutzen

Die Sprachsteuerung, die auf den älteren iPhones mehr oder weniger zuverlässig funktionierte, hat Apple bereits beim iPhone 4S durch *Siri* ersetzt. Damals handelte es sich aber noch um eine sogenannte Beta-Version, die über die letzten Jahre deutlich verbessert wurde.

Siri ist ein intelligenter sprachgesteuerter Assistent, der auch indirekte und semantisch unpräzise Aussagen versteht und seine Befehle daraus selbstständig erkennt. Diese Art der Sprachsteuerung hat etwas Revolutionäres und macht vor allem viel Spaß in der täglichen Anwendung. Sie können Siri

Ihre Befehle entweder ganz normal über Ihr iPhone geben oder das mitgelieferte Headset dafür nutzen.

Doch zunächst einmal werde ich Ihnen einige Einstellungen empfehlen, die für eine reibungslose Nutzung von Siri sinnvoll sind.

1. Um Siri nach Ihren Wünschen einzustellen, rufen Sie **Einstellungen ▸ Allgemein ▸ Siri** auf. Hier können Sie Siri über einen Schieberegler aktivieren und deaktivieren ①.
2. Aktivieren Sie hier auch den Schalter **„Hey Siri" erlauben** ②. Daraufhin startet ein Erkennungsprozess für Ihre Stimme, dem Sie folgen müssen. Wenn das iPhone an eine externe Stromquelle angeschlossen ist, können Sie, indem Sie »Hey Siri« sagen, den intelligenten Assistenten starten. Das ist insbesondere dann sinnvoll, wenn Sie keine Hand frei haben wie beim Autofahren. Geben Sie dann Ihre Befehle einfach mündlich. Sehr praktisch! Beim ersten Einschalten, werden Sie gebeten, Siri in wenigen Schritten einzurichten, um die Spracherkennung von Siri zu verbessern.

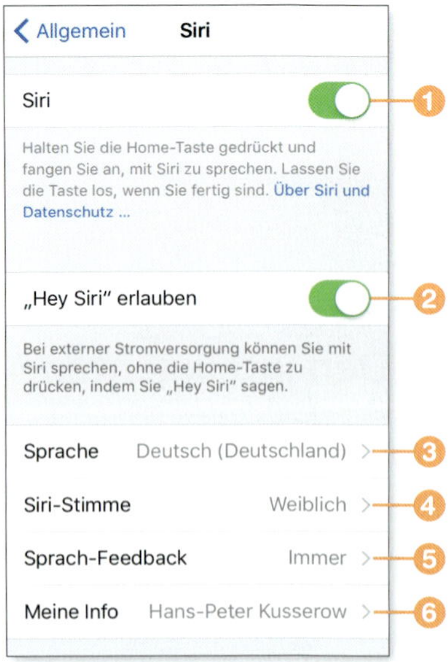

3. Als Sprache ist standardmäßig die gleiche Sprache eingestellt, auf die auch das iPhone eingestellt ist, in unserem Fall also Deutsch. Im Menü **Sprache** ③ können Sie für Siri insgesamt zwischen acht Sprachen in verschiedenen Ausprägungen wählen (leider stehen hier nicht alle Sprachen zur Auswahl, die Sie im Menü **Einstellungen ▸ Allgemein ▸ Sprache & Region** wählen können).
4. Möchten Sie lieber eine weibliche oder eine männliche Stimme für Siri verwenden? Stellen Sie es unter der Rubrik **Siri-Stimme** ④ ein.
5. Sie können ebenfalls entscheiden, ob Sie immer ein gesprochenes Feedback erhalten möchten oder nur dann, wenn Ihr iPhone an eine Freisprechanlage angeschlossen ist (diese Optionen finden Sie unter dem Menüpunkt **Sprach-Feedback** ⑤).

6. Fügen Sie unter **Meine Info** ⑥ noch Ihre Kontaktdaten, also Ihre eigene Telefonnummer und Ihre Adresse, hinzu, damit Siri quasi weiß, wer Sie sind, und Ihre Informationen verwenden kann, um Ihnen zu helfen (so kann Siri beispielsweise per Befehl bei Ihnen zu Hause anrufen). Schließen Sie dann Ihre Eingaben ab.

Nachdem Sie diese Grundeinstellungen vorgenommen haben, können Sie Siri benutzen. Wie das funktioniert und was Ihr neuer Assistent alles kann, erfahren Sie in den nächsten beiden Abschnitten.

So funktioniert Siri

Um Siri zu aktivieren, halten Sie den Home-Button einige Sekunden gedrückt, dann erscheint auf dem Bildschirm Siri mit der höflichen Frage: »Wie kann ich behilflich sein?« Das funktioniert natürlich auch mit dem Sprachbefehl »Hey Siri«, wenn das iPhone am Strom angeschlossen ist.

Nach dem doppelten Piepton können Sie Ihre Anfrage an Siri stellen, z. B. das Öffnen einer App oder den Anruf eines Kontakts, und Siri wird Ihnen, eine bestehende Internetverbindung vorausgesetzt, direkt antworten oder Ihren Befehl ausführen.

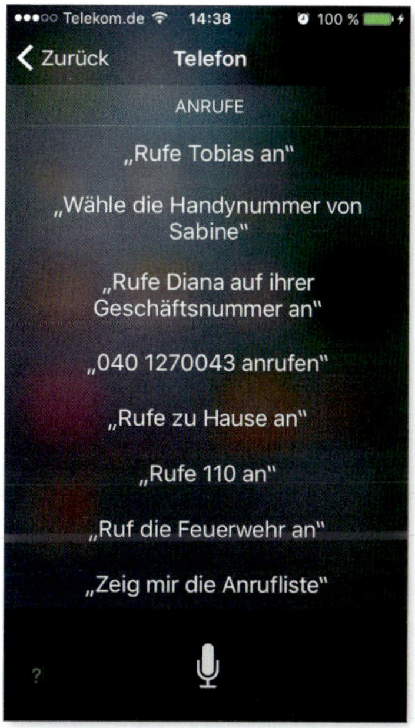

Siri hat auch ein integriertes Handbuch, das Sie abrufen können, indem Sie folgenden Befehl sprechen: »Was kannst du tun?«, oder: »Was kannst du?« Dann öffnet sich das Handbuch, und Sie sehen, mit welchen Programmen Siri zusammenarbeitet. Wahlweise können Sie auch den Home-Button so lange festhalten, bis Siri gestartet wird, und dann links unten auf das Fragezeichen tippen.

Wenn Sie im Handbuch auf den kleinen Pfeil (7 auf Seite 37) am rechten Rand einer App tippen, wird Ihnen eine Reihe von Fragen angezeigt, die Sie stellen können, um von Siri eine Antwort zu bekommen oder um eine Aktion auszulösen.

Probieren Sie es aus. Sie werden feststellen, dass sich die Art, wie Sie mit Ihrem iPhone umgehen, im Laufe der Zeit grundlegend verändern wird, wenn Sie es mit Ihrer Stimme steuern.

So nutzen Sie Siri mit dem Headset

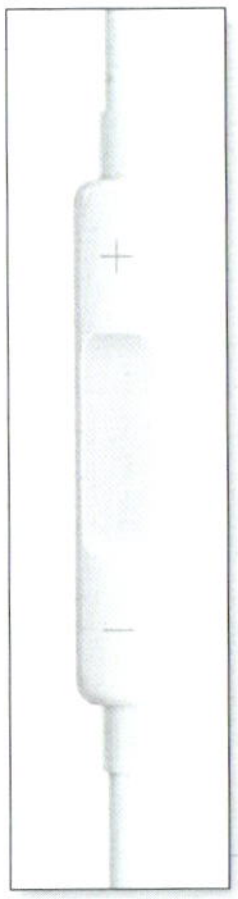

Falls Sie Ihr Headset für die Zusammenarbeit mit Siri verwenden möchten, bedienen Sie es genauso wie sonst:

1. Um Siri zu starten, drücken Sie einige Sekunden auf die Vertiefung an der Steuerungseinheit des Headsets – auch dann, wenn das iPhone sich lediglich im Bereitschaftsmodus befindet. Oder sagen Sie: »Hey Siri.« Es erscheint das oben dargestellte Display, und es ertönen zwei Signaltöne. Anschließend können Sie Siri einen Befehl geben oder eine Frage stellen.
2. Um den Sprachbefehl so klar wie möglich formulieren zu können, lassen Sie das Kabel des Headsets frei hängen und halten es am besten nicht fest. Das auf der Rückseite des Steuerelements eingebaute Mikrofon ist empfindlich. Sprechen Sie dann Ihren Befehl.
3. Die Lautstärke können Sie an der Steuerungseinheit des Headsets über die Tasten + und – regulieren.

Die mitgelieferten EarPods und die Bedienungseinheit wurden neu entwickelt und liefern nun eine noch flüssigere Bedienung und vor allem einen besseren Klang.

Inhalte auf dem iPhone suchen

Spotlight ist der Name der Suchfunktion, die Sie vielleicht bereits von Ihrem Mac kennen. Apple hat gegenüber den Vorversionen einiges an Spotlight verändert – vor allem unter der Haube. Die Suche erstreckt sich nämlich nicht mehr nur auf Inhalte, die direkt auf dem iPhone gespeichert sind, das Internet und somit die Suchfunktion von *Bing* wird nun verstärkt in die Suche einbezogen. So können Sie nun beispielsweise nach neuen Filmen genauso suchen wie nach Restaurants in der Nähe. Auch Wikipedia und verschiedene Newsseiten werden unter anderem in die Suche integriert.

Um Ihre Suche zu beginnen, wischen Sie mit einem Finger einfach von oben nach unten oder von links nach rechts über den Bildschirm: Daraufhin wird das Suchfeld eingeblendet. Achten Sie dabei darauf, dass Sie mit der Wischgeste nicht ganz oben auf dem Display beginnen, sondern etwas weiter unten, ansonsten blenden Sie die Mitteilungszentrale ein. Beim ersten Aufrufen werden Sie über die erweiterte Suche aufgeklärt.

Bevor es an Ihre erste konkrete Suchanfrage geht, lernen Sie im Folgenden die grundlegenden Einstellungen der Spotlight-Suche kennen. Sie können nämlich selbst bestimmen, was genau Sie eigentlich durchsuchen lassen möchten.

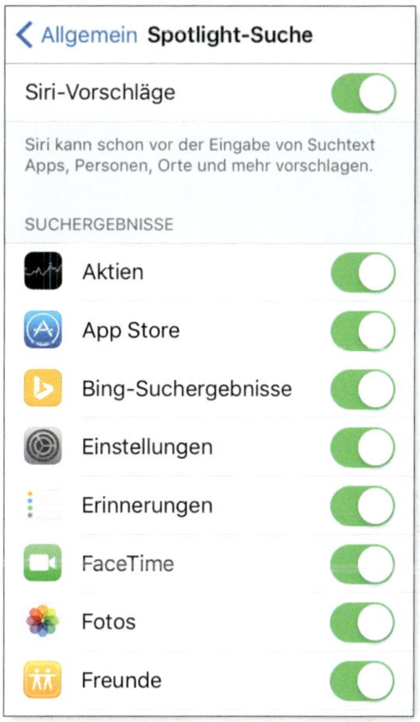

1. Um die nötigen Einstellungen vorzunehmen, tippen Sie zuerst auf das Symbol **Einstellungen** und wechseln dann zum Menüpunkt **Allgemein**.
2. Hier wählen Sie den Eintrag **Spotlight-Suche** aus.
3. Sie gelangen in die Einstellungen von Spotlight. In diesem Dialog bestimmen Sie, welche Rubriken Sie durchsuchen lassen möchten. Tippen Sie jeweils auf den gewünschten Schalter, sodass er aktiviert wird. Möchten Sie eine Rubrik entfernen, gehen Sie genauso vor.

Nachdem Sie Ihre Einstellungen abgeschlossen haben, drücken Sie noch einmal auf die Home-Taste, um die Einstellungen zu verlassen und zurück zum Home-Bildschirm zu gelangen.

Nun können Sie mit der Suche nach bestimmten Inhalten auf Ihrem iPhone beginnen. Nachdem Sie über den Homescreen, wie oben gezeigt, nach unten gewischt haben, sehen Sie Ihren Suchbildschirm mit dem Suchfeld ①. Dieses wird automatisch aktiviert (Sie erkennen das an dem blinkenden Cursor) und am unteren Bildschirmrand wird die Bildschirmtastatur eingeblendet, und Sie können einen Suchbegriff eingeben oder ihn mit einem Fingertipp auf den Mikrofon-Button ② diktieren (siehe dazu auch den Abschnitt »Den intelligenten Assistenten Siri nutzen« ab Seite 35).

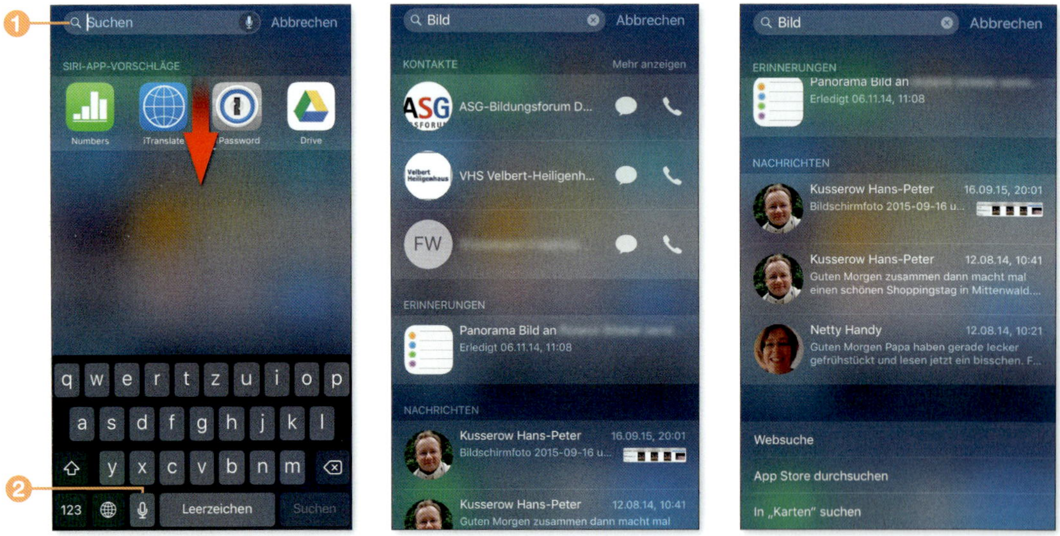

Filme, Restaurants, das Kinoprogramm – die Spotlight-Suche macht auch vor dem Internet nicht Halt.

Noch während der Eingabe erscheinen schon die ersten Resultate. Das Ganze geht blitzschnell. In unserem Beispiel habe ich nach dem Begriff »Bild« gesucht und bin zu den Ergebnissen gelangt, die Sie in den Abbildungen oben sehen.

Das Kontrollzentrum

Das Kontrollzentrum, das Sie vom unteren Bildschirmrand nach oben wischen können, bietet Ihnen die Möglichkeit, auf wichtige Einstellungen mit einem Fingertipp zuzugreifen. Das erleichtert Ihnen viel umständliches Herumsuchen im Einstellungsmenü.

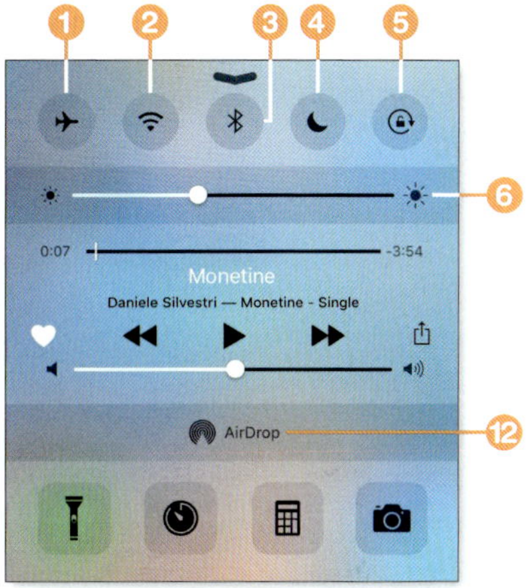

Das Kontrollzentrum ist in fünf Bereiche mit unterschiedlichen Möglichkeiten eingeteilt. Im ersten Bereich befinden sich Buttons, mit denen Sie den Flugmodus ①, WLAN ② und Bluetooth ③ aktivieren, sowie die Funktion *Nicht stören* ④ (siehe dazu auch den folgenden Abschnitt) und die Ausrichtungssperre ⑤.

Im zweiten Bereich können Sie die Bildschirmhelligkeit einstellen ⑥.

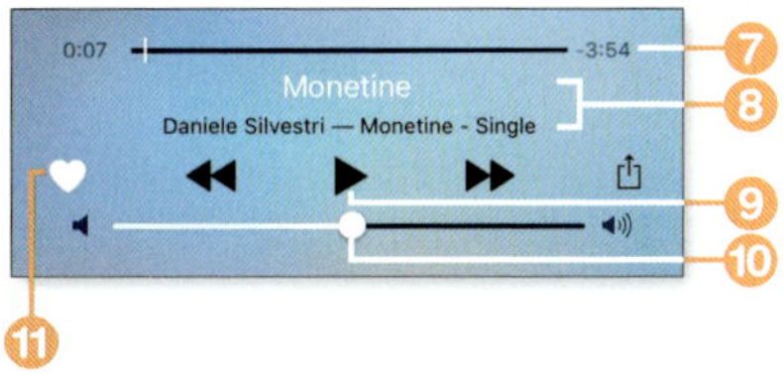

Über den dritten Bereich wird die iPod-Funktion Ihres iPhones bedient, und Sie können hiermit Ihre Musik abspielen. Hier sehen Sie die Dauer ⑦, den Titel und den Interpret ⑧ des Musiktitels. Sie können außerdem die Wiedergabe vor- und zurückspulen, das Abspielen pausieren ⑨ die Lautstärke regeln ⑩ oder ein Lied den persönlichen Favoriten hinzufügen ⑪.

Im vierten Bereich Bereich aktivieren Sie *AirDrop* ⑫ und *Airplay* (siehe hierzu auch den Abschnitt »Mit AirDrop Dateien zwischen iPhone und Mac austauschen« ab Seite 44). Mit AirDrop können Sie schnell Ihre Daten mit anderen teilen und per AirPlay Ihre Inhalte an einen Fernseher, Apple-TV oder Ihre AirPort-Lautsprecher senden.

Im fünften und letzten Bereich werden Ihnen noch einige Apps angeboten, die im Schnellzugriff recht nützlich sind, wie die Taschenlampe ⑬, die das integrierte Blitzlicht ansteuert, die App Uhr ⑭, über die Sie gleichzeitig die

Stoppuhr, Timer, Wecker und Weltzeituhr erreichen, die App Taschenrechner (15 auf Seite 41) und, nicht zu vergessen, die Kamera 16.

Und so einfach, wie Sie das Kontrollzentrum aufrufen, können Sie es auch wieder verbergen – indem Sie es von oben nach unten aus dem Bild wischen. Es geht aber sogar noch einfacher: Drücken Sie auf den Home-Button, das Kontrollzentrum wird umgehend ausgeblendet.

Im Menü **Einstellungen ▸ Kontrollzentrum** können Sie einrichten, wann das Kontrollzentrum zur Verfügung stehen soll. So können Sie sowohl den Zugriff auf das Kontrollzentrum vom Sperrbildschirm als auch aus Apps heraus aktivieren beziehungsweise deaktivieren. Das Deaktivieren kann beispielsweise bei der App Safari sinnvoll sein, da Sie es sonst womöglich beim Scrollen auf Webseiten versehentlich aufrufen.

TIPP

So sparen Sie Energie, und der Akku hält länger durch

Das Kontrollzentrum können Sie auch hervorragend zum Energiesparen einsetzen, denn hier steuern Sie alle relevanten Verbindungen an Ihrem iPhone wie WLAN, Bluetooth und die Bildschirmhelligkeit. Schalten Sie die drahtlosen Verbindungen per Bluetooth und WLAN nur dann an, wenn Sie die jeweilige Verbindungsart benötigen, da diese die Akkulaufzeit stark verringern. Dasselbe gilt für die Bildschirmhelligkeit. Regeln Sie diese so, dass Sie zwar noch alles gut erkennen können, das Display aber nicht unnötig hell ist. Auch so verlängern Sie die Laufzeit Ihres Akkus. Probieren Sie es aus, Sie werden es deutlich merken, wenn Sie Ihr iPhone zukünftig weniger häufig wieder aufladen müssen.

Die Funktion »Nicht stören«

Kennen Sie das auch? Sie haben eigentlich Feierabend, aber Ihr Handy klingelt ständig, SMS treffen ein, oder Ihr iPhone meldet sich mit Terminen und anderen Hinweistönen? Das ist normalerweise zwar sehr praktisch, allerdings kann es zu gewissen Zeiten auch sehr störend sein. Seit iOS 6 gibt es daher die Funktion *Nicht stören*.

Um diese Funktion anzuschalten, schieben Sie das Kontrollzentrum vom unteren Bildschirmrand nach oben und tippen auf das Mondsichel-Symbol (4 in der Abbildung auf Seite 41). Nach Aktivierung der Funktion Nicht stören werden eingehende Anrufe und SMS stumm geschaltet, außerdem erhalten Sie keine Hinweistöne oder Benachrichtigungen von Apps mehr. In der Statusleiste wird Ihnen bei Aktivierung der Funktion eine kleine Mondsichel 1 angezeigt.

Sie haben aber auch die Möglichkeit, die Funktion Nicht stören nach Ihren Bedürfnissen anzupassen.

1. Um verschiedene Regeln für die Funktion einzurichten, tippen Sie unter **Einstellungen** auf **Nicht stören**.

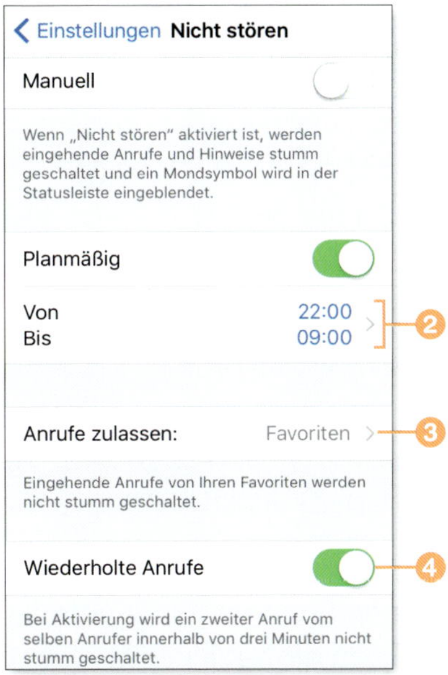

2. In dem folgenden Menü können Sie die Funktion Nicht stören genauer definieren und Ihren Wünschen anpassen. Stellen Sie beispielsweise eine regelmäßige Nachtruhe von 22:00 bis 09:00 Uhr ein. Aktivieren Sie dafür die Schaltfläche **Planmäßig**. Tippen Sie auf den Bereich **Von Bis**, um die Uhrzeit einzustellen 2.

3. Darüber hinaus können Sie entscheiden, ob Sie Anrufe beispielsweise von Ihren Favoriten (③ auf Seite 43) oder anderer Gruppen trotz der Funktion Nicht stören sowie wiederholte Anrufe ④ desselben Anrufers zulassen möchten. Deaktivieren Sie beide Optionen beziehungsweise wird keine Gruppe erlaubter Anrufer festgelegt, werden alle Anrufe stumm geschaltet.

Haben Sie diese Funktion entsprechend eingerichtet, werden Sie nach der eingestellten Uhrzeit keine Signale mehr von Ihrem iPhone hören. Sie werden feststellen, dass die neu gewonnene Ruhe wirklich erholsam ist.

Mit AirDrop Dateien zwischen iPhone und Mac austauschen

Diese Funktion erleichtert Ihnen den Datenaustausch zwischen iPhones und iPads ab der 4. Generation, dem iPad mini, dem iPad Air und dem iPod touch ab der 5. Generation. Seit iOS 8 funktioniert der Dateiaustausch außerdem auch mit dem Mac. Fotos, Videos und Kontakte können Sie so bequem von einem iPhone auf ein anderes, das sich in direkter Nähe befindet, oder auf einen Mac übertragen.

1. Um Daten via AirDrop zu versenden, müssen Sie zunächst diese Funktion im Kontrollzentrum aktivieren. Tippen Sie hierzu auf den Button **AirDrop**. Daraufhin aktivieren sich die WLAN- und Bluetooth-Verbindung automatisch.
2. Sie können nun im Menü entscheiden, wer an Ihrer AirDrop-Sitzung teilnehmen darf. Wählen Sie hier die Option **Jeden**, können Ihnen alle Nutzer eines iPhones oder iPads ab dem Betriebssystem iOS 7, die sich in Ihrer Nähe aufhalten, Dateien senden. Wählen Sie **Nur Kontakte**, können ausschließlich Ihre Kontakte, die über ein entsprechendes Gerät verfügen, mit Ihnen Dateien austauschen. Im Kontrollzentrum wird daraufhin die ausgewählte Einstellung angezeigt.

3. Sollte sich nach Aktivierung von AirDrop einer oder mehrere Ihrer Kontakte in der Nähe befinden, erscheinen entsprechende kleine Bilder dieser Kontakte ① auf Ihrem Display.

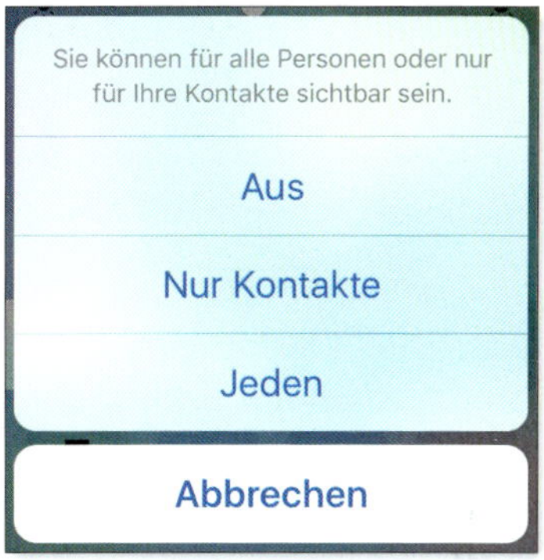

4. Nun können Sie auswählen, an wen Sie eine Datei senden wollen. Tippen Sie hierzu einfach auf das Bild des entsprechenden Kontakts. Ihr Kontakt erhält eine Anfrage, ob er die angebotene Datei annehmen möchte oder nicht.

5. Wenn die Person die Einladung annimmt, wird das Bild, das Video oder der Kontakt direkt auf dem iPhone des Empfängers in der entsprechenden App abgespeichert.

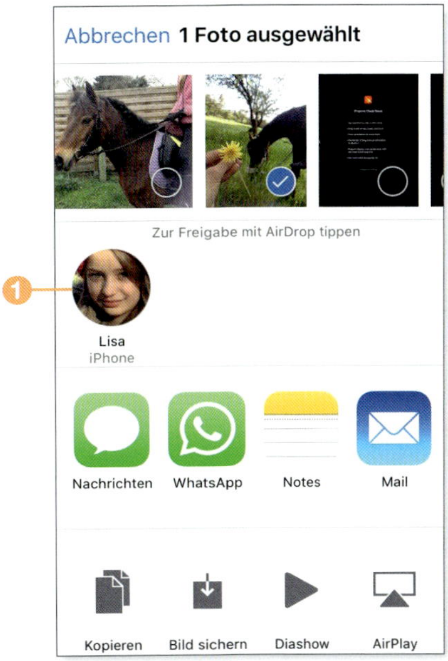

6. Wenn Sie etwas via AirDrop an jemanden versenden möchten, der über ein iPhone verfügt und sich auch im selben WLAN wie Sie selbst aufhält, aber nicht zu Ihren Kontakten gehört, so können Sie das ebenfalls tun.

Wählen Sie dann im Kontrollzentrum unter **AirDrop** den Menüpunkt **Jeden** aus. Die Darstellung ändert sich daraufhin in eine Silhouette, da Sie ja nicht über ein Kontaktfoto verfügen. Alles andere verläuft so wie oben beschrieben.

AirDrop deaktivieren Sie wieder, indem Sie im Kontrollzentrum erneut **AirDrop** auswählen und in dem folgenden Menü den Punkt **Aus** antippen. Die drahtlosen Verbindungen WLAN und Bluetooth müssen Sie dann im Kontrollzentrum noch separat deaktivieren, denn – anders als bei der Aktivierung – geschieht das diesmal nicht automatisch.

AirDrop mit dem Mac

So wie der Austausch zwischen den mobilen Geräten funktioniert AirDrop auch zwischen iPhone und Mac – eine lang ersehnte Funktion, die Apple schließlich in iOS und OS X integriert hat. Der Mac muss sich dafür natürlich im selben WLAN befinden wie das iPhone.

1. Klicken Sie auf Ihrem Mac in der Seitenleiste des Finders auf **AirDrop**, woraufhin Ihr iPhone angezeigt wird.
2. Senden Sie nun vom iPhone beispielsweise ein Bild an den Mac, der nun automatisch im Display Ihres iPhones auftauchen müsste.
3. Auf dem Mac muss dann lediglich der Empfang bestätigt werden, und schon wird die Datei versendet.

Das Hintergrundbild ändern

Sie können mit wenigen Schritten ganz einfach auch das Hintergrundbild Ihres iPhones an Ihren Geschmack anpassen. Nutzen Sie hierzu entweder Fotos, die sich im Bilderordner Ihres iPhones befinden, oder nehmen Sie ein Foto mit Ihrer Kamera auf, und verwenden Sie es dann als Hintergrundbild. Gehen Sie dabei wie folgt vor:

1. Tippen Sie auf **Einstellungen ▸ Hintergrundbild**.
2. Auf der nächsten Seite tippen Sie auf **Neuen Hintergrund wählen** ①, um zur eigentlichen Auswahl zu gelangen.

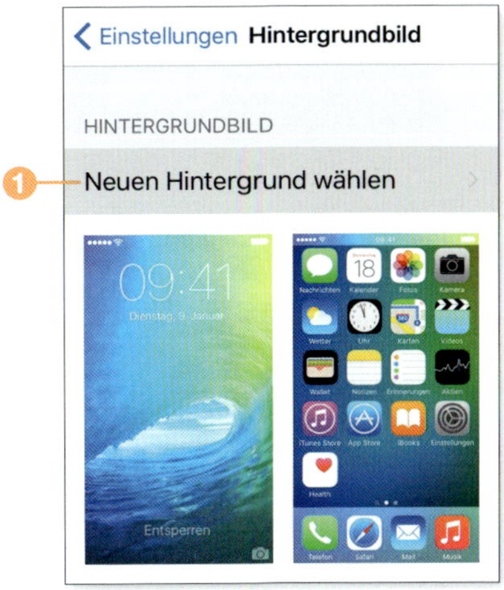

3. In dieser Ansicht wählen Sie, aus welcher Quelle Sie Ihr Bild nehmen möchten, um es für den Hintergrund zu verwenden. Die Rubrik **Apple Hintergrund** enthält alle Bilder, die Apple für Ihr iPhone bereits mitliefert. Es handelt sich hierbei um Bilder mit mehr oder weniger dezenten Farben und Mustern. Hier können Sie überdies zwischen statischen und dynamischen, also sich bewegenden Bildern wählen. Sie können aber auch eigene Aufnahmen als Hintergrundbild verwenden.

4. Sie haben in der Rubrik **Fotos** die Wahl zwischen den Ordnern **Aufnahmen**, **Mein Fotostream**, **Favoriten**, **Meine Panoramen**, **Serien**, **Bildschirmfotos** und anderen von Ihnen erstellten Alben.
5. Möchten Sie ein Bild aus Ihren mit dem iPhone erstellten Aufnahmen auswählen, tippen Sie einfach auf **Aufnahmen**, und wählen Sie ein Bild aus, indem Sie die kleine Vorschau im Ordner antippen. Daraufhin öffnet sich das Bild auf Ihrem Display.
6. Skalieren Sie nun das Bild nach Belieben (vergrößern oder verkleinern Sie es), indem Sie Daumen und Zeigefinger darauf setzen und beide Finger auseinanderziehen oder zusammenschieben. Dann verschieben Sie das gesamte Bild so lange an die richtige Stelle (setzen Sie den Finger darauf, und ziehen Sie am Bild), bis Ihnen der Ausschnitt auf dem Display gefällt. Legen Sie noch fest, ob Sie die Perspektive ein- oder ausschalten möchten 2, und tippen Sie dann auf **Sichern**.
7. Entscheiden Sie, bei welchen Bildschirmansicht Sie das Bild verwenden möchten: **Sperrbildschirm**, **Home-Bildschirm** oder **Beide**. Ihre Auswahl wird automatisch gespeichert.

Das war schon alles. Gefällt Ihnen Ihre Auswahl? Das Foto wird nun, je nachdem, welche Option Sie in Schritt 6 ausgewählt haben, als Hintergrund für Ihre Apps und Ordner angezeigt oder immer dann, wenn Sie Ihr iPhone nicht benutzen und es gesperrt ist.

Kapitel 2
Mit der Tastatur schreiben

Das iPhone ist ein Smartphone, das ohne die üblichen Tasten auskommt. Auch hier müssen Sie allerdings häufig Eingaben machen. Die Lösung ist eine Bildschirmtastatur, die sich bei Bedarf einblendet. Wie diese Bildschirmtastatur genau funktioniert und wie Sie sie am besten bedienen, erfahren Sie in diesem Kapitel.

Über die Bildschirmtastatur geben Sie am iPhone alle Texte ein.

Die Tastatur im Hoch- und Querformat

Die Bildschirmtastatur können Sie im Hoch- sowie im Querformat verwenden. In jeder App, bei der Eingaben möglich sind, steht sie Ihnen zur Verfügung. Sollte sich die Tastatur nicht automatisch einblenden, müssen Sie eventuell einmal auf das Display tippen, und schon wird die Bildschirmtastatur sichtbar. Normalerweise wird sie im Hochformat dargestellt, wie Sie in den Abbildungen erkennen.

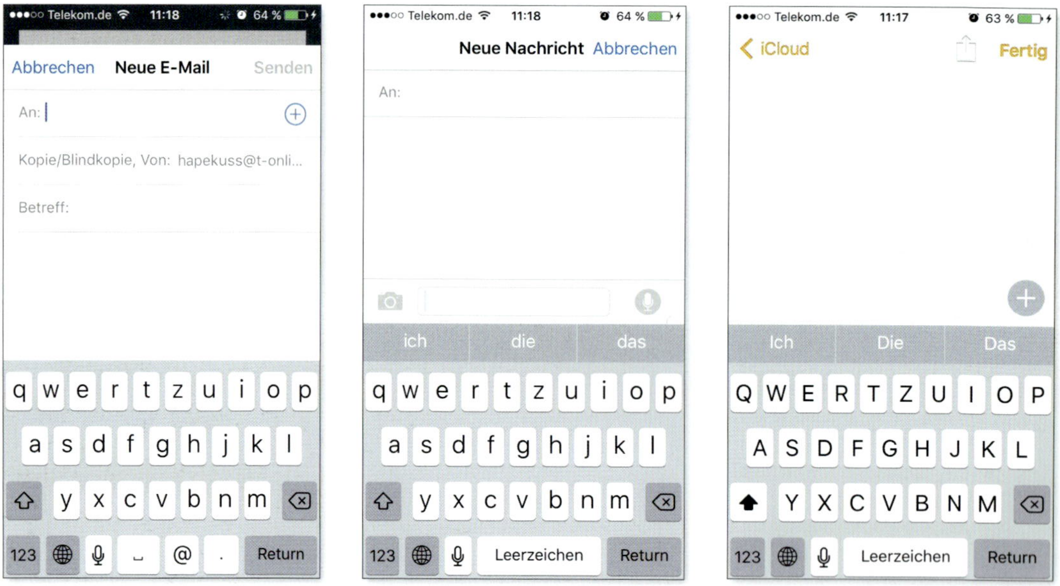

Die Tastatur im Hochformat in drei verschiedenen Apps: Mail, Nachrichten, Notizen (von links nach rechts; ganz rechts in der Ansicht mit Großbuchstaben)

Wenn Sie das iPhone im Winkel von 90 Grad um die eigene Achse drehen (siehe dazu die folgende Abbildung), ändert sich die Darstellung der Tastatur entsprechend, sie wird also im Querformat angezeigt. Es ist übrigens egal, in welche Richtung – im oder entgegen dem Uhrzeigersinn – Sie Ihr iPhone drehen. Das im iPhone integrierte *Gyroskop* (Kreiselinstrument) passt die Tastatur immer entsprechend an. Der Vorteil des Querformats ist auch, dass die Tasten dann größer erscheinen, was die Bedienung natürlich vereinfacht.

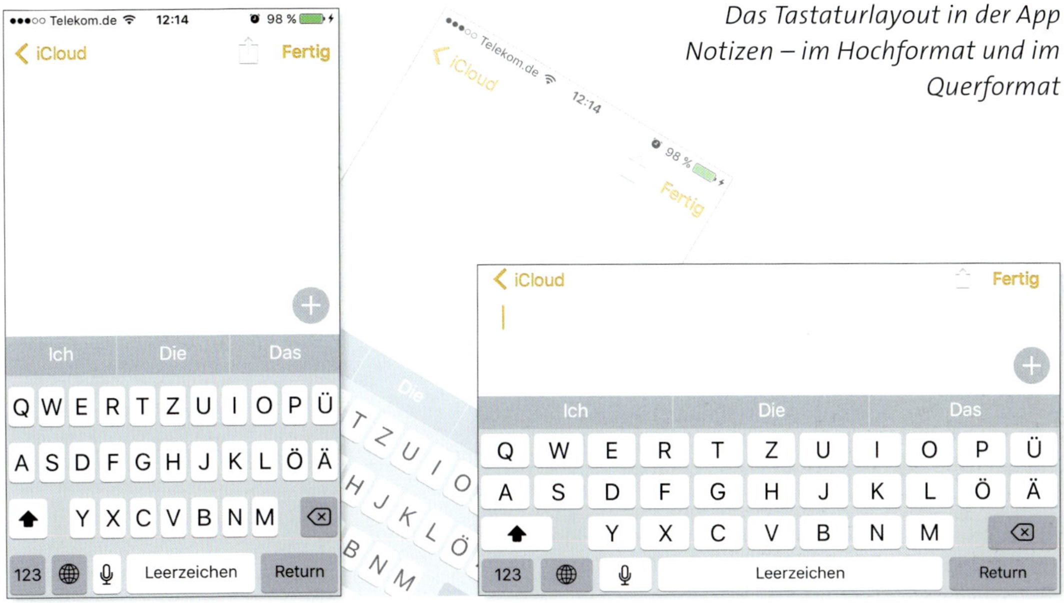

Das Tastaturlayout in der App Notizen – im Hochformat und im Querformat

Neue Tastaturen anderer Anbieter einbinden

Sie haben auf dem iPhone aber auch die Möglichkeit, anstatt der vorhandenen verschiedene Tastaturen anderer Hersteller ganz nach Belieben zu nutzen. Um neue Tastaturen einzufügen, gehen Sie wie folgt vor:

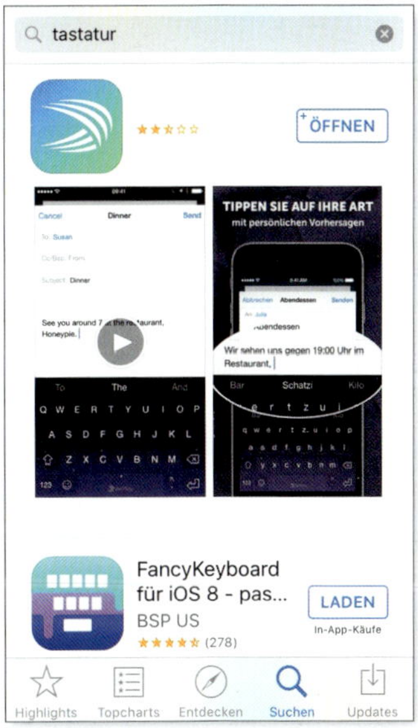

Um andere Tastaturen auf Ihrem iPhone nutzen zu können, müssen Sie zuerst eine Tastatur aus dem App Store laden.

1. Geben Sie hierzu in das Suchfeld den Begriff »Tastatur« ein, wobei Groß- oder Kleinschreibung keine Rolle spielen. Wählen Sie dann eine Tastatur aus, und installieren Sie diese.
2. Die App befindet sich daraufhin auf Ihrem Home-Bildschirm.

Ist das erledigt, können Sie darangehen, die Tastatur auch fest einzubinden.

1. Gehen Sie dazu in den Einstellungen auf **Allgemein ▸ Tastatur** und dann auf **Tastaturen**. Hier tippen Sie auf **Tastatur hinzufügen** ❶ und wählen Ihre Tastatur unter den Drittanbietertastaturen aus, in unserem Beispiel **SwiftKey** ❷. Sie finden die neue Tastatur dann unter den bereits zuvor ausgewählten Tastaturen.

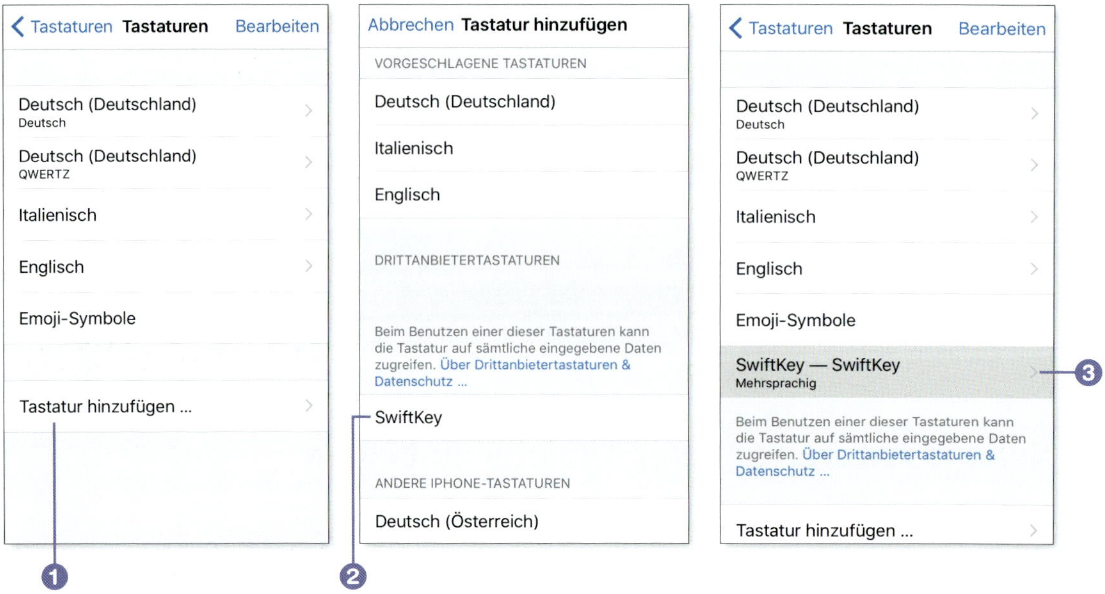

2. Wenn Sie die neue Tastatur antippen ❸, können Sie noch einen Vollzugriff erlauben. Das ist meiner Ansicht nach aber datenschutztechnisch bedenklich, weswegen ich mich in der Sicherheitsabfrage für **Nicht erlauben** ❹ entschieden habe.

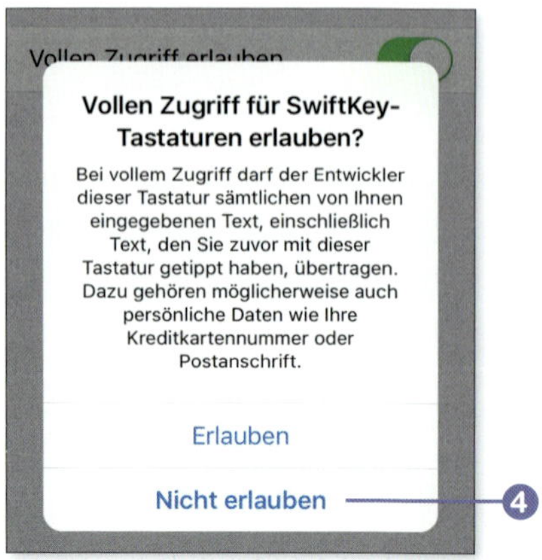

3. Um mit der neuen Tastatur arbeiten zu können, öffnen Sie einfach eine App, z. B. die Notizen-App. Tippen Sie dann in der Tastatur unten links auf das Weltkugelsymbol, und halten Sie den Finger eine kurze Zeit darauf gedrückt, und es erscheinen alle Ihre installierten Tastaturen.

4. Wählen Sie hier die neue Tastatur aus. Die neue Tastatur wird daraufhin aktiviert und kann genutzt werden.

5. Wenn Sie auf **Vollzugriff** tippen, werden Sie bei der ersten Verwendung aufgefordert, den Vollzugriff zu aktivieren (siehe Schritt 2). Entscheiden Sie selbst, was Sie machen möchten.

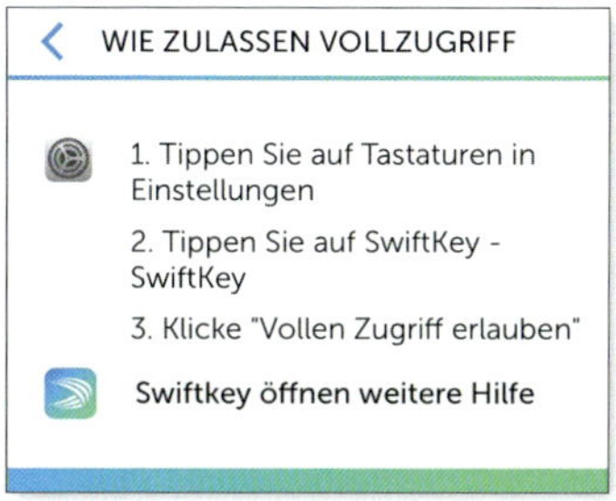

Auf diese Weise können Sie beliebig viele Tastaturen hinzufügen und so Ihr iPhone noch leistungsfähiger machen.

QuickType

QuickType vereinfacht die Art zu schreiben. Die Tastatur erkennt nun, abhängig vom Kontext, was Sie schreiben möchten, und macht Ihnen oberhalb des Tastenfeldes Vorschläge für Ihre nächsten Begriffe. Diese müssen Sie nicht eingeben – Sie tippen sie lediglich einmal mit dem Finger an, und schon wird das entsprechende Wort in den Text eingefügt. Das erleichtert die Texterstellung besonders beim Schreiben von langen Wörtern ganz enorm.

Wenn Sie beispielsweise Ihre E-Mail mit dem Wort »Hallo« beginnen wollen, tippen Sie zuerst ein »H«. Daraufhin werden bereits erste Wortvorschläge in der Leiste oberhalb der Bildschirmtastatur angezeigt. In unserem Fall (siehe Abbildung auf der folgenden Seite) ist es direkt das verbreitete Wort »Hallo«. Tippen Sie es an, wird es in den Text übernommen und es erscheinen weitere Vorschläge. Auf diese Weise können Sie z. B. »Hallo« (❶ auf Seite 54) »mein« ❷ »Freund« lediglich durch schnelles Antippen schreiben, ohne überhaupt einen einzigen weiteren Buchstaben als den ersten eingeben zu müssen.

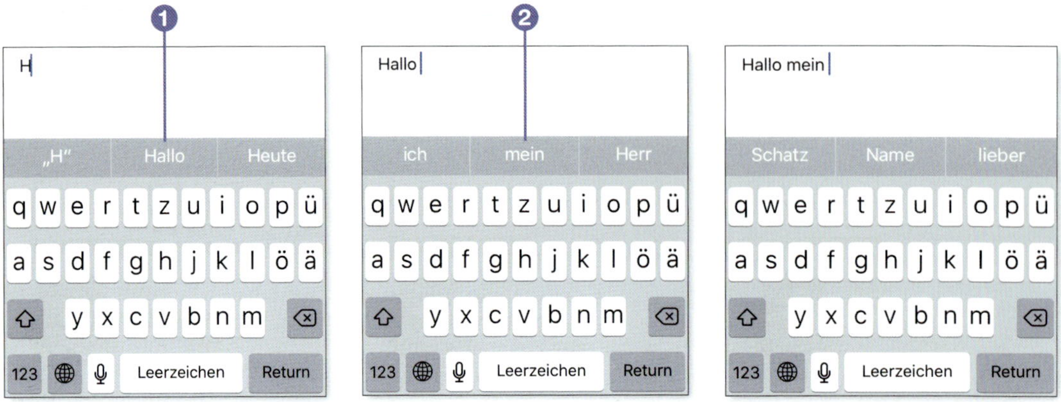

Probieren Sie es aus. Sie werden feststellen, dass es für viele Standardsituationen sehr hilfreich ist, QuickType zu verwenden. Wenn Sie die vielen Vorschläge beim Schreiben stören, können Sie diese auch ausschalten und zur früheren Tastatur zurückkehren. Hierfür müssen Sie lediglich in den Einstellungen unter **Allgemein ▸ Tastatur** den Schalter für **Vorschläge** ❸ deaktivieren.

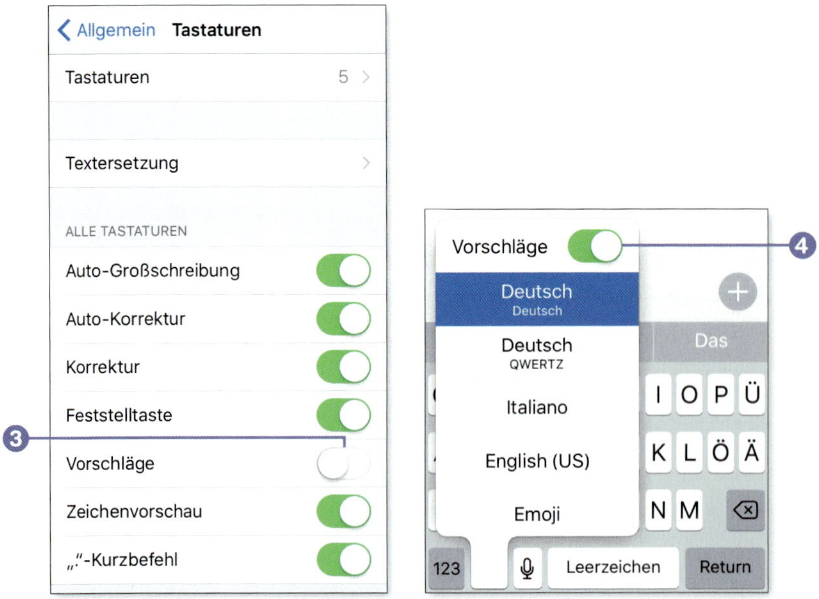

Welcher Modus gerade eingeschaltet ist, erkennen Sie auch direkt auf der Tastatur. Indem Sie auf die kleine Weltkugel tippen und den Finger etwas darauf halten, erkennen Sie ganz oben am Schalter **Vorschläge** den aktuellen Status ❹. Sie können den Status also auch hier verändern, indem Sie die Vorschläge durch Deaktivierung des Schalters an dieser Stelle ausschalten.

Sie können die Vorschläge aber auch schnell ausblenden, indem Sie auf die Vorschlagsleiste tippen und dabei den Finger Richtung Unterkante ihres iPhones ziehen. Sie erhalten zwar weiterhin Vorschläge, diese erscheinen nun aber in einem kleinen Etikett ❺ unterhalb des eigentlichen Wortes. Durch Antippen des Vorschlags übernehmen Sie ihn, durch Antippen des Kreuzsymbols ❻ verwerfen Sie ihn.

Die minimierte Vorschlagsleiste erkennen Sie an der kleinen Linie in der Mitte ❼. Wischen Sie vom oberen Rand der Tastatur nach oben, können Sie sie auch wieder sichtbar machen.

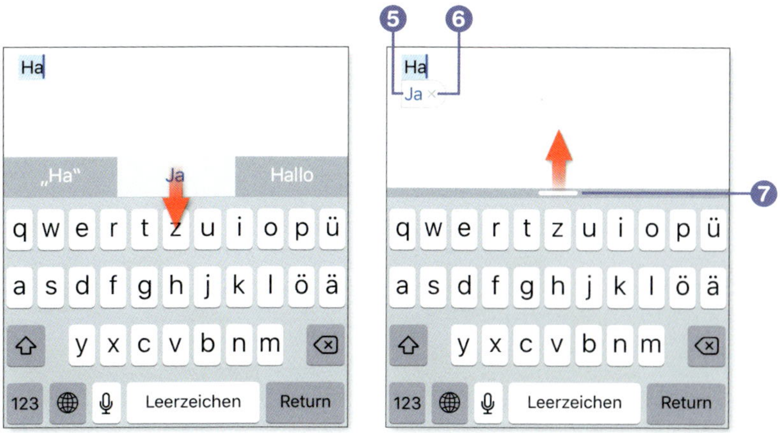

Links wird der Vorschlag in der Vorschlagsleiste eingeblendet. Rechts, mit ausgeblendeter Vorschlagsleiste, wird der Vorschlag wieder wie früher angezeigt.

INFO

Wann ist die Weltkugel-Taste zu sehen?

Die kleine Weltkugel unten links auf der Tastatur erscheint erst dann, wenn Sie über mehrere Tastaturen verfügen, etwa wenn Sie eine weitere Tastatursprache wie Englisch oder Französisch eingestellt haben.

Einige Fingerübungen

Um auf der iPhone-Bildschirmtastatur flüssig schreiben zu können, bedarf es einiger Übung, da Sie keine haptische Rückmeldung von den Tasten bekommen. Als Erstes bietet es sich daher an, die Tastentöne zu aktivieren. Auf diese Weise erhalten Sie zumindest eine Audiorückmeldung, wenn Sie eine Taste gedrückt haben.

Diese Einstellung nehmen Sie unter **Einstellungen ▸ Töne** vor. Aktivieren Sie die Option **Tastaturanschläge** ❶ in diesem Menü. Die Lautstärke der Tastentöne steuern Sie dann über die Lautstärkeregler an der linken Seite Ihres iPhones.

Wenn Sie ein absoluter Neuling an der Bildschirmtastatur sind, sollten Sie die Tastatur zunächst im Querformat nutzen, da die einzelnen Buchstaben hier wesentlich größer angezeigt werden als im Hochformat. Die Tastatur gibt Ihnen darüber hinaus eine visuelle Kontrolle. Wenn Sie auf einen Buchstaben tippen, vergrößert sich dieser ❷ entsprechend, sodass Sie sofort erkennen, ob Sie den richtigen Buchstaben getroffen haben.

Wird ein Buchstabe derart dargestellt, wird er erst geschrieben, nachdem Sie die Taste losgelassen haben. Sollten Sie einmal versehentlich einen falschen Buchstaben angetippt haben, halten Sie den Finger auf der Tastatur und bewegen ihn auf dem Display an die Stelle des gewünschten Buchstabens. Ist schon der falsche Buchstabe eingegeben, löschen Sie ihn wieder mit der entsprechenden Taste ❸. Probieren Sie es einfach mal aus. Sie werden feststellen, dass der Umgang mit der Tastatur eigentlich ganz einfach ist.

Wenn Sie bereits etwas fortgeschrittener sind und diese Anzeige nicht mehr benötigen, so können Sie diese auch ausschalten. Tippen Sie hierzu auf **Einstellungen ▸ Allgemein ▸ Tastatur**, und deaktivieren Sie den Schalter **Zeichenvorschau anzeigen**.

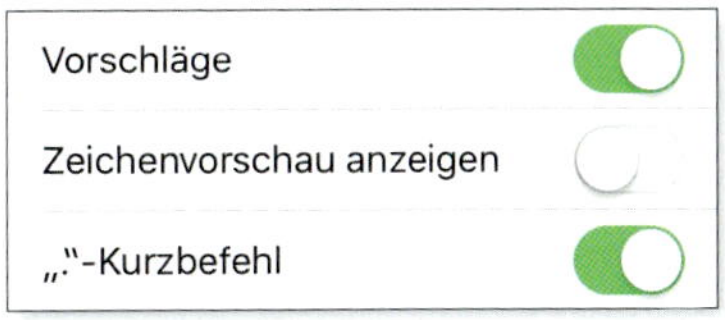

Umlaute, Akzente und Ligaturen eingeben

Die Tastatur des iPhones mag Ihnen etwas vereinfacht vorkommen, denn das »ß« oder Sonderzeichen wie Akzente scheinen auf den ersten Blick nicht vorhanden zu sein. Sie sind aber da!

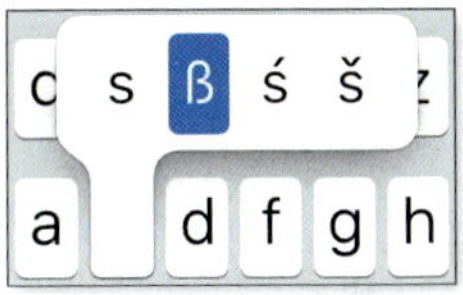

1. Um z. B. ein »ß« zu schreiben, halten Sie einfach die [S]-Taste etwas länger gedrückt. Es erscheinen dann alle möglichen Darstellungsformen dieses Buchstabens.
2. Dann wischen Sie einfach mit dem Finger so lange nach rechts, bis Sie beim »ß« angekommen sind. Setzen Sie dabei den Finger nicht ab! Dass Sie den richtigen Buchstaben ausgewählt haben, erkennen Sie daran, dass er blau hinterlegt ist.
3. Nehmen Sie nun den Finger vom Bildschirm, wird das »ß« eingefügt.

Die typisch deutschen Umlaute Ä, Ö und Ü können auch direkt angezeigt werden, sodass Sie dafür nicht mehr die Sonderzeichenfunktion nutzen müssen. Stellen Sie unter **Einstellungen ▸ Allgemein ▸ Tastatur ▸ Tastaturen ▸ Deutsch ([Länderangabe])** das Tastaturlayout auf **Deutsch**.

Die oben beschriebene Eingabe der alternativen Zeichenbelegung funktioniert natürlich nicht nur mit dem Buchstaben »ß«, sondern auch mit allen anderen Buchstaben.

Möchten Sie einen Großbuchstaben eingeben, müssen Sie übrigens die [⇧]-Taste einmal antippen. Tippen Sie hingegen zweimal hintereinander auf diese Taste, aktivieren Sie die permanente Großschreibung. Tippen Sie erneut auf die [⇧]-Taste, um diese zu beenden.

Buchstabe	Sonderzeichen
a	a ä à á â æ ã å ā
e	e é è ê ë ė
i	ì ī í ï î i
o	ō ø œ õ ó ò ô ö o
u	ū ú ù û ü u
c	c ç ć č
n	ń ñ n
s	s ß ś š
y	ÿ y

Die verschiedenen Sonderzeichen auf den einzelnen Buchstabentasten

In der nebenstehenden Tabelle finden Sie die Abfolge der verschiedenen Zeichen im Überblick.

Falls Sie eine andere Sprache einstellen, ändert sich auch die Reihenfolge der zu diesem Buchstaben gehörenden Sonderzeichen. Als Beispiel sehen Sie in den folgenden beiden Abbildungen den Buchstaben »e«, der einmal auf Deutsch und einmal auf Italienisch dargestellt wird.

Italienische (oben) und deutsche (unten) Sonderzeichen hinter dem Buchstaben »e«

Wie Sie sehen, wird nicht nur die generelle Tastenbelegung sondern auch die alternative Tastenbelegung der Buchstaben je nach eingestellter Sprache angepasst. Probieren Sie es doch einmal mit einer anderen Sprache aus.

Ziffern und Sonderzeichen eingeben

Um Zahlen auf Ihrer Bildschirmtastatur einzugeben, tippen Sie auf die Taste [123], und schon wandelt sich die Tastatur von einer normalen Tastatur in eine Zahlentastatur mit weiteren Sonderzeichen um.

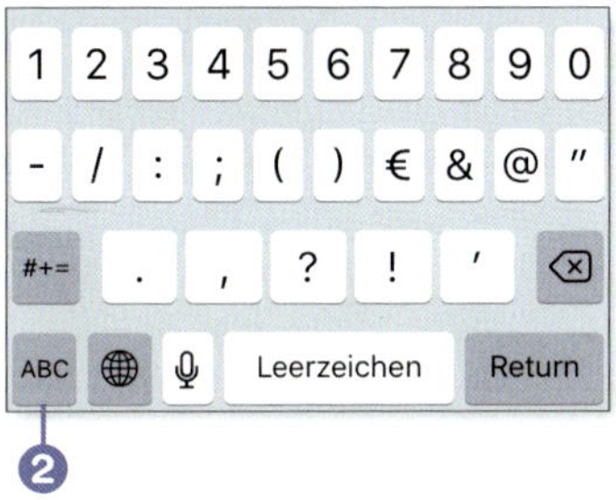

Die Taste [123] ❶ schaltet die Tastatur um auf die Zahlendarstellung. Sie ändert sich in die Taste [ABC] ❷, mit der Sie dann wieder zur Normaldarstellung wechseln.

In der Zahlenansicht geben Sie dann wie gewohnt Zahlen und Sonderzeichen ein. Ein Tippen auf [#+=] ❸ fördert eine erweiterte Sonderzeichenansicht zutage.

Nach dem Antippen der [#+=]-Taste erscheint die erweiterte Sonderzeichenansicht, die sich im Wesentlichen in den oberen beiden Zeilen unterscheidet.

Hinter manchen dieser Sonderzeichen verbergen sich weitere Optionen, die Sie erreichen, indem Sie den Finger auf der entsprechenden Taste gedrückt halten.

Die in der folgenden Tabelle aufgeführten Sonderzeichen können auf dem iPhone genutzt werden.

Sonderzeichen	Erweiterung
0	° 0
-	- – — •
€	₽ ₩ ¥ £ $ €
&	& §
"	» « ″ " „ "
.	. …
?	? ¿
!	! ¡
,	` ′ ‵ › ‹ ' ‚
%	% ‰

Alle auswählbaren Sonderzeichen in einer Übersicht

Die Rechtschreibkorrektur nutzen

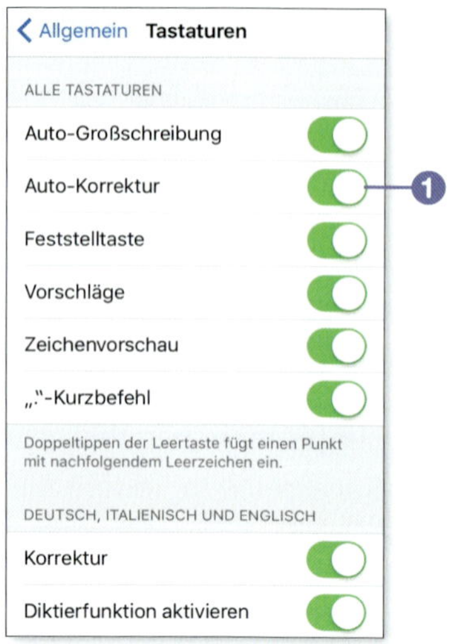

Die Bildschirmtastatur auf Smartphones ist bauartbedingt immer recht klein – auch auf dem iPhone 6s und selbst dem iPhone 6s Plus. Da passiert es natürlich schon mal, dass Sie sich verschreiben, weil Sie versehentlich auf den falschen Buchstaben tippen.

Das iPhone verfügt für derartige Fälle über eine Rechtschreibkorrektur, und es macht sogar schon beim Schreiben Vorschläge.

Sie schalten die Rechtschreibkorrektur unter **Einstellungen ▸ Allgemein ▸ Tastatur** über den Schalter **Auto-Korrektur** ❶ ein oder aus.

In der folgenden Anleitung erfahren Sie, wie Sie die Rechtschreibkorrektur in Verbindung mit QuickType nutzen:

1. Öffnen Sie eine App, in der Sie schreiben können, z. B. Mail, und beginnen Sie mit der Texteingabe.
2. Haben Sie aus Versehen einen falschen Buchstaben erwischt, das Wort aber ansonsten korrekt geschrieben, macht Ihnen das iPhone in der QuickType-Leiste einen Vorschlag ❷ – in unserem Fall »Hallo«.

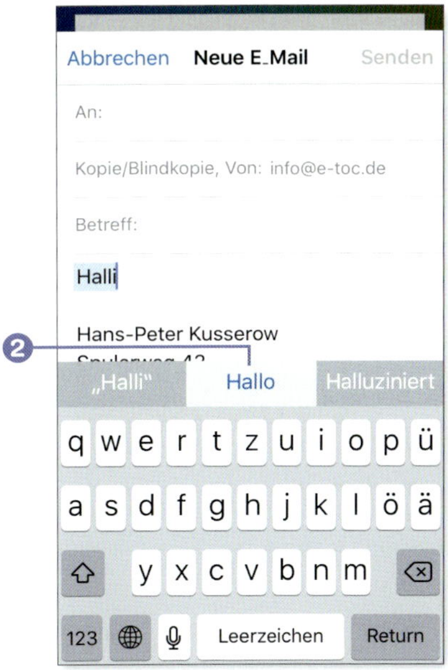

3. Übernehmen Sie es, indem Sie es in der QuickType-Leiste antippen.
4. Ist das vorgeschlagene Wort nicht korrekt, tippen Sie einfach so lange weiter, bis der richtige Vorschlag angeboten wird.

Auf diese Art können Sie eigentlich gar nichts mehr falsch schreiben. Wenn Sie Ihre Texte lieber selbst schreiben, können Sie die Auto-Korrektur natürlich auch abstellen. Öffnen Sie dazu erneut das Menü **Einstellungen ▸ Allgemein ▸ Tastatur**, und stellen Sie die Option **Auto-Korrektur** ab.

> **INFO**
>
> **Unterschied zwischen Korrektur und Auto-Korrektur**
>
> Während die Auto-Korrektur selbstständig Korrekturen vorschlägt oder Wörter bei der Eingabe vervollständigt, arbeitet die Korrektur verhaltener: Sie unterstreicht falsch geschriebene Wörter, und Sie müssen auf ein unterstrichenes Wort tippen, um Korrekturvorschläge angezeigt zu bekommen.

Zusätzliche Sprachen einstellen

Um auch in anderen Sprachen Texte verfassen und dabei die äußerst praktische Rechtschreibkorrektur nutzen zu können (siehe dazu den Abschnitt »Die Rechtschreibkorrektur nutzen« ab Seite 60), können Sie weitere Sprachen wählen.

1. Tippen Sie auf **Einstellungen ▸ Allgemein ▸ Tastatur ▸ Tastaturen**, und wählen Sie unter **Tastatur hinzufügen** eine beliebige Sprache aus. Sie können entweder eine Tastatur aus dem Bereich **Vorgeschlagene Tastaturen** verwenden oder sich im Bereich **Andere iPhone-Tastaturen** eine beliebige Tastatur für zahlreiche Sprachen der Welt heraussuchen. Das können Sie mehrfach hintereinander wiederholen.

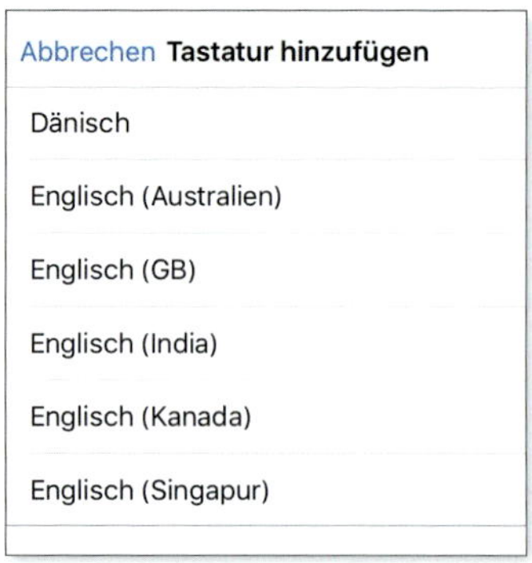

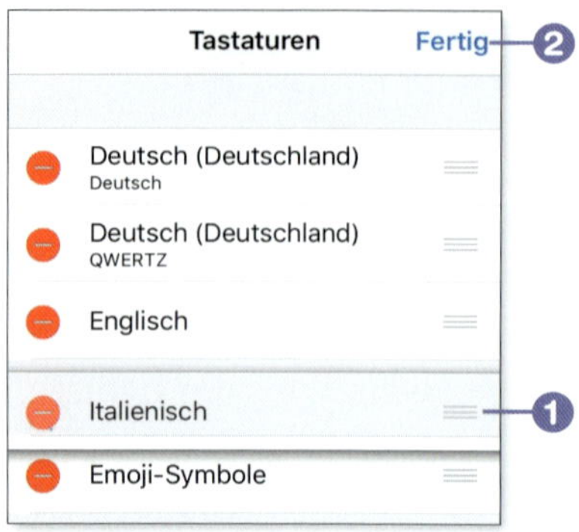

2. Nachdem Sie alle Sprachen ausgewählt haben, die Sie benötigen, können Sie auf der Seite **Tastaturen** noch die Reihenfolge der Sprachen verändern. Tippen Sie dazu auf **Bearbeiten**, und verschieben Sie die einzel-

nen Sprachen in ihrer Reihenfolge ganz nach Ihrem Geschmack, indem Sie auf die drei Linien ❶ tippen und den Finger beim Ziehen auf dem Display lassen. Wenn Sie so weit sind, tippen Sie auf **Fertig** ❷.

Ich zeige Ihnen die beiden in unserem Beispiel ausgewählten zusätzlichen Tastatursprachen im nächsten Bild noch einmal in der Gegenüberstellung. Selbstverständlich können Sie während des Schreibens auch zwischen den einzelnen Tastaturen wechseln. Nutzen Sie dazu das Weltkugelsymbol ❸. Tippen Sie einmal darauf, und Sie wechseln zur nächsten Sprache.

Das Bild links zeigt die englische Tastatur mit einer `space` *- und einer* `return` *-Taste; rechts sehen Sie die italienische Tastatur mit der* `spazio` *- und der* `invio` *-Taste.*

Wenn Sie den Finger etwas länger auf dieser Taste halten, sehen Sie ein Sprachwahlmenü, über das Sie nun die Sprache ❹ direkt wählen können.

Als besonderes Schmankerl können Sie als neue Tastatursprache auch sogenannte *Emoji-Symbole* einblenden, also Icons, mit denen Sie Emotionen in Ihren Texten bildlich zeigen. Wählen Sie zum Aktivieren einfach im Menü

Einstellungen ▶ Allgemein ▶ Tastatur ▶ Tastaturen ▶ Tastatur hinzufügen den Eintrag **Emoji-Symbole** aus.

Danach können Sie diese Symbolsprache genauso wie Ihre anderen Tastaturen über das Weltkugelsymbol auswählen.

TIPP

Besonderheit bei der Emoji-Gruppe »Personen«

Bei der Emoji-Gruppe **Personen** können Sie bei einigen Symbolen politisch korrekt sogar die Hautfarbe des jeweiligen Emojis auswählen, wenn Sie mögen. Hierzu müssen Sie das entsprechende Emoji etwas länger gedrückt halten, um Ihre Auswahl treffen zu können. Tippen Sie es nur normal an, wird das Emoji in Gelb eingefügt.

Wählen Sie in der Gruppe »Personen« eine beliebige Hautfarbe aus.

Tipps für eine schnellere Eingabe

Bald werden Sie feststellen, dass das Schreiben relativ flott geht. Trotzdem können Sie Ihre Eingabegeschwindigkeit noch weiter erhöhen. In diesem Abschnitt gebe ich Ihnen dazu ein paar Tipps.

Zuerst sollten Sie sicherstellen, dass Sie an Ihrem iPhone alle notwendigen Einstellungen für schnelleres Schreiben vorgenommen haben. Dazu müssen Sie unter **Einstellungen ▶ Allgemein ▶ Tastatur** dafür sorgen, dass Sie alle Optionen entsprechend ausgewählt haben.

Satzzeichen und Ziffern schneller eingeben

Wenn Sie einen Satz beenden und einen Punkt setzen möchten, müssen Sie nicht jedes Mal zur Bildschirmtastatur für die Zahlen und Sonderzeichen wechseln, auf der sich der Punkt befindet. Es gibt eine viel schnellere Möglichkeit, die Sie durch die Option **„."-Kurzbefehl** ❶ ein- oder ausstellen. Tippen Sie einfach zweimal schnell hintereinander auf die Leertaste, und direkt am Wortende wird ein Punkt eingefügt, gefolgt von einem Leerzeichen, damit Sie sofort weiterschreiben können.

Um spezielle Zeichen wie Klammern, einen Doppelpunkt, ein Frage- oder Ausrufezeichen oder Zahlen einzugeben, gibt es auch eine superschnelle Möglichkeit: Tippen Sie auf die [123]-Taste, und ziehen Sie den Finger, *ohne ihn abzusetzen*, an die Stelle des Zeichens, das Sie einfügen möchten. Lösen Sie erst dann den Finger vom Display, wenn das Zeichen hervorgehoben wird. Es wird nun eingefügt, und das Display springt automatisch wieder in den normalen Schreibmodus zurück. Auf diese Weise sparen Sie viel Zeit.

Die Feststelltaste

Eine weitere Möglichkeit, Zeit zu sparen, ergibt sich, wenn Sie mehrere Zeichen hintereinander in Großbuchstaben schreiben müssen. Normalerweise müssten Sie vor jedem Buchstaben einmal die [⇧]-Taste antippen, um einen weiteren Großbuchstaben zu erzeugen.

Das ist jedoch gar nicht nötig. Stattdessen tippen Sie zweimal schnell hintereinander auf die [⇧]-Taste. Die Taste ändert daraufhin ihr Aussehen, und der Großschreibmodus wurde aktiviert. Schreiben Sie dann das Wort, und tippen Sie zum Beenden des Großschreibmodus noch einmal auf die [⇧]-Taste. Diese Funktion können Sie unter **Einstellungen** ▸ **Allgemein** ▸ **Tastatur** ▸ **Feststelltaste** ein- und ausschalten.

Eingaben widerrufen

Haben Sie sich einmal so richtig verschrieben, hilft die »Schüttelfunktion« Ihres iPhones. Wenn Sie es schütteln, widerrufen Sie damit Ihre letzte Eingabe, und anschließend können Sie dann Ihren Text erneut eingeben.

Kurzbefehle einfügen

Sie können noch schneller schreiben, indem Sie Kurzbefehle nutzen, um etwa immer wiederkehrende Floskeln beziehungsweise Textbausteine ausschreiben zu lassen. Tippen Sie z. B. »mfg«, und Ihr iPhone macht automatisch »Mit freundlichen Grüßen« daraus.

1. Öffnen Sie dazu das Menü **Einstellungen ▸ Allgemein ▸ Tastatur ▸ Textersetzung**, und tippen Sie auf der Seite **Textersetzung** oben rechts auf das kleine Plussymbol ❶.

2. Geben Sie in das Feld **Text** ❷ den Text ein, den Sie automatisch schreiben lassen möchten, und in das Feld **Kurzbefehl** ❸ das dafür von Ihnen gewählte Kürzel.

3. Zum Schluss tippen Sie auf **Sichern** ❹, um den von Ihnen auf diese Weise erstellten Kurzbefehl zu speichern.

Wenn Sie in Zukunft einen Text schreiben, in dem dieser Kurzbefehl vorkommt, wird Ihr iPhone dieses Kürzel automatisch immer durch die Langversion ersetzen.

Den Cursor positionieren und Text auswählen

Wenn Sie einen längeren Text auf Ihrem iPhone verfassen möchten, z. B. eine E-Mail, kann es vorkommen, dass Sie mal an eine bestimmte Stelle im Text springen müssen, um dort etwas einzufügen. Sie können natürlich einfach auf die Stelle tippen und hoffen, dass Sie den richtigen Punkt für Ihre Eingabe gefunden haben. Dieses Verfahren ist jedoch recht unpräzise, und Sie werden feststellen, dass Sie in der Regel nicht oder nur zufällig zum gewünschten Ergebnis gelangen. Es gibt für dieses Problem jedoch eine Lösung, die ich Ihnen hier vorstellen werde:

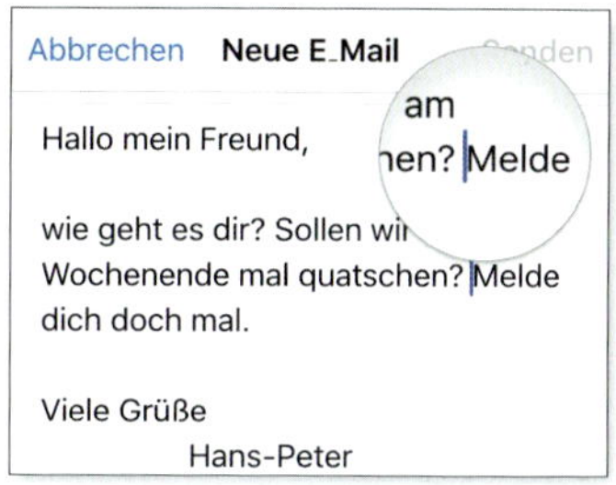

1. Tippen Sie auf den Text, und lassen Sie den Finger auf dem Display. Nach etwa zwei Sekunden erscheint auf dem Display eine Lupe, in welcher der Cursor und die Textstelle vergrößert dargestellt werden.

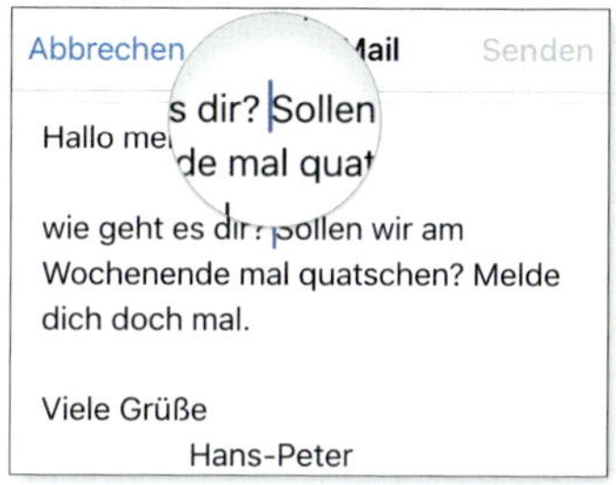

2. Ziehen Sie den Cursor an die Stelle, an der Sie weiteren Text eingeben möchten, und nehmen Sie dann den Finger vom Display. Der Cursor steht nun an der richtigen Stelle.

3. Wenn Sie den Finger vom Bildschirm genommen haben und der Cursor richtig positioniert ist, geben Sie entweder eigenen Text ein oder fügen einen bereits vorher ausgewählten Text mithilfe der **Einsetzen**-Schaltfläche ① aus dem Zwischenspeicher des iPhones ein.

Wie Sie Text kopieren beziehungsweise ausschneiden, um ihn an anderer Stelle wieder einzusetzen, erfahren Sie im Abschnitt »Kopieren und einfügen« ab Seite 68. Das funktioniert sogar App-übergreifend – z. B. können Sie Text in Safari markieren, kopieren und ihn in eine Notiz einfügen.

INFO

Schnelleres Auswählen von Text

Das Auswählen von Text geht aber noch etwas schneller: Um ein Wort zu markieren, tippen Sie einfach zweimal schnell hintereinander darauf. Es wird ausgewählt, und Sie können es dann sofort kopieren.

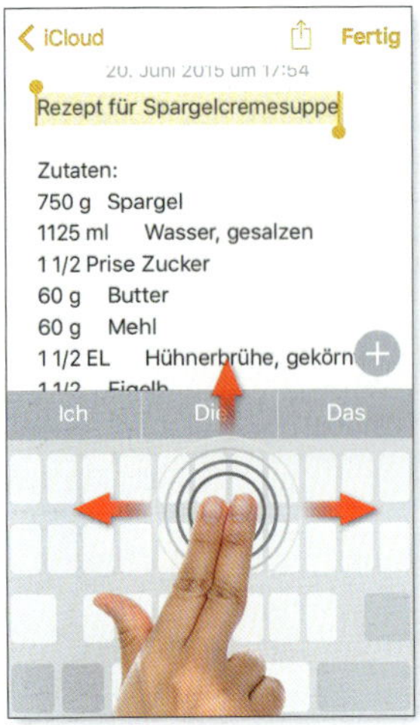

Nutzen Sie die Zweifingergeste, um Text schnell zu markieren.

Text schneller markieren

Seit iOS 9 können Sie weitere wirklich nützliche Funktionen mit QuickType nutzen. Sie können etwa längere Texte ganz leicht mit einer *Multi-Touch-Geste* markieren. Markieren Sie dazu zunächst wie üblich das erste Wort, und streichen Sie dann einfach mit zwei Fingern gleichzeitig in die Richtung über die Tastatur, in die Sie den Text markieren möchten. Bei diesem Vorgang erkennt Ihr iPhone die Multi-Touch-Geste und blendet die Tastatur aus, sodass Sie ungestört Ihre Markierung vollenden können.

Kopieren und einfügen

Wenn Sie z.B. einen bestimmten Text aus einer Notiz in eine E-Mail hineinkopieren möchten, um ihn zu versenden, können Sie das mit der integrierten Kopieren-und-einfügen-Funktion (*Copy & Paste*) erledigen. Auch Textkorrekturen gelingen so schneller.

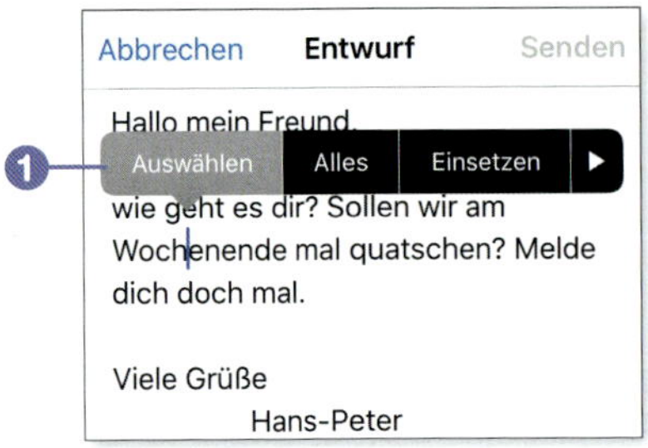

1. Um etwas zu kopieren, markieren Sie diesen Text zuerst, indem Sie einmal darauf tippen und in dem *Overlay-Menü*, das dann erscheint, auswählen, was Sie vorhaben. Hier markieren Sie entweder den ganzen Text (**Alles**), oder Sie tippen auf **Auswählen** 1.

2. In letzterem Fall wird das Wort, in dem der Cursor steht, blau markiert und mit zwei Anfasserpunkten ❷ versehen. Wenn Sie mehr als ein Wort markieren möchten, ziehen Sie einen der Anfasserpunkte mit dem Finger über den Text, bis der gewünschte Bereich markiert ist.

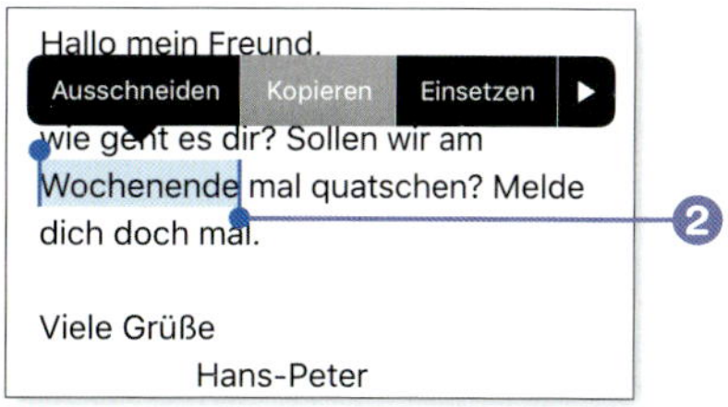

3. Ein weiteres Overlay-Menü erscheint, in dem Sie auswählen, ob Sie den markierten Text ausschneiden, kopieren, einsetzen oder ersetzen (im erweiterten Menü, das Sie über den Pfeil ❸ erreichen) möchten. Für unser Beispiel wählen wir den Befehl **Kopieren** aus.

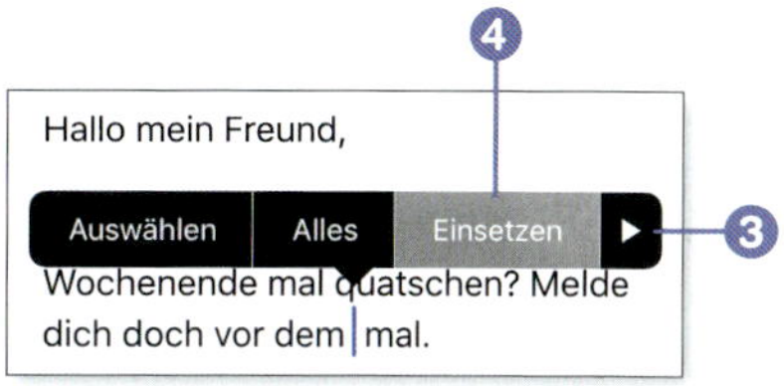

4. Setzen Sie den Cursor an die Stelle, an der Sie den kopierten Text einfügen möchten, indem Sie an der entsprechenden Stelle auf das Display tippen. Wählen Sie im Menü dann den Befehl **Einsetzen** ❹ aus dem Menü.

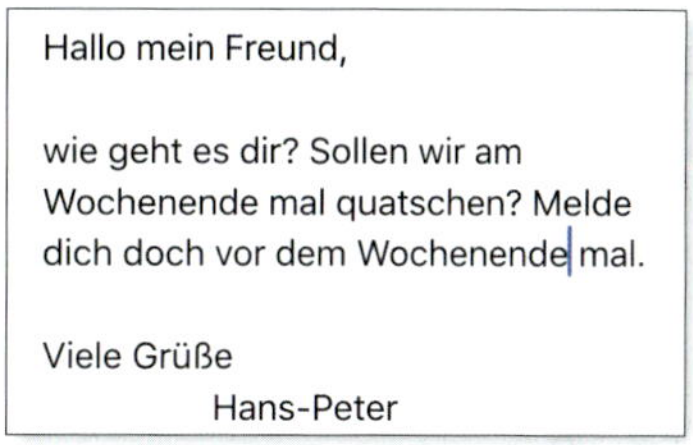

Der Text wird daraufhin an genau der Stelle eingefügt, an der der Cursor steht. Auf diese Weise können Sie auch am iPhone Ihre Texte ganz leicht editieren, ohne ständig alles neu schreiben zu müssen.

Das Ausschneiden von Text funktioniert übrigens ganz genauso, nur dass Sie statt **Kopieren** den Befehl **Ausschneiden** wählen und der Text an der ursprünglichen Stelle entfernt wird.

Kapitel 3
Telefonieren

Telefonieren können Sie mit dem iPhone neben allen anderen Funktionen tatsächlich auch – und das sogar sehr gut. Wie Sie alle zur Verfügung stehenden Telefonfunktionen wirklich sinnvoll nutzen können, erfahren Sie in diesem Kapitel.

Das iPhone funktioniert im Prinzip wie alle anderen Telefone: Erst wird gewählt, dann gesprochen. Suchen Sie einen Kontakt aus dem Adressbuch aus, oder geben Sie die Nummer über den Ziffernblock ein.

Eine Telefonnummer wählen

Die einfachste Möglichkeit, mit Ihrem iPhone zu telefonieren, ist das Wählen einer Nummer über den Ziffernblock.

1. Um zu telefonieren, tippen Sie einmal kurz auf das grüne Telefonsymbol im Dock.
2. Das Telefon öffnet sich. Wählen Sie den vierten Punkt in der Tab-Leiste aus, **Ziffernblock** ❶. Die gewählte Option wird blau hervorgehoben.
3. Geben Sie auf dem nun erschienenen Ziffernblock eine Telefonnummer ein, und tippen Sie dann auf die grüne Hörertaste ❷. Daraufhin wählt Ihr iPhone die Nummer, und Sie werden mit dem Anschluss verbunden.

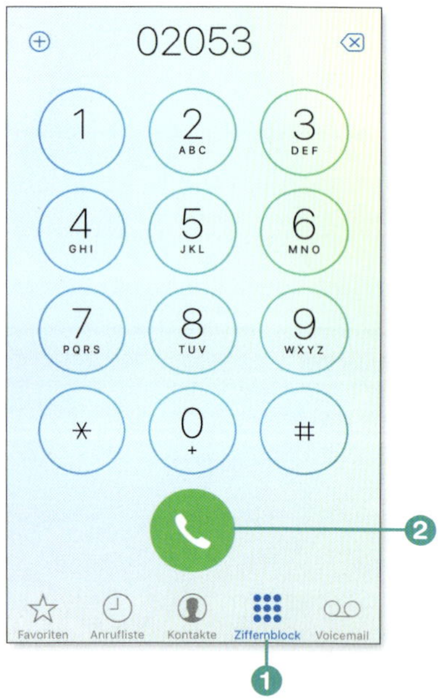

Auf dem Display wird die Dauer des Anrufs eingeblendet, außerdem haben Sie während des Telefonats die Möglichkeit, auf mehrere Befehle zuzugreifen: **Stumm**, **Ziffernblock**, **Lautsprecher**, **Anruf hinzufügen**, **FaceTime** und **Kontakte**. Weitere Informationen zu den verschiedenen Funktionen finden Sie im Abschnitt »Mit mehreren Teilnehmern sprechen und Anrufe halten« ab Seite 85. Wenn Sie Ihr aktuelles Telefonat beenden möchten, tippen Sie einfach auf die Schaltfläche mit dem roten Hörer.

Eine unbekannte Nummer zu den Kontakten hinzufügen

Haben Sie einmal über den Nummernblock eine Nummer gewählt, die noch nicht in Ihren Kontakten gespeichert ist, so können Sie das Speichern mit einem Fingertipp erledigen.

1. Tippen Sie links oben auf das kleine Plussymbol ❸.

2. Am unteren Teil des Bildschirms erscheint nun eine Auswahl, über die Sie einen neuen Kontakt erstellen oder die Nummer einem Kontakt hinzufügen können. Eine schnelle und einfache Methode, unbekannte Nummern zu speichern.

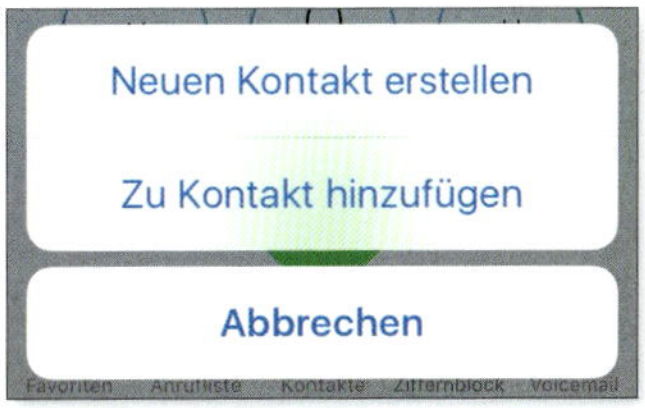

INFO

Stummschaltung und Lautsprecher

Wenn Sie während eines Anrufs auf die Schaltfläche **Stumm** tippen, die auf dem Display zu sehen ist, wird Ihr Mikro abgestellt, und Ihr Gesprächspartner kann Sie nicht mehr hören. Mit **Lautsprecher** hingegen können Sie weitere Personen Ihr Gespräch mithören lassen. Beide Funktionen deaktivieren Sie mit einem erneuten Tipp auf die entsprechende Schaltfläche.

Die Wahlwiederholung nutzen

Möchten Sie eine Nummer, die Sie vorher nicht erreicht haben, noch einmal anrufen, können Sie dafür die Wahlwiederholung verwenden. Tippen Sie einfach erneut auf den grünen Hörer, und die zuletzt gewählte Nummer wird Ihnen in der Ansicht **Ziffernblock** angezeigt. Nochmaliges Antippen des Hörers und die angezeigte Nummer wird erneut angewählt.

Einen Kontakt anrufen

Wenn Sie Ihr iPhone schon einmal mit Ihrem PC oder Mac oder über iCloud synchronisiert haben, haben Sie auch Ihre Kontakte, die Sie entweder mit Outlook oder auf dem Mac im Adressbuch (*Kontakte*) gepflegt haben, auf dem iPhone gespeichert. Daneben legen Sie natürlich auch direkt auf dem iPhone neue Kontakte an (siehe dazu den Kasten »Einen neuen Kontakt anlegen« auf Seite 74 oder den Abschnitt »Kontakte verwalten« ab Seite 187). Diese Kontakte können Sie nutzen, um jemanden mit dem iPhone anzurufen. Das geht wie folgt:

1. Nach einem Fingertipp auf das Telefonsymbol tippen Sie in der Tab-Leiste auf **Kontakte** ❶.

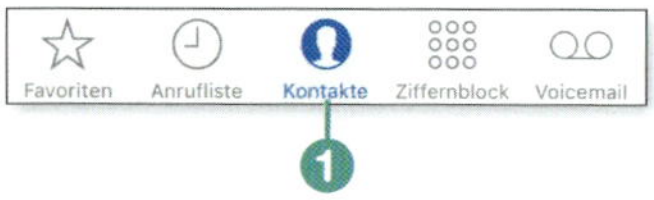

2. Daraufhin öffnet sich Ihre Kontaktliste. Durchsuchen Sie sie nun entweder nach einem bestimmten Namen ❷, oder wischen Sie von unten nach oben durch Ihre Kontakte. Um z. B. alle Einträge unter »K« aufzurufen, tippen Sie mit dem Finger auf diesen Buchstaben ❸.

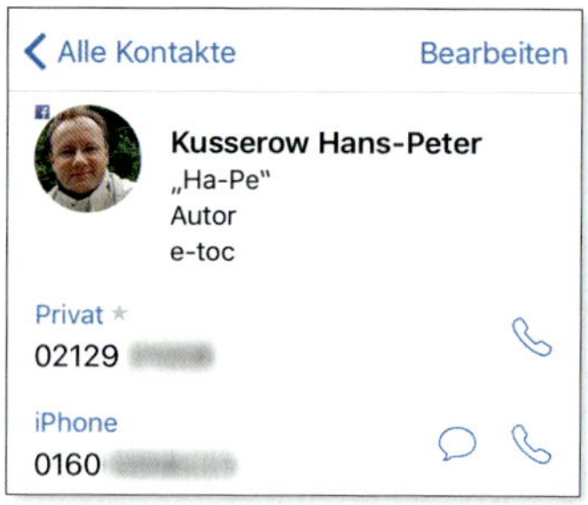

3. Wenn Sie den Kontakt Ihrer Wahl gefunden haben, tippen Sie ihn einmal an, und er öffnet sich. Tippen Sie auf die Telefonnummer, und das iPhone startet umgehend den Wahlvorgang.

INFO

Einen neuen Kontakt anlegen

Neue Kontakte lassen sich auf mehreren Wegen anlegen. Entweder tippen Sie auf das Plussymbol oben rechts in der Kontakte-App und tragen dann alle Daten ein, die Sie speichern möchten (Name, Nummer, E-Mail-Adresse, Geburtstag etc.), oder Sie öffnen Ihre Anrufliste und tippen auf das blaue Info-Symbol rechts neben dem Teilnehmer, dessen Nummer Sie speichern möchten. Im darauf folgenden Menü tippen Sie auf **Neuen Kontakt erstellen**, um einen ganz neuen Eintrag anzulegen, und ergänzen dann alle weiteren Daten (die Telefonnummer wird automatisch übernommen). Bei der SMS eines nicht gespeicherten Kontakts funktioniert es ähnlich: Tippen Sie oben rechts auf **Details** und dann auf das blaue Info-Symbol. Auf der folgenden Seite wählen Sie dann wieder **Neuen Kontakt erstellen**.

Wie Sie Ihr Mac-Adressbuch mit Ihren iPhone-Kontakten synchronisieren, erfahren Sie im Abschnitt »Anrufergruppen synchronisieren und nutzen« ab Seite 94.

Einen Anruf annehmen

Einen Anruf auf Ihrem iPhone anzunehmen ist ebenfalls ganz einfach:

1. Wenn Sie angerufen werden und Ihr iPhone sich derzeit im Standby-Modus befindet, leuchtet das Display auf, und der Schieberegler, der sonst zum Entsperren dient, verändert sich und wird zu einem runden Symbol mit einem grünen Hörer darin. Die Beschriftung lautet nun **Annehmen**.
2. Entriegeln Sie das Telefon und nehmen Sie den Anruf entgegen, indem Sie den Regler mit dem Finger von links nach rechts wischen. Sie können dann sofort telefonieren.
3. Ist Ihr iPhone bereits entriegelt, weil Sie gerade etwas damit gemacht haben, sieht die Annahme etwas anders aus, wie im nächsten Bild zu sehen ist. Wenn Sie den Anruf entgegennehmen möchten, tippen Sie auf **Annehmen**; wenn Sie gerade keine Zeit haben, tippen Sie daneben auf **Ablehnen**.

Wenn Sie einen Anruf gerade nicht annehmen können oder einen Anruf verpasst haben, können Sie den Anrufer darüber informieren oder ihn später zurückrufen. Näheres dazu lesen Sie im folgenden Abschnitt oder auch im Abschnitt »Verpasste Anrufe anzeigen« ab Seite 81.

Eine Absage senden

Angenommen, Sie werden angerufen und wollen – aus welchen Gründen auch immer – den Anruf nicht direkt annehmen. Hier bietet das iPhone eine Funktion, mit der Sie den Anruf ablehnen und das dem Anrufer schnell und unkompliziert per SMS mitteilen können. Dabei stehen Ihnen zudem verschiedene Antwortvarianten zur Verfügung.

1. Tippen Sie in einem solchen Fall auf **Nachricht** ❶ oberhalb von **Annehmen**, und antworten Sie mit einer der vorgefertigten Nachrichten ❷.

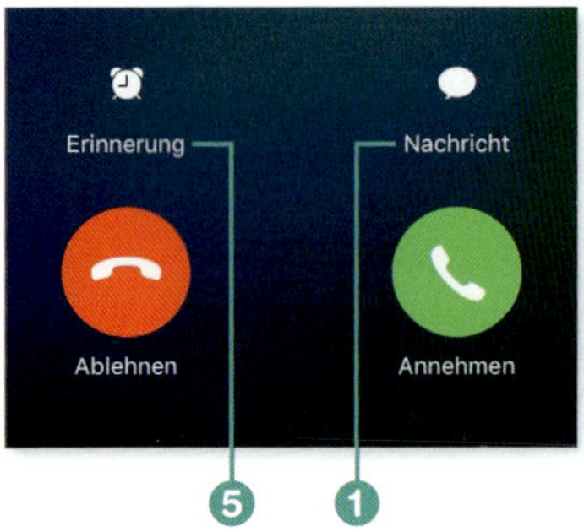

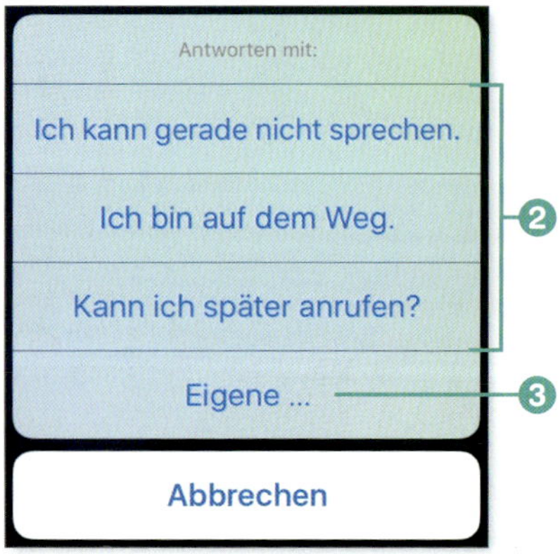

2. Sie können auch einen eigenen Text verfassen, indem Sie auf die Schaltfläche **Eigene** ❸ tippen und einen eigenen Text verfassen.

3. Unter **Einstellungen ▶ Telefon ▶ Mit SMS antworten** können Sie aber auch die vorgefertigten Textbausteine einfach mit einem neuen Text überschreiben ❹.

4. Diesen Text können Sie dann im Anrufmenü **Nachricht** auswählen wie in Schritt 1 gezeigt.

Auf diese Weise haben Sie einen persönlichen Text verfasst, der dem Anrufer als SMS zugeht, damit er weiß, dass Sie seinen Anruf nicht entgegennehmen konnten, ihn aber wahrgenommen haben.

Später erinnern

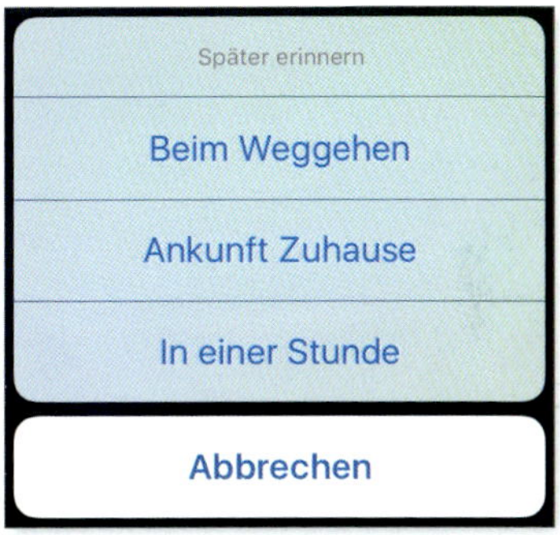

Wenn Sie bei einem eingehenden Anruf auf **Erinnerung** 5 tippen, können Sie entscheiden, ob Sie **Beim Weggehen**, bei der **Ankunft zu Hause** oder **In einer Stunde** an das entgangene Telefonat erinnert werden möchten.

In beiden Fällen springt der Anrufbeantworter an und nimmt den Anruf an Ihrer Stelle entgegen und meldet dann zum Beispiel »Ich rufe Sie in einer Stunde zurück«

TIPP

Kontakte und Rufnummern sperren

Möchten Sie von bestimmten Kontakten oder einzelnen Rufnummern künftig nicht mehr gestört werden, bietet Ihnen iOS eine Funktion, z. B. Werbeanrufe oder -SMS dauerhaft zu unterbinden. Eine Rufnummer aus Ihrer Anrufliste (**Telefon** ▸ **Anrufliste**) blockieren Sie, indem Sie auf das kleine **i** hinter der Rufnummer oder dem Kontaktnamen tippen. Wischen Sie über das folgende **Info**-Menü von unten nach oben, um zum Menüpunkt **Kontakt sperren** zu gelangen. Tippen Sie darauf, und bestätigen Sie im folgenden Menü mit der Schaltfläche **Kontakt sperren** Ihre Auswahl. Die Liste der gesperrten Rufnummern können Sie jederzeit unter **Einstellungen** ▸ **Telefon** ▸ **Gesperrt** einsehen und dort über die **Bearbeiten**-Schaltfläche oben rechts anpassen. Haben Sie eine Rufnummer oder einen Kontakt auf die Liste der gesperrten Anrufer gesetzt, erhalten Sie von diesem keine Anrufe, Nachrichten oder FaceTime-Anrufe mehr.

Haben Sie die Schaltfläche **In einer Stunde** angetippt, wird eine sogenannte tagesabhängige Erinnerung (1 auf Seite 78) erzeugt, die Sie dann nach Ablauf von einer Stunde an den entgangenen Anruf erinnert. Wenn Sie sich hingegen dafür entschieden haben, auf **Beim Weggehen** zu tippen, werden Sie an den Anruf erinnert, wenn Sie Ihren derzeitigen Standort verlassen. In diesem Fall wird also eine ortsabhängige Erinnerung ❷ erzeugt. Das Gleiche geschieht, wenn Sie **Bei Ankunft** gewählt haben.

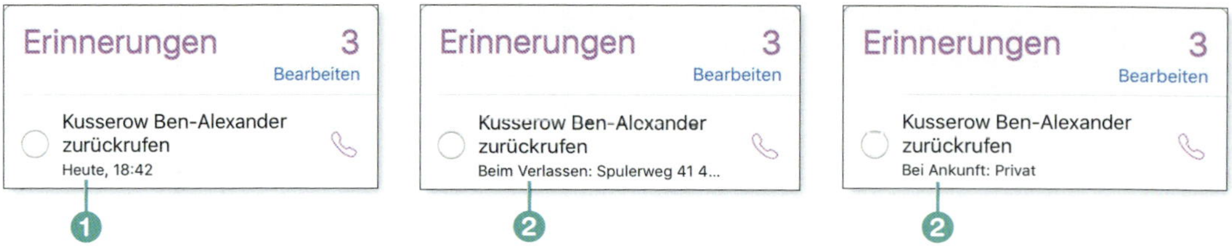

In beiden Fällen werden Sie von Ihrem iPhone an den entgangenen Anruf erinnert, sodass Sie entsprechend reagieren können. Wie Sie sonst noch mit Erinnerungen arbeiten können, erfahren Sie im Abschnitt »Die App Erinnerungen« ab Seite 181.

Favoriten einrichten

Sie können natürlich auch noch schneller wählen als über Ihre Kontaktliste. Dazu richten Sie sich eigene Favoriten ein. Die Einstellung als Favorit gilt jeweils nur für eine bestimmte Telefonnummer Ihres jeweiligen Kontakts. Um einen Favoriten anzulegen, gehen Sie wie folgt vor:

1. Tippen Sie auf das Telefonsymbol und anschließend auf **Favoriten** ❸ – den ersten Eintrag in der Tab-Leiste.
2. Tippen Sie im **Favoriten**-Fenster auf das Plussymbol ❹, um einen Favoriten hinzuzufügen. Es öffnet sich wieder die Kontaktliste, aus der Sie dann einen Kontakt für die Favoriten auswählen.

3. Nun können Sie entscheiden, ob Sie z.B. die private Rufnummer ❺ oder die mobile Rufnummer anrufen möchten, die Nummer für einen FaceTime-Anruf (Videotelefonat) oder für einen FaceTime-Audio-Anruf

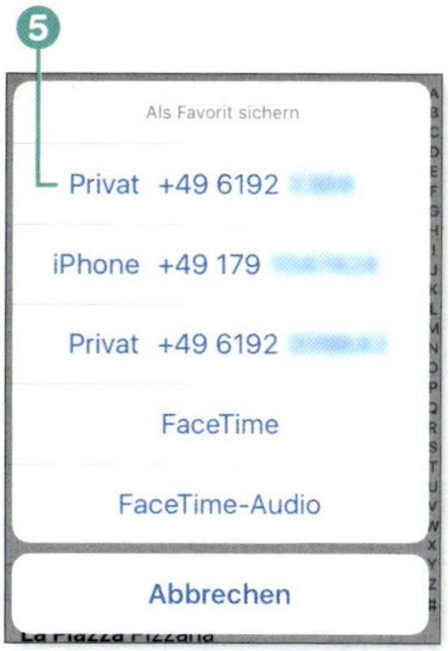

(also ein datenbasiertes Gespräch mit einem iOS- oder Mac-Nutzer, aber ohne Videobild) nutzen möchten.

4. Wir entscheiden uns hier für einen Sprachanruf mit der mobilen Nummer. Schon ist ein neuer Favorit angelegt – in diesem Fall mit der Handynummer, was Sie rechts an der Angabe **iPhone** beziehungsweise, wenn es sich nicht um ein iPhone handelt, am Schriftzug **Mobil** erkennen. Verfügt der Kontakt über mehrere Nummern, werden alle angezeigt, und Sie können die entsprechende Nummer auswählen.

INFO

Welche Nummer in die Favoriten?

Da ein Favorit immer nur mit einer Nummer vertreten sein kann, müssen Sie, wenn ein Kontakt mehrere Telefonnummern hat und Sie all diese für den Favoritenstatus auswählen wollen, mehrere einzelne Favoriten anlegen, z. B. für die Festnetznummer und die Mobilfunknummer separat. Das mag etwas umständlich sein, lässt sich allerdings leider nicht vermeiden. Ansonsten nehmen Sie einfach die Nummer, unter der Ihr Favorit am besten zu erreichen ist.

Der richtige Umgang mit der Anrufliste

Die Anrufliste ist sehr nützlich, denn sie verzeichnet alle Anrufe und Anrufversuche, die Sie mit Ihrem iPhone unternommen haben. Selbstverständlich werden hier auch die verpassten Anrufe protokolliert. So können Sie leicht jemanden zurückrufen, dessen Anruf Sie nicht entgegennehmen konnten.

1. Um in die Ansicht **Anrufliste** zu gelangen, tippen Sie wieder das Telefonsymbol an (falls Sie sich nicht ohnehin in der Telefon-App befinden) und wählen anschließend den zweiten Eintrag, **Anrufliste**, in der Tab-Leiste.
2. Die Anrufliste öffnet sich. Die erfolgten Anrufe werden, wenn die Nummern im Telefonbuch Ihres iPhones stehen, mit Namen angezeigt, alle anderen Anrufe mit der entsprechenden Telefonnummer. Ihr iPhone zeigt auch an, ob es sich um eine private, mobile oder geschäftliche Nummer handelt. Voraussetzung dafür ist natürlich die gute Pflege Ihrer Kontaktdaten.
3. Die Standardansicht ist die Ansicht **Alle** ❶, mit der alle Anrufe gemeint sind, die Sie mit dem iPhone getätigt haben oder die bei Ihnen eingegangen sind.

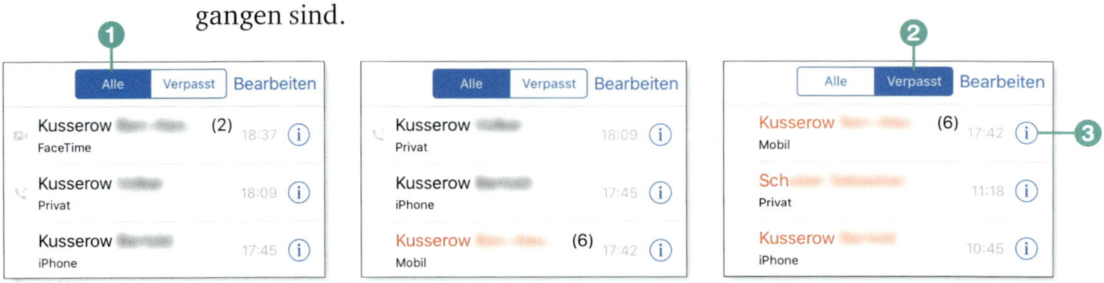

4. Verpasste Anrufe werden auf dem iPhone in Rot dargestellt, sodass sie Ihnen sofort auffallen. Diese Anrufe sehen Sie außerdem gesammelt unter **Verpasst** ❷. Sie wechseln mit der entsprechenden Schaltfläche oberhalb der Anrufliste zu den verpassten Anrufen.

Sie können auch ganz schnell bei Ihrem Kontakt nachschauen, welche Nummern und Informationen Ihnen zu ihm noch bekannt sind. Tippen Sie dazu auf das **i** ❸ rechts neben der Anrufanzeige. Sie sehen nun den Kontakt, wann genau der Anrufversuch stattgefunden hat und unter welcher Nummer er erfolgt ist.

Welche Ansicht Sie nutzen, bleibt ganz Ihnen überlassen. Ein Tipp: Wenn Sie unter **Alle** bereits eine lange Anrufliste haben, kann es etwas mühsam werden, über alle verpassten Anrufe den Überblick zu behalten. In diesem Fall wechseln Sie einfach auf **Verpasst**.

Verpasste Anrufe anzeigen

Wenn Sie einmal einen Anruf verpasst haben, ist das kein Problem. Ihr iPhone zeigt es Ihnen auf mehrere Arten an. Als Erstes wird eine Meldung auf dem Sperrbildschirm angezeigt. Sie können hier bereits zurückrufen, indem Sie das Telefonsymbol einfach – analog zum Entsperren – nach rechts schieben. Ihr iPhone leitet dann sofort den Rückruf ein.

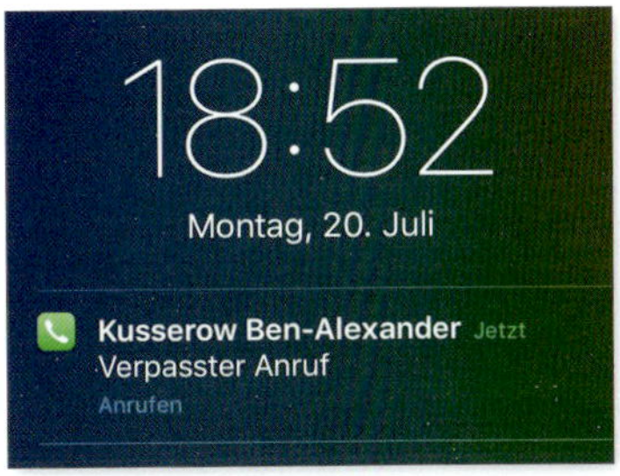

Wischen Sie in die andere Richtung, also von rechts nach links, können Sie die Meldung aus dem Sperrbildschirm löschen, indem Sie auf das kleine Kreuzchen 4 tippen.

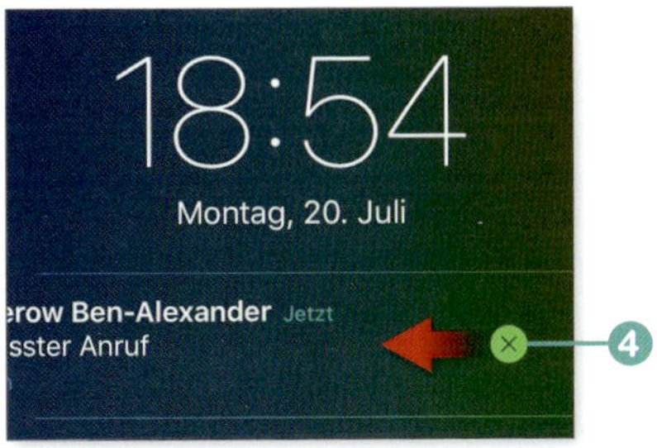

Hat der Anrufer auf Ihre Mailbox gesprochen, erkennen Sie das ebenfalls direkt im Sperrbildschirm an der Nachricht **Voicemail & Verpasster Anruf**.

Schieben Sie, wie schon beim Rückruf, das Symbol nach rechts, um die Nachricht abzuhören. Wenn Sie Ihr iPhone entriegelt haben, erkennen Sie die Anzahl der entgangenen Gespräche an einer kleinen Zahl rechts oben am Symbol der App 5.

Die Anzahl der hinterlassenen Voicemail-Nachrichten sehen Sie in der App an der kleinen Zahl oben rechts am Voicemail-Symbol.

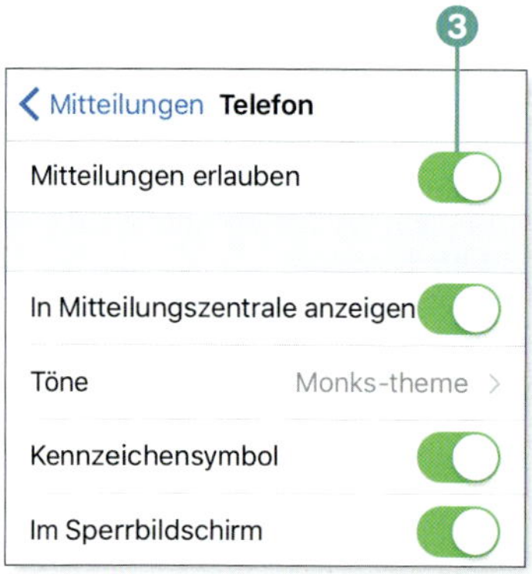

Schließlich erkennen Sie die Anzahl entgangener Gespräche, nachdem Sie auf das Telefonsymbol getippt haben, ebenfalls an der kleinen Zahl rechts oben am Tab **Anrufliste**. Sollten Sie bei Ihrem Provider die Einstellung gewählt haben, dass Sie eine SMS erhalten, wenn Sie einen Anruf verpasst haben, wird Ihnen zusätzlich eine entsprechende Nachricht geschickt, die auf Ihrem Display erscheint. Bei Bedarf können Sie sich den Anruf ❶ auch über die *Mitteilungszentrale* anzeigen lassen. Ziehen Sie dazu aus dem oberen Rand des Bildschirms die Mitteilungszentrale wie eine Jalousie herunter.

Um diese Benachrichtigungen zu aktivieren, müssen Sie lediglich die Telefon-App in die Mitteilungszentrale aufnehmen. Sie finden die Mitteilungszentrale im Menü **Einstellungen ▸ Mitteilungen**. Tippen Sie auf **Telefon** ❷, und schieben Sie den Regler bei **Mitteilungen erlauben** ❸ nach rechts.

TIPP

Störende Anzeige für verpassten Anruf loswerden

Wenn Sie den Anrufer nicht unmittelbar zurückrufen, aber die kleine Zahl in der Anzeige wieder loswerden möchten, öffnen Sie die Anrufliste und schließen Sie sie direkt wieder. Der verpasste Anruf wird trotzdem noch in Rot angezeigt, aber die Zahl am Telefonsymbol ist nun verschwunden.

Die Anrufliste löschen

Wenn Sie Ihre Anrufliste nach einiger Zeit zu unübersichtlich und voll finden, können Sie sie selbstverständlich auch löschen. Entweder leeren Sie sie komplett, oder Sie entfernen nur einzelne Anrufe. Zunächst zeige ich Ihnen, wie Sie die komplette Liste löschen.

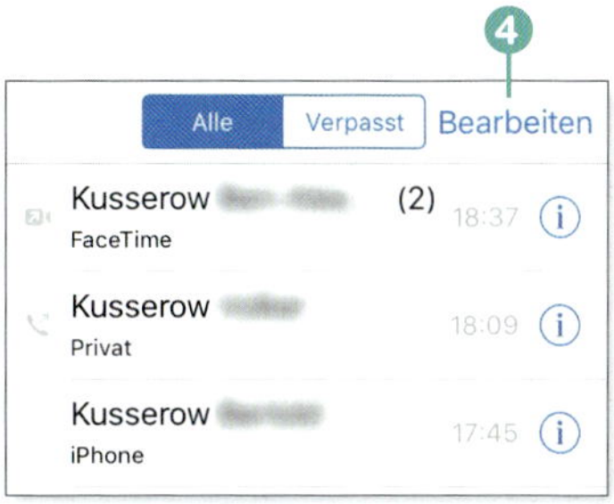

1. Öffnen Sie die Anrufliste über **Telefon ▸ Anrufliste**, und tippen Sie dann oben rechts in Ihrer Anrufliste auf den Menüpunkt **Bearbeiten** ④.
2. Das Menü verändert sich. Vor den einzelnen Einträgen erscheinen rote Minuszeichen (dazu mehr im nächsten Abschnitt). Tippen Sie auf **Löschen** ⑤, um die Liste zum Löschen bereitzumachen.
3. Um die komplette Liste zu bereinigen, tippen Sie mit dem Finger auf die Schaltfläche **Alle löschen** ⑥ ganz unten.

Um aus der Anrufliste nur einzelne Anrufe zu löschen, z. B. nur die älteren Datums, müssen Sie wie gesagt etwas anders vorgehen. Wie, das erfahren Sie im nächsten Abschnitt.

Einzelne Anrufe aus der Liste löschen

Zum Löschen einzelner Anrufe aus der Anrufliste gehen Sie folgendermaßen vor:

1. Tippen Sie in Ihrer Anrufliste oben rechts auf den Menüpunkt **Bearbeiten**. Sie sehen nun vor den einzelnen Einträgen rote Minuszeichen.
2. Tippen Sie einfach auf das kleine Minussymbol (① auf Seite 84) auf der linken Seite des Anrufeintrags, den Sie löschen möchten, damit rechts vom betreffenden Eintrag eine **Löschen**-Schaltfläche ② erscheint.

3. Tippen Sie darauf, und der Anrufeintrag wird aus der Liste entfernt.

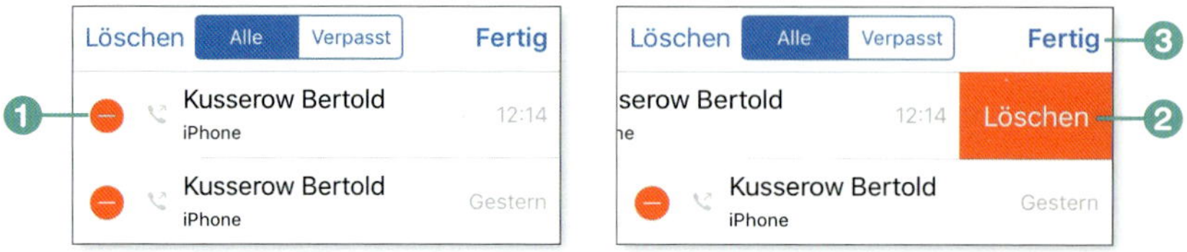

4. Um die Bearbeitung der Anrufliste abzuschließen, tippen Sie zum Schluss auf **Fertig** (3).

Wo finde ich meine eigene Telefonnummer?

Wie das immer so geht mit den Telefonnummern – man kann sich viele Nummern merken, nur die eigene vergisst man ständig. Ist ja auch kein Wunder, man ruft sich selbst ja in der Regel nicht an … Ihr iPhone hält Ihre Nummer aber immer für Sie bereit.

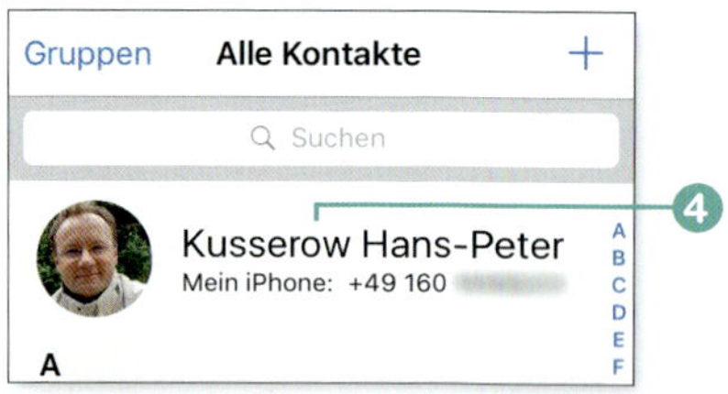

1. Um die eigene Nummer beziehungsweise Ihre kompletten Infos angezeigt zu bekommen, tippen Sie auf das Telefonsymbol im Dock und dann in der Tableiste auf **Kontakte**.

2. Standardmäßig sehen Sie nun sofort oberhalb der eigentlichen Kontaktliste Ihre Nummer (4) gepaart mit Ihrem Profilbild. Wenn Sie hier auf Ihren Namen tippen, werden Ihre kompletten Kontaktdaten angezeigt.

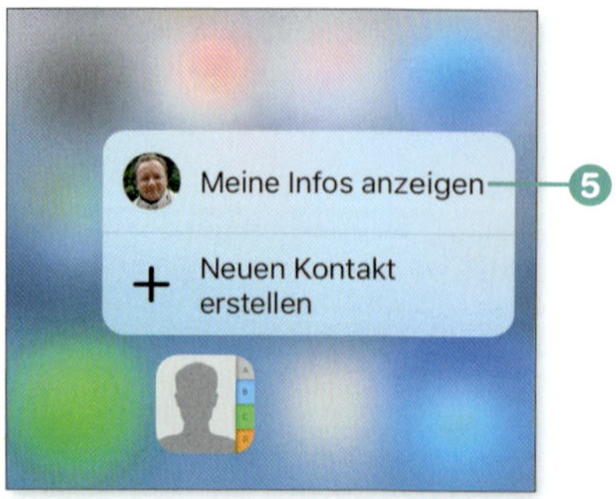

Es gibt aber auf dem iPhone 6s und 6s Plus dank 3D Touch einen noch schnelleren Weg, sich die eigenen Kontaktinfos anzeigen zu lassen. Tippen Sie hierzu etwas fester als sonst auf den Button **Kontakte**, und schon wird ein kleines

Dialogfeld angezeigt, in dem Sie Ihre eigenen Kontaktinfos ❺ einblenden lassen können. Schneller geht es nun wirklich nicht.

Mit mehreren Teilnehmern sprechen und Anrufe halten

Mit Ihrem iPhone können Sie auch mit mehreren Personen gleichzeitig telefonieren, entweder indem Sie die einzelnen Anrufe makeln – d. h. mit einem Teilnehmer sprechen, während ein anderer Teilnehmer auf Halten gesetzt wird – oder eine Konferenzschaltung anberaumen. Wie das genau funktioniert, erfahren Sie in diesem Abschnitt.

Angenommen, Sie telefonieren mit einem Gesprächspartner, und während des Anrufs erreicht Sie ein weiteres wichtiges Gespräch, das Sie nicht aufschieben wollen, dann können Sie dieses Gespräch ebenfalls annehmen und führen, während Sie das andere Gespräch in der Leitung halten.

1. Tippen Sie zum Annehmen des zweiten Gesprächs auf **Halten + Annehmen** ❻, wenn Sie beide Anrufe aktiv halten möchten. Der neue Anruf ist nun der aktive, und der vorherige Anruf wird gehalten. Mit dem Antippen der Schaltfläche **Beenden + Annehmen** ❼ beenden Sie das erste Gespräch und nehmen das zweite an.

2. Tippen Sie auf den mittleren Button **An Voicemail senden** ❽, wird das Gespräch an den Anrufbeantworter weitergeleitet.
3. Wenn Sie auf die Option **Halten + Annehmen** getippt haben, werden die beiden Anrufe im Display dargestellt, wobei der erste auf »Halten« gesetzt wird (❶ auf Seite 86).
4. Möchten Sie zwischen beiden Gesprächen wechseln, tippen Sie auf die **Wechseln**-Schaltfläche ❷. Der gehaltene Anruf wird dann zum aktiven ❸.

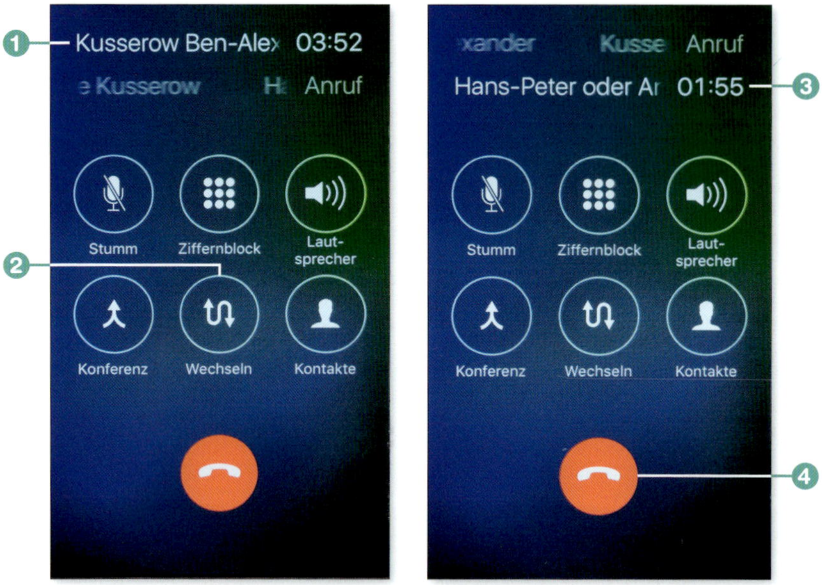

5. Tippen Sie auf **Beenden** 4, schließen Sie lediglich das zurzeit aktive Gespräch, und der gehaltene Anruf wird zum aktiven.

TIPP

Telefonieren mit mehreren Personen

Wenn Sie bereits im Vorfeld wissen, dass Sie mit mehreren Personen gleichzeitig sprechen werden, bietet es sich an, die Freisprechfunktion zu nutzen. Das wiederum kann aber bei lauten Umgebungsgeräuschen zu einer schlechten Sprach- beziehungsweise Empfangsqualität führen.

Eine weitere Möglichkeit ist die Nutzung eines Headsets. Entweder verwenden Sie ein Bluetooth-Headset oder die mitgelieferten Ohrhörer mit eingebautem Mikrofon. Das Ganze hat den Vorteil, dass Sie die Hände für die Bedienung des Telefons frei haben und Ihre Gespräche in Ruhe über das Display makeln können. Wie das genau funktioniert, erfahren Sie im Abschnitt »Ein Headset nutzen« ab Seite 90.

Selbst einen zweiten Anruf tätigen

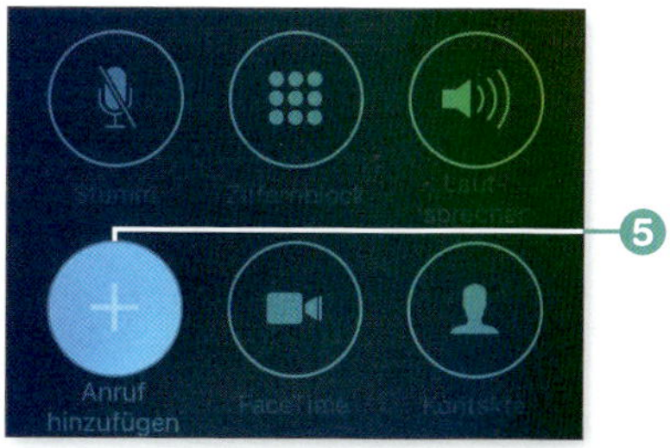

Sie können einem bestehenden Anruf auch selbst ein weiteres Gespräch hinzufügen. Tippen Sie dazu auf **Anruf hinzufügen** ⑤, und wählen Sie im Anschluss einen Kontakt aus Ihrer Kontaktliste aus, oder geben Sie die Nummer über den Ziffernblock ein.

Eine Konferenz einleiten

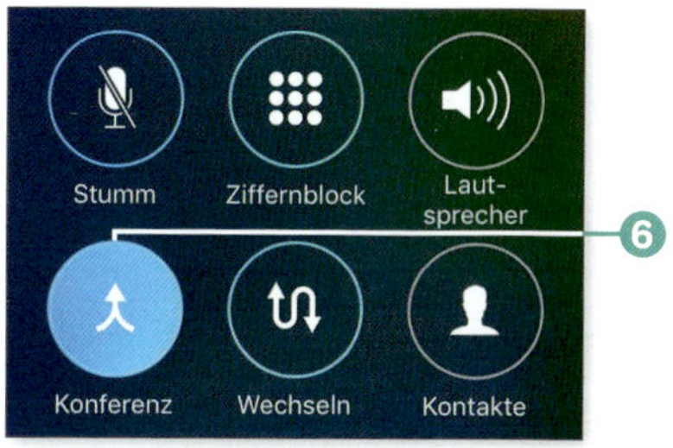

Angenommen, Sie möchten mit mehreren Teilnehmern gleichzeitig sprechen, sodass jeder Teilnehmer hört, was der andere sagt. Das ist mit dem iPhone kein Problem. Dazu leiten Sie einfach eine Konferenz ein.

Tippen Sie dazu während eines Gesprächs mit zwei Personen auf die Schaltfläche **Konferenz** ⑥, und schon ist die Telefonkonferenz eingeleitet. Sofort danach kann jeder mit jedem reden.

Konferenzteilnehmer einzeln löschen

Wenn Sie eine Konferenzschaltung eingerichtet haben, können Sie einzelne Teilnehmer je nach Bedarf auch wieder aus der Konferenz entfernen:

1. Tippen Sie während der Konferenzschaltung auf das kleine blaue **i** rechts neben dem Wort **Konferenz**, und Sie gelangen zu einem Bildschirm, in dem Sie jeden Teilnehmer einzeln aus der Konferenz entfernen können.

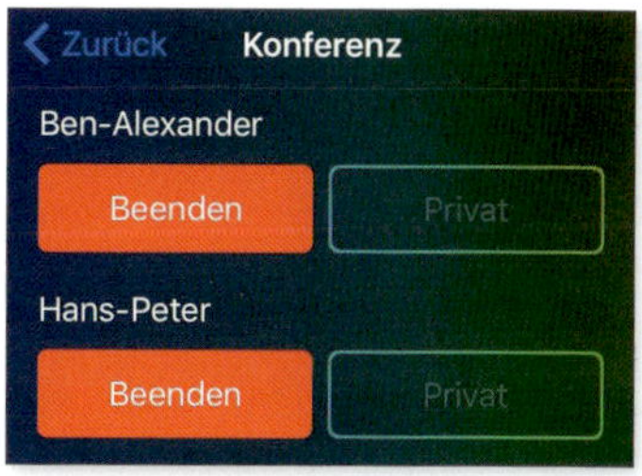

2. Tippen Sie nun einfach auf die **Beenden**-Schaltfläche des Teilnehmers, mit dem Sie die Konferenz beenden möchten. Der Teilnehmer wird daraufhin aus der Konferenz entlassen.

Sollte die Konferenz nur aus Ihnen und zwei weiteren Teilnehmern bestehen, ist damit auch die Konferenz beendet, und Sie führen wieder ein Einzelgespräch. Sind es mehr als drei Konferenzteilnehmer (Sie eingeschlossen), wird die Konferenz mit den restlichen Teilnehmern weitergeführt.

Den Anrufbeantworter einrichten

Ein modernes Telefon verfügt natürlich auch über eine ausgereifte *Voicemail*-Funktion, also einen eingebauten Anrufbeantworter. Wie Sie die Voicemail einrichten, erfahren Sie hier.

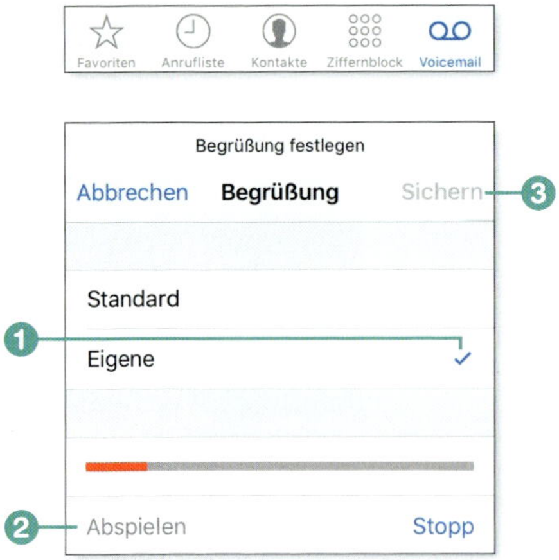

1. Um zu den Anrufbeantworter-Einstellungen zu gelangen, tippen Sie in der Tab-Leiste auf den letzten Punkt, **Voicemail**.
2. Tippen Sie oben links auf **Begrüßung**, und Sie gelangen in das Menü, in dem Sie entscheiden, ob Sie die voreingestellte Standardbegrüßung nutzen oder eine Ansage mit einem eigenen Begrüßungstext verwenden möchten.
3. Wenn Sie eine eigene Begrüßung aufnehmen möchten, tippen Sie auf **Eigene** ❶.
4. Um Ihre persönliche Begrüßung aufzunehmen, tippen Sie im nächsten Bildschirm auf **Aufnehmen**. Wenn Sie bereits eine Aufnahme gemacht haben, tippen Sie auf die Schaltfläche **Abspielen** ❷, um sie sich anzuhören.
5. Sobald Sie die Begrüßung aufgenommen haben, tippen Sie auf **Stopp** und hören sich Ihre Ansage an. Wenn Sie zufrieden sind, tippen Sie anschließend auf **Sichern** ❸.

Ihr iPhone hat als erstes Smartphone überhaupt sogar eine *Visual Voicemail*. Das bedeutet, dass Sie die Anrufe, die Sie bekommen haben, nicht erst mühsam der Reihe nach abhören müssen, sondern direkt die Voicemail auswählen können, die Ihnen am wichtigsten erscheint. Wie Sie die Visual Voicemail nutzen, erfahren Sie nun.

Den Anrufbeantworter abhören

Hat mit Ihrer Aufnahme alles geklappt und sind die ersten Voicemails eingegangen, können Sie sich die wichtigsten Voicemails zuerst anhören und die unwichtigen später. Diese Möglichkeit nennt sich Visual Voicemail.

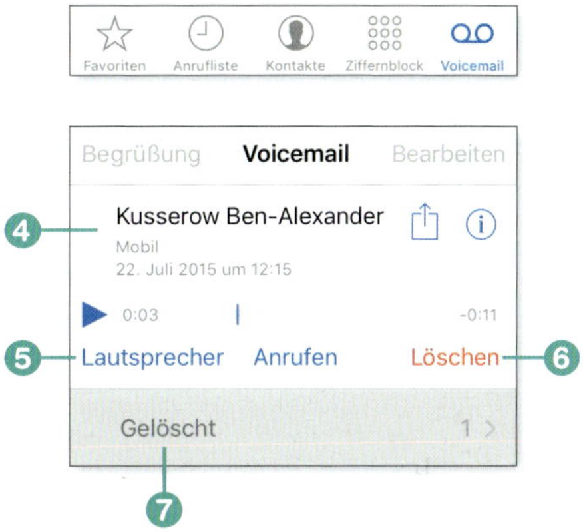

1. Um Ihre Anrufbeantworter-Nachrichten aufzurufen, tippen Sie in der Tab-Leiste auf den letzten Punkt, **Voicemail**.
2. In der Liste tippen Sie dann auf die Voicemail-Nachricht (4), die Sie interessiert. Schon können Sie sich die Nachricht anhören. Dafür halten Sie entweder Ihr Telefon ans Ohr, oder Sie tippen auf **Lautsprecher** (5) und hören sich dann die Nachricht über die integrierten Lautsprecher Ihres iPhones an. Auf der rechten Seite des jeweiligen Eintrags sehen Sie darüber hinaus, wann die Nachricht eingegangen ist.
3. Sie können Voicemails so lange in Ihrem Voicemail-Fach belassen, wie Sie mögen. Die Nachrichten werden nicht automatisch entfernt. Entfernen Sie eine markierte Voicemail über die Schaltfläche **Löschen** (6), wird diese noch nicht endgültig gelöscht, sondern in den Menüabschnitt **Gelöscht** (7) verschoben.
4. Tippen Sie auf diesen Menüpunkt, können Sie sich auch die gelöschten Nachrichten noch einmal anhören, wenn Sie möchten.

Erst wenn Sie die Nachrichten aus dem Menü **Gelöscht** entfernen, werden sie endgültig gelöscht. Falls Sie eine Voicemail, die Sie nicht gerade geöffnet haben, löschen möchten, wischen Sie einfach zügig mit dem Finger von rechts nach links über die Nachricht. Daraufhin erscheint die **Löschen**-Schaltfläche, die Sie nur noch antippen müssen, um die Voicemail endgültig zu entfernen.

Ein Headset nutzen

An dieser Stelle möchte ich noch einmal kurz erläutern, wie Sie mit den verschiedenen Typen von Headsets – kabelgebunden oder via Bluetooth-Technologie – telefonieren. Nähere Anweisungen zu Ihrem Bluetooth-Headset entnehmen Sie bitte der jeweiligen Bedienungsanleitung.

Um ein Bluetooth-Headset mit Ihrem iPhone nutzen zu können, müssen Sie die beiden Geräte natürlich zunächst miteinander verbinden. Dazu gehen Sie wie folgt vor:

1. Um ein Bluetooth-Headset an Ihr iPhone anzuschließen, aktivieren Sie unter **Einstellungen ▸ Bluetooth** ❶ den Schalter **Bluetooth** ❷. Daraufhin sucht Ihr iPhone nach dem Headset, und wenn es erkannt wird, wird es Ihnen im Bereich **Geräte** entsprechend gekennzeichnet, hier im Beispiel durch die Bezeichnung **Jawbone ICON HD** ❸.
2. Tippen Sie einmal darauf, und das Headset wird mit dem iPhone gekoppelt, was Sie an der Meldung **Verbunden** ❹ erkennen.

3. In der Menüleiste erkennen Sie die hergestellte Verbindung daran, dass das Bluetooth-Symbol ❺ kräftig (nicht mehr ausgegraut) angezeigt wird. Der Batteriestatus des verbundenen Geräts wird rechts neben dem Bluetooth-Symbol ebenfalls angezeigt, wenn auch sehr klein.

4. Wenn Sie die **Wählen**-Taste Ihres Headsets drücken, öffnet sich Siri, um Ihre Befehle entgegenzunehmen. Sagen Sie dann z. B. »Annette mobil

anrufen« oder Ähnliches. Versteht Siri Ihren Befehl, wird der Anruf umgehend eingeleitet.

5. Ist die Verbindung zustande gekommen, sehen Sie das Menü in der linken Abbildung. Hier können Sie festlegen, welche Lautsprecherquelle Sie nutzen möchten. Das Headset ist dabei bereits ausgewählt ⑥. Sind Sie mit der Auswahl einverstanden, können Sie das Menü mit **Ausblenden** verlassen und gelangen dann zum rechten Bildschirm.

6. Auf dem Bildschirm befindet sich anstelle des Menüpunktes **Lautsprecher** nun der Menüpunkt **Audio** mit einem Bluetooth-Symbol darin. Tippen Sie auf **Audio**, sehen Sie wieder die Liste mit einem Häkchen hinter Ihrem Bluetooth-Headset ⑥. So wird Ihnen die Quelle angezeigt, über die Sie den Anruf derzeit hören.

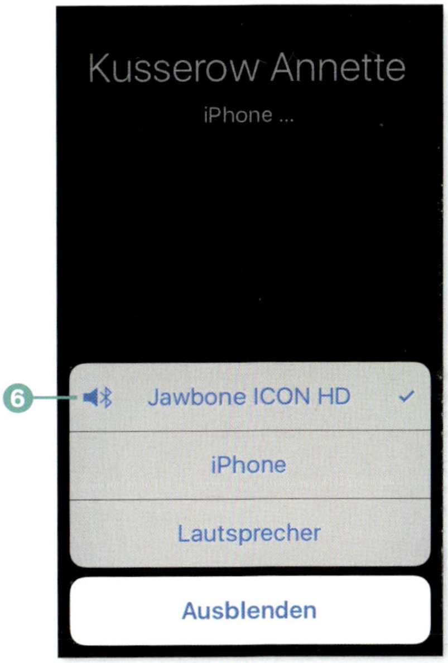

Sie können während des Gesprächs natürlich auch auf die beiden anderen Gesprächsmöglichkeiten **iPhone** oder **Lautsprecher** umschalten, indem Sie auf den entsprechenden Menüpunkt tippen.

INFO

Das iPhone mit einem kabelgebundenen Headset verbinden

Verwenden Sie z. B. das Headset, und tippen Sie mehrere Sekunden auf die mittlere Schaltfläche, um den Anruf zu starten. Daraufhin startet Siri und erwartet Ihren Anrufbefehl. Sagen Sie z. B. »Annette anrufen« – schon wählt Siri für Sie, und der Anruf kommt zustande.

Klingeltöne auswählen

Sie können beim iPhone natürlich auch verschiedene Klingeltöne verwenden. Wählen Sie zwischen den vorinstallierten Klingeltönen, oder kaufen Sie neue hinzu, wenn Ihnen keiner der zur Verfügung stehenden zusagt. Hier erfahren Sie, wie genau das funktioniert.

1. Um einen Klingelton auszuwählen, tippen Sie auf **Einstellungen ▸ Töne** ①. Scrollen Sie nun nach unten bis zum Bereich **Töne und Vibrationsmuster**, und tippen Sie dort auf **Klingelton** ②.

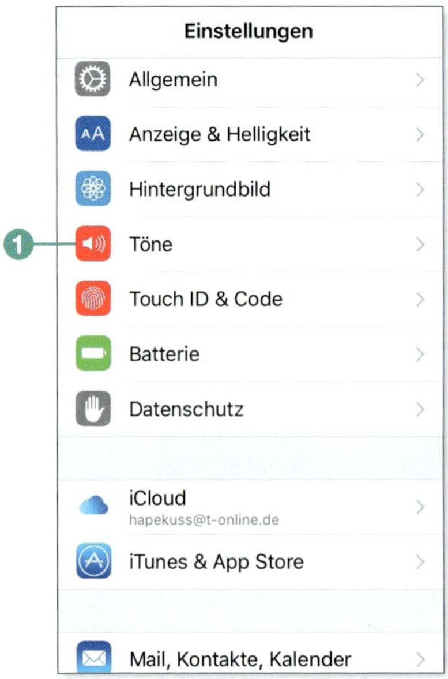

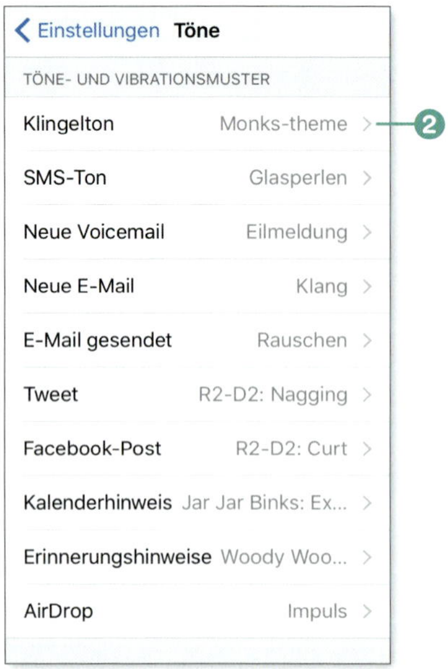

2. Wählen Sie einen Klingelton aus, indem Sie einmal darauf tippen. Von nun an klingelt Ihr Telefon mit dem neuen Ton.

Im Menü **Töne- und Vibrationsmuster** können Sie außerdem Hinweistöne für Anrufe, SMS, E-Mails und andere Ereignisse einstellen (siehe dazu auch den Abschnitt »Töne für Nachrichten einrichten« ab Seite 116). Während es in früheren Versionen nur möglich war, die vorgegebenen Klingeltöne auszuwählen, können Sie inzwischen auch passende Töne im iTunes Store kaufen. Wie das geht, erfahren Sie im nächsten Abschnitt.

INFO

Der Vibrationsalarm

In vielen Situationen sind laut klingelnde Handys sehr störend – z. B. in einem wichtigen Meeting oder bei einem Konzert. Nutzen Sie in solchen Fällen den Vibrationsalarm Ihres iPhones. Die Einstellungsmöglichkeiten finden Sie unter dem Menüpunkt **Einstellungen ▸ Töne**. Hier können Sie im Bereich **Vibrieren** zwischen der Option **Bei Klingelton vibrieren** und **Bei „Lautlos" vibrieren** wählen. Bei Ersterer vibriert Ihr iPhone zusätzlich zum Klingelton, was insbesondere in lauten Umgebungen nützlich sein kann. Wählen Sie **Bei „Lautlos" vibrieren**, erfolgt im Lautlosbetrieb der Vibrationsalarm, ohne dass ein Klingelton zu hören ist. Den Lautlosbetrieb aktivieren Sie über den kleinen Schalter oberhalb der Lautstärketasten. Sie sollten sich aber darüber im Klaren sein, dass auch die Vibration nicht ganz lautlos ist. Wenn es also wirklich ohne Ton und Vibration sein soll, stellen Sie im Menü **Einstellungen ▸ Töne ▸ Vibrieren** die Vibration komplett aus, indem Sie alle Menüpunkte deaktivieren. Mit dem Schalter oberhalb der Lautstärketasten können Sie dann Ihr iPhone vollständig stumm schalten.

Anrufergruppen synchronisieren und nutzen

Sie können Ihre Kontakte für eine bessere Übersicht in Ihrer Kontaktverwaltung auch in einzelne Gruppen unterteilen. iTunes erkennt diese Gruppen, und Sie können bestimmen, welche Gruppen Sie synchronisieren möchten.

Das iPhone kann die entsprechenden Gruppen ebenfalls anzeigen. Auf dem iPhone selbst können Sie diese Gruppen jedoch nicht ändern oder verwalten; dazu müssen Sie die Kontakte-App oder Outlook verwenden.

Telefonieren mit FaceTime

Eine weitere sehr interessante Funktion wird in Zukunft wahrscheinlich zu einer Änderung des Telefonverhaltens führen. Gemeint ist FaceTime, die Videotelefoniefunktion von Apple, die es nicht nur auf dem iPhone gibt, sondern auch auf dem Mac, dem iPad und dem iPod touch. Auf diese Weise wächst die Verbreitung von FaceTime stetig. Apple hat dieser Funktion mittlerweile eine eigene App spendiert, sodass man FaceTime nicht mehr nur aus den Kontakten bedienen muss. Diese App bietet Ihnen zwei verschiedene Ansichten, eine Video-Ansicht ❶ und eine Audio-Ansicht ❷, die Sie über die beiden Buttons am oberen Rand ansteuern können.

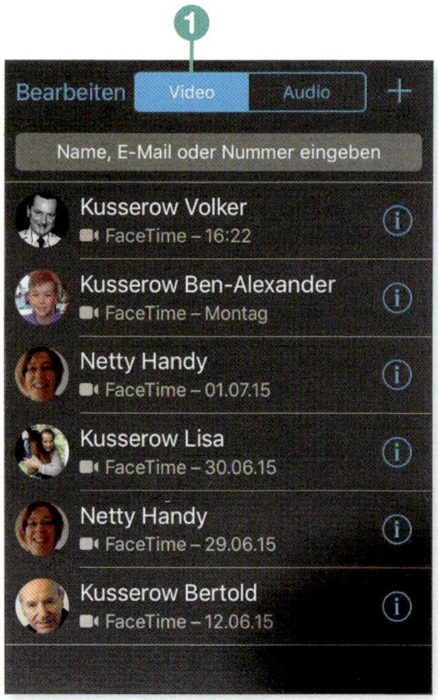

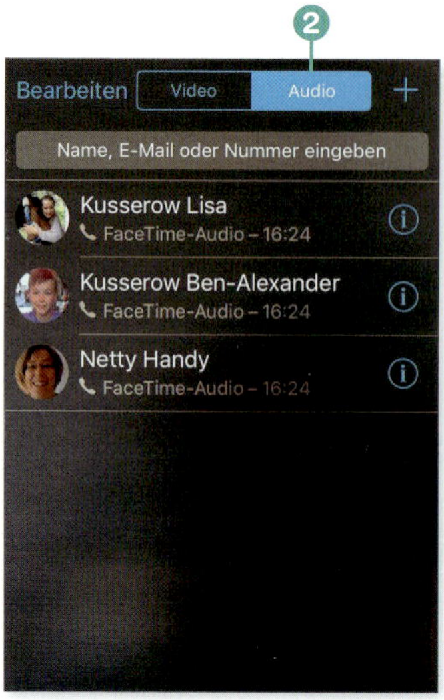

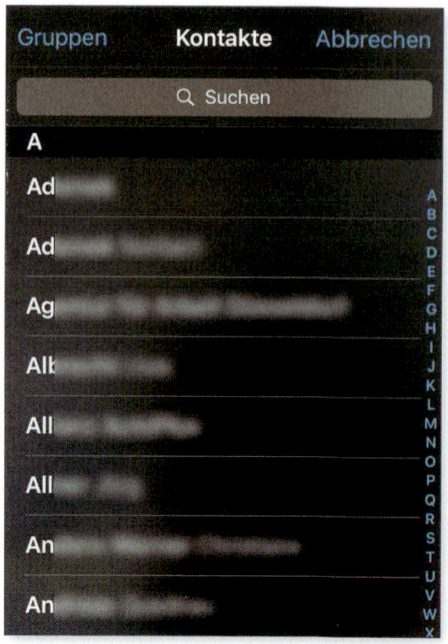

Es ist eigentlich ganz einfach, einen FaceTime-Anruf zu tätigen. Angenommen, Sie kennen jemanden, der ebenfalls über ein iPhone, einen iPod touch oder einen Mac-Rechner verfügt, dann können Sie ihn einfach anrufen und zu FaceTime einladen.

1. Um einen FaceTime-Anruf zu tätigen, tippen Sie auf einen Kontakt, und schon wird das FaceTime-Telefonat eingeleitet.
2. Der Angerufene erhält daraufhin eine FaceTime-Einladung, die er einfach wie einen ganz normalen Anruf annehmen kann ❸. Selbstverständlich können Sie das FaceTime-Gespräch auch wie ein normales Gespräch mit einer Nachricht ablehnen beziehungsweise sich später daran erinnern assen (lesen Sie dazu den Abschnitt »Eine Absage senden« ab Seite 76).
3. Das FaceTime-Gespräch wird unmittelbar gestartet. Sie sehen Ihren Gesprächspartner im kompletten Display, und Sie selbst sind in der oberen rechten Ecke als kleines Bild erkennbar.

4. Haben Sie das Gespräch begonnen, können Sie sich selbst mit einem Fingertipp auf das Symbol ❹ stumm schalten. Über Ihrem kleinen Bild wird dann die Angabe **Stumm** eingeblendet. Ein erneutes Tippen auf das Symbol bringt Sie tontechnisch wieder auf Sendung.

5. Wenn Sie mit Ihrem Gesprächspartner doch lieber ein Videotelefonat führen möchten, tippen Sie auf das Symbol **FaceTime** (5 auf Seite 95). Sie verwenden nun die Kamera auf der Vorderseite.
6. Um das Gespräch zu beenden, tippen Sie unten auf die mittlere Schaltfläche 6.
7. Wenn Sie lediglich ein FaceTime-Audio-Gespräch führen möchten, so können Sie das genauso machen wie beim Videotelefonat. Sie müssen lediglich vor dem Telefonat auf den Button **Audio** tippen.

Ein FaceTime-Gespräch können Sie sowohl über WLAN als auch über das Mobilfunknetz führen. Für letztere Option müssen Sie unter **Einstellungen ▸ Mobiles Netz** 1 den Schalter **FaceTime** 2 aktivieren, indem Sie ihn mit dem Finger nach rechts ziehen.

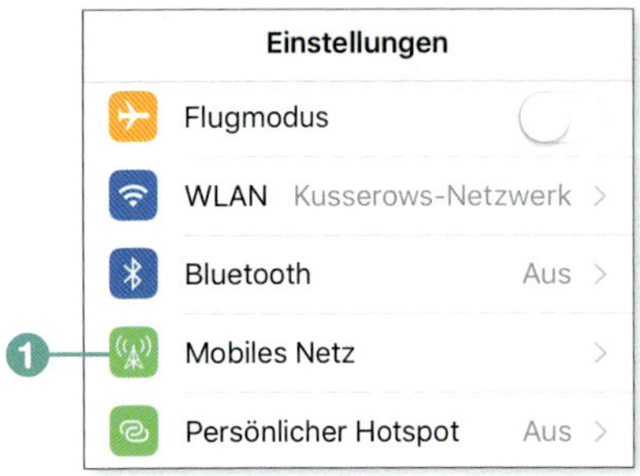

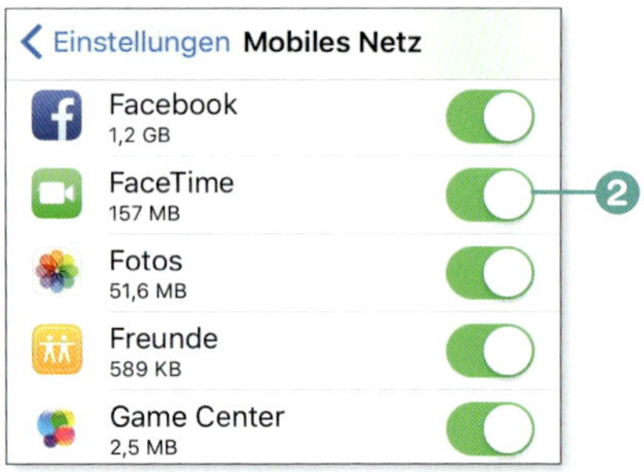

Sie sollten sich in jedem Fall bewusst sein, dass FaceTime über das Mobilfunknetz viel Datenvolumen verbraucht. Beschränken Sie FaceTime daher im Zweifel lieber auf WLAN-Umgebungen.

Kapitel 4
Nachrichten senden und empfangen

Nachrichten sind sicherlich eine der am häufigsten genutzten Anwendungen bei Smartphones. Laut einer Schätzung wurden in Deutschland allein im Jahr 2014 trotz der Konkurrenz von WhatsApp und Co. immer noch insgesamt ca. 22 Milliarden SMS versendet. Ein Grund mehr, sich mit diesem Thema zu beschäftigen. In diesem Kapitel erfahren Sie alles darüber.

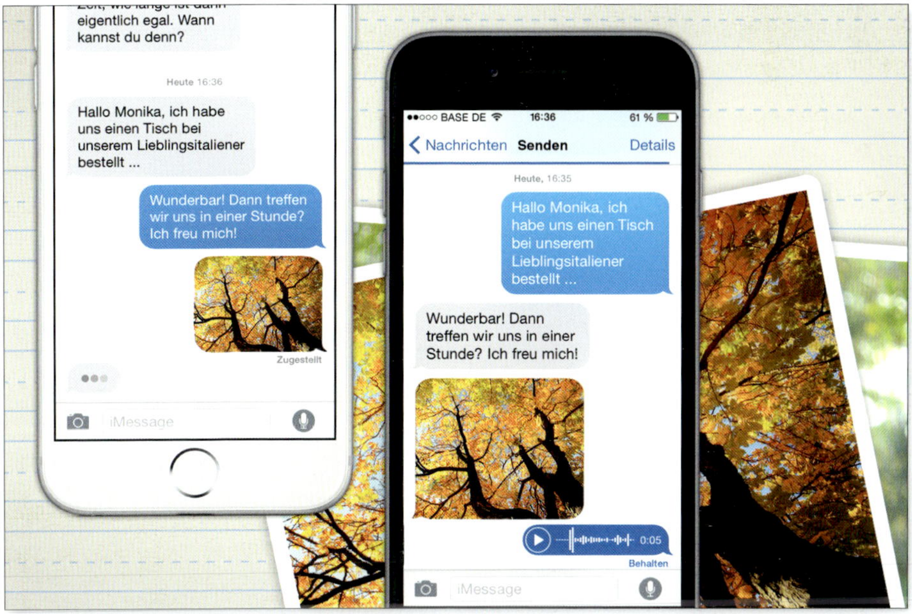

Das Fenster »Nachrichten« bietet verschiedene Ansichten: Hier sehen Sie eine iMessage-Unterhaltung (zu erkennen an der blauen Färbung).

Textnachrichten versenden

Die Textnachrichten erreichen Sie über das Symbol mit der kleinen Sprechblase. Wenn Sie es antippen, öffnet sich sofort das Standardfenster. Tippen Sie oben rechts auf das Symbol mit dem Stift ❶, und schon öffnet sich die Ansicht, in der Sie Ihre Textnachricht verfassen können. Um z. B. einem Freund eine Textnachricht zu schicken, gehen Sie wie folgt vor:

1. Im Standardfenster müssen Sie zunächst angeben, wem Sie eine SMS schreiben möchten. Dazu tippen Sie auf das Plussymbol ❷ in der rechten oberen Ecke.

2. Es öffnet sich Ihre Kontaktliste, aus der Sie dann den Empfänger Ihrer SMS auswählen.

> **TIPP**
>
> **Kontakt eingeben**
>
> Es gibt noch zwei andere Möglichkeiten, den Empfänger der Nachricht auszuwählen: Wenn seine Nummer in Ihrem Adressbuch gespeichert ist, können Sie entweder auch den oder die ersten Buchstaben seines Namens eingeben und dann die richtige Nummer aus den Vorschlägen auswählen. Oder Sie öffnen Ihre Kontaktliste, tippen auf einen Eintrag und dann auf **Nachricht senden**. Auch so wird das Fenster **Neue Nachricht** geöffnet.

3. Daraufhin wird der Kontakt grün hinter dem Begriff **An** dargestellt ❸; die Tastatur erscheint, und Sie können beginnen, Ihren Text einzugeben. Dazu steht Ihnen das Feld **Nachricht** ❹ zur Verfügung. Falls Sie sich wundern: Worin der Unterschied zwischen grünen und blauen »Kontaktnamen« besteht, erfahren Sie im Abschnitt »iMessage – die Umsonst-SMS zwischen iOS-Anwendern« ab Seite 100.

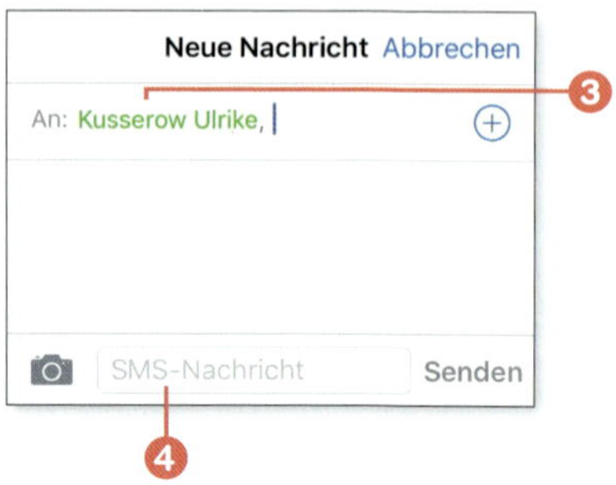

4. Verfassen Sie nun Ihre Nachricht. Während der Eingabe, wird Ihnen angezeigt, wie viele Zeichen Sie bereits eingetippt haben ⑤. Die **Senden**-Schaltfläche ⑥ wird nun grün hervorgehoben. Sollten Sie keine Zeichenanzahl sehen, aktivieren Sie unter **Einstellungen ▸ Nachrichten** die Option **Zeichenanzahl**.

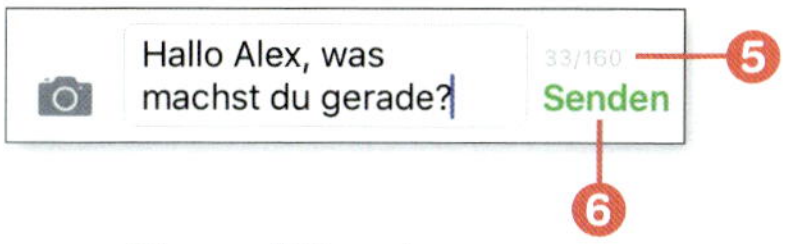

5. Wenn Sie Ihren Text geschrieben haben, tippen Sie auf **Senden**.

6. Die gesendete SMS erscheint daraufhin als farbige Sprechblase ⑦. Bekommen Sie eine Antwort, wird diese ebenfalls dort, aber in einer anderen Farbe, angezeigt ⑧. Diese Sammlung von Nachrichten zwischen Ihnen und einem Kontakt nennt man *Konversation*.

Jede SMS erhält einen Zeitstempel ⑨, der Auskunft darüber gibt, wann eine SMS gesendet beziehungsweise empfangen wurde. Um alle Zeiten einer Konversation sehen zu können, wischen Sie von rechts nach links über die Konversation.

TIPP

SMS an mehrere Adressaten senden

Selbstverständlich können Sie auch eine SMS gleichzeitig an mehrere Adressaten versenden. Dazu müssen Sie lediglich erneut auf das Plussymbol tippen und weitere Adressaten auswählen. Jeder neue Adressat erscheint als eigener Name.

Dank der 3D Touch-Funktion Ihres iPhones 6s können Sie nun aber sogar noch schneller Nachrichten versenden. Tippen Sie etwas fester auf das Nachrichten-Symbol, erscheint ein Dialogfeld, in dem Sie Teilnehmer Ihrer

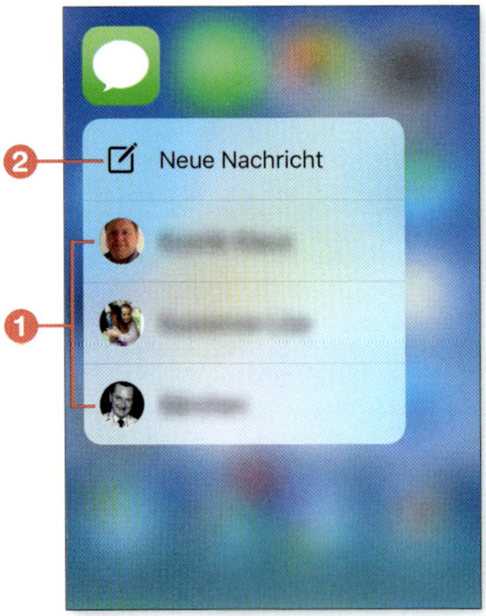

letzten drei Konversationen sehen ❶. Mit einem Fingertipp können Sie diesen Empfängern unmittelbar eine Nachricht zukommen lassen. Sie können aber auch auf **Neue Nachricht** ❷ tippen und somit eine neue Konversation eröffnen. Noch schneller geht es nicht mehr.

Wenn Sie selbst eine SMS erhalten, werden Sie bereits auf Ihrem Sperrbildschirm davon in Kenntnis gesetzt, doch dazu mehr im Abschnitt »Nachrichten empfangen und lesen« ab Seite 107.

INFO

Konversationen als Vorschau anzeigen und direkt antworten

Wenn Sie bereits über zahlreiche Konversationen verfügen, dann wissen Sie vielleicht nicht immer, was sich hinter jeder einzelnen Konversation verbirgt. Dank *3D Touch* können Sie aber eine Vorschau der Konversation aufrufen, indem Sie sie etwas fester als sonst antippen. Schieben Sie diese Ansicht etwas nach oben, können Sie auch direkt antworten. Entweder mit einer der drei vorgefertigten Antworten oder mit einer eigenen Nachricht.

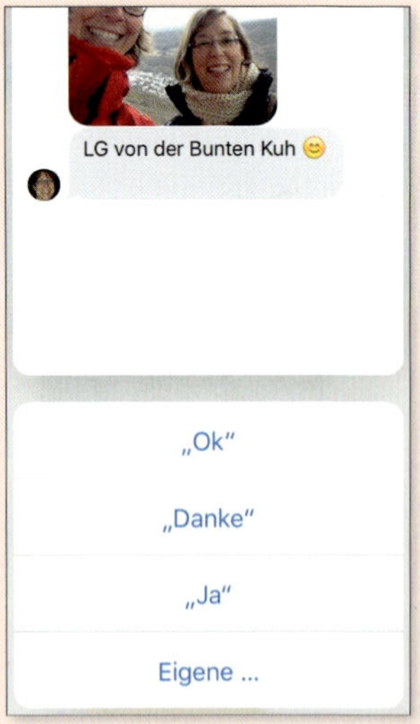

iMessage – die Umsonst-SMS zwischen iOS-Anwendern

Viele Mobilfunkanbieter von iPhone-Verträgen sind über das Angebot *iMessage* von Apple ganz schön sauer. Meinen sie doch, sie verlören einiges an SMS-Umsatz, wenn iOS-Kunden untereinander Gratis-SMS hin- und herschicken können. Sicherlich ist das auch so, obwohl Messenger wie Whats-

App letztlich eine stärkere Konkurrenz darstellen; Sie als iPhone-Besitzer können sich jedenfalls freuen.

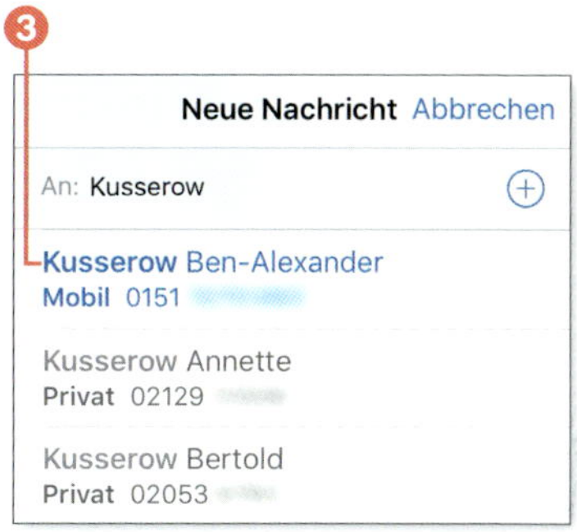

Ihr Handy erkennt, ob Sie eine SMS an ein anderes iOS-Gerät (iPhone, iPad oder iPod touch) senden möchten oder eine Nachricht von einem solchen Gerät erhalten. Es schaltet dann automatisch in den iMessage-Modus um. Schon bei der Auswahl des Adressaten sehen Sie, ob dessen Smartphone iMessage-fähig ist, und zwar anhand des dann blauen Namens des Kontakts 3. Auch die **Senden**-Schaltfläche ist unter iMessage blau eingefärbt.

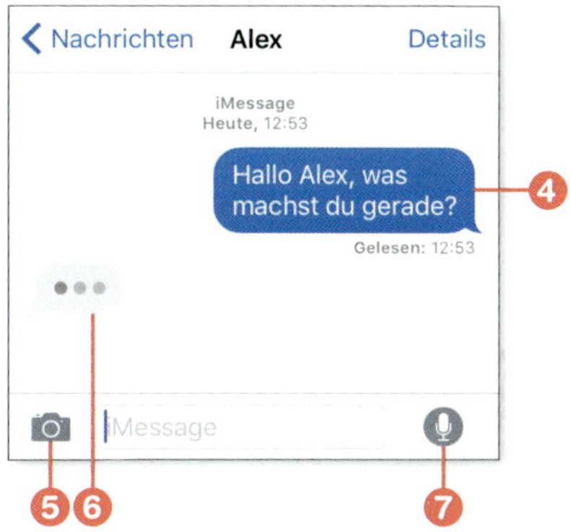

Schließlich wird auch Ihre gesendete Nachricht in Blau dargestellt 4. Wie Sie am Kamerasymbol 5 erkennen, können Sie auch Bilder via iMessage versenden, was Ihnen unter Umständen sehr teure MMS-Kosten erspart.

Und noch ein kleiner Vorteil des Apple-Dienstes: Beim Chatten können Sie über iMessage sofort sehen, wenn Ihr Gesprächspartner Ihnen etwas schreibt, denn bereits während des Schreibvorgangs Ihres Gegenübers wird auf Ihrem Bildschirm in der Nachrichten-App eine leere Sprechblase mit drei Punkten 6 eingeblendet.

Voice-Nachrichten versenden

Aber nicht nur Textnachrichten lassen sich mit Ihrem iPhone verschicken, Sie können auch eine persönliche Nachricht aufnehmen und diese als Sprachnachricht versenden. Dazu steht Ihnen rechts neben dem Eingabefeld ein Mikrofonsymbol 7 (siehe die Abbildung oben) zur Verfügung. Hierüber können Sie Ihre Aufnahmen steuern.

1. Wenn Sie das Mikrofonsymbol ca. zwei Sekunden festhalten, öffnet sich ein längliches Feld mit den Steuerungsmöglichkeiten und wird die Tonaufnahme automatisch gestartet. Sie erkennen das anhand der Audiosignale ❶, die statt eines Textes verzeichnet werden.
2. Indem Sie auf das Play-Symbol ❷ unten rechts tippen, können Sie sich Ihre Aufnahme erneut anhören, bevor Sie sie versenden. Das Symbol wird dabei zu einem Pause-Symbol.
3. Gefällt Ihnen die Aufnahme einmal nicht, löschen Sie diese, indem Sie links an der Aufnahme auf das Kreuz ❸ tippen.
4. Ist Ihre Aufnahme in Ordnung, versenden Sie die Audioaufnahme, indem Sie oben auf das Pfeilsymbol ❹ tippen.
5. Nach Versenden der Aufnahme sieht das Ganze wie in der nebenstehenden Abbildung aus. Tippen Sie nun nachträglich auf das vorne stehende Play-Symbol ❺, und Sie können sich die gesendete Nachricht erneut anhören. Den Abspielfortschritt erkennen Sie anhand des umlaufenden Ringes ❻ um das Pause-Symbol.

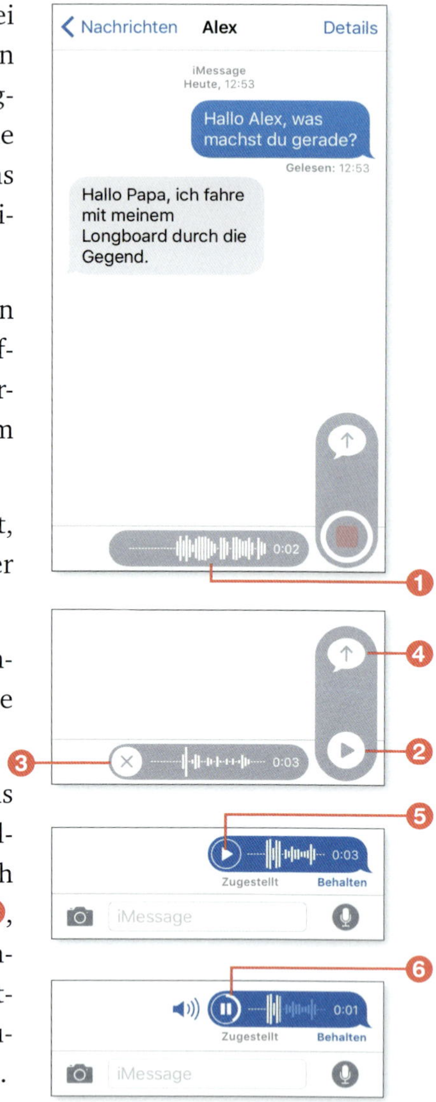

Sie werden feststellen, das macht richtig Spaß und ist eine ganz neue Art, Nachrichten zu versenden. Das Tolle daran: Anders als beim Telefonieren kann der Empfänger Ihre Nachricht immer wieder abspielen. Die Nachricht hat durch Ihre Stimme eine ganz persönliche Note, und – nicht zuletzt – Sie sparen sich die Tipparbeit.

> **INFO**
>
> **Lautsprecher ausstellen**
>
> Standardmäßig werden Voice-Nachrichten über den Lautsprecher abgespielt. Sie können aber auch den Lautsprecher ausschalten, sodass Sie die Nachricht nur dann hören, wenn Sie das iPhone direkt an Ihr Ohr halten. Tippen Sie dazu vor der Voice-Nachricht auf das
>
> 
>
>
> 
>
>
> Lautsprecher-Symbol. Ist es blau aktiviert, hören Sie die Nachricht laut. Ein graues Lautsprecher-Symbol bedeutet, dass der Lautsprecher deaktiviert ist.

Bild- und Videonachrichten versenden

Aus Ihrer Nachrichten-App heraus können Sie selbstverständlich auch Bildnachrichten, sogenannte *MMS*, versenden, und zwar wie folgt:

1. Als Erstes wählen Sie wieder einen oder mehrere Empfänger für Ihre Bildnachricht aus. Tippen Sie anschließend links oberhalb der Tastatur kurz auf das kleine Kamerasymbol ⑦.
2. Daraufhin öffnet sich in der unteren Hälfte des Displays eine Auswahl: Sie können ein Foto oder Video direkt aufnehmen oder ein Bild aus dem Fotoarchiv auswählen. Wir möchten Letzteres; tippen Sie also auf **Fotoarchiv** ⑧.

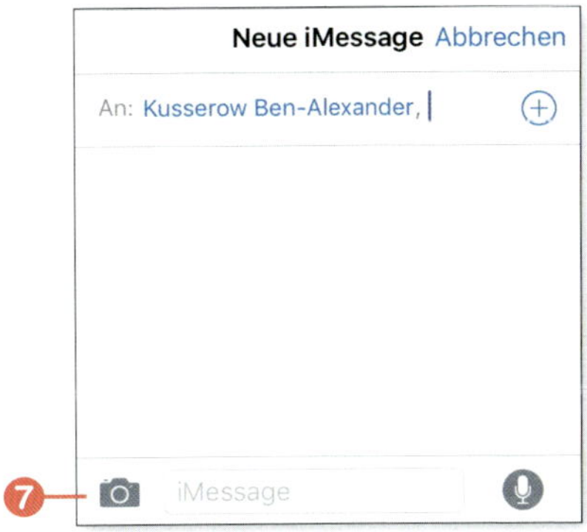

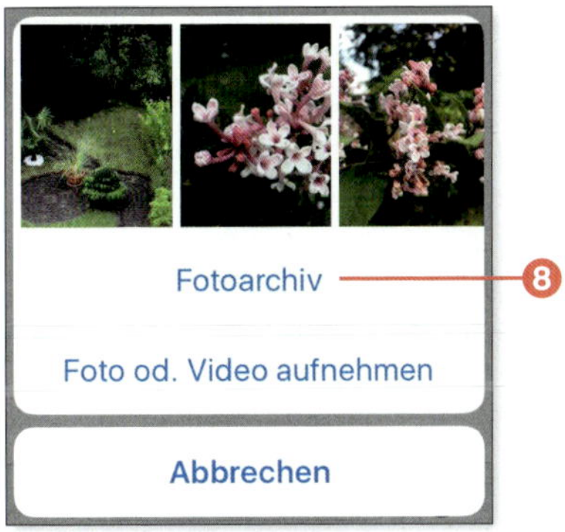

3. Wählen Sie das gewünschte Bild aus Ihren Aufnahmen aus, indem Sie es einmal kurz antippen.

4. Das Bild wird daraufhin markiert ❶. Tippen Sie zum Versenden des Bildes auf **1 Foto senden** ❷. Wenn Sie mögen, können Sie vorher noch einen **Kommentar hinzufügen** ❸.

5. Das ausgewählte Bild wird als kleine Vorschau im Textfenster angezeigt. Über die Schaltfläche **Senden** ❹ schicken Sie Ihre MMS ab.

6. Die MMS wird nach dem Senden mit Bild in Ihrem Nachrichtenfenster dargestellt und – genau wie eine Textnachricht – zum Teil der Unterhaltung zwischen Ihnen und dem Empfänger.

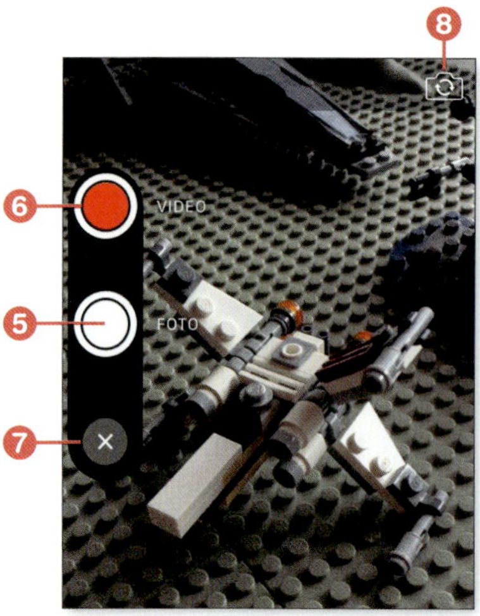

Mit iOS 9 können Sie Bilder und Videos aber noch auf eine weitere Art versenden.

Tippen Sie für etwa 2 Sekunden auf das Kamerasymbol, und Sie bekommen direkten Zugriff auf Ihre Kamera. Jetzt können Sie entscheiden, ob Sie ein Foto machen, indem Sie auf den Auslöser ❺ tippen, oder ein Video ❻ versenden möchten. Wenn Sie das Kreuzchen ❼ antippen, verwerfen Sie Ihre Aufnahme und kehren zurück ins Nachrichtenfenster.

Das Foto wird dann sofort und ohne Kommentar an den vorher ausgewählten Adressaten versendet. Oben rechts befindet sich noch ein Kamera-Symbol ❽, mit dem Sie zwischen der Front- und der Rückkamera Ihres iPhone wechseln können. Auf diese Weise können Sie auch schnell ein Selfie aufnehmen und verschicken.

Ein Video versenden

Analog dazu können Sie natürlich auch ein Video aufnehmen und dies verschicken.

1. Tippen Sie wieder für ca. 2 Sekunden auf das Kamerasymbol, und es öffnet sich erneut die Kamera mit der Auswahl. Tippen Sie auf das rote Aufnahmesymbol (❻ in der Abbildung oben), um die Videoaufnahme zu starten.
2. Um die Aufnahme zu beenden, tippen Sie auf das quadratische Stoppsymbol ❾. Die Aufnahme wird daraufhin sofort im Nachrichtenfenster angezeigt.
3. Möchten Sie sich das Video noch einmal ansehen, tippen Sie auf den Abspielpfeil ❿, oder versenden Sie das Video direkt, indem Sie im Nachrichtenfenster auf **Senden** tippen.

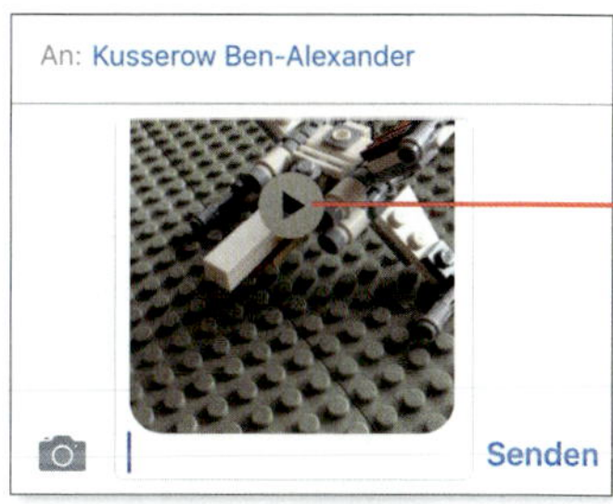

Für den Versand von Bildern per MMS bietet Ihnen Ihr iPhone noch eine weitere Variante, die Sie über die Fotos-App anwählen können. Lesen Sie dazu den Abschnitt »Fotos per E-Mail oder MMS versenden« ab Seite 288. Wie Sie übrigens Ihr Nachrichtenfenster »aufräumen« und von älteren oder speicherplatzintensiven Nachrichten sowie von Bildnachrichten befreien, erfahren Sie im Abschnitt »Nachrichten löschen« ab Seite 110.

Mehrere Bilder auf einmal versenden

Selbstverständlich können Sie auch mehrere Bilder auf einmal in einer iMessage versenden. Das ist mit iOS 9 überhaupt kein Problem mehr.

1. Tippen Sie im Nachrichtenfenster wieder auf das Kamerasymbol. Sie sehen nun eine Reihe von Bildern, Ihre zuletzt gemachten Aufnahmen. Tippen Sie einfach die Bilder an, die Sie versenden möchten. Daraufhin erhalten diese eine blaue Markierung mit einem weißen Häkchen.
2. Jetzt müssen Sie – in unserem Beispiel – nur noch auf **2 Fotos senden** tippen, und das war's.

Sie können mit einer Wischbewegung entweder von links nach rechts oder entgegengesetzt weitere Bilder anzeigen lassen. Selbstverständlich können Sie auch mehr als zwei Bilder markieren.

In den Anlagen von Konversationen blättern

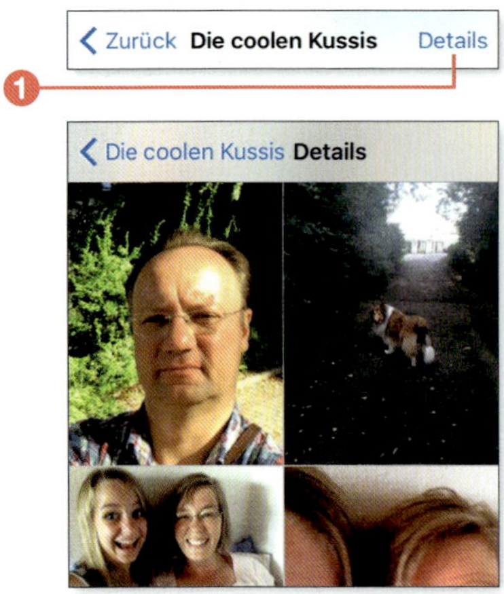

Früher war es immer recht mühsam, sich gezielt die Bilder und Videos einer angeregten Konversation anzusehen. Man musste immer die komplette Konversation nach den Fotos durchsuchen. Das gehört nun der Vergangenheit an. Sie können nämlich alle Anlagen, die Sie im Rahmen einer Konversation versendet haben, an einer zentralen Stelle einsehen.

Tippen Sie hierzu bei einer beliebigen Konversation (es kann auch eine Gruppe sein, wie in diesem Fall) oben rechts auf **Details** ❶.

Ganz unten befinden sich alle Anhänge, die in dieser Konversation versendet wurden. Auf diese Weise haben Sie auch alle Bilder auf einmal im Blick. Tippen Sie ein Bild an, und es wird groß dargestellt.

Nachrichten empfangen und lesen

Der Empfang einer Nachricht ist kein großes Geheimnis, denn er funktioniert automatisch – dazu müssen Sie keinerlei Einstellungen vornehmen.

1. Wenn Sie eine SMS- oder MMS-Nachricht erhalten, wird Ihnen das direkt auf dem Sperrbildschirm Ihres iPhones angezeigt ❷.
2. Sie müssen nicht erst die Nachrichten-App aufrufen, um diese zu beantworten, sondern können das direkt vom Sperrbildschirm aus erledigen. Wischen Sie hierzu die Nachricht nach links, und tippen Sie auf den Button **Antworten** ❸.
3. Nun können Sie Ihre Antwort direkt auf dem Sperrbildschirm schreiben oder diktieren.

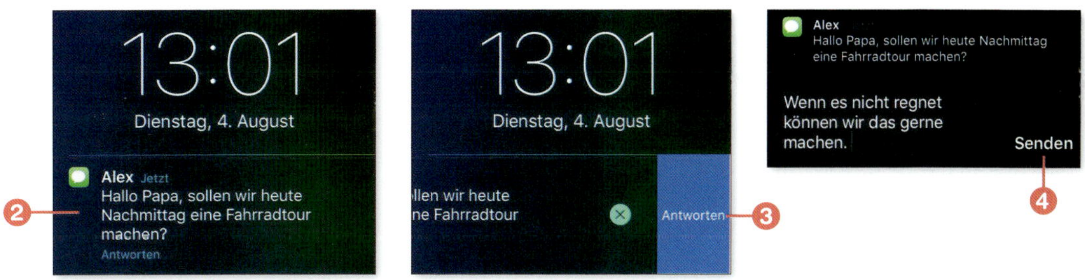

4. Tippen Sie abschließend nur noch auf **Senden** ❹, und schon ist die Nachricht beantwortet.
5. Selbst Nachrichten mit Anhängen wie Fotos und Video können im Sperrbildschirm angezeigt und auch beantwortet werden.

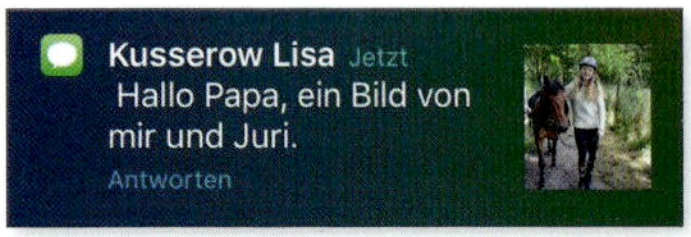

Im Fall einer längeren Nachricht, die Sie nicht vollständig auf dem Sperrbildschirm lesen können, müssen Sie zur Beantwortung allerdings in die Nachrichten-App wechseln.

1. Indem Sie auf das Nachrichten-Symbol auf dem Sperrbildschirm ❶ tippen und es mit dem Finger, so wie beim Entsperren Ihres iPhones, nach rechts bis zum Ende ziehen, gelangen Sie, nachdem Sie Ihren Code eingegeben haben, sofort in die geöffnete Nachricht und können diese lesen. Sie müssen dann die Nachrichten-App nicht gesondert öffnen.

   Praktisch ist, dass Sie nach dem Öffnen auch immer die ganze Unterhaltung sehen, also alle SMS und MMS, die Sie bisher mit diesem Kontakt ausgetauscht haben.

2. Wenn Sie als Empfänger eine MMS öffnen, sehen Sie eine Sprechblase mit dem empfangenen Bild – tippen Sie mit dem Finger darauf, wird das Bild in Displaygröße angezeigt, und Sie können es in Ihrem iPhone-Fotoarchiv speichern, indem Sie oben rechts auf das **Teilen**-Symbol ❷ tippen und dann unten auf **Bild sichern**.

Natürlich können Sie sofort auf eine SMS antworten, indem Sie Ihren Antworttext in das

Textfeld ganz unten tippen und mit **Senden** bestätigen. Das funktioniert nicht nur bei gerade empfangenen SMS, sondern immer nachdem Sie eine SMS-Unterhaltung geöffnet haben.

Nachrichten weiterleiten

Wenn Sie eine SMS erhalten, z. B. eine Einladung, dann können Sie diese Nachricht natürlich auch weiterleiten, um auch anderen diese Information zukommen zu lassen. Und so geht's:

1. Öffnen Sie die Nachricht, die Sie weiterleiten möchten, und doppeltippen Sie auf die Nachricht, bis das Etikett **Kopieren/Mehr** erscheint, dann tippen Sie auf **Mehr** ❸. Die Nachricht wird daraufhin durch ein kleines weißes Häkchen in einem blauen Kreis ❹ hervorgehoben.
2. Zum Weiterleiten tippen Sie unten rechts auf den Pfeil ❺.
3. Es öffnet sich ein neues Fenster, in dem die Nachricht erneut im Textfeld steht ❻. Geben Sie über das Plussymbol ❼ einen neuen Adressaten für die weiterzuleitende Nachricht ein, und tippen Sie zum Abschluss auf **Senden**.

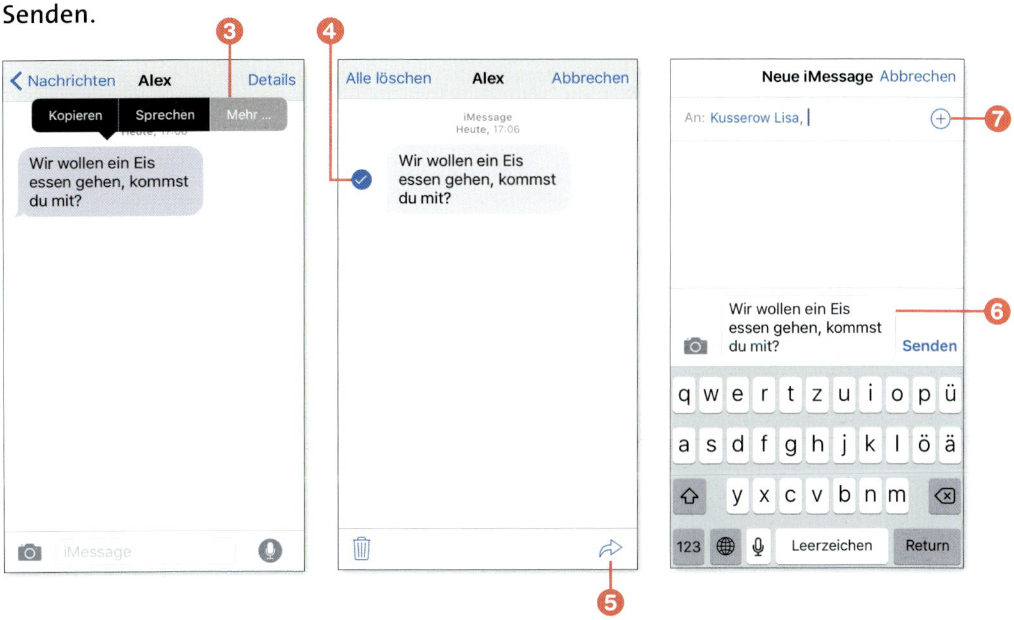

Falls Sie die weitergeleitete Nachricht an eine Person versenden, der Sie schon einmal eine Nachricht geschickt haben, finden Sie die weitergeleitete Nachricht hinterher in der bestehenden Unterhaltung.

Natürlich können Sie die Nachricht auch gleich an mehrere Personen weiterleiten. Fügen Sie einfach mehrere Empfänger über das Plussymbol hinzu. Weil sich diese Nachricht dann aber keiner vorherigen Unterhaltung zuordnen lässt, taucht sie als neue Unterhaltung zwischen den gewählten Empfängern in Ihrem Nachrichtenfenster auf.

Nachrichten löschen

Hin und wieder wollen Sie sicherlich Ihr Nachrichtenarchiv aufräumen und Ihren Speicherplatz von altem Ballast befreien. Dazu können Sie entweder ganze Unterhaltungen oder einzelne Nachrichten löschen. Um in einer Unterhaltung eine einzelne Nachricht zu entfernen, gehen Sie wie folgt vor:

1. Öffnen Sie eine SMS-Unterhaltung, und doppeltippen Sie auf die Nachricht, die Sie löschen möchten, und anschließend auf das Etikett **Kopieren/Mehr**.

   Die ausgewählte Nachricht wird markiert, was Sie an dem kleinen weißen Häkchen in dem blauen Kreis erkennen können.

2. Nun tippen Sie unten links auf das Papierkorbsymbol und bestätigen die anschließende Abfrage, und schon ist die Nachricht verschwunden.

Sie können auch ein Bild, das Ihnen geschickt wurde oder das Sie an eine Nachricht angehängt haben, wieder löschen. Öffnen Sie die Unterhaltung, doppeltippen Sie auf das Bild und dann auf das Etikett **Mehr**, um es zu markieren. Nun können Sie es mit einem Fingertipp auf das Papierkorbsymbol aus der Unterhaltung entfernen.

Eine ganze Unterhaltung löschen

Um gleich die ganze Unterhaltung und nicht nur einzelne SMS zu löschen, haben Sie zwei Möglichkeiten, die ich Ihnen in diesem Abschnitt vorstellen werde. Die erste Möglichkeit ist diese:

1. Öffnen Sie die Nachrichten in der Übersicht, und tippen Sie oben links auf **Bearbeiten** ❶. Die einzelnen Unterhaltungen werden dann mit einem leeren Kreis versehen. Wird eine Unterhaltung ausgewählt, wird dies durch ein weißes Häkchen in einem blauen Kreis ❷ symbolisiert.

2. Wählen Sie eine Unterhaltung aus, indem Sie sie antippen, und tippen Sie anschließend unten rechts auf **Löschen** ❸.
3. Die Unterhaltung wird daraufhin direkt gelöscht.

Wenn Ihnen das noch zu umständlich ist, sollten Sie die zweite Möglichkeit nutzen: Öffnen Sie die Nachrichtenübersicht, und streichen Sie zügig mit dem Finger von rechts nach links über die zu löschende Unterhaltung. Am rechten Rand erscheint daraufhin die **Löschen**-Schaltfläche. Tippen Sie darauf, und schon ist die Unterhaltung entfernt.

Gruppennachrichten senden

Mit der Nachrichten-App lassen sich auch sogenannte SMS-Gruppen beziehungsweise Gruppennachrichten erstellen. Nun, was bedeutet das? Sie können nicht nur, wie es früher schon üblich war, eine SMS an mehrere Teilnehmer senden, sondern Sie fügen diese Teilnehmer direkt in einer Gruppe zusammen, sodass jeder auch die Antworten aller anderen lesen und wiederum darauf antworten kann. Das Ganze funktioniert wie bei einem sogenannten *Messenger* wie z. B. *WhatsApp*.

Eine Nachrichten-Gruppe erstellen

Zuerst müssen Sie natürlich eine Gruppe erstellen, in der Sie dann Ihre Nachrichten, Bilder und Videos posten können, und das geht so:

1. Öffnen Sie eine neue SMS, und fügen Sie in die Adresszeile mehrere Adressaten ❶ ein. Auf diese Weise haben Sie schon einmal die Teilnehmer an der SMS-Gruppe erfasst.

2. Schreiben Sie nun Ihre erste Nachricht innerhalb dieser Gruppe, am besten eine, aus der hervorgeht, dass es sich um eine Gruppennachricht handelt.
3. Jeder der Teilnehmer kann von nun an auf die Nachricht antworten und alle entsprechenden Nachrichten sehen. Wenn in den Kontakten ein Kontaktbild ❷ vergeben wurde, wird Ihnen dieses auch vor der jeweiligen Nachricht angezeigt.
4. Um einen genaueren Überblick über die Gruppe zu bekommen, tippen Sie oben rechts auf den Button **Details** ❸. Sie können Ihrer Gruppe auch einen Namen ❹ geben. Hierzu müssen Sie allerdings den Bildschirm etwas nach unten schieben.

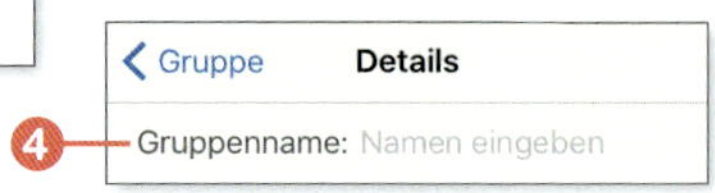

Selbstverständlich lassen sich Ihre angelegten Gruppen auch wieder bearbeiten. Wie das genau vonstattengeht, erfahren Sie im nächsten Abschnitt.

Sie können Ihren SMS- beziehungsweise Nachrichten-Gruppen auch Mitglieder hinzufügen oder einzelne Mitglieder wieder löschen. Das Ganze funktioniert denkbar einfach. Im Folgenden zeige ich Ihnen, wie Sie das ganz einfach hinbekommen.

Gruppenmitglieder hinzufügen

Auch im Nachhinein können Sie Ihrer Gruppe noch weitere Mitglieder hinzufügen.

1. Hierzu öffnen Sie zuerst die Gruppennachrichten und tippen oben rechts auf **Details**. Sie sehen nun alle Mitglieder der Gruppe untereinander.
2. Tippen Sie dann unterhalb der Gruppenmitgliederliste auf **+ Kontakt** 5, um ein neues Gruppenmitglied auszuwählen.

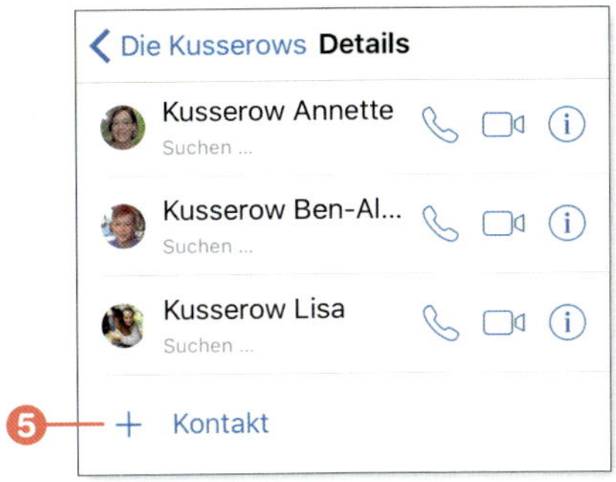

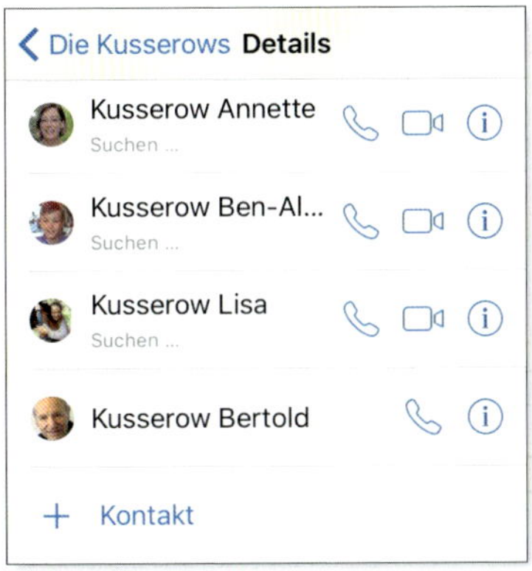

Der ausgewählte Kontakt wird sofort der Gruppe hinzugefügt.

INFO

Gruppen nur innerhalb von iMessage

Voraussetzung für eine solche Gruppe ist ein iMessage-Account. Die Mitglieder müssen also entweder über ein iOS-Gerät wie das iPhone oder über einen Mac verfügen.

Mitglieder aus einer Gruppe löschen

Mitglieder können Sie selbstverständlich nicht nur zu einer Gruppe hinzufügen, sondern auch daraus löschen.

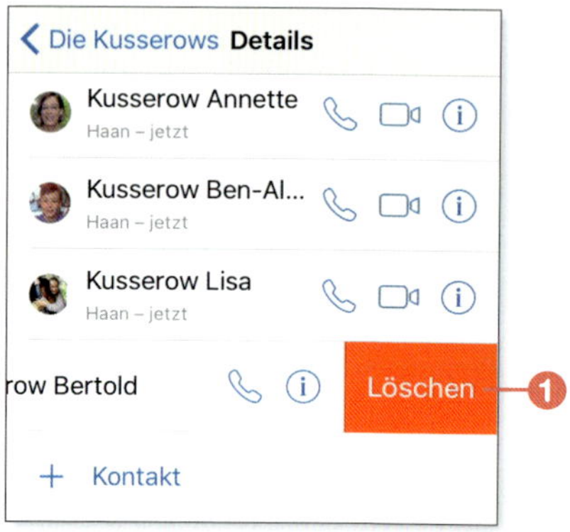

1. Um ein Mitglied aus einer Gruppe zu entfernen, tippen Sie zunächst wieder auf **Details**, um zur Teilnehmerliste zu gelangen. Dort wischen Sie von rechts nach links über den entsprechenden Kontakt.
2. Tippen Sie auf den **Löschen**-Button ❶, und bestätigen Sie den Löschbefehl mit **Entfernen** ❷. Falls Sie es sich doch noch anders überlegen, tippen Sie einfach auf **Abbrechen**.

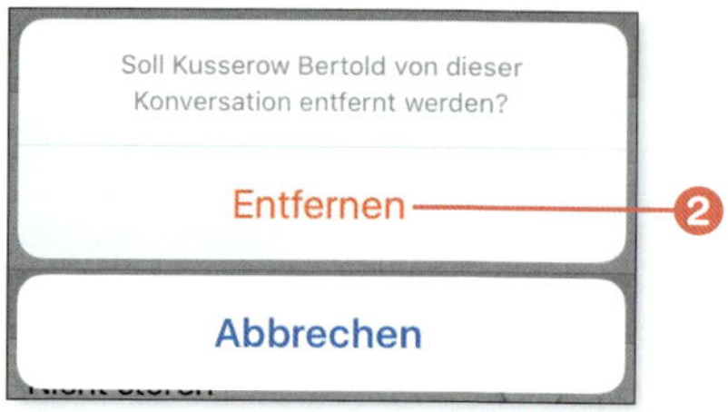

Den eigenen Standort mit anderen teilen und freigeben

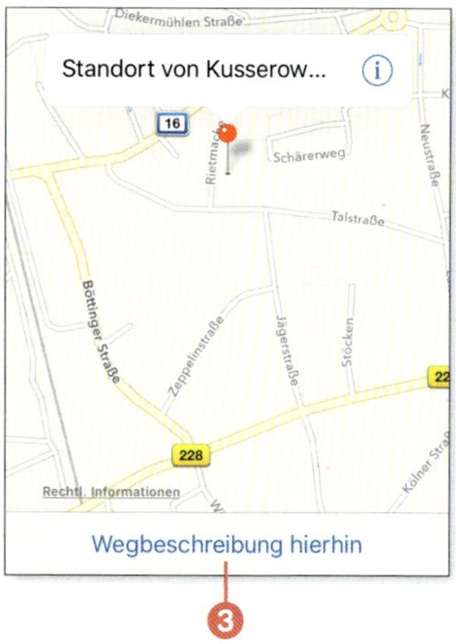

Mit der Gruppen-Funktion (siehe die vorigen Abschnitte) können Sie noch viel mehr machen, als Nachrichten zu teilen – z. B. Ihren aktuellen Standort senden oder Ihren Standort für eine bestimmte Zeit freigeben, was natürlich auch bei einzelnen Nachrichten funktioniert.

1. Um Ihren aktuellen Standort freizugeben, tippen Sie in der Ansicht **Details** auf **Meinen aktuellen Standort senden**.
2. Daraufhin wird Ihr aktueller Standort der Gruppe in einer Karte mitgeteilt. Wenn ein Gruppenmitglied die Karte antippt, öffnet sich automatisch die Karten-App, und man kann sich eine Wegbeschreibung ❸ einblenden lassen.

3. Sie können nicht nur Ihren aktuellen Standort in die Gruppe stellen, sondern auch für eine bestimmte Zeit für die anderen Gruppenmitglieder freigeben, um sich z. B. in einer fremden Stadt zu treffen. Tippen Sie hierzu auf **Standortfreigabe**.

4. Entscheiden Sie sich für eine Option: Sie haben die Wahl zwischen einer einstündigen Standortfreigabe, einer Freigabe bis zum Ende des Tages oder einer unbegrenzten Standortfreigabe.

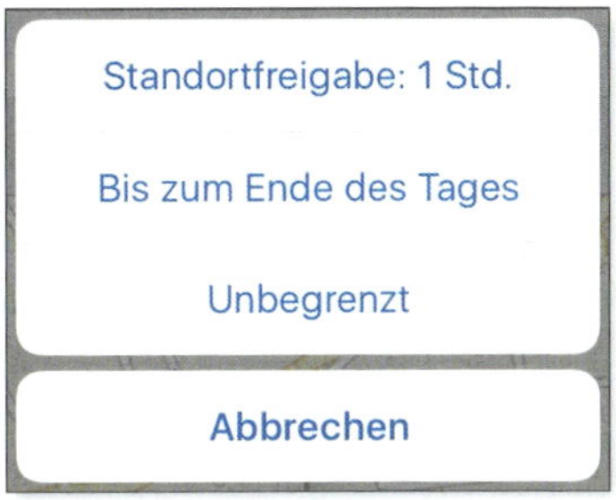

INFO

Standortfreigabe nicht nur für Gruppen

Die Funktion der Standortfreigabe funktioniert übrigens auch beim Versenden von SMS oder iMessage an einzelne Personen. Sie müssen dazu also nicht unbedingt eine Gruppe gründen.

Die Einstellungen für Nachrichten ändern

Um schnell auf die eingehenden Nachrichten zugreifen zu können, müssen Sie vorher folgende Einstellungen vornehmen:

1. Öffnen Sie zunächst das Menü **Einstellungen**, und wählen Sie **Mitteilungen ▸ Nachrichten** aus.
2. In den Einstellungen für die Nachrichten aktivieren Sie den Schieberegler für den Menüpunkt **Im Sperrbildschirm** (1 auf Seite 116). Dazu müssen Sie zunächst ganz nach unten scrollen.
3. Wenn Sie auch noch den Schalter **Mitteilungen erlauben** 2 aktivieren, werden eingehende SMS in der Mitteilungszentrale angezeigt. Zum Schluss legen Sie noch fest, wie Sie die Nachrichten angezeigt bekommen möchten. Wählen Sie hier z. B. **Banner** 3 aus.

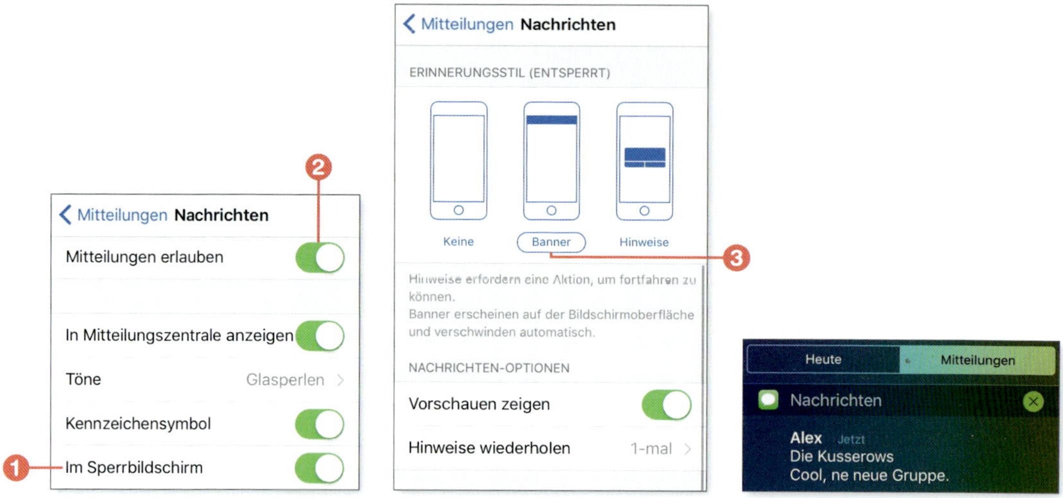

Dank dieser Einstellungen sind Sie immer auf dem Laufenden und verpassen sicher keine wichtige Textnachricht mehr. Zum einen werden Ihnen neue Nachrichten nun auf dem Sperrbildschirm angezeigt, zum anderen können Sie sie über die Mitteilungszentrale abrufen. Um die Mitteilungszentrale zu öffnen, wischen Sie einfach vom oberen Rand des Displays nach unten (es ist ein bisschen so, als würden Sie ein Rollo nach unten ziehen).

Doch nicht nur die Anzeige ist wichtig; Sie können auch einstellen, dass Sie geräuschvoll auf eine Nachricht aufmerksam gemacht werden möchten. Wie das geht, erfahren Sie im nächsten Abschnitt.

Töne für Nachrichten einrichten

Im Abschnitt »Klingeltöne auswählen« ab Seite 92 habe ich beschrieben, wie Sie bestimmte Klingeltöne für Ihre Anrufe einstellen. Selbstverständlich können Sie auch die Töne für den Nachrichteneingang ganz Ihren Wünschen anpassen. Wählen Sie einfach aus einer Reihe von Tönen einen passenden aus.

1. Dazu gehen Sie wieder in die **Einstellungen** und wählen den Menüpunkt **Töne** aus.

2. Scrollen Sie etwas nach unten bis zum Menüpunkt **SMS-Ton**, den Sie ebenfalls auswählen.
3. Im nächsten Schritt wählen Sie den Ton, der Ihnen als Nachrichten-Signalton am besten gefällt. Sie können hier auch **Keine** auswählen.
4. Tippen Sie schließlich den Ton Ihrer Wahl an, und das war's auch schon!

Wenn Sie möchten, stellen Sie zusätzlich eine Vibration als Hinweis für den Eingang einer SMS ein. Dies geschieht unter **Einstellungen ▸ Töne ▸ Nachrichtenton ▸ Vibration**.

Selbstverständlich können Sie auch hier wieder Töne im iTunes Store kaufen und diese dann als Nachrichtenton einfügen. Hierzu müssen Sie lediglich oben rechts auf **Store** tippen, und schon können Sie einen Ton kaufen.

Darauf sollten Sie im Ausland achten

Wenn Sie mit Ihrem iPhone im Ausland unterwegs sind, kann es schnell teuer werden, da zu den Kosten, die Sie in Ihrem Heimatland für Telefonate und für SMS und MMS zahlen, noch die Gebühren für das *Datenroaming* hinzukommen. Das heißt, Sie zahlen auch noch den Service des ausländischen Providers für die Durchleitung in Ihr Heimatnetz.

Das wird unter Umständen recht teuer; man liest immer wieder von horrenden Handyrechnungen, die aufgrund von Unwissenheit oder Unvorsichtigkeit im Urlaub entstanden sind. Zwar gibt es seit einigen Jahren gesetzlich festgelegte Preisobergrenzen für das Datenroaming, Sie müssen sich aber dennoch auf erhöhte Kosten einstellen, wenn Sie Ihr iPhone im Ausland verwenden. Wenn Sie Datenroaming im Ausland nutzen möchten, wird Ihr Anbieter Sie normalerweise mit einer SMS darauf hinweisen, wie teuer das werden könnte. Die Telekom fragt Sie sogar ab einer bestimmten Kostengrenze noch einmal, ob Sie weiter Datenroaming nutzen möchten.

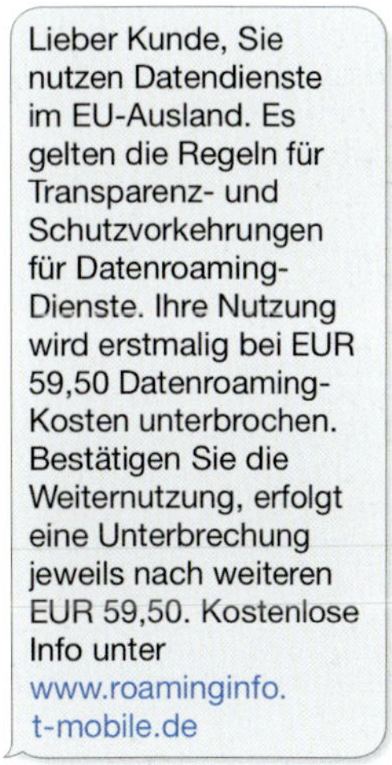

Aus den genannten Gründen empfehle ich Ihnen, die Datenroaming-Funktion sicherheitshalber ganz abzuschalten. Das gilt auch für das europäische Ausland, es sei denn, Sie verfügen über einen entsprechenden Vertrag, bei dem innereuropäisches Datenroaming inbegriffen ist. So schalten Sie das Datenroaming ab:

1. Öffnen Sie das Menü **Einstellungen**, und tippen Sie dort auf **Mobiles Netz**.
2. Im zugehörigen Menü deaktivieren Sie den Punkt **Datenroaming** mit dem dafür vorgesehenen Schalter ❶.

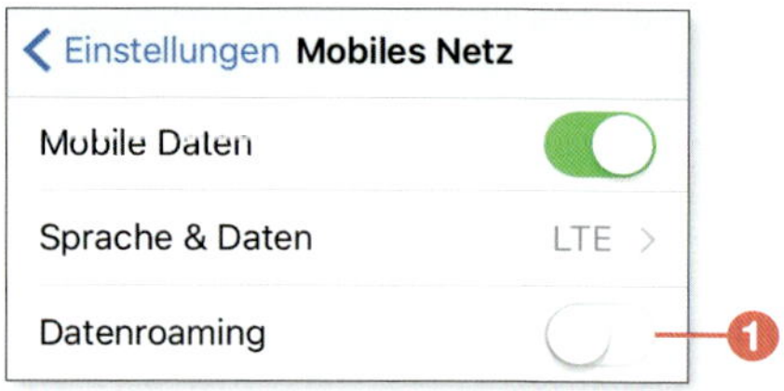

Nun sind Sie auf der sicheren Seite, denn das iPhone kann keine Datenverbindungen aufbauen, wenn Sie es nicht wollen. Und wenn Sie doch einmal ins Internet wollen und sich der Kosten bewusst sind, stellen Sie das Datenroaming einfach für diese Zeit wieder ein.

Kapitel 5

Im Internet surfen mit Safari

Warum kauft man sich ein iPhone? – Na, man will natürlich immer online sein! Und Safari ist das Werkzeug dafür. Damit steht Ihnen ein schlanker und sehr leistungsfähiger Browser zur Verfügung, der in der neuen Version mit einigen sehr interessanten Neuerungen aufwartet – aber sehen Sie selbst.

Mit Safari surfen Sie auf dem iPhone im Internet. Sie müssen dabei nicht auf gewohnte Browserfunktionen verzichten.

So kommen Sie mit dem iPhone ins Internet

Zunächst stelle ich Ihnen den Browser Safari im Überblick vor. Sie werden erfahren, was es damit auf sich hat und wie Sie den Browser bedienen.

Safari ist im Wesentlichen in drei Bereiche aufgeteilt. Der erste Bereich ist für die Suche und Eingabe zuständig. Der zweite Bereich ist der, der die eigentliche Internetseite darstellt. Dies ist entsprechend der größte Bereich.

Der dritte Bereich schließlich befindet sich am unteren Rand des Displays und ist für die Navigation gedacht. Hier können Sie vor- und zurückblättern, Website-Inhalte versenden, speichern, drucken, Lesezeichen einsehen und erstellen sowie sich alle gleichzeitig geöffneten Seiten anschauen.

Aber Sie wollen es ja sicher ganz genau wissen, daher gebe ich Ihnen hier einen Überblick über jede einzelne Funktion von Safari:

1. In dieses Feld können Sie wahlweise eine URL oder eine Suchanfrage eingeben. Mehr zu diesem Thema lesen Sie unter anderem im Abschnitt »Suchen mit Google« ab Seite 123.
2. In diesem Bereich wird die Internetseite dargestellt.
3. Blättern Sie eine Seite zurück.
4. Blättern Sie eine Seite vor.
5. Über die **Teilen**-Schaltfläche leiten Sie die aktive Internetseite weiter (Sie können sie z. B. als Lesezeichen speichern, den Link per E-Mail verschicken oder die Seite ausdrucken).
6. Hier befinden sich Ihre Lesezeichen, die Leseliste und die geteilten Links.
7. Hier öffnen Sie die Tab-Ansicht und sehen Ihre aufgerufenen Seiten sowie gegebenenfalls die geöffneten Seiten auf dem Mac oder iPad.

Wenn Sie den Inhalt einer Seite etwas vergrößern wollen, um sich z. B. ein Menü genauer anzuschauen, zoomen Sie in die Seite hinein, indem Sie Daumen und Zeigefinger auf das Display setzen und langsam auseinanderziehen. Umgekehrt, also indem Sie die Finger wieder zusammenschieben, verkleinern Sie die Seite wieder. Auf einigen Internetseiten ist es außerdem möglich den Text eines Artikels mit einem Doppeltipp auf den Bildschirm an die Bildschirmbreite anzupassen, sodass er optimal lesbar wird.

TIPP

Wenn die Internetverbindung langsam ist ...

Schauen Sie nach, ob Sie 3G aktiviert haben (unter **Einstellungen** ▸ **Mobiles Netz** ▸ **Sprache & Daten** ▸ **LTE**). Dieser Mobilfunkstandard sorgt für höhere Datenübertragungsraten bis zu 300 Megabit pro Sekunde. Steht in der Menüleiste am oberen Bildschirmrand **E** oder **GPRS**, surfen Sie in einem sehr langsamen Netz. Wenn gar nichts hilft, können Sie auch probieren, das iPhone einmal auszustellen und wieder hochzufahren.

In den folgenden Abschnitten dieses Kapitels erkläre ich Ihnen, wie Sie sicher und schnell im Internet surfen, Lesezeichen und Leselisten anlegen, um interessante Seiten schnell wiederzufinden, und wie Sie z. B. einen Link zu einer besonders sehenswerten Website an jemand anderen weitergeben.

Eine Webseite öffnen

Es gibt verschiedene Möglichkeiten, Webseiten mit Safari zu öffnen. Sie können das mit einer gezielten Suche über Google und Co. crlcdigen, durch einen Link, der Ihnen per E-Mail oder SMS zugesendet wird, mittels eines Lesezeichens in Ihrer Lesezeichenleiste oder indem Sie einfach die Internetadresse eingeben. Die letzte Möglichkeit lernen Sie jetzt kennen.

1. Öffnen Sie Safari, und geben Sie eine Internetadresse in das intelligente Suchfeld ein (❶ auf Seite 122). Normalerweise steht zu Beginn einer Internetadresse immer diese Zeichenfolge: *http://www.* Diese Zeichen

können Sie bei der Eingabe der Adresse allerdings weglassen. Safari setzt diese Zeichenfolge automatisch vor Ihre Eingabe, sodass Sie nur den Namen der gewünschten Webseite eingeben müssen.

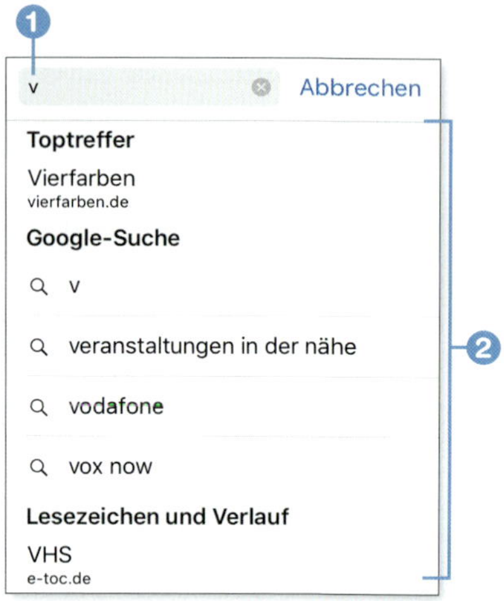

2. Suchen Sie aus den Vorschlägen **2** von Safari diejenige Webseite aus, die Sie öffnen möchten. Rufen Sie sie auf, indem Sie darauf tippen.
3. Wenn der richtige Vorschlag noch nicht dabei ist, schreiben Sie einfach weiter – falls notwendig, so lange, bis Sie den kompletten Namen der Webseite ausgeschrieben haben.
4. Beenden Sie Ihre Eingabe mit der `Öffnen`-Taste. Daraufhin wird die entsprechende Webseite geöffnet, und Sie können sich ihre Inhalte anschauen.

Wenn es bestimmte Internetseiten gibt, die Sie immer wieder aufrufen, z. B. die Website Ihres Lieblingsvereins oder eine bestimmte Nachrichtenseite, können Sie sich dafür ein Lesezeichen (*Bookmark*) anlegen, damit Sie die Adresse nicht jedes Mal neu eingeben müssen, wenn Sie die Seite aufrufen wollen. Wie das geht, erfahren Sie im Abschnitt »Mit Lesezeichen und Favoriten arbeiten« ab Seite 124.

Privates Surfen aktivieren

Mit der Funktion *Privates Surfen* können Sie im Internet surfen, ohne dass der Browserverlauf und z. B. die Eingabe von Passwörtern und Suchbegriffen auf Ihrem iPhone protokolliert werden.

1. Tippen Sie in Safari auf die untere rechte Schaltfläche, es öffnet sich daraufhin die Tab-Ansicht.
2. In dieser Ansicht wählen Sie unten links die Schaltfläche **Privat**.
3. Sie sehen nun ein Infofenster, das die Aktivierung des privaten Surfmodus bestätigt. Tippen Sie hier unten rechts auf **Fertig**, bevor Sie Ihre private Surftour starten können. Während Sie die Funktion aktiviert haben, werden die Menü- und Fußleiste von Safari dunkelgrau eingefärbt.
4. Möchten Sie das private Surfen wieder deaktivieren, rufen Sie zunächst wieder die Tab-Ansicht auf und tippen erneut auf **Privat**.

Haben Sie Safari derzeit nicht geöffnet, erreichen Sie die Funktion dank der neuen 3D Touch-Technologie noch schneller. Tippen Sie hierzu einfach etwas fester auf das Safari-Symbol auf dem Home-Bildschirm. Es öffnet sich ein Dialogfeld, in dem Sie den Menüpunkt **Neuer privater Tab** auswählen können.

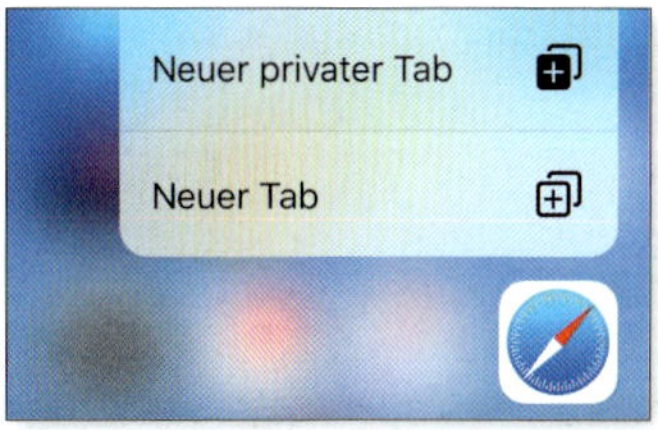

Suchen mit Google

Selbstverständlich können Sie mit Safari auf Ihrem iPhone auch über Google nach Informationen suchen. Google ist als Suchmaschine auf dem iPhone sogar voreingestellt.

1. Um eine Suche zu starten, tippen Sie einfach ganz oben in das Feld **Suchbegriff oder Website**. Geben Sie Ihren Suchbegriff ein. Noch während Sie tippen, liefert Ihnen Google einige Vorschläge ③, bei denen eventuell sogar schon der gesuchte Begriff dabei ist. Wenn das der Fall ist, tippen Sie auf diesen Begriff, und die Google-Ergebnisseite öffnet sich.

2. Wenn Sie den Suchbegriff gut gewählt haben, bekommen Sie entsprechend präzise Ergebnisse (hier ist gleich das erste Suchergebnis das passende). Tippen Sie auf den blauen Link ❶ in der Trefferliste, wird die gewünschte Seite geöffnet.

Wie beschrieben, ist Google als Suchmaschine in Safari voreingestellt. Wenn Sie nicht mit Google, sondern lieber mit einer anderen Suchmaschine suchen möchten, können Sie dies selbstverständlich tun. Sie müssen dazu die Einstellungen in Safari ändern und eine andere Suchmaschine festlegen. Im Menü **Einstellungen ▸ Safari** ❷ werden Ihnen bei **Suchmaschine** ❸ weitere Möglichkeiten wie *Yahoo*, *Bing* oder *DuckDuckGo* angeboten ❹.

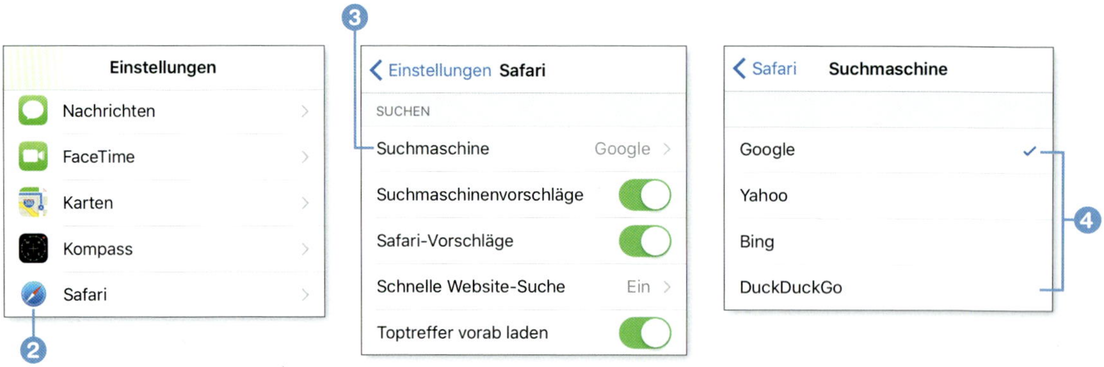

Mit Lesezeichen und Favoriten arbeiten

Das Verwenden von Lesezeichen erleichtert Ihnen das Surfen im Web ungemein, weil Sie nicht immer die komplette Adresse einer interessanten Internetseite neu eingeben müssen. Legen Sie sich für Ihre favorisierten Webseiten einfach Lesezeichen an. Diese müssen Sie dann nur noch antippen, um die entsprechende Internetseite zu öffnen. In diesem Abschnitt zeige ich Ihnen, wie Sie ein Lesezeichen anlegen.

1. Wenn Sie eine interessante Webseite gefunden und in Safari geöffnet haben, tippen Sie in der unteren Leiste Ihres iPhone-Displays auf das **Teilen**-Symbol ⑤.

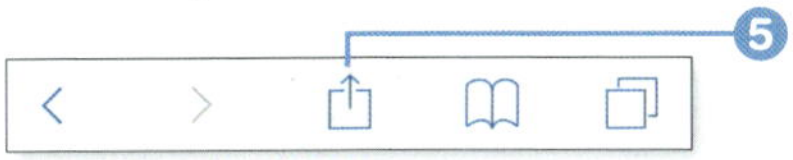

2. Daraufhin öffnet sich ein Dialogfenster mit verschiedenen Auswahlmöglichkeiten. Hier tippen Sie links unten auf den Punkt **Lesezeichen** ⑥.

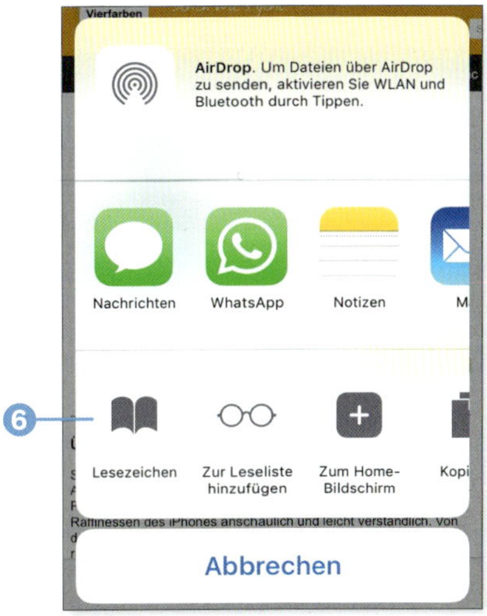

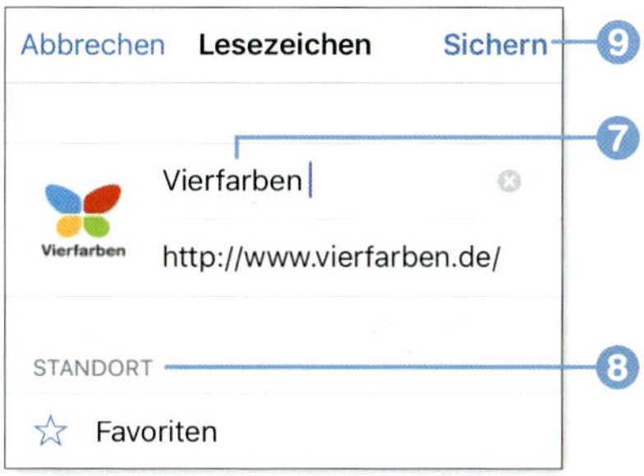

3. Passen Sie den Namen Ihres Lesezeichens ⑦ an, indem Sie mit der [⌫]- oder der [Entfernen]-Taste so viel weglöschen, bis der Begriff stimmig und schnell erfassbar ist. Sie können ihn mit einem Tipp auf das kleine Kreuzchen natürlich auch komplett löschen und einen eigenen Namen für Ihr Lesezeichen eingeben.

4. Unter **Standort** ⑧ können Sie mit einem Tipp auf den Pfeil noch festlegen, wo das Lesezeichen gespeichert werden soll, entweder direkt in der Lesezeichenleiste oder in einem Ordner, den Sie vorher angelegt haben (siehe dazu den Kasten »Einen Lesezeichen-Ordner anlegen« auf Seite 127). Den ausgewählten Ordner, in dem das Lesezeichen abgelegt wird, erkennen Sie an einem kleinen Häkchen.

5. Wenn Sie mit allen Einstellungen fertig sind, tippen Sie auf **Sichern** ⑨.

INFO

Reihenfolge der Symbole im »Teilen«-Menü den eigenen Vorstellungen anpassen

Sie haben die Möglichkeit, die Reihenfolge der Symbole im **Teilen**-Menü den eigenen Vorstellungen anzupassen. Hierzu tippen Sie in diesem Menü auf den Punkt **Mehr**. Um diesen sehen zu können, wischen Sie gegebenenfalls in der letzten Zeile von rechts nach links. Sie können dann, indem Sie auf die drei Linien tippen und ziehen, den jeweiligen Menüpunkt verschieben.

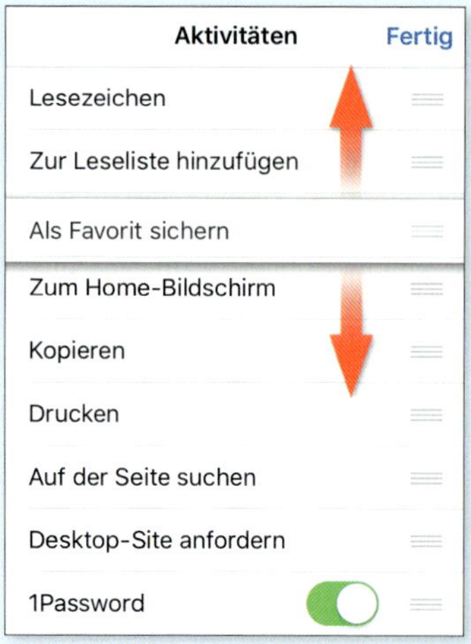

Möchten Sie Ihre gespeicherten Lesezeichen und Favoriten aufrufen, tippen Sie auf der Safari-Tab-Leiste auf das Buchsymbol. Daraufhin werden Ihnen Ihre zuvor gespeicherten Lesezeichen und Favoriten in einer Liste angezeigt. Die jeweilige Seite öffnen Sie, indem Sie sie antippen. Aber auch wenn Sie Safari derzeit nicht geöffnet haben, sind Ihre Lesezeichen und Favoriten durch 3D-Touch schnell griffbereit. Tippen Sie zunächst auf dem Home-Bildschirm etwas fester auf das Safari-Symbol. Wählen Sie im Menü den Befehl **Lesezeichen anzeigen**, gelangen Sie sofort zur Lesezeichenliste. Im Abschnitt »Die Leseliste« ab Seite 139 erfahren Sie außerdem, wie Sie Webseiten temporär in einer Leseliste anlegen können, die Sie dann zu einem späteren Zeitpunkt über das **Lesezeichen**-Menü aufrufen und lesen können.

Die eigenen Lesezeichen und Favoriten mit 3D Touch in der Vorschau ansehen

Wenn Sie eine ganze Reihe von Lesezeichen und Favoriten gespeichert haben, werden Ihnen diese in einer Übersicht mit bunten oder grauen Symbolen angezeigt, wenn Sie einen neuen leeren Tab geöffnet haben. Sie wissen dann allerdings noch nicht immer, was sich dahinter verbirgt.

Wenn Sie etwas fester auf eines dieser Symbole ❶ tippen, wird Ihnen eine Vorschau ❷ der jeweiligen Webseite angezeigt. Tippen Sie nun noch etwas fester, öffnet sich die Webseite sofort. Das ist recht praktisch, haben Sie einmal versehentlich auf einen falschen Link getippt, können Sie auf diese Weise einfach loslassen, und die Webseite öffnet sich nicht.

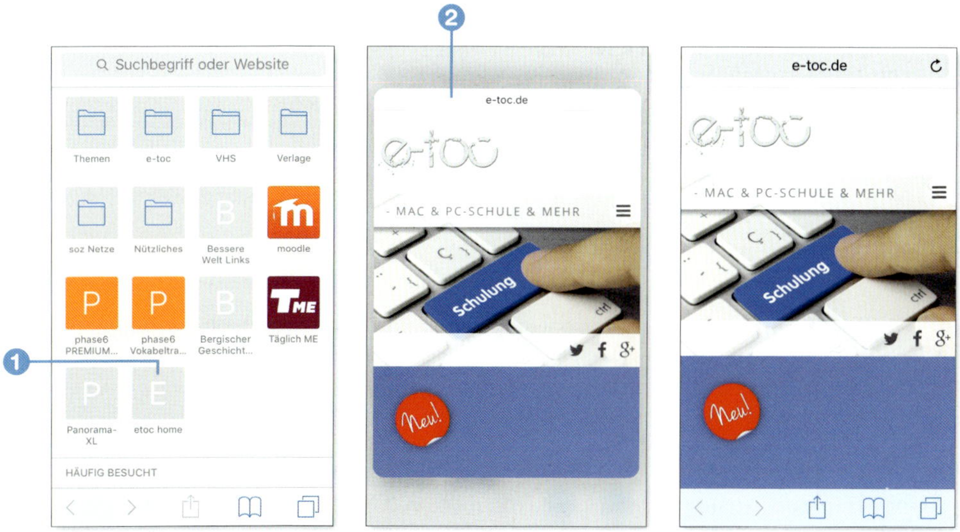

TIPP

Einen Lesezeichen-Ordner anlegen

Öffnen Sie in Safari das Menü **Lesezeichen**, indem Sie auf das Buchsymbol tippen. Im Menü tippen Sie unten rechts auf **Bearbeiten** und dann unten links auf **Neuer Ordner**. Daraufhin geben Sie einen passenden Namen für den neuen Ordner an und bestimmen, ob dieser auf der obersten Ebene oder als Unterordner eines bereits vorhandenen Ordners angelegt werden soll.

Mehrere Seiten gleichzeitig öffnen

Manchmal ist es durchaus sinnvoll, mehrere Internetseiten gleichzeitig zu öffnen, z. B. wenn Sie Informationen miteinander vergleichen oder – ausgehend von einer interessanten Seite – weitere Links auf der Seite anklicken möchten, ohne die vorherige Seite zu schließen. Das kann ganz besonders bei mobilen Geräten wichtig sein, da hier die Ladevorgänge immer etwas länger dauern als beim Surfen am heimischen Computer.

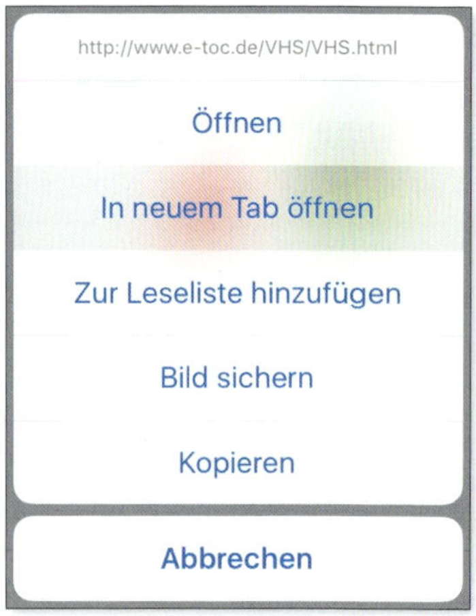

1. Wenn Sie eine weitere Seite öffnen möchten, tippen Sie auf einen Link und lassen nicht sofort los, sondern verharren etwa zwei Sekunden auf dem Link. Ein Dialogfenster mit einigen Vorschlägen für auszuführende Aktionen öffnet sich.
2. Wählen Sie in diesem kleinen Menü den Menüpunkt **In neuem Tab öffnen**, indem Sie ihn mit dem Finger antippen. Daraufhin wird in Safari ein neuer Tab angelegt.
3. Wenn Sie unten rechts auf das Symbol der Tab-Ansicht (1) tippen, werden Ihnen alle derzeit geöffneten Seiten in dieser Seitenübersicht angeboten, durch die Sie per vertikaler Wischgeste navigieren können.
4. Tippen Sie mit dem Finger auf die jeweilige Seite, um diese wieder auf dem ganzen Display darzustellen.
5. Um eine Seite (einen *Tab*) wieder zu schließen, tippen Sie in der Übersicht

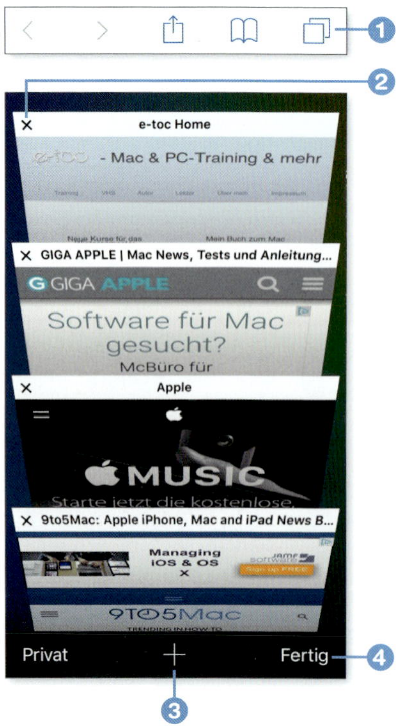

links auf das kleine Kreuzchen ②, das sich am Kopf jeder Internetseite befindet, oder Sie wischen sie einfach von links nach rechts aus der Ansicht.

6. Wenn Sie auf das Plus ③ tippen, wird eine neue leere Seite geöffnet, auf der Sie eine neue Adresse in die Adressleiste eingeben können.
7. Öffnen Sie erneut die Tab-Ansicht, sehen Sie auch hier die neu geöffnete Seite. Diese wird immer als Erste in der Tab-Ansicht angezeigt. Sie gelangen durch vertikales Wischen zu der ursprünglichen Seite zurück, von der aus Sie die neue Seite geöffnet haben.
8. Um die Tab-Ansicht zu beenden, tippen Sie auf **Fertig** ④. Daraufhin wird die erste Internetseite der Voransichten im Vollbild angezeigt.

Dank der Tab-Ansicht verlieren Sie nie den Überblick und können komfortabel zwischen mehreren geöffneten Webseiten hin und her wechseln. Wenn Sie einen leeren Tab öffnen wollen, aber Safari derzeit nicht geöffnet haben, können Sie das am schnellsten per 3D Touch vom Home-Bildschirm aus erledigen. Tippen Sie etwas fester auf das Safari-Symbol und wählen Sie den Menüpunkt **Neuer Tab** ⑤ aus. Safari wird sofort mit einem neuen leeren Tab geöffnet.

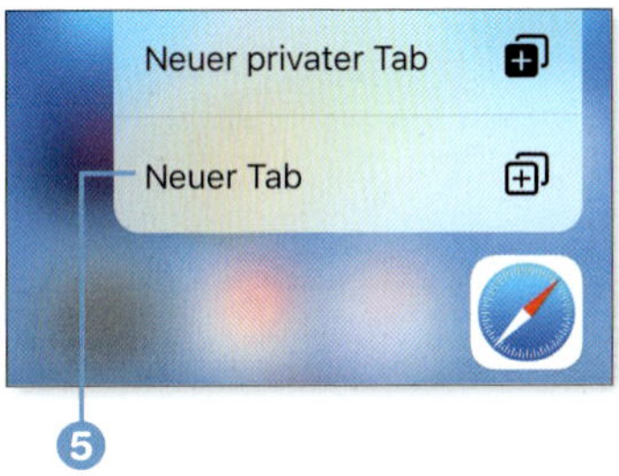

Tabs über iCloud mit anderen Geräten synchronisieren

Apple bietet mit den iCloud-Tabs eine wirklich nützliche Funktion in Safari. Diese ermöglicht es Ihnen dank iCloud, auf dem Computer mit dem Surfen zu beginnen und dann auf dem iPhone weiterzusurfen – und zwar mit den bereits geöffneten Tabs des Computers. Dazu müssen Sie nichts weiter tun, als die Tabs auf dem Mac oder Windows-Rechner (hierzu müssen Sie lediglich das iCloud-

Dienstprogramm für Windows installieren) geöffnet zu lassen und Safari auf Ihrem iPhone zu öffnen. Selbstverständlich müssen Sie auch in den iCloud-Einstellungen den Datenabgleich von Safari aktiviert haben, sonst wird gar nichts synchronisiert. Gehen Sie also in das Menü **Einstellungen ▸ iCloud**, und aktivieren Sie hier **Safari** (6 auf Seite 129).

Die geöffneten Tabs werden auf all Ihren mit iCloud synchronisierten Geräten bereitgestellt. Sie finden die iCloud-Tabs, wenn Sie in Safari unten rechts auf das Symbol für die Tab-Ansicht (siehe 1 auf Seite 128) tippen. In der Tab-Ansicht befinden sich im unteren Bereich dann die iCloud-Tabs 1.

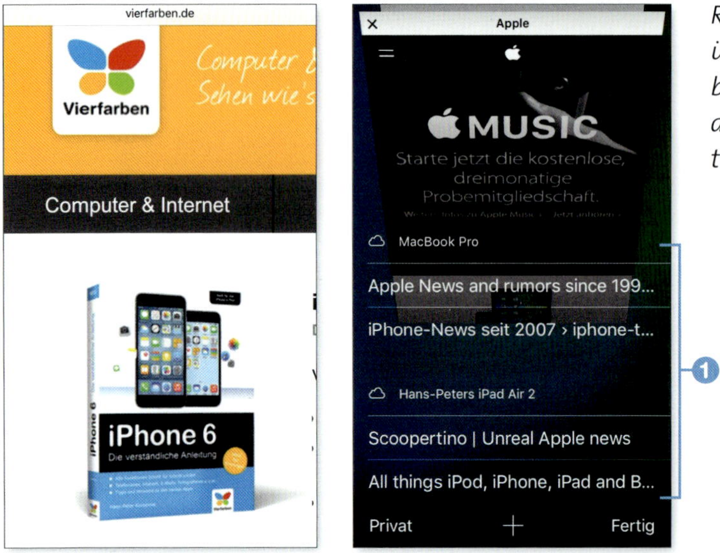

Rechts sehen Sie alle über die iCloud verbundenen Geräte mit den jeweils geöffneten Webseiten.

Sie können also sowohl die Tabs aufrufen, die Sie derzeit auf Ihrem Mac oder iPad geöffnet und mit iCloud synchronisiert haben, als auch die Tabs, die Sie zuvor auf Ihrem iPhone geöffnet haben.

INFO

Sie sehen Ihre iCloud-Tabs von Ihrem Rechner oder iPad nicht?

Wenn Sie die iCloud-Tabs von Ihrem Mac oder iPad nicht sehen, dann kann es daran liegen, dass Sie aktuell im Modus des privaten Surfens unterwegs sind. Die Funktion Privates Surfen schaltet nämlich die iCloud-Tab-Übertragung aus. Deaktivieren Sie das private Surfen, und schon erscheinen die iCloud-Tabs wieder.

Eine Web App aus Safari heraus erstellen

Eine *Web App* ist eine App, die Sie aus einer Internetseite heraus erstellen und die dann wie eine App auf Ihrem Home-Screen oder Home-Bildschirm (dem Hauptdisplay) liegt. Einmal angetippt, öffnet sich die gespeicherte Internetseite, die mit dieser App verknüpft ist. Das Ganze funktioniert eigentlich nicht anders als ein Lesezeichen, doch hier können Sie Ihre Lieblingsseiten direkt über den Homescreen ansteuern, ohne erst Safari und dort die Lesezeichenliste öffnen zu müssen. Und so geht's:

1. Geben Sie den Namen einer Ihrer Lieblingsseiten im Browser ein, z. B. »www.spiegel.de«. Die Seite wird daraufhin in Safari dargestellt.
2. Tippen Sie auf die Schaltfläche **Teilen** ②. Ein Dialogfenster öffnet sich, in dem Sie den Menüpunkt **Zum Home-Bildschirm** ③ antippen.
3. Im Folgenden können Sie sich einen neuen Namen ④ überlegen oder den vorgeschlagenen Namen verwenden. Tippen Sie auf **Hinzufügen** ⑤, und Ihre Web App wird erstellt.

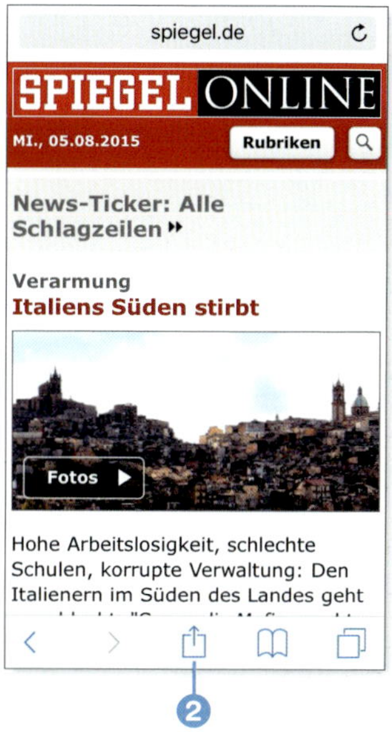

Von nun an finden Sie das entsprechende App-Symbol ⑥ auf Ihrem Home-Bildschirm und können die zugehörige Webseite mit einem Tipp auf dieses Symbol starten, als wäre sie eine normale App.

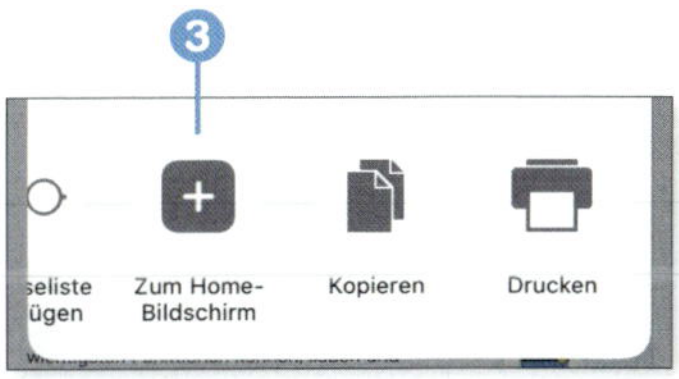

Eine Webseite via AirPrint ausdrucken

Heutzutage lassen sich dank *AirPrint* mit jedem modernen iPhone ab der Softwareversion iOS 4.2 Ausdrucke erstellen. Sie können also jede beliebige Webseite auch auf Ihrem Drucker ausgeben. Und das geht nicht nur mit Webseiten, sondern ebenso mit E-Mails, Fotos, Karten, Notizen, Pages-, Numbers- und Keynote-Dokumenten und mit PDFs, die Sie in iBooks geöffnet haben, sowie weiteren Apps anderer Entwickler, die die Druckfunktion unterstützen.

Um AirPrint nutzen zu können, muss allerdings Ihr Drucker bestimmte Voraussetzungen erfüllen. Er muss WLAN-fähig sein und Apples AirPrint-Technologie unterstützen, was inzwischen schon einige Drucker tun. Eine Liste geeigneter Drucker finden Sie bei Apple unter *http://support.apple.com/kb/HT4356?viewlocale=de_DE*. Der Drucker wird in Ihrem WLAN automatisch von Ihrem iPhone erkannt, sodass Sie keine weiteren Installationsschritte durchlaufen müssen, um drucken zu können.

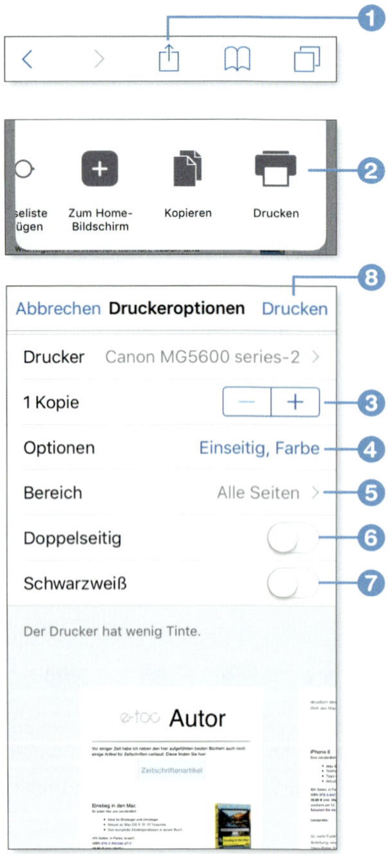

1. Möchten Sie eine Webseite drucken, tippen Sie auf die **Teilen**-Schaltfläche ❶ in der Tab-Leiste und wählen aus dem zugehörigen Menü **Drucken** ❷ aus. Sie müssen dazu die Icons nach links wischen.
2. Legen Sie die Anzahl der Kopien fest, indem Sie die Plus- und Minustasten ❸ benutzen. Sie können dann bei Bedarf noch auf **Optionen** ❹ tippen und die Druckoptionen anpassen. Wählen Sie etwa bestimmte Seiten aus ❺, richten Sie einen doppelseitigen ❻ oder einen Schwarz-Weiß-Druck ❼ ein. Ist alles zu Ihrer Zufriedenheit eingestellt, tippen Sie auf **Drucken** ❽.

3. Wenn Sie mehrere Druckaufträge erteilt haben, können Sie alle einsehen, indem Sie doppelt auf die Home-Taste tippen. So rufen Sie die Druckzentrale auf. Diese ist nur während eines Drucks aktiv und wird automatisch geschlossen, sobald der Druck beendet ist.

4. Tippen Sie schließlich auf **Druckzentrale** 9, um sich die Details Ihres Druckauftrags in einem neuen Menü, **Druckinfos**, anzusehen.

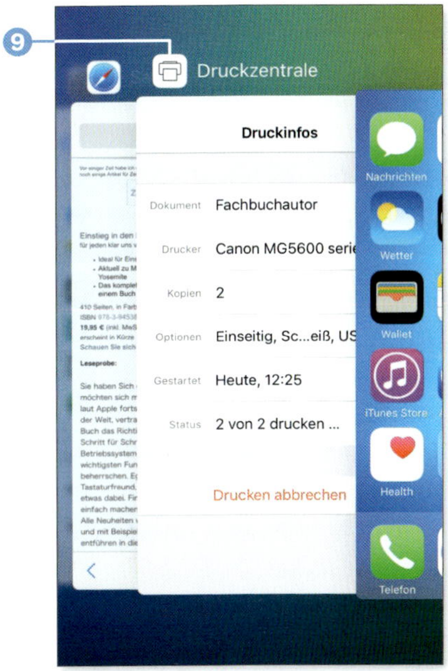

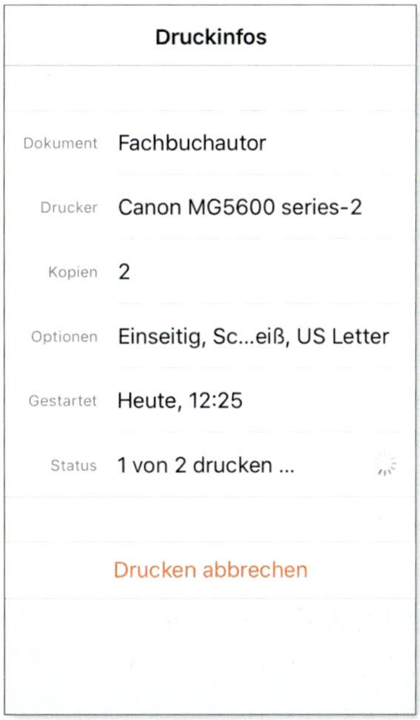

Heutzutage ist es anstelle des Druckens fast schon moderner, lesenswerte Informationen einfach online weiterzugeben – sei es per E-Mail und SMS oder auch über Twitter und Facebook. Wie Sie mit Ihrem iPhone interessante Internetlinks weitergeben, erfahren Sie in den folgenden Abschnitten.

Einen Link zu einer Webseite per E-Mail versenden

Sie haben eine interessante Webseite gesehen und wollen sie Ihren Freunden und Bekannten zeigen? Das ist mit dem iPhone schnell erledigt. Versenden Sie den Link der Webseite ganz einfach in einer E-Mail. Das geht so:

1. Öffnen Sie die Seite, die Sie weitergeben möchten, in Safari, und tippen Sie in der Tab-Leiste auf **Teilen** ❶.
2. Tippen Sie in dem sich nun öffnenden Auswahldialog auf **Mail** ❷.

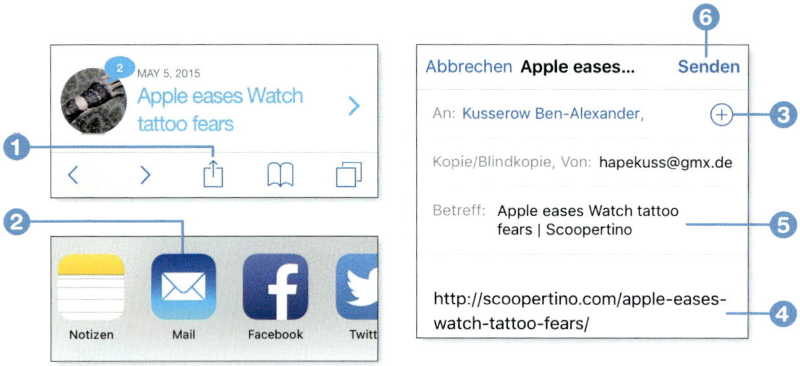

3. Es öffnet sich ein neues E-Mail-Fenster, in dem Sie in das Feld **An** alle Empfänger eingeben, die diese E-Mail erhalten sollen. Über das Plussymbol ❸ lassen sich weitere Empfänger aus Ihren Kontakten hinzufügen.
4. Der Link zur Webseite wurde automatisch eingefügt ❹. Auch der Betreff wurde von der Internetseite übernommen ❺. Ergänzen Sie bei Bedarf oberhalb des Links noch einen eigenen Text. Wenn alles fertig ist, tippen Sie auf **Senden** ❻.

Wie Sie die Mail-App nutzen, um E-Mails zu verschicken und zu lesen, erfahren Sie ausführlich in Kapitel 6, »E-Mails senden und empfangen«.

Einen Link über Twitter oder Facebook teilen

Seit iOS 6 ist die Möglichkeit, etwas auf Twitter beziehungsweise Facebook zu posten, tief im Betriebssystem verankert. So können Sie problemlos aus jeder App, die diese Funktion anbietet, »twittern« und Neuigkeiten auf Facebook veröffentlichen.

1. Wenn Sie eine Webseite entdeckt haben, die Sie gerne über Twitter oder Facebook mit anderen teilen möchten, tippen Sie in der unteren Leiste auf **Teilen** ❼ und danach auf **Twitter** beziehungsweise **Facebook**.

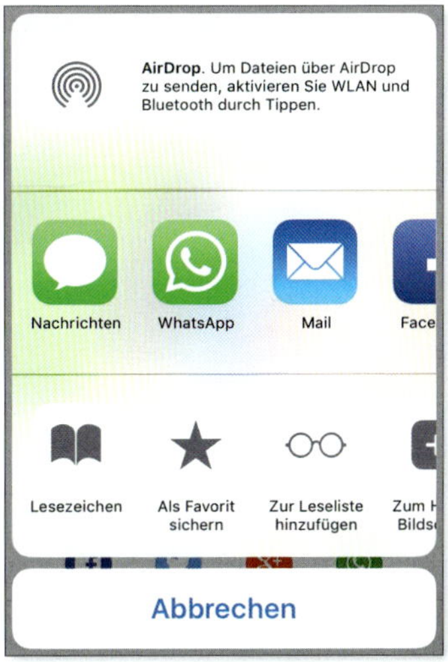

2. Geben Sie einen passenden Text ein. Er darf bei Twitter maximal 140 Zeichen lang sein, bei Facebook gibt es keine Beschränkung der Textlänge. Wie viele Zeichen Ihnen noch bleiben, sehen Sie bei Twitter unten links im Nachrichtenfenster ⑧. Der Verweis auf die Webseite wird, quasi wie ein Anhang, rechts oben an Ihre Nachricht (den *Tweet* oder *Post*) »geheftet« ⑨.

3. Wenn Sie möchten, teilen Sie auch gleich noch Ihren momentanen Aufenthaltsort mit, indem Sie auf den Pfeil im Bereich **Standort** ⑩ tippen. Wenn Sie etwas bei Facebook veröffentlichen, können Sie im Bereich **Zielgruppe** ⑪ die Sichtbarkeit eingrenzen beziehungsweise anpassen, wer diesen Verweis sehen darf.

4. Zum Schluss tippen Sie auf **Posten** (⑫ auf Seite 135). In der Twitter-App beziehungsweise der Facebook-App sieht das z. B. wie in den folgenden Abbildungen aus.

INFO

Ortungsdienste aktivieren

Wenn Sie Ihren Standort bei Twitter- oder Facebook-Veröffentlichungen hinzufügen möchten, müssen Sie die GPS-Ortung aktvieren. Öffnen Sie dazu das Menü **Einstellungen ▸ Datenschutz ▸ Ortungsdienste**, und schieben Sie den Regler **Ortungsdienste** nach rechts. Darunter können Sie für jede App einzeln bestimmen, ob sie die Ortung nutzen darf oder nicht. Die dafür aktivierten Apps zeigen eine kleine Kompassnadel an, die Sie auch im Display sehen, wenn der Dienst aktiv ist.

Einen Link als Nachricht (SMS) versenden

Zum Schluss zeige ich Ihnen noch den »klassischen« Weg, einen interessanten Link an andere zu verschicken – per SMS.

1. Tippen Sie auf die **Teilen**-Schaltfläche ① unten in der Fußleiste und anschließend auf **Nachrichten** ②.

2. Das Nachrichtenfenster öffnet sich mit einer neuen SMS, die bereits den Link enthält. Geben Sie ganz oben in der Adressleiste den oder die Empfänger ein, indem Sie auf das Plussymbol ❸ tippen und den Kontakt aus Ihrem Adressbuch auswählen.
3. Zunächst besteht die Nachricht lediglich aus dem Link; Sie können aber noch eigenen Text ergänzen. Dann tippen Sie auf **Senden** ❹.

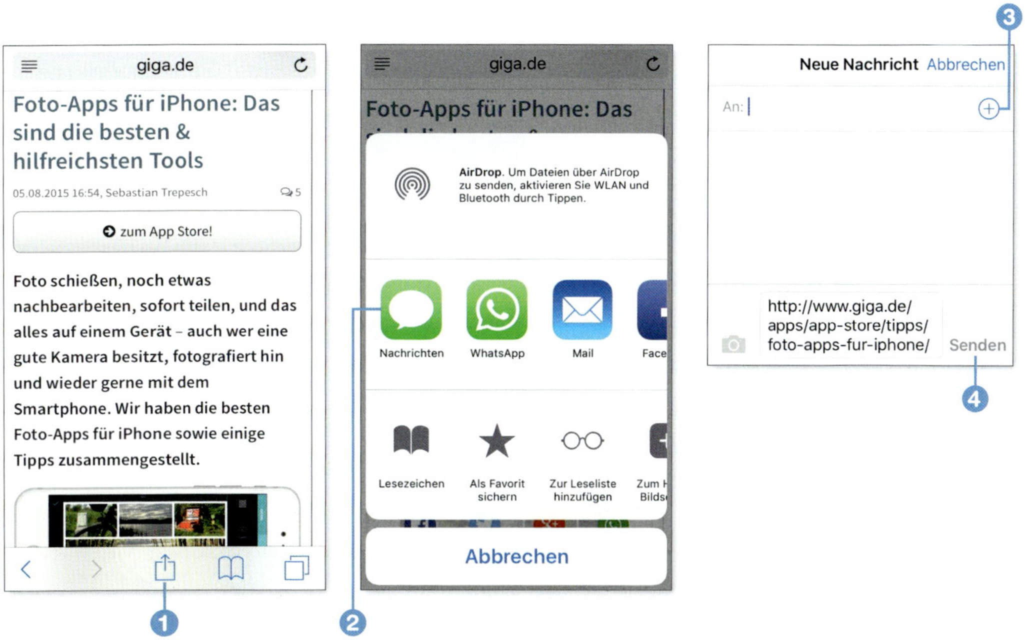

Wenn Sie die Nachricht auf den Weg gebracht haben und der Empfänger sie abruft, wird der Link in Blau angezeigt. Indem der Empfänger mit dem Finger darauf tippt, öffnet er die Webseite, die Sie ihm zeigen wollten.

Der Umgang mit Reader und Leseliste

Safari bietet Ihnen noch zwei weitere clevere und leistungsfähige Funktionen, die ich Ihnen in diesem Abschnitt vorstellen möchte: den *Reader* und die Leseliste. Beginnen werde ich mit dem Reader, Sie werden aber schnell merken, dass die beiden Hand in Hand arbeiten.

Der Reader

Den Reader kennen Sie vielleicht schon von der Safari-Version auf Ihrem Computer. Angenommen, Sie haben auf einer Internetseite einen interessanten Artikel gefunden, den Sie in Ruhe lesen möchten, aber die zahlreichen Unterbrechungen durch Werbung und Co. stören Sie. Außerdem haben Sie keine Lust, bei einem mehrseitigen Artikel immer mühsam die anderen Seiten nachzuladen.

Für solche Fälle ist der Reader genau das Richtige. Er extrahiert für Sie nämlich genau den Artikel, den Sie lesen möchten, und blendet alles andere komplett aus – auch Werbung. Der Reader kann zudem den ganzen mehrseitigen Artikel anzeigen, ohne dass Sie die Seiten neu laden müssen. Und so nutzen Sie den Reader:

1. Öffnen Sie eine Webseite mit einem Artikel, der Sie interessiert. In unserem Fall ist es die Seite von *National Geographic Deutschland* – und zwar der Hauptartikel der Seite, der Rest ist für uns uninteressant. Safari bemerkt, dass es sich dabei um einen potenziell längeren Artikel handelt, und blendet automatisch das Reader-Symbol ① oben links in der Adressleiste ein, in der auch die URL der Webseite steht.

1

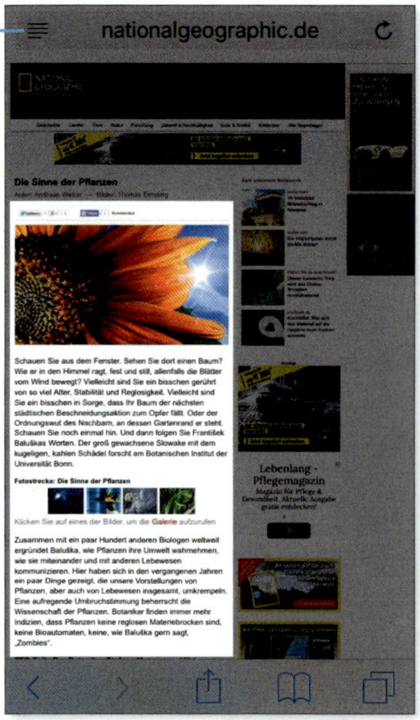

Zusätzlich sehen Sie für einen kurzen Moment statt der URL den Hinweis **Reader-Ansicht verfügbar**.

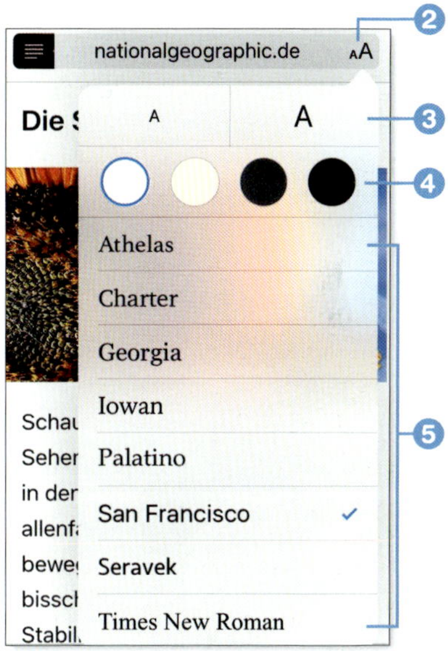

2. Tippen Sie auf das Reader-Symbol, und Safari blendet automatisch alle Informationen der Webseite aus außer dem Artikel, der auf der Seite im Fokus steht. Dieser wird nun ganz puristisch im Browser angezeigt.
3. Über das **Teilen**-Menü können Sie den Artikel z.B. drucken oder per E-Mail versenden.
4. Darüber hinaus haben Sie auch Einfluss auf das Aussehen des Artikels, denn Sie können beispielsweise die Schriftgröße und die Schriftart des Artikels Ihren Bedürfnissen anpassen. Selbst die Hintergrundfarbe des Artikels können Sie anpassen. Tippen Sie hierzu in der Adresszeile auf die beiden A ❷. Es öffnet sich nun ein Einblendmenü, in dem Sie Ihre Anpassungen vornehmen können. Passen Sie hier die Schriftgröße ❸, Hintergrundfarbe ❹ und Schriftart ❺ an.

Der Reader ist leider etwas begrenzt, denn er kann nur den ersten Artikel, der im Fokus steht, anzeigen, nicht aber die anderen, sodass die Funktion zwar interessant, aber eben nicht für jede Webseite geeignet ist. Wenn Sie wieder zur normalen Webseite zurückmöchten, tippen Sie erneut auf das Reader-Symbol in der Adresszeile.

Die Leseliste

Angenommen, Sie möchten einen bestimmten Artikel nicht sofort lesen, dann können Sie ihn sich quasi »zur Seite legen«. Mit der Leseliste haben Sie die Möglichkeit, Inhalte aus Webseiten zu speichern und später zu lesen. Das funktioniert dann sogar offline. Die Leseliste ist dabei im **Lesezeichen**-Menü integriert, sodass Sie alle gespeicherten Webseiten an einem Ort wiederfinden (siehe dazu auch den Abschnitt »Mit Lesezeichen und Favoriten arbeiten« ab Seite 124).

1. Um Ihrer Leseliste eine Webseite hinzuzufügen, tippen Sie auf die **Teilen**-Schaltfläche in der Mitte der Menüleiste.

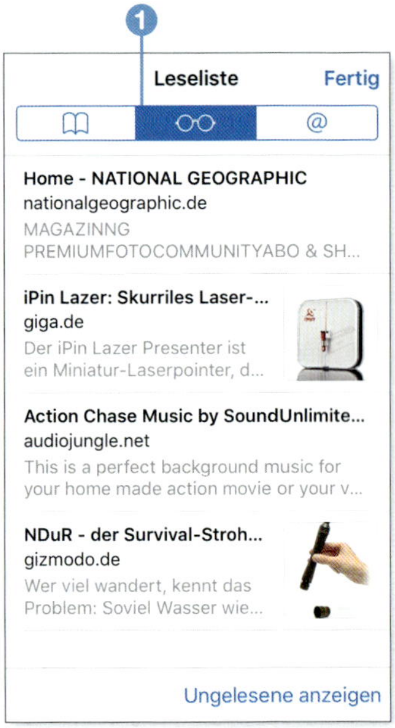

2. Das bekannte Auswahlmenü öffnet sich. Indem Sie auf den Button **Zur Leseliste hinzufügen** tippen, wird der Artikel gespeichert.
3. Das war es auch schon. Um sich Ihre Leseliste anzuschauen, tippen Sie zunächst in der Fußleiste auf die Schaltfläche mit dem aufgeschlagenen Buch.
4. Im zugehörigen Menü **Lesezeichen** finden Sie den Menüpunkt **Leseliste** 1 an zweiter Stelle des oberen Auswahlmenüs.
5. Tippen Sie darauf, um die Leseliste zu öffnen. Lassen Sie sich entweder nur die ungelesenen Artikel 4 oder alle anzeigen. Tippen Sie auf diese Schaltflächen, um zwischen den Ansichten hin- und herzuschalten.

Sie können Webseiten sowohl aus der normalen Browseransicht als auch aus dem Reader heraus zur Leseliste hinzufügen.

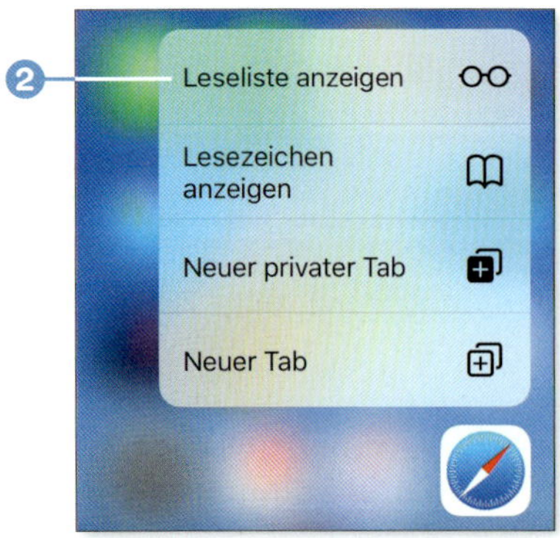

Sehr praktisch ist auch, dass Sie die Leseliste alternativ auch unmittelbar vom Home-Bildschirm aufrufen können. Tippen Sie dazu etwas fester auf das Safari-Symbol, um 3D Touch zu aktivieren. Wählen Sie aus dem eingeblendeten Menü den Befehl **Leseliste anzeigen** 2 aus.

Kapitel 6
E-Mails senden und empfangen

Mit Ihrem iPhone können Sie immer online sein. Das gilt natürlich auch für Ihren E-Mail-Verkehr. Sie können Ihre Mails am iPhone genauso empfangen, bearbeiten und versenden wie an Ihrem Mac oder PC. Unterwegs ist das iPhone also Ihre Infozentrale auch für Ihre E-Mails.

Ob Sie Ihre Mails mit iCloud synchronisieren oder verschiedene eigene Accounts anlegen, die Sie mit der Mail-App nutzen, bleibt Ihnen überlassen. Das iPhone bietet viele Möglichkeiten.

ACHTUNG

E-Mail-Account erstellen

Bevor Sie auf dem iPhone einen neuen Mail-Account anlegen können, müssen Sie diesen natürlich vorher im Internet bei einem sogenannten *Internet Service Provider* (ISP) eingerichtet haben, damit er überhaupt existiert und die entsprechenden Daten zur Verfügung stehen. Bewahren Sie Ihre Zugangsdaten sicher auf, damit Sie auch später noch darauf zugreifen können. Sie können z. B. die kostenlosen Accounts von GMX und Co. verwenden.

Einen Account manuell anlegen und verwalten

Da Sie Ihr iPhone inzwischen nicht mehr zwangsläufig mit iTunes synchronisieren müssen, können Sie auf Ihrem iPhone auch ganz eigenständig einen Mail-Account anlegen. Das ist natürlich ebenfalls möglich, wenn Sie Ihre Accounts mit iTunes abgleichen – ganz so, wie Sie mögen. Um einen Mail-Account auf Ihrem iPhone einzurichten, gehen Sie wie folgt vor:

1. Tippen Sie auf **Einstellungen** und hier dann auf **Mail, Kontakte, Kalender**.
2. Ein Bildschirm öffnet sich, in dem eventuell bereits einige Mail-Accounts vorhanden sind. Tippen Sie daher unten auf den Menüpunkt **Account hinzufügen** (1), um einen neuen Mail-Account über Ihr iPhone hinzuzufügen.

3. Es wird Ihnen – angefangen bei **iCloud** bis hin zu **Outlook** – bereits eine ganze Reihe von möglichen Anbietern von E-Mail-Diensten angeboten. Interessant ist hier der letzte Punkt, **Andere** (2), der Ihnen erlaubt, Accounts von anderen Anbietern einzurichten. Tippen Sie darauf, um einen neuen Account anzulegen.

4. Es öffnet sich ein weiteres Fenster, in dem Sie entscheiden können, welche Art von Account Sie bevorzugen. In unserem Beispiel möchten wir einen neuen Mail-Account anlegen; tippen Sie also auf **Mail-Account hinzufügen** ③.
5. Geben Sie Ihre Daten für den Account ein, also Name, E-Mail-Adresse, das Kennwort und Ihre Beschreibung, und tippen auf **Weiter** ④.

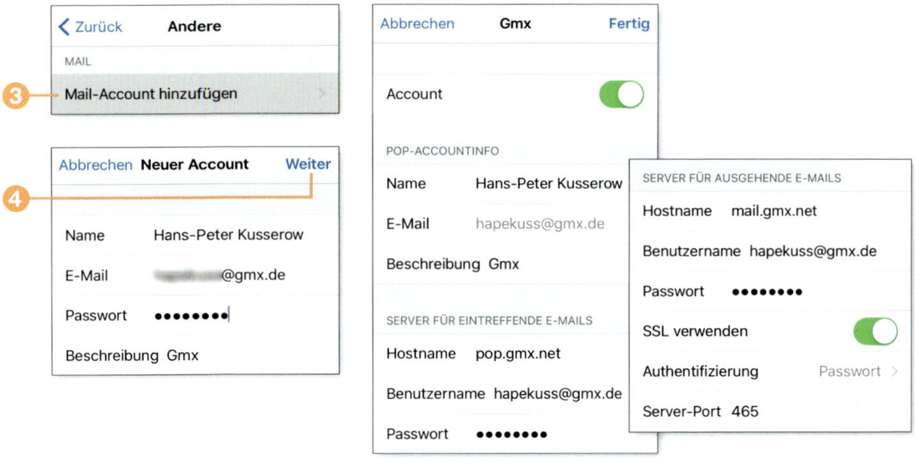

6. Ihr neuer Account wird der Liste Ihrer Mail-Accounts hinzugefügt. Die Daten für den *Posteingangsserver* und den *Postausgangsserver* müssen Sie in diesem Fall nicht eingeben, da es sich um einen bekannten Dienst handelt und die Daten automatisch übertragen werden.
7. Wenn Sie die Daten Ihres Accounts einsehen möchten, tippen Sie den Account einfach an, und Sie bekommen alles in einer übersichtlichen Darstellung präsentiert.

ACHTUNG

Ist Ihr Passwort sicher?

Sichere Passwörter sind Kombinationen aus Buchstaben, Zahlen und Sonderzeichen (z. B.: »I-laII0ween#« oder »W^zYgJLW«), je länger, desto sicherer. Formulieren Sie als Eselsbrücke z. B. einen Satz, den Sie sich gut merken können, und verwenden Sie nur die Anfangsbuchstaben der Wörter für Ihr Passwort.

E-Mails schreiben, speichern und senden

Wenn Sie eine E-Mail schreiben möchten, ist das natürlich ganz einfach mit Ihrem iPhone möglich. Gehen Sie dazu wie folgt vor:

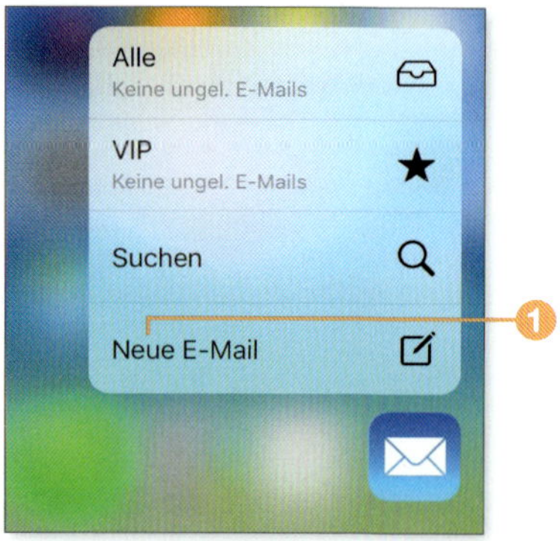

1. Tippen Sie auf dem Home-Bildschirm etwas fester auf das Mail-Symbol, um 3D Touch zu aktivieren. Es öffnet sich daraufhin ein Dialogfeld mit verschiedenen Möglichkeiten. Tippen Sie auf den Befehl **Neue E-Mail** ①.

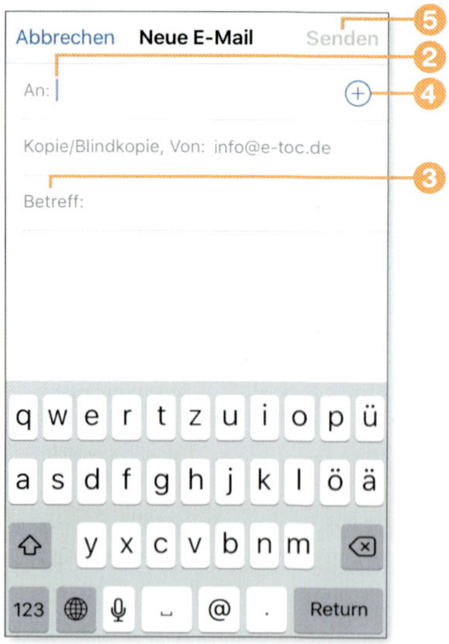

2. Ein leeres E-Mail-Fenster öffnet sich, in dem Sie in der oberen Hälfte die E-Mail-Adresse des Empfängers eingeben ② und die Betreffzeile ③ ausfüllen. Die Tastatur wird sofort eingeblendet, wenn Sie in eines dieser Eingabefelder tippen.
3. Geben Sie die E-Mail-Adresse des Empfängers entweder manuell ein, oder fügen Sie sie durch Antippen des Plussymbols ④ oben rechts aus Ihren Kontakten hinzu.

   In diesem Fall wählen Sie im nächsten Schritt den gewünschten Kontakt aus der Liste aus, indem Sie darauf tippen. Die Adresse wird dann in das Feld eingefügt. Ist ein Kontakt grau dargestellt, verfügt er nicht über eine E-Mail-Adresse und ist somit auch nicht auswählbar. Verfügt ein Kontakt hingegen über mehrere Adressen, wird Ihnen der komplette Kontakteintrag angezeigt, aus dem Sie die passende E-Mail-Adresse manuell auswählen müssen.
4. Tippen Sie auf **Kopie/Blindkopie**, um weitere Eingabefelder angezeigt zu bekommen.

5. In das Feld **Kopie** tragen Sie die Empfänger ein, die Ihre Mail nur zur Kenntnis nehmen sollen, aber nicht der Hauptempfänger sind. Sie sehen zusätzlich das Feld **Blindkopie**. Empfänger, die im Feld **Blindkopie** stehen, können von den anderen Empfängern dieser E-Mail nicht gesehen werden.

6. Haben Sie den Empfänger hinzugefügt und die Betreffzeile formuliert, geben Sie den eigentlichen Text Ihrer E-Mail ein und versenden sie mit einem Tipp auf die **Senden**-Schaltfläche ⑤.

> **INFO**
>
> **Blindkopie für Sie**
>
> Wenn Sie sich standardmäßig selbst eine Blindkopie einer E-Mail schicken möchten, z. B. an eine zweite E-Mail-Adresse, gehen Sie folgendermaßen vor: Tippen Sie auf **Einstellungen ▸ Mail, Kontakte, Kalender**. Scrollen Sie hinunter bis zur Option **Blindkopie an mich**, und aktivieren Sie diese. Von nun an werden Sie von jeder E-Mail, die Sie selbst geschrieben haben, eine Kopie erhalten.

Sollten Sie die App Mail gerade ohnehin geöffnet haben, gestaltet sich der Vorgang etwas anders:

Tippen Sie im Posteingangsfenster, in dem Sie alle Ihre Mail-Accounts sehen, auf das Symbol **Neue E-Mail** ⑥, das sich in der rechten unteren Ecke des Displays befindet. Dieses Symbol sehen Sie aber nicht nur in dieser Ansicht, sondern es steht Ihnen in der gesamten Mail-App an der gleichen Stelle zur Verfügung.

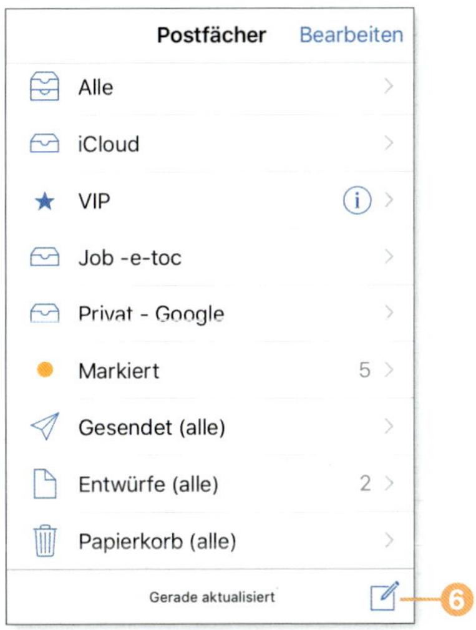

Natürlich müssen Sie nicht nur Text-Mails schreiben – Sie können Ihren E-Mails auch Fotos oder Videos anfügen. Wie das geht, erfahren Sie im Abschnitt »Bilder und andere Medien per Mail versenden« ab Seite 161.

> **TIPP**
>
> **Gesendete E-Mails**
>
> Während die E-Mail versendet wird, befindet sie sich im Postfach **Ausgang**. Dort bleibt sie so lange – z. B. auch dann, wenn Sie gerade keine Internetverbindung haben –, bis sie tatsächlich verschickt wurde. Aus diesem Postfach können Sie später einen neuen Versuch starten. Sobald die E-Mail »rausgegangen« ist, landet sie im Postfach **Gesendet**.

Das Schreiben von E-Mails unterbrechen

Wenn Sie eine neue Mail verfassen und währenddessen weitere Informationen in einer anderen E-Mail nachschauen möchten, können Sie das Schreiben der E-Mail kurz unterbrechen, um sich die entsprechende Information zu besorgen. Hierzu müssen Sie die E-Mail nicht komplett verlassen und als Entwurf speichern, sondern es geht jetzt viel einfacher, wie ich Ihnen im Folgenden zeigen werde.

1. Gehen Sie wie üblich vor, wenn Sie eine E-Mail schreiben, indem Sie den Adressaten (1) und den Betreff (2) eingeben, und beginnen Sie mit dem Schreiben der E-Mail.
2. Wenn Sie nun noch etwas in Ihren Mails nachschauen müssen, dann schieben Sie Ihre begonnene E-Mail einfach an den unteren Rand des Bildschirms (3). Sie verbleibt dann da als eine kleine Leiste, und Sie können in Ihren E-Mails nach den gewünschten Infos suchen.
3. Möchten Sie nun Ihre Mail zu Ende schreiben, tippen Sie einfach am unteren Rand auf die »geparkte« E-Mail, diese öffnet sich, Sie können sie abschließen und über **Senden** abschicken.

Das vereinfacht meiner Ansicht nach den Umgang mit einmal begonnenen E-Mails ganz erheblich. Denn so lässt sich der Umweg über eine als Entwurf gespeicherte E-Mail vermeiden.

VIPs anlegen

Mit der VIP-Funktion in Mail (*VIP* steht als Abkürzung für *Very Important Person*, zu Deutsch »sehr wichtige Person«) können Sie E-Mails von wichtigen Absendern besonders behandeln und in einem gesonderten Ordner ablegen lassen. Sie können dabei ganz einfach festlegen, welche Kontakte oder Absender von E-Mails zu Ihren VIPs gehören sollen. Auf diese Weise verschaffen Sie sich nicht nur mehr Überblick innerhalb Ihres Posteingangs, mithilfe der VIP-Liste sind Sie auch sofort über wichtige E-Mails informiert, wie Sie gleich erfahren werden.

1. Das Postfach *VIP* ist bereits vorab in Ihren Postfächern angelegt, Sie können also sofort damit beginnen, wichtige Absender beziehungsweise Adressaten festzulegen. Tippen Sie auf **VIP** 4.
2. Im nächsten Menü tippen Sie auf **VIP hinzufügen** 5.

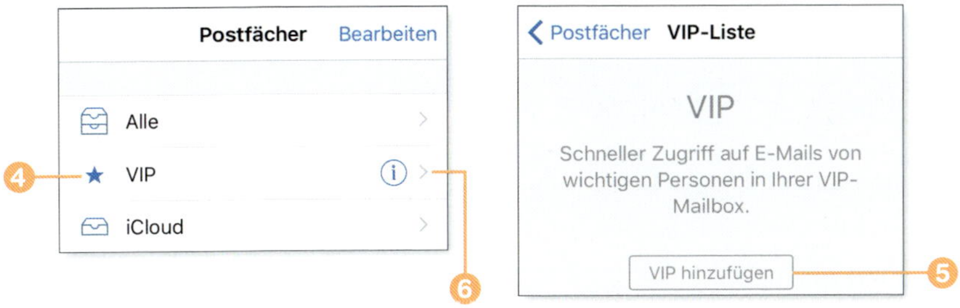

3. Suchen Sie einen Kontakt aus Ihrer Kontaktliste aus, den Sie zu den wichtigen Absendern/Adressaten hinzufügen möchten (das geht natürlich nur bei Kontakten, zu denen eine E-Mail-Adresse bekannt ist). Sobald Sie einen Kontakt in der Liste antippen, wird dieser direkt in die **VIP-Liste** übernommen.

4. Um der VIP-Liste einen weiteren Kontakt hinzuzufügen oder einen Kontakt wieder aus der VIP-Liste zu löschen, tippen Sie auf das kleine blaue **i** (6 auf Seite 147) und dann auf **VIP hinzufügen** 1. Dann wählen Sie einen neuen Kontakt aus.

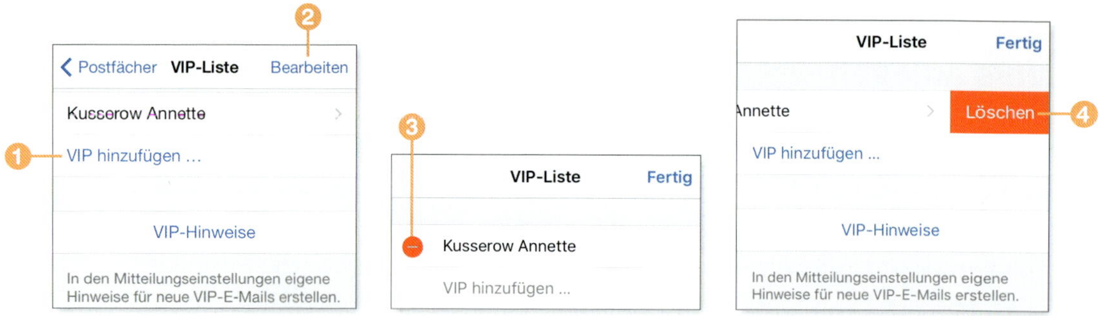

5. Wenn Sie auf **Bearbeiten** 2 tippen, können Sie Kontakte aus der VIP-Liste entfernen. Vor den VIP-Kontakten erscheinen Minussymbole 3. Tippen Sie darauf, wird die **Löschen**-Schaltfläche 4 eingeblendet, und Sie können den VIP-Eintrag mit einem Fingertipp aus der Liste entfernen.

Haben Sie die VIP-Liste fertig eingerichtet, können Sie sich auf Wunsch auch benachrichtigen lassen, sobald Sie eine neue E-Mail von einem Ihrer VIP-Kontakte bekommen haben. Wie Sie die Benachrichtigung einrichten, erfahren Sie in folgender Anleitung:

1. Tippen Sie in der Postfachansicht **VIP** auf das blaue **i** am rechten Rand, um die VIP-Liste aufzurufen. Dort tippen Sie auf die Schaltfläche **VIP-Hinweise**.

2. Im nächsten Menü wählen Sie aus, ob und wie Sie eine entsprechende Mitteilung bekommen möchten, sobald Sie eine neue VIP-Mail erhalten haben: als **Banner**, als **Hinweis** oder gar nicht 5.

Sie können sich außerdem ein **Kennzeichensymbol** 6 mit dem Hinweis anzeigen lassen und einen bestimmten Benachrichtigungston 7 einrichten, sodass Sie sofort erkennen können, dass die Benachrichtigung von Ihrer VIP-Liste stammt.

3. Im selben Menü legen Sie außerdem fest, wo Ihnen ein Hinweis zu einer neuen VIP-Mail angezeigt werden soll, in der Mitteilungszentrale oder auch auf dem Sperrbildschirm. Möchten Sie schon im Hinweis eine Vorschau der Nachricht erhalten, aktivieren Sie dies über die Schaltfläche **Vorschauen zeigen** 8.

So verpassen Sie einerseits mit den Hinweismöglichkeiten keine Nachricht Ihrer VIP-Kontakte mehr, andererseits haben Sie über den **VIP**-Ordner im Menü **Postfächer** alle wichtigen Nachrichten von Absendern Ihrer VIP-Liste in einem Ordner zusammengefasst. Das Kennzeichnungssymbol für eine VIP-E-Mail ist zusätzlich zum blauen Punkt ein grauer Stern 9.

E-Mails empfangen

Das Empfangen von E-Mails ist mit Ihrem iPhone ebenfalls sehr einfach. Um alle Ihre E-Mails reibungslos empfangen zu können, sollten Sie im Vorfeld eine Einstellung vornehmen. Im Folgenden zeige ich Ihnen, wie Sie dazu vorgehen müssen.

1. Öffnen Sie das Menü **Einstellungen** Ihres iPhones, und wählen Sie hier den Menüpunkt **Mail, Kontakte, Kalender** aus.
2. Tippen Sie auf den Menüpunkt **Datenabgleich** (1 auf Seite 150), und stellen Sie dort den Schieberegler auf **Push** 2.

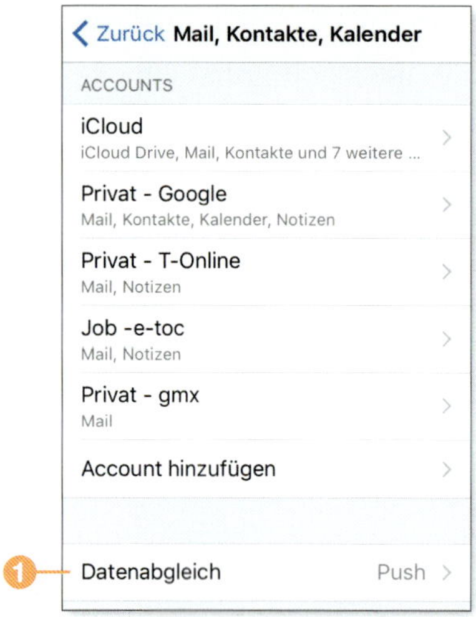

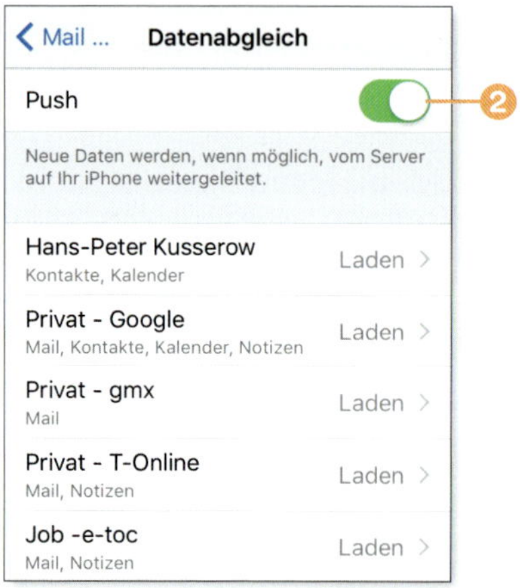

3. Wenn Sie z. B. ein Zeitintervall von 15 Minuten ❸ einstellen, können Sie sich darauf verlassen, dass Ihre Mails alle Viertelstunde automatisch von Ihrem Server abgerufen werden.

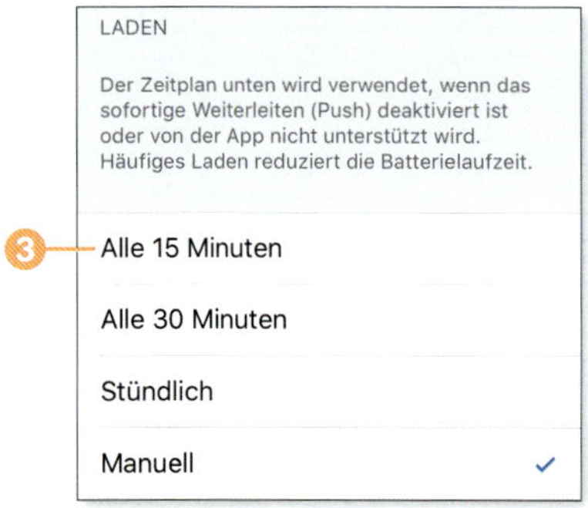

4. Sie können für jedes Postfach die Konfiguration auswählen, die Sie verwenden möchten. Das jeweilige E-Mail-Postfach muss jedoch Push beherrschen. Alle anderen Postfächer können nur auf **Laden** eingestellt werden.

Wenn Sie nun Ihre Mails abrufen möchten, können Sie dies z. B. auch wieder per 3D Touch erledigen, müssen also nicht zwangsläufig die Mail-

App extra aufrufen. Tippen Sie hierzu etwas fester als üblich auf das Mail-Symbol. Daraufhin wird das Menüfenster eingeblendet, und Sie können entscheiden, ob Sie alle 4 ungelesenen E-Mails ansehen oder ob Sie nur die E-Mails Ihrer persönlichen VIPs 5 abrufen möchten.

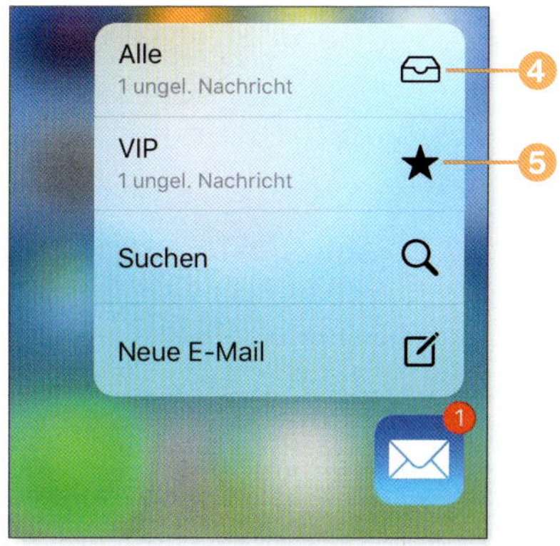

Haben Sie Mail geöffnet, wird Ihnen im Posteingangsfenster angezeigt, in welchen Postfächern sich ungelesene E-Mails befinden 6, bei **Alle** wird Ihnen die Anzahl aller ungelesenen E-Mails Ihrer Postfächer angezeigt 7. Ungelesene Mails innerhalb Ihrer Postfächer werden mit einem blauen Punkt 8 gekennzeichnet. Wenn Sie mit dem Finger auf die E-Mail tippen, wird sie sofort geöffnet, und der blaue Punkt verschwindet.

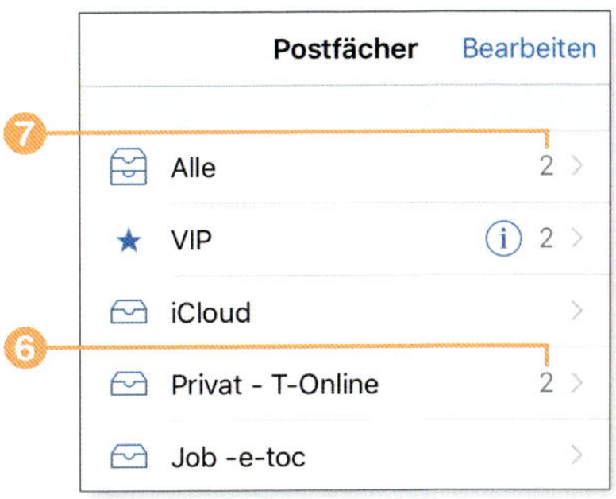

INFO

E-Mails automatisch oder manuell abrufen

Sie können Ihre E-Mails nicht nur in bestimmten Zeitabständen abrufen, sondern auch manuell. In diesem Fall werden nur Nachrichten auf Ihr iPhone gepusht, also automatisch empfangen, die an eine mit iCloud verbundene E-Mail-Adresse gerichtet sind. Alle anderen E-Mails werden erst dann geladen, wenn Sie die App Mail öffnen.

E-Mails lesen und beantworten

Möchten Sie eine ungelesene E-Mail lesen, öffnen Sie das entsprechende Postfach, in dem sich die Mail befindet, und tippen die ungelesene E-Mail an. Sie können den Inhalt der E-Mail auf dem folgenden Bildschirm lesen.

Um die E-Mail unmittelbar nach dem Lesen zu beantworten, tippen Sie auf den Pfeil ① in der Tab-Leiste. Es öffnet sich daraufhin ein Menü, in dem Sie den Punkt **Antworten** ② auswählen. Auf dem nächsten Bildschirm können Sie dann Ihre Antwort eintippen und über die **Senden**-Schaltfläche oben rechts abschicken.

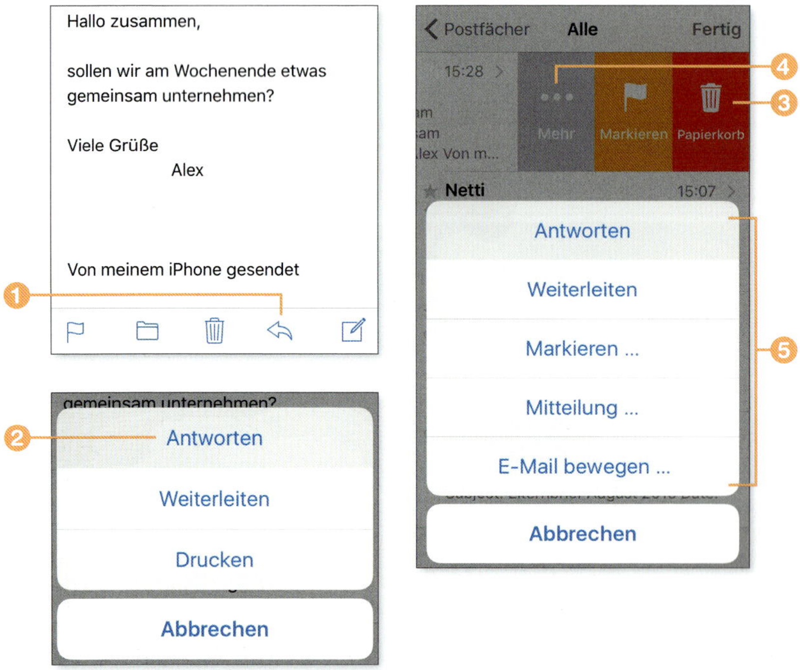

Wenn Sie zu einem späteren Zeitpunkt auf eine Mail in Ihrem Posteingang antworten möchten, steht Ihnen eine weitere Variante zur Verfügung.

Wischen Sie mit einem Finger von rechts nach links über die Nachricht, die Sie beantworten möchten. Daraufhin sehen Sie rechts die Schaltfläche **Papierkorb** ③ (siehe dazu den Abschnitt »E-Mails löschen« ab Seite 157) und links die Schaltfläche **Mehr** ④.

Tippen Sie auf **Mehr**, erhalten Sie ein Menü, über das Sie Ihre E-Mail weiterverarbeiten können ⑤. Wählen Sie hier den ersten Menüpunkt, um Ihre E-Mail zu beantworten. Über die anderen Menüpunkte können Sie die E-Mail auch weiterleiten, zur weiteren Bearbeitung markieren, als (un-)gelesen markieren, in den Spam- beziehungsweise in andere Ordner verschieben oder den Vorgang abbrechen.

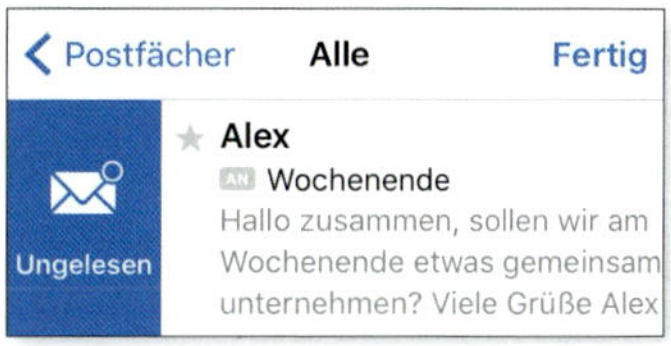

Um E-Mails als ungelesen zu markieren, gibt es noch eine schnellere Möglichkeit. Streichen Sie in der Listenansicht der E-Mails mit dem Finger von links nach rechts über die E-Mail, und tippen Sie auf die blaue Schaltfläche **Gelesen** ⑥ – fertig. Möchten Sie eine gelesene E-Mail noch einmal als ungelesen markieren, verwenden Sie die gleiche Streichgeste. In diesem Fall nennt sich die Schaltfläche allerdings **Ungelesen**.

E-Mails in Ordnern sichern

Hin und wieder werden Sie wichtige Mails erhalten, die Sie jedoch auch der Übersicht wegen nicht ständig in Ihrem Posteingang behalten möchten. Dafür gibt es eine Lösung: Sie können in jedem Ihrer Postfächer weitere Ordner anlegen, in die Sie dann Ihre E-Mails hineinkopieren. Um eigene Ordner anzulegen, gehen Sie wie folgt vor:

1. Öffnen Sie die Mail-App, und wählen Sie einen beliebigen Account aus, indem Sie darauf tippen (hier z. B. **iCloud**).
2. Tippen Sie oben rechts auf **Bearbeiten**. Am unteren rechten Rand sehen Sie nun die Schaltfläche **Neues Postfach** (① auf Seite 154). Tippen Sie darauf.

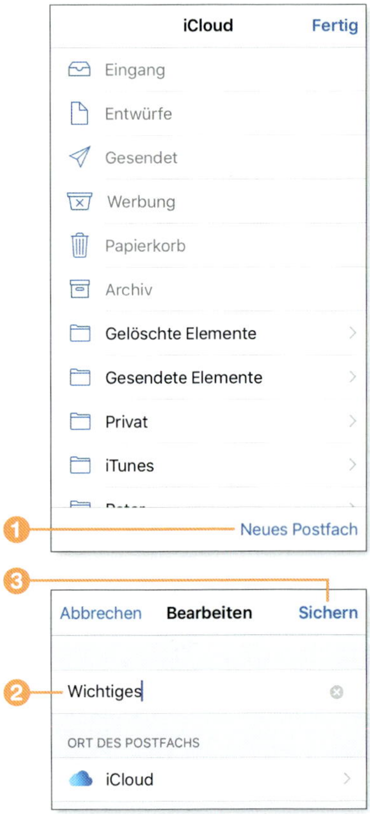

3. Vergeben Sie einen Namen ❷ für den neuen Ordner. Bestätigen Sie Ihre Angabe mit **Sichern** ❸. Der neue Ordner ist sofort einsatzbereit.

4. Um nun eine E-Mail in dem neuen Ordner zu sichern, müssen Sie nur die jeweilige E-Mail aufrufen und dann auf das kleine Ordnersymbol ❹ in der Tab-Leiste tippen.

5. Navigieren Sie in den entsprechenden Ordner, den Sie mit einem Fingertipp auswählen.

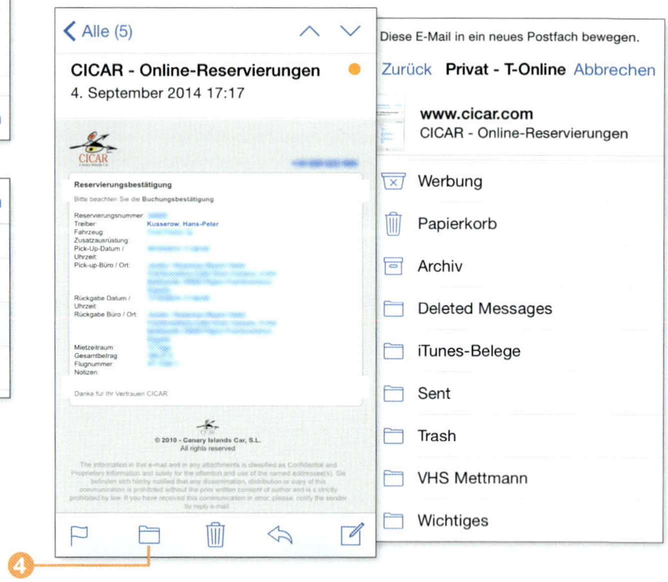

Die E-Mail wird daraufhin in diesem Ordner gesichert, und Sie können sie dort jederzeit wiederfinden und einsehen, indem Sie den Ordner im Bereich **Postfächer** auswählen und durch Antippen öffnen.

E-Mails markieren

Sie haben auch die Möglichkeit, E-Mails zu markieren und sie auf diese Weise aus der Menge an E-Mails in Ihrem Postfach hervorzuheben. So machen Sie Wichtiges auf den ersten Blick kenntlich.

1. Um eine Mail zu markieren, tippen Sie im Mail-Fenster auf **Bearbeiten** ⑤ und wählen dann die Mail aus ⑥.
2. Tippen Sie anschließend unten auf die **Markieren**-Schaltfläche ⑦. Es öffnet sich ein Menü, in dem Sie auf den Menüpunkt **Markieren** ⑧ tippen.

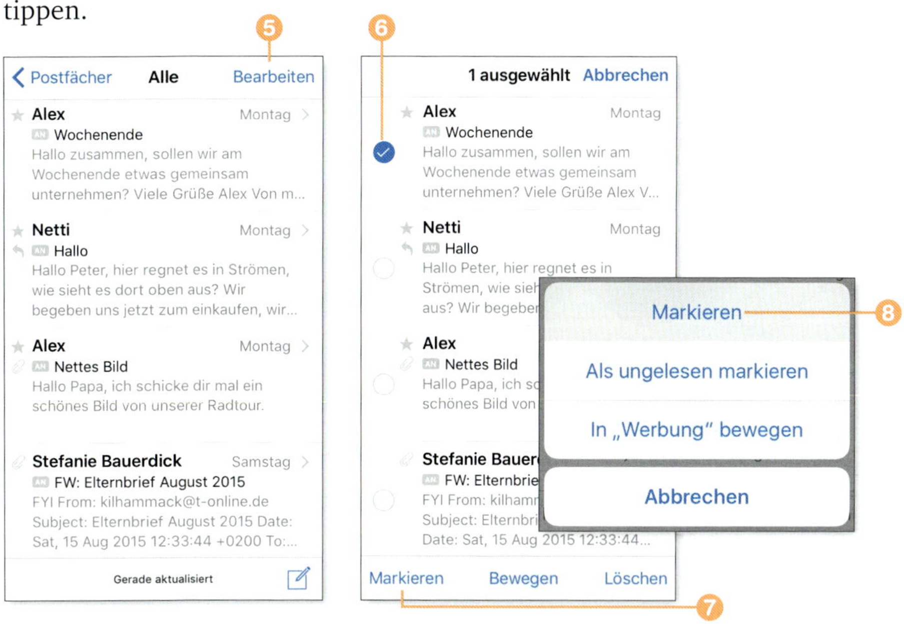

3. Die ausgewählte E-Mail wird daraufhin mit einem kleinen farbigen Punkt ⑨ markiert, und gleichzeitig wird der Ordner **Markiert** ⑩ in Ihrem Posteingang angelegt. Die E-Mail befindet sich nun in dem ursprünglichen Postfach und in dem Ordner **Markiert**.

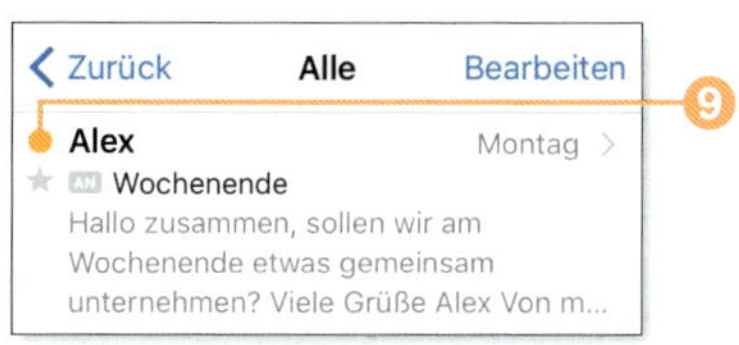

4. Eine noch schnellere Alternative, eine E-Mail zu markieren, ist diese: Tippen Sie direkt in einer geöffneten E-Mail auf das Fähnchensymbol (① auf Seite 156) unten links in der Tab-Leiste.

5. Um eine Markierung wieder zu entfernen, tippen Sie in Ihrem Posteingang auf die **Bearbeiten**-Schaltfläche und dann auf die E-Mail, die nicht mehr markiert sein soll (siehe Schritt 1).

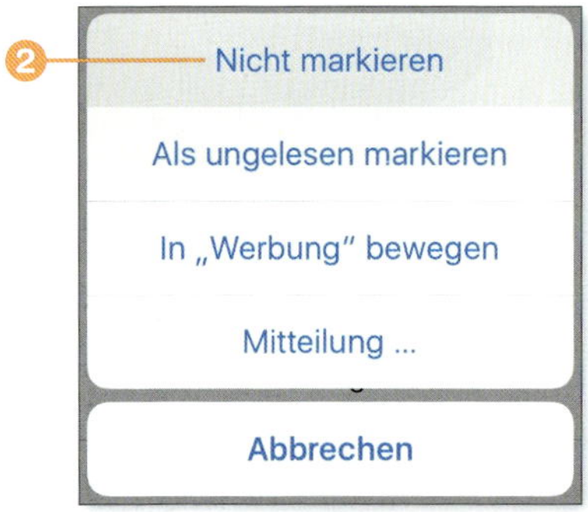

6. Anschließend tippen Sie unten auf **Markieren** (siehe Schritt 2). Im eingeblendeten Menü tippen Sie nun auf **Nicht markieren** ②.

Das Fähnchen verschwindet wieder, und die E-Mail ist nicht mehr im Ordner **Markiert** zu finden, sondern nur noch in ihrem ursprünglichen Ordner.

Per Wischgeste lassen sich E-Mails aber sogar noch schneller markieren. Schieben Sie hierzu in Ihrer E-Mail-Liste die Mail mit einer Streichgeste von rechts nach links aus dem Bildschirm heraus. Tippen Sie nun auf die Schaltfläche **Markieren** – und schon ist die Mail markiert.

Sie können sogar selbst festlegen, welche Streichgeste für welche Aktion verantwortlich ist. Dazu müssen Sie in den Einstellungen unter dem Menüpunkt **Mail, Kontakte, Kalender** ▸ **Streichgesten** auswählen, welche Streichgeste Sie für welche Aktion verwenden möchten.

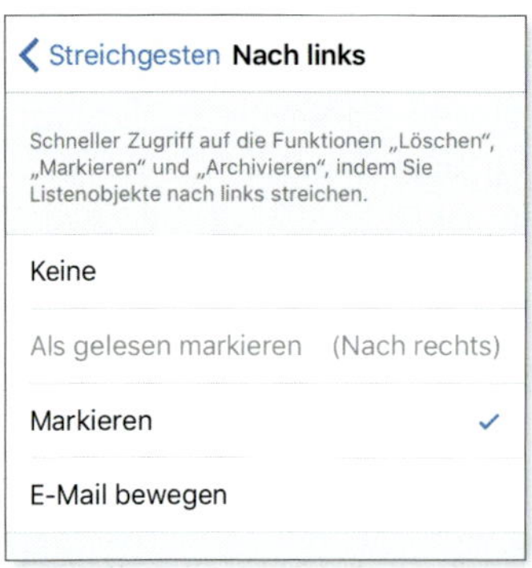

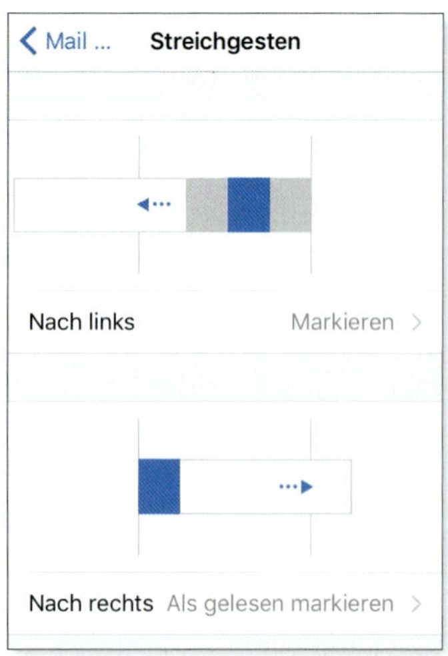

INFO

Töne für E-Mails einrichten

Um immer darüber informiert zu sein, ob Sie eine E-Mail bekommen haben, können Sie sich beim Eingang und beim erfolgreichen Versand von E-Mails akustisch benachrichtigen lassen. Scrollen Sie dazu im Menü **Einstellungen ▸ Töne** etwas herunter, und tippen Sie auf den Menüpunkt **Neue E-Mail**. Im nächsten Fenster haben Sie dann die Wahl zwischen verschiedenen Hinweistönen. Wenn Sie auf einen der Töne tippen, wird er probeweise abgespielt. Ein Häkchen zeigt an, welchen Ton Sie ausgewählt haben. Einen Ton für ausgehende E-Mails wählen Sie ebenfalls im Menü **Einstellungen ▸ Töne**. Tippen Sie dazu auf den Menüpunkt **E-Mail gesendet**.

E-Mails löschen

Um E-Mails von Ihrem iPhone zu löschen, gibt es mehrere Möglichkeiten, die ich Ihnen hier vorstellen werde.

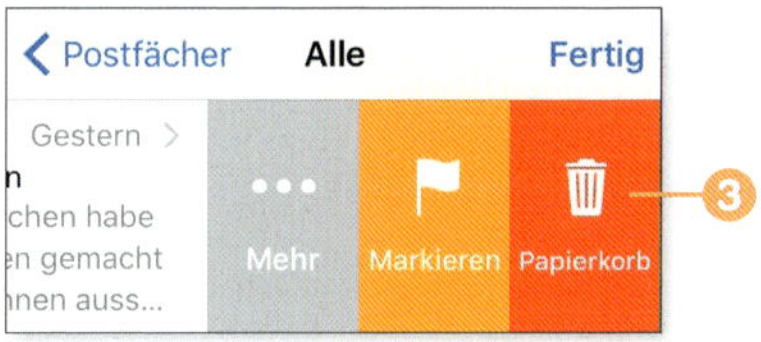

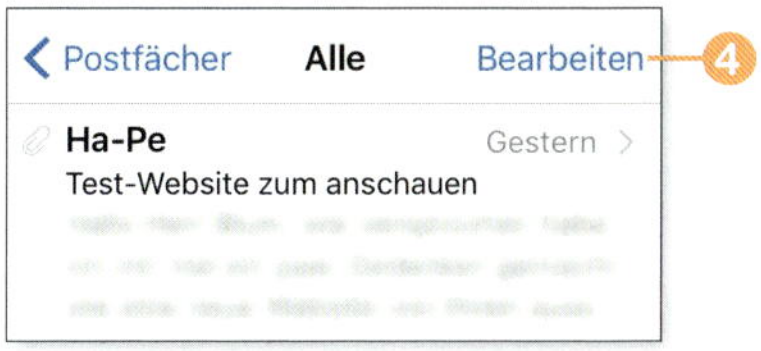

1. Streichen Sie mit dem Finger von rechts nach links über die Vorschau der zu löschenden E-Mail. Auf der rechten Seite erscheint das Papierkorbsymbol 3, das Sie nur antippen müssen. Schon ist die E-Mail verschwunden.
2. Die zweite Möglichkeit: Tippen Sie in Ihrem Posteingang ganz oben rechts auf **Bearbeiten** 4.
3. Wählen Sie nun alle zu löschenden E-Mails aus, indem Sie auf die jeweilige E-Mail tippen. Vor den ausgewählten E-Mails wird nun ein Häkchen gesetzt (1 auf Seite 158). Am oberen Rand wird angezeigt, wie viele E-Mails Sie zum Löschen markiert haben 2. Tippen Sie dann ganz unten rechts auf **Löschen** 3.

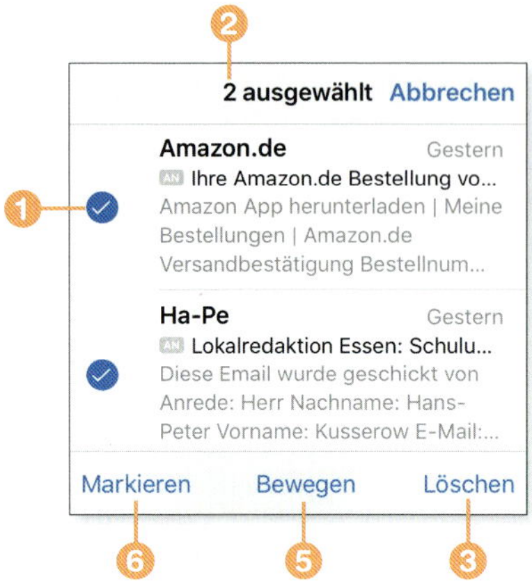

4. Die dritte und letzte Möglichkeit: Öffnen Sie eine E-Mail, und tippen Sie auf das Papierkorbsymbol 4 in der Tab-Leiste, um die E-Mail zu löschen.

Indem Sie im Posteingang auf die **Bearbeiten**-Schaltfläche tippen, eröffnen sich Ihnen noch weitere Aktionsmöglichkeiten. Mit **Bewegen** 5 verschieben Sie mehrere ausgewählte E-Mails gleichzeitig in einen bestimmten Postfachordner. Mit **Markieren** 6 heben Sie mehrere E-Mails gleichzeitig mit einem farbigen Punkt hervor (siehe dazu den Abschnitt »E-Mails markieren« ab Seite 154).

INFO

Papierkorb

E-Mails, die Sie im Posteingang löschen, sind nicht sofort auf Nimmerwiedersehen von Ihrem iPhone verschwunden. Öffnen Sie in der Mail-App den Ordner **Papierkorb**, tippen Sie auf **Bearbeiten**, und löschen Sie die E-Mail erneut, indem Sie sie markieren und auf **Löschen** tippen. Dann ist sie endgültig weg. Möchten Sie alle gelöschten E-Mails aus dem Papierkorb entfernen, tippen Sie nach **Bearbeiten** unten rechts auf **Alle löschen**.

Nach E-Mails suchen

Mit der Zeit sammelt sich eine ganze Reihe von E-Mails an. Vielleicht verfügen Sie sogar über mehrere E-Mail-Accounts? Dann kann die Anzahl der gesendeten oder empfangenen E-Mails schnell unübersichtlich werden. Was, wenn Sie aber dringend Informationen aus einer bestimmten E-Mail benötigen? Die Suche danach ist für Ihr iPhone kein Problem; erfahren Sie hier, wie es geht.

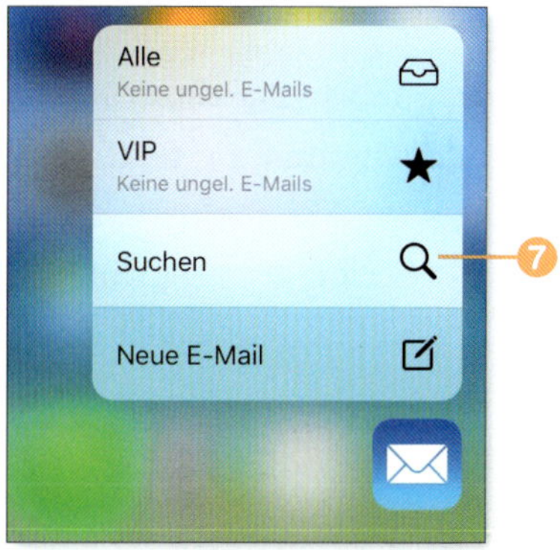

1. Haben Sie Mail gerade nicht geöffnet, tippen Sie dazu etwas fester als gewöhnlich auf das Mail-Symbol. Wählen Sie aus dem erscheinenden Dialogfeld den Menüpunkt **Suchen** 7 aus.
2. Daraufhin wird die App Mail sofort mit dem aktivierten Suchfeld 8 eingeblendet, und Sie können den gewünschten Suchbegriff über die Bildschirmtastatur eingeben. Es werden daraufhin alle auf dem iPhone eingerichteten E-Mail-Accounts auf einmal durchsucht, sollten Sie über mehr als einen E-Mail-Account verfügen.

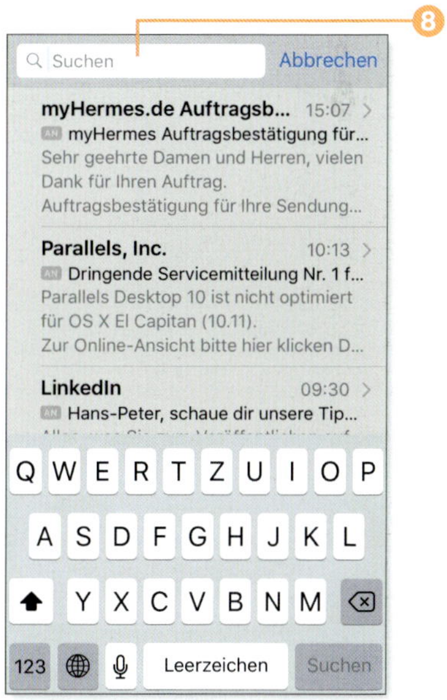

3. Befinden Sie sich derzeit in der Mail-App, können Sie die Suche auch in jedem Ordner Ihres Postfachs starten. Ziehen Sie dazu mit dem Finger aus der oberen Menüleiste das Suchfeld 2 heraus.
4. Verfügen Sie über mehrere Accounts und möchten alle durchsuchen (und haben die Mail-App zuvor in Verwendung gehabt), wechseln Sie zunächst in die Postfachübersicht und tippen hier auf **Alle**. Verfahren Sie nun, wie in Schritt 3 beschrieben.

5. Geben Sie dann Ihren Suchbegriff ein. Noch während Sie tippen, erscheinen die ersten Suchergebnisse, in meinem Fall also alle Mails, die den Suchbegriff »Trends« enthalten. Anfangs werden lediglich Informationen gezeigt, die Kontaktdaten ❶ beinhalten könnten, und bei weiterer Einschränkung durch den Suchbegriff werden dann auch entsprechende E-Mails ❷ eingeblendet.

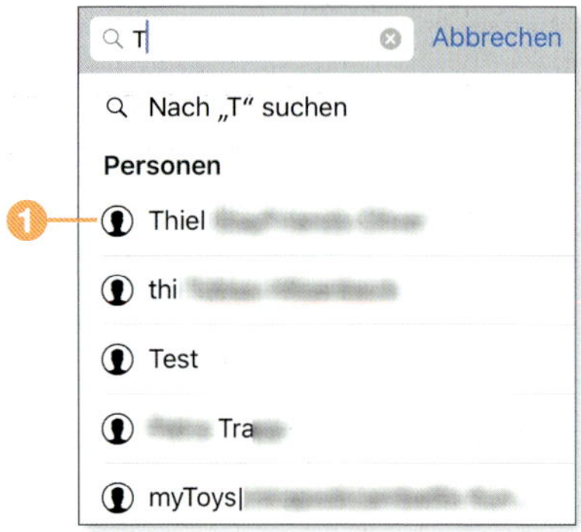

6. Tippen Sie auf das entsprechende Suchergebnis, um die E-Mail zu öffnen.

TIPP

Einzelne Ordner durchsuchen

Wenn Sie mehrere E-Mail-Accounts auf Ihrem iPhone eingerichtet haben, können Sie alle Accounts auf einmal abfragen, indem Sie im Menü **Postfächer** Ihrer Mail-App **Alle** auswählen. Selbstverständlich können Sie Ihre Suche aber auch auf ein bestimmtes Postfach beziehungsweise einen Ordner beschränken. Wählen Sie ihn einfach aus, und tippen Sie dann ins Suchfeld.

Bilder und andere Medien per Mail versenden

Wie mit einem normalen Computer können Sie auch mit dem iPhone verschiedene Medien, z. B. Bilder oder Filme, an andere Smartphones oder Computer schicken. Die eingefügten Medien werden dann als Anhang einer Mail versendet.

Ein Bild versenden

Ihr iPhone bietet Ihnen zwei verschiedene Möglichkeiten, Bilder an eine Mail anzuhängen und mit ihr zu verschicken. Im Folgenden stelle ich Ihnen die Variante vor, bei der der Versand direkt aus der Mail-App erfolgt. Die andere Variante, über die Sie auch mehrere Fotos auf einmal verschicken können, finden Sie im Abschnitt »Fotos per E-Mail oder MMS versenden« ab Seite 288. Wenn Sie sich ohnehin im Mail-Programm befinden, müssen Sie also nicht erst die Fotos-App öffnen, um ein Bild zu verschicken.

1. Öffnen Sie eine neue E-Mail. Tippen Sie zweimal kurz hintereinander in den Textbereich der E-Mail, es erscheint daraufhin ein Auswahlmenü.
2. Tippen Sie einmal auf den Pfeil 3, bis Sie zum Menübefehl **Foto od. Video einfügen** 4 gelangen. Tippen Sie darauf.
3. Wählen Sie zunächst das Album aus Ihrer Fotobibliothek, in dem sich das gewünschte Foto befindet. Tippen Sie das Foto an, und bestätigen Sie mit **Auswählen** 5. Das Bild wird in Ihre E-Mail eingefügt, und Sie können, wenn Sie möchten, noch einen Text zu dem Bild schreiben.

4. Wenn Sie nun die **Senden**-Schaltfläche (6 auf Seite 161) antippen, können Sie noch entscheiden, wie groß das Bild sein soll, das Sie versenden möchten.

   Wählen Sie z. B. als Sendeoption **Originalgröße** 1. (Siehe dazu den folgenden Kasten »Dateigröße für E-Mails«). In unserem Beispiel ist die Originalgröße kein Problem, weil das Bild ohnehin nur 693 KB groß ist. Daraufhin wird Ihre E-Mail gesendet. In früheren iOS-Versionen konnten lediglich 5 Bilder in einer E-Mail versendet werden. Das gehört der Vergangenheit an. Sie können nun auch mehr Bilder gleichzeitig versenden.

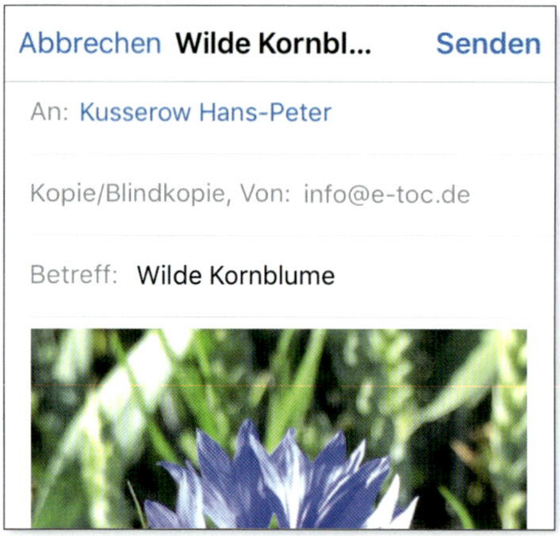

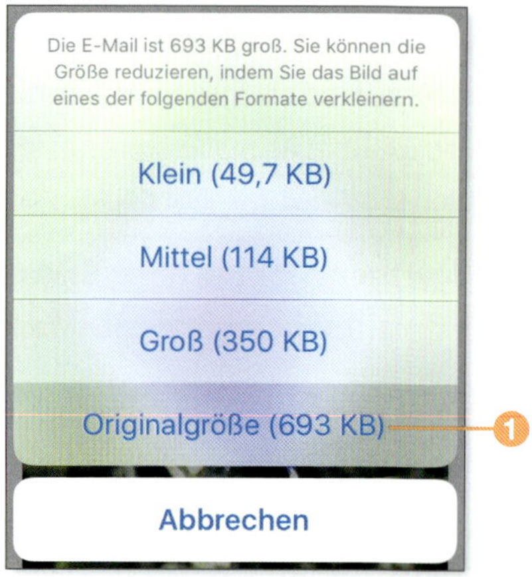

INFO

Dateigröße für E-Mails

Eine kleinere Dateigröße bedeutet natürlich eine schlechtere Bildqualität, aber Sie vermindern dadurch die Zeit für das Versenden Ihrer E-Mail erheblich. Sie sollten daher die Originalgröße nur dann auswählen, wenn die Bilddatei nicht allzu groß ist. Außerdem kann es bei E-Mails mit mehreren MB sein, dass der Empfänger sie deshalb nicht erhält, weil sein E-Mail-Postfach nicht (mehr) genügend Speicherplatz dafür bietet. Die Dateigröße sollten Sie im Übrigen auch bedenken, wenn Sie das Bild über das Mobilfunknetz versenden.

Ein Video versenden

Genauso wie Sie Ihre Fotos als E-Mail-Anhang versenden, können Sie auch Ihre Videos mit einer E-Mail mitschicken. Wenn Sie dazu nicht erst die Fotos-App öffnen möchten, gehen Sie einfach folgendermaßen vor:

1. Tippen Sie in eine leere E-Mail, und halten Sie den Finger so lange auf das Display, bis die Lupe erscheint. Wenn Sie den Finger vom Display nehmen, öffnet sich ein Auswahlmenü. (Um es aufzurufen, können Sie auch zweimal kurz hintereinander auf das Display tippen.)

2. Tippen Sie rechts auf den kleinen Pfeil 2, bis Sie die Option **Foto od. Video einfügen** 3 sehen, und tippen Sie darauf.

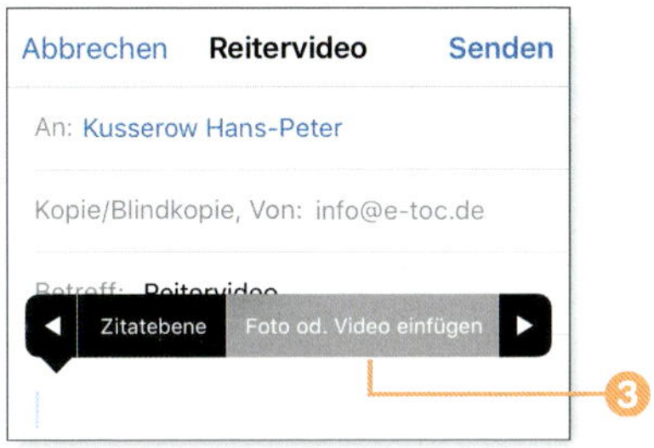

3. Wählen Sie in der Übersicht das Album **Videos** aus, und tippen Sie das gewünschte Video im Album an 4. Wenn Sie dann auf **Auswählen** 5 tippen, wird das Video zuerst komprimiert und dann in Ihre E-Mail eingefügt 6.

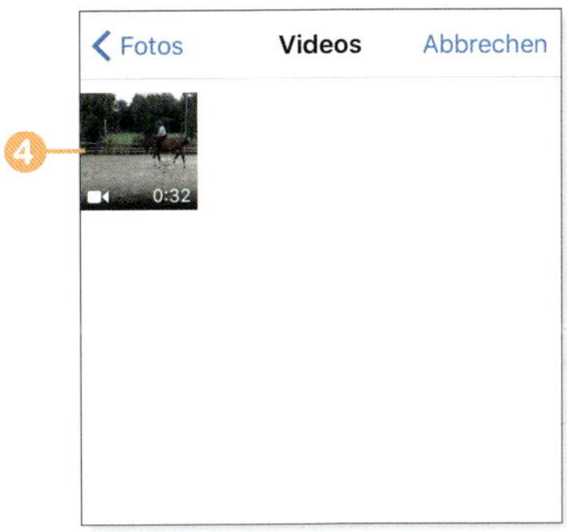

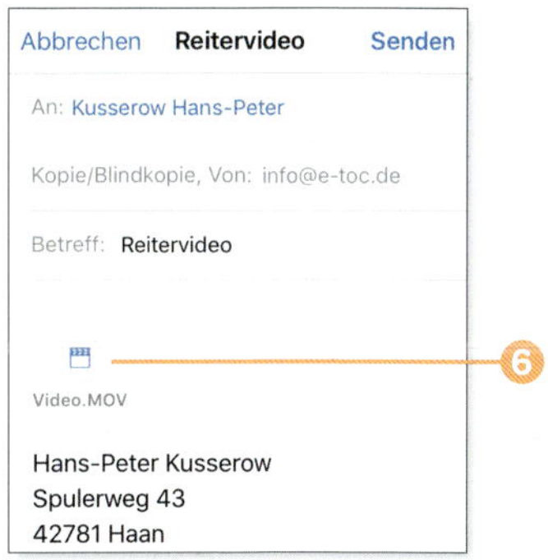

Wenn Sie noch mehr darüber erfahren möchten, wie Sie mit Ihrem iPhone selbst Videos drehen und sie auch gleich auf dem Gerät weiterbearbeiten, lesen Sie Kapitel 11, »Videos aufzeichnen«. Im Abschnitt »Filme per E-Mail oder MMS versenden« ab Seite 304 stelle ich Ihnen außerdem noch eine zweite Variante vor, wie Sie Ihre Videos, ausgehend von der Fotos-App, per E-Mail verschicken können.

Eine E-Mail-Signatur verwenden

E-Mails haben häufig eine sogenannte *Signatur*, die noch einmal gebündelt Ihre Kontaktdaten und weitere Angaben, manchmal auch Werbung enthält. Eine solche Signatur können Sie natürlich auch selbst anlegen und an Ihre Bedürfnisse anpassen.

1. Wechseln Sie zunächst in das Menü **Einstellungen** und dort in den Bereich **Mail, Kontakte, Kalender**.
2. Scrollen Sie etwas herunter bis zum Menüpunkt **Signatur** ①, den Sie einfach antippen.
3. Haben Sie mehrere Accounts auf Ihrem iPhone hinterlegt, können Sie auf der Seite **Signatur** zunächst entscheiden, ob Sie eine Signatur für alle (**Alle Accounts**) oder für jeden Account unterschiedliche Signaturen (**Pro Account**) einrichten.
4. Tippen Sie danach in das weiße Feld eine beliebige Signatur ein ②: Name, Adresse, Telefonnummer(n), E-Mail-Adresse(n).

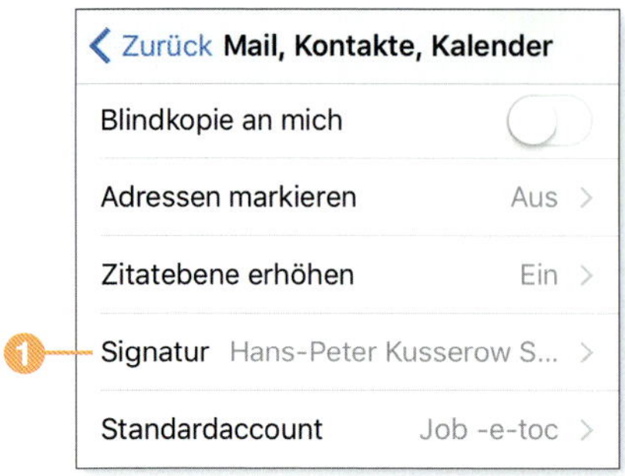

Haben Sie sich für die Option **Pro Account** entschieden, werden mehrere Signaturfelder für Ihre angemeldeten Accounts eingeblendet, und Sie können in jedes Feld eine passende Signatur eingeben.

Optimale Zusammenarbeit mit dem Kalender

In iOS 9 funktioniert die Zusammenarbeit zwischen den Apps Mail und Kalender noch besser als in den vorherigen Versionen. Mail erkennt dank der sogenannten *Data detectors* automatisch Daten und Zeiten in einer E-Mail und hebt diese entsprechend hervor, sodass Sie entscheiden können, ob Sie sich lediglich den Termin im Kalender anschauen oder zu diesem Zeitpunkt tatsächlich ein Ereignis erstellen möchten.

1. Haben Sie eine E-Mail erhalten, die mit entsprechenden Daten versehen ist, so müssen Sie nur etwas länger auf die hervorgehobenen Stellen im Text tippen, und schon öffnet sich ein Auswahlmenü, in dem Sie wählen können, ob Sie ein **Ereignis erstellen** 3 oder den Zeitpunkt lediglich im Kalender angezeigt 4 bekommen möchten.

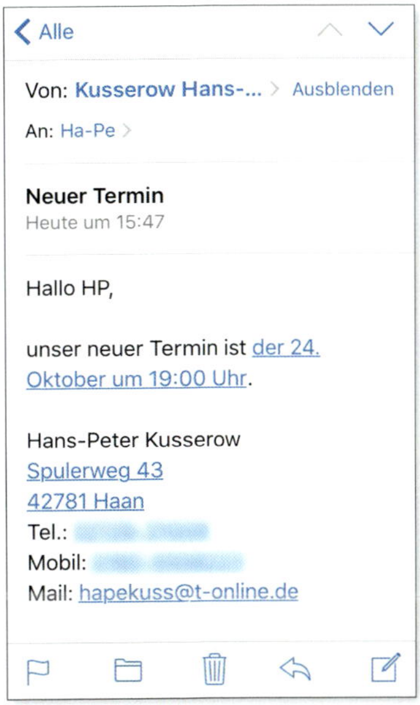

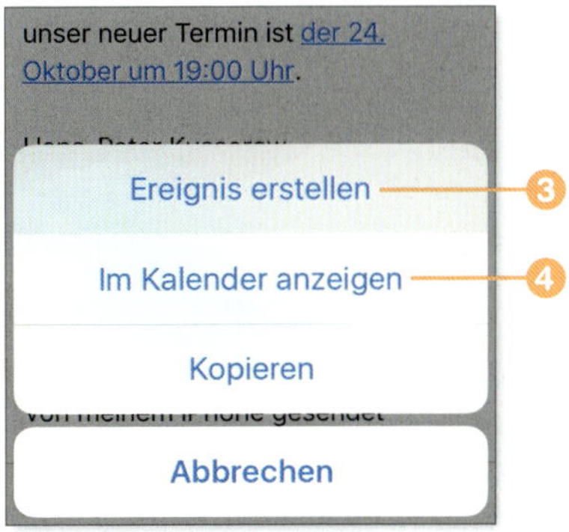

2. Entscheiden Sie sich für das Erstellen eines Ereignisses, öffnet sich direkt die Kalender-App und hier die Möglichkeit, sofort ein Ereignis anzulegen. Ist in der E-Mail eine Zeit verzeichnet, so ist diese in dem neu zu erstellenden Ereignis auch bereits voreingestellt (1).

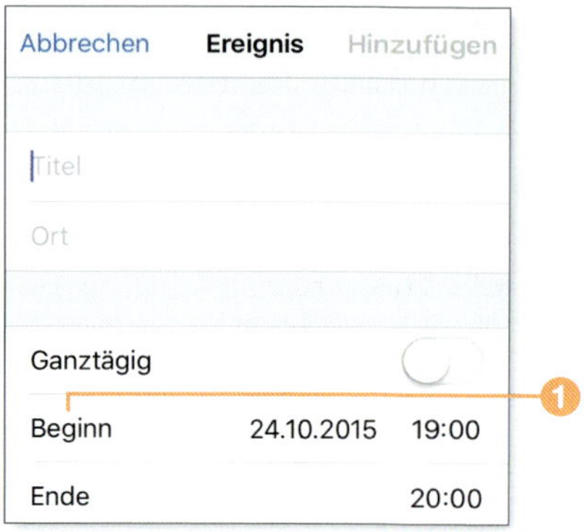

Auch bei der Option **Im Kalender anzeigen** wird die Kalender-App geöffnet. Allerdings wird Ihnen nur der Tag im Kalender angezeigt.

Wieder in die ursprüngliche App zurückkehren

Haben Sie über einen Link von einer App zu einer anderen App gewechselt, beispielsweise wenn Sie in einer E-Mail ein Datum angetippt haben und sich dieses in der Kalender-App haben anzeigen lassen, können Sie bequem in die ursprüngliche App zurückkehren. In der Statusleiste wird Ihnen dann nämlich anstelle des Mobilfunkanbieters und dessen Empfangsstärke (2) der Befehl **Zurück zu Mail** (3) angezeigt (beziehungsweise der Name der App, aus der Sie ursprünglich kommen). Das Ganze erleichtert die Handhabung im Umgang mit mehreren Apps ganz enorm.

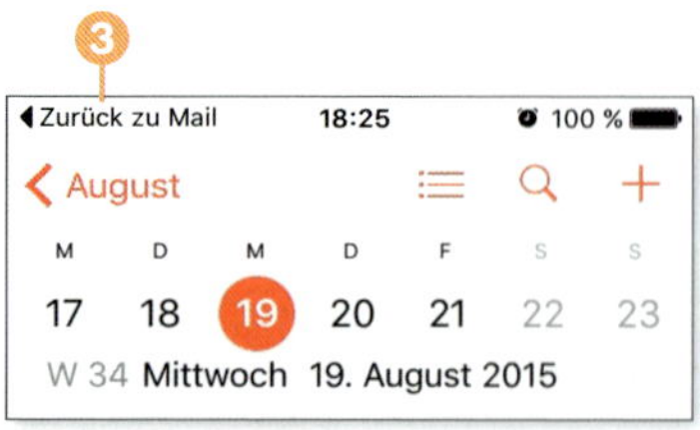

Links die Mail-App mit Providername und Sendestärke-Anzeige, rechts die Kalender-App mit der Schaltfläche »Zurück zu Mail«

Kapitel 7

Kalender, Erinnerungen und Kontakte

Zu einem ordentlichen Smartphone gehören natürlich auch eine ausgereifte Kalender- und Erinnerungsfunktion und eine gute Kontaktverwaltung. Beim iPhone arbeiten alle diese Funktionen perfekt zusammen.

Besonders praktisch ist die Erinnerungsfunktion der Kalender-App, und ebenfalls altbekannt, aber nicht minder praktisch ist die Kontaktverwaltung, auf die viele weitere Anwendungen auf Ihrem iPhone zugreifen.

Die Kalender-App in der Übersicht

Kalender ist eine der Apps, die es schon seit der Urversion des iPhones gibt. Sie ist selbstverständlich kontinuierlich verbessert worden. In diesem Kapitel zeige ich Ihnen, wie Sie den iPhone-Kalender sinnvoll einsetzen.

Der Kalender Ihres iPhones erinnert Sie nicht nur an Ihre Termine, sondern auf Wunsch auch an die Geburtstage Ihrer Kontakte. Darüber hinaus können Sie öffentliche Kalender – etwa Mondphasen oder den Spielekalender Ihrer Lieblingsmannschaft – abonnieren und Ihre Kalender mit anderen teilen, indem Sie bestimmte Kalender freigeben.

Um die Daten Ihrer Kalender sowohl auf dem iPhone als auch auf Ihrem Computer auf dem gleichen Stand zu halten, können Sie sie über iCloud synchronisieren. Wie das funktioniert, erfahren Sie in Kapitel 9, »Synchronisieren mit iCloud«.

Die verschiedenen Ansichten des Kalenders

Der Kalender des iPhones besteht aus drei verschiedenen Ansichten: der Tagesansicht, der Monatsansicht und der Jahresansicht. Im Querformat liefert der Kalender auch noch die Wochenansicht. Im Folgenden lernen Sie die einzelnen Ansichten näher kennen.

Um den Kalender zu öffnen, tippen Sie auf das Symbol der Kalender-App. Diese startet zunächst in der Tagesansicht des aktuellen Tages (links im Bild). Tippen Sie oben links auf den Monatsnamen ❶, gelangen Sie in die Monatsansicht (Mitte). Wenn Sie nun noch einmal oben links auf die Jahreszahl ❷ tippen, gelangen Sie in die Jahresansicht (rechts).

In den drei Ansichten befindet sich unten links die **Heute**-Schaltfläche ❸, mit der Sie in den verschiedenen Ansichten immer wieder zum aktuellen Wochentag zurückkehren können. Über die Schaltfläche **Kalender** ❹ in der Mitte gelangen Sie zu Ihren verschiedenen Kalendern. Die Schaltfläche unten rechts, die mit **Eingang** ❺ überschrieben ist, ist für Einladungen, die Sie von Kontakten erhalten. Wenn Sie also z. B. von einem Kollegen eine Einladung zu einem Meeting erhalten, finden Sie diese Einladung hier.

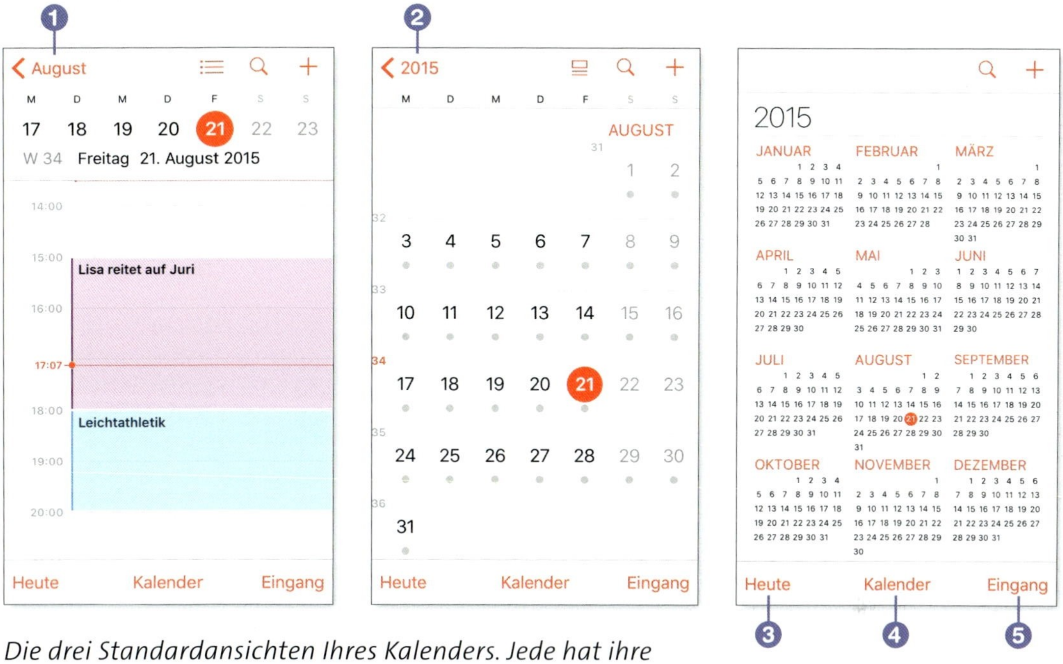

Die drei Standardansichten Ihres Kalenders. Jede hat ihre Vorteile, je nachdem, ob Sie nur einen Tag oder eine längere Übersicht über Ihre Termine sehen möchten.

INFO

Besonderheiten der Monatsansicht

Damit Sie feststellen können, an welchen Tagen Sie Termine eingetragen haben, bedient sich die Monatsansicht eines kleinen Punktes, den Sie unterhalb des jeweiligen Tages finden. An Tagen, an denen kein Termin eingetragen ist, fehlt auch der Punkt. Der aktuelle Tag wird in der Ansicht rot hervorgehoben.

Innerhalb der Tagesansicht sowie der Monatsansicht können Sie außerdem auf die Listenansicht zurückgreifen. In der folgenden Abbildung auf Seite 170 sehen Sie links die Liste der Tagesansicht und rechts die Liste der Monatsansicht.

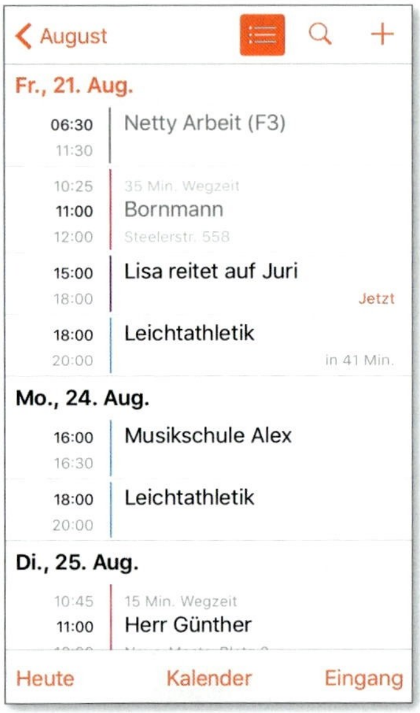

In allen Ansichten können Sie sich überdies dank der neuen 3D-Touch-Technologie Vorschauen von Ereignissen anzeigen lassen. Tippen Sie etwas fester z. B. in der Tagesansicht auf ein Ereignis, um das Ereignis und die Infos zum Ereignis angezeigt zu bekommen. Ein leichtes Wischen nach oben ist dann möglich, wenn Sie in der Vorschau oberhalb einen kleinen Pfeil ❶ sehen. Haben Sie nach oben gewischt, besteht nun am unteren Rand die Möglichkeit, das Ereignis zu löschen ❷. Ein noch festerer Druck mit dem Finger öffnet das Ereignis, das Sie dann genauer ansehen und bei Bedarf bearbeiten können.

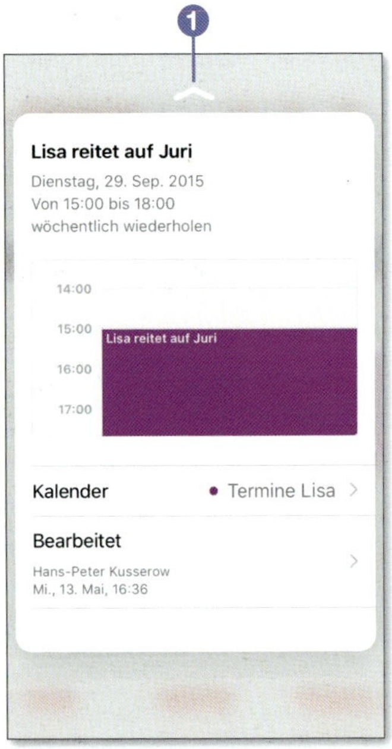

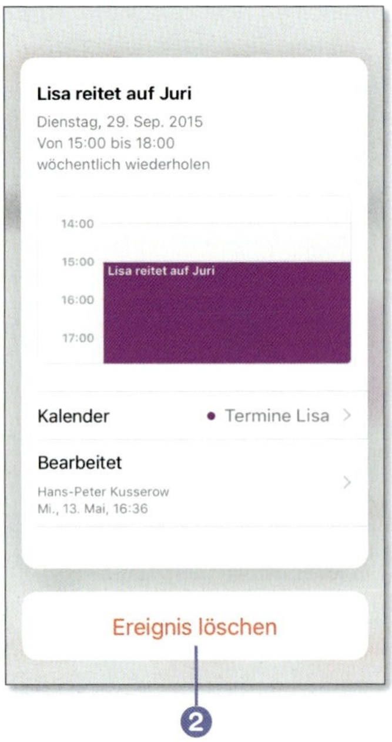

Ähnlich verhält es sich, wenn Sie sich in der Monatsansicht befinden und etwas fester auf einen bestimmten Tag tippen. Zuerst wird Ihnen eine Tagesvorschau angezeigt.

Nach nochmaligem festerem Druck wird die Tagesansicht geöffnet.

Die Wochenansicht kam bereits in iOS 5 hinzu. Sie können sie allerdings nicht über die Registerkarten auswählen, die Sie bereits kennengelernt haben, sondern sie erscheint, wenn Sie Ihr iPhone um 90° drehen. Es ist dabei egal, in welche Richtung Sie das iPhone drehen. Beachten Sie, dass hierfür gegebenenfalls die Ausrichtungssperre deaktiviert sein muss.

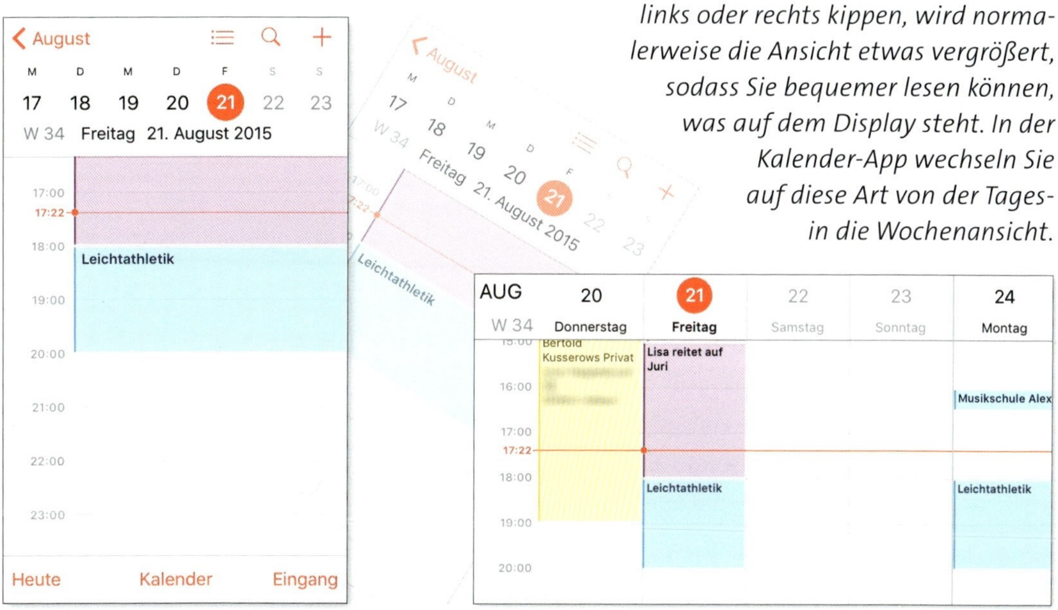

Wenn Sie Ihr iPhone um 90 Grad nach links oder rechts kippen, wird normalerweise die Ansicht etwas vergrößert, sodass Sie bequemer lesen können, was auf dem Display steht. In der Kalender-App wechseln Sie auf diese Art von der Tages- in die Wochenansicht.

Auch in der um 90 Grad gedrehten Wochenansicht funktioniert 3D Touch und liefert Ihnen eine Vorschau des angetippten Ereignisses, das Sie, wie schon in der Tagesansicht gesehen, wenn Sie es etwas nach oben schieben, löschen können.

Termine anlegen und einzelnen Kalendern zuweisen

Selbstverständlich müssen Sie nicht alle Ihre Termine am Computer erstellen, sondern Sie können auch von unterwegs aus problemlos Termine mit Ihrem iPhone anlegen. Nach der nächsten Synchronisation mit Ihrem Computer sind dann wieder alle Termine abgeglichen. Um einen Termin in Ihrem iPhone anzulegen, gehen Sie wie folgt vor:

1. Haben Sie die Kalender-App gerade nicht geöffnet, tippen Sie etwas fester als normal auf das Kalender-Symbol. Sie sehen daraufhin ein Kontextmenü mit dem Befehl **Ereignis hinzufügen** ❶. Tippen Sie darauf.
2. Nun öffnet sich die Ereignis-Ansicht, und Sie können sofort mit der Eingabe des Ereignistitels beginnen.

Befinden Sie sich aktuell bereits in der Kalender-App, gehen Sie folgendermaßen vor, um einen neuen Termin einzutragen.

1. Tippen Sie in der Kalender-App oben rechts auf das Plussymbol ❷. Dabei ist es egal, in welcher Ansicht Sie sich gerade befinden.

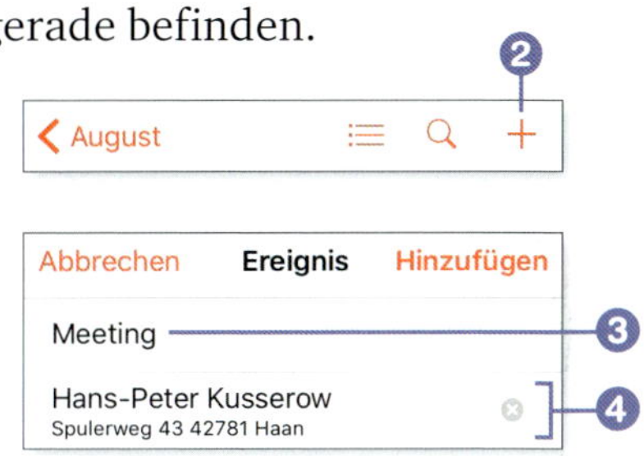

2. Daraufhin wird die Seite **Ereignis** geöffnet, auf der Sie die Einzelheiten eines neuen Termins eingeben können. Beginnen Sie mit **Titel** ❸ und **Ort** ❹.
3. Im nächsten Feld legen Sie die Dauer des Ereignisses und die relevante Zeitzone fest. Sie stellen den Tag und die Uhrzeit ein, indem Sie die Segmente der »Trommel« ❺ (Tag, Stunde, Minuten) in die gewünschte Richtung drehen.

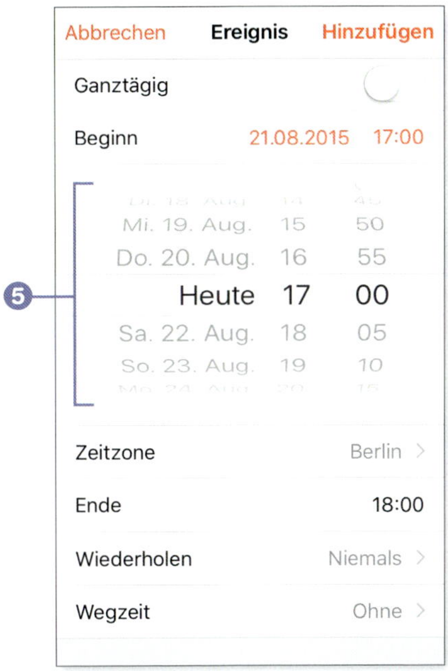

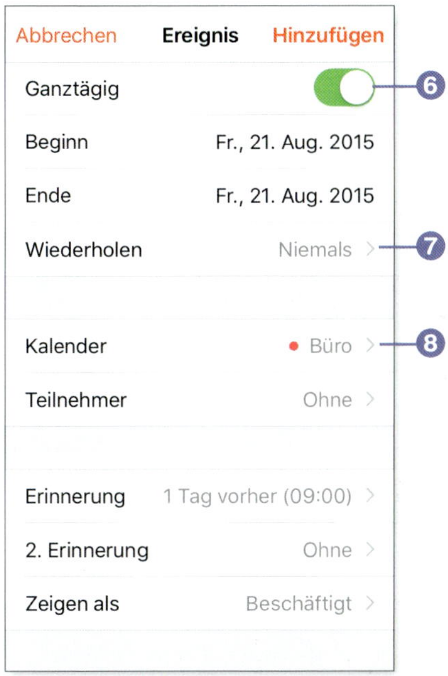

Handelt es sich um ein ganztägiges Ereignis, tippen Sie auf den Schalter **Ganztägig** ❻, die Uhrzeitangaben werden daraufhin ausgeblendet. Es bleibt lediglich die Datumseingabe stehen. Bestätigen Sie Ihre Eingabe, indem Sie auf die rote Zeit- beziehungsweise Datumsangabe (❼ auf Seite 173) tippen.

4. Im nächsten Feld ❽ können Sie festlegen, dass und in welchen Zeitabständen sich das Ereignis wiederholen soll oder nicht (**Niemals**).

5. Legen Sie noch über den Menüpunkt **Kalender** ❶ fest, zu welchem Kalender das Ereignis ❷ gehören soll. Dafür müssen Sie natürlich mehrere Kalender angelegt haben. Wie das geht, erfahren Sie im Abschnitt »Mehrere Kalender nutzen« ab Seite 181.

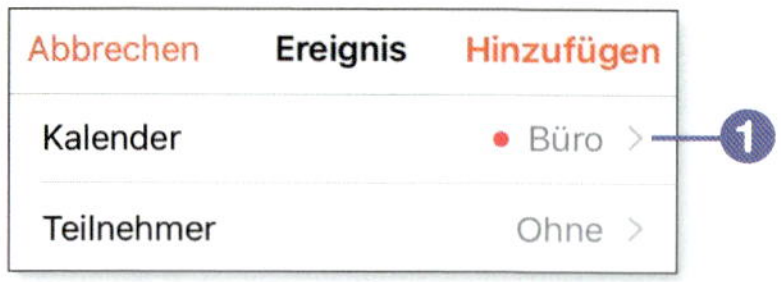

6. Möchten Sie einen Teilnehmer zu diesem Ereignis einladen, erledigen Sie dies im Feld **Teilnehmer** ❸. Geben Sie hier die E-Mail-Adressen der Teilnehmer Ihres Meetings ein, indem Sie sie eintippen oder über das Plus ❹ aus Ihrer Kontakteliste auswählen.

   Sobald Sie das Ereignis erstellt haben, wird eine entsprechende Einladungs-E-Mail an alle Teilnehmer versendet. Bestätigen die Teilnehmer Ihre Anfrage, werden sie im Ereigniseintrag unter **Teilnehmer** aufgeführt.

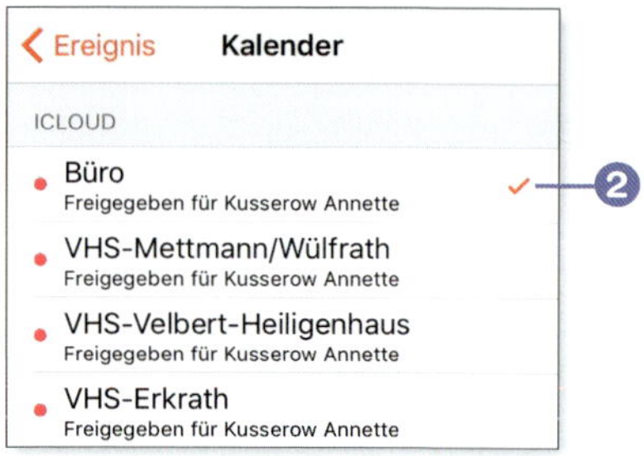

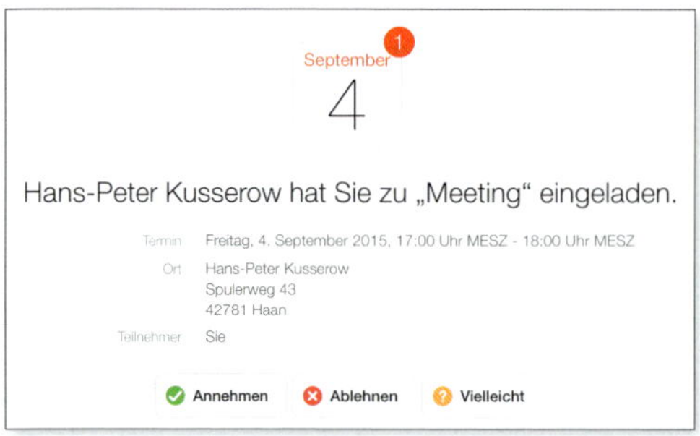

7. Als Nächstes legen Sie fest, wann Sie sich an das Ereignis erinnern lassen möchten ❺. Sie können auch noch eine zweite Erinnerung einfügen, um sich zu verschiedenen Zeiten an den Termin erinnern zu lassen.

8. Außerdem können Sie die Verfügbarkeit angeben. Tippen Sie dazu auf den Punkt **Zeigen als** ❻. Handelt es sich lediglich um einen Kalendereintrag, der nur etwas verzeichnen soll, ohne dass Sie daran teilnehmen müssen, wählen Sie **Frei** aus dem Menü. Handelt es sich um einen Termin, an dem Sie teilnehmen müssen, wählen Sie **Beschäftigt**.

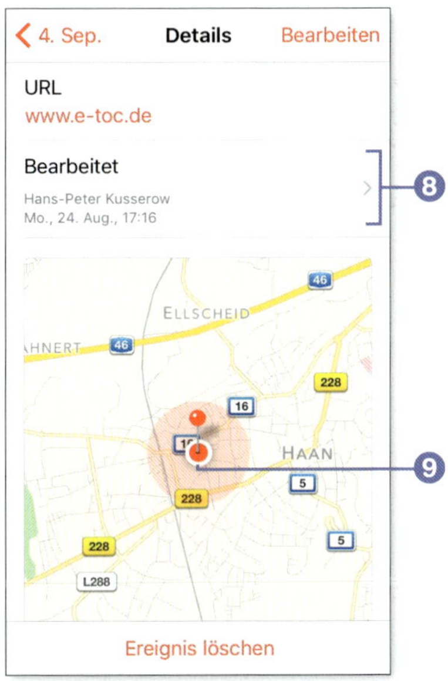

9. Zu guter Letzt können Sie noch eine Internetadresse (**URL**) oder Notizen ❼ eingeben, um auch anderen Teilnehmern des Termins weitere Informationen zu diesem Meeting zu geben oder für sich selbst eine Erinnerungsstütze zu haben. Sie sehen auch, wann Sie diesen Termin zuletzt bearbeitet haben ❽ und zudem die Zieladresse auf einer kleinen Karte ❾.

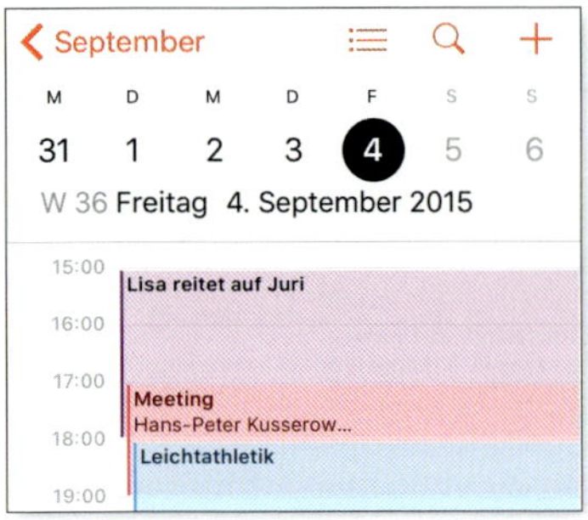

Ganz zum Schluss tippen Sie oben rechts ein letztes Mal auf **Fertig**. Der Kalendereintrag wird daraufhin angelegt, und Sie können ihn z. B. in der Tagesansicht einsehen.

Welche weiteren Ansichten es gibt, lesen Sie im Abschnitt »Die verschiedenen Ansichten des Kalenders« ab Seite 168.

TIPP

Ausrichtungssperre ausschalten

Aufgepasst: Ihr iPhone verfügt über eine Ausrichtungssperre, das bedeutet, dass sich die Displayansicht beim Drehen des iPhones nicht ändert. Ist diese Ausrichtungssperre eingeschaltet, funktioniert die Wochenansicht nicht. Schalten Sie die Ausrichtungssperre aus, indem Sie aus dem unteren Bildschirmrand das Kontrollzentrum nach oben herausziehen und auf die Schaltfläche der Ausrichtungssperre tippen, um diese zu deaktivieren.

Daraufhin wird die Ausrichtungssperre deaktiviert, was man daran erkennt, dass die Schaltfläche nun nicht mehr weiß hinterlegt und wieder transparent ist.

Ab jetzt immer pünktlich – Wegzeit im Kalender anzeigen lassen

Eine interessante Funktion des Kalenders ist die sogenannte *Wegzeit*, also die Zeit, die Sie benötigen, um von einem bestimmten Standort aus Ihr Ziel zu erreichen. Wenn Sie einen Termin haben und sich nicht verspäten möchten, sollten Sie diese Funktion nutzen.

Angenommen, Sie haben einen Termin um 13.00 Uhr in einer anderen Stadt und wollen auf keinen Fall unpünktlich sein, dann gehen Sie wie folgt vor:

1. Erstellen Sie zunächst einen Termin (siehe dazu den vorherigen Abschnitt). Geben Sie dabei die genaue Zieladresse ein.

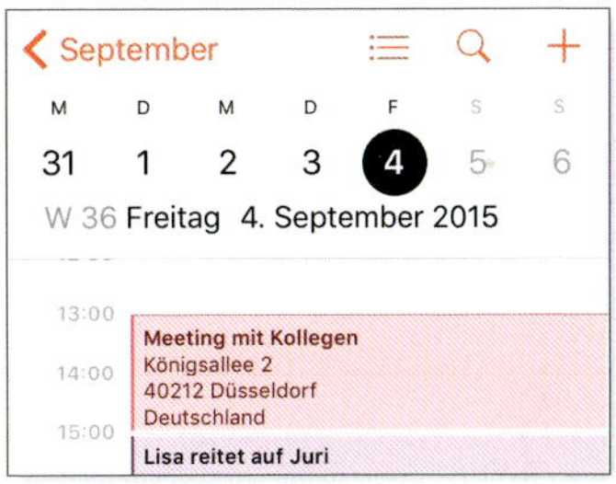

2. Unterhalb des Menüpunktes **Wiederholen** befindet sich die Option **Wegzeit** ❶. Aktivieren Sie den Schalter, müssen Sie zunächst Ihren **Startort** ❷ eingeben.
3. Wählen Sie nun aus, ob Sie mit dem Auto fahren ❸ oder zu Fuß ❹ gehen möchten. Wahlweise können Sie festgelegte Reisezeiten angeben. Dann bekommen Sie bereits im Kalender angezeigt, wie lange der Weg zu Ihrem Zielort voraussichtlich dauern wird. Auch werden Sie vom Kalender vor Reiseantritt erinnert. Unterhalb dieser Standarderinnerung befindet sich die **2. Erinnerung** mit dem Beginn der Wegzeit ❺. Die Wegzeit sehen Sie daraufhin oberhalb des Termins ❻.

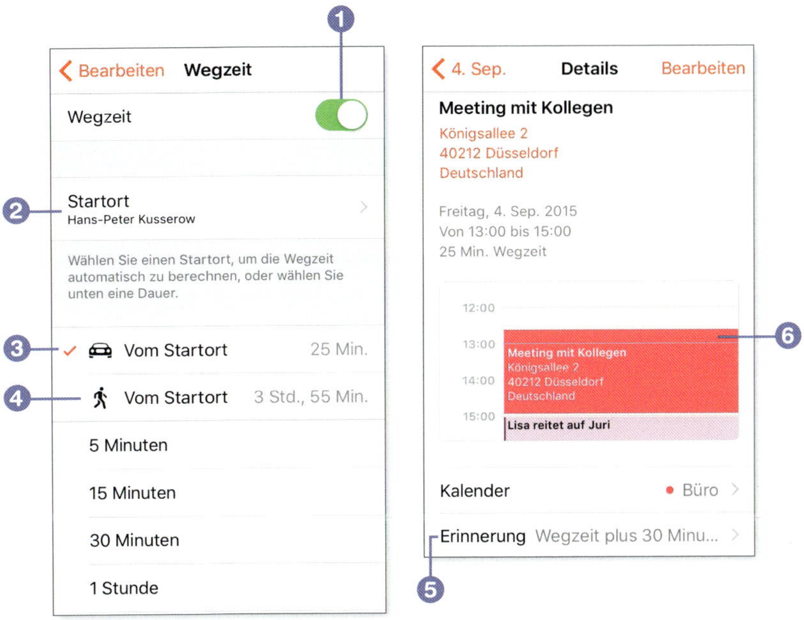

Einen Geburtstagskalender anlegen

Sie können in Ihrem iPhone-Kalender auch *Geburtstagskalender* führen. Die Informationen für den Geburtstagskalender entnimmt Ihr iPhone Ihrem Adressbuch, denn in Ihren Kontakteinträgen können Sie auch ein Geburtsdatum hinterlegen. Sie müssen den Geburtstagskalender lediglich freischalten, um die entsprechenden Einträge in der Kalenderansicht zu sehen. Dabei gehen Sie wie folgt vor: Öffnen Sie die Kalender-App, und tippen Sie unten in der Tab-Leiste auf die Schaltfläche **Kalender**. Daraufhin werden Ihnen, nach Accounts sortiert, alle Ihre Kalender angezeigt. Scrollen Sie ganz nach unten. Hier finden Sie in der Rubrik **Andere** den Eintrag **Geburtstage**. Tippen Sie ihn an, und aktivieren Sie so diese Rubrik. Die Aktivierung erkennen Sie an dem Häkchen (1). Da Facebook seit der Version iOS 6 im Betriebssystem integriert ist, können Sie sich in der Kalender-App auch die Geburtstage Ihrer Facebook-Freunde anzeigen lassen.

Alle Geburtstage, die Sie in Ihren Kontakten eingetragen oder die Ihre Facebook-Freunde öffentlich gemacht haben, werden nun in Ihrem Geburtstagskalender auf dem iPhone angezeigt.

Wiederkehrende Ereignisse anlegen

Aus jedem Ereignis können Sie ganz schnell eine Ereignisserie erstellen. Das sind gleichartige Ereignisse, die sich in regelmäßigen Abständen wiederholen. Jahrestage zählen ebenso dazu wie der monatliche Stammtisch. Um nicht für jedes einzelne Ereignis einen neuen Eintrag erstellen zu müssen, können Sie eine Serie definieren.

Angenommen, Sie möchten sich an jedem Donnerstag mit Ihrem Freund zum Laufen treffen, dann legen Sie dafür ein wiederkehrendes Ereignis an:

1. Erstellen Sie zuerst das entsprechende Ereignis an einem Donnerstag zu der von Ihnen definierten Zeit. Anschließend tippen Sie auf **Wieder-**

holen ❷, und es öffnen sich die Einstellungen, um die Details der Wiederholung festzulegen.

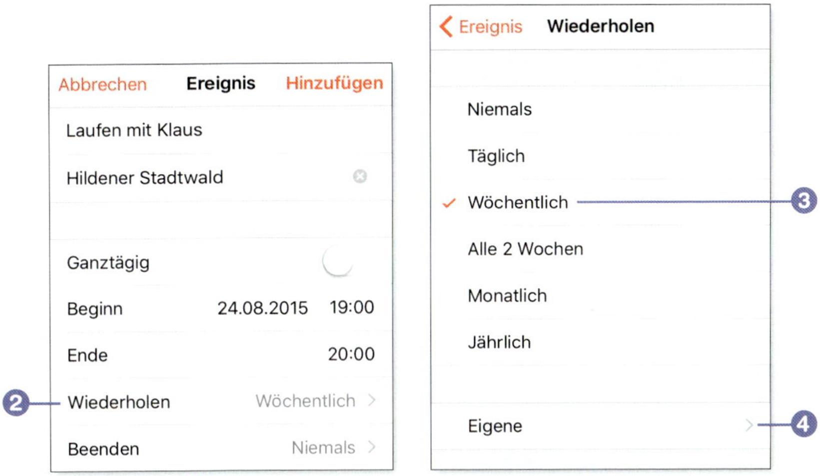

2. Tippen Sie beispielsweise auf **Wöchentlich** ❸.
3. Über die Option **Eigene** ❹ können Sie noch individueller bestimmen, wann sich ein Termin wiederholt. Bestätigen Sie Ihre Auswahl damit, dass Sie darauf tippen.

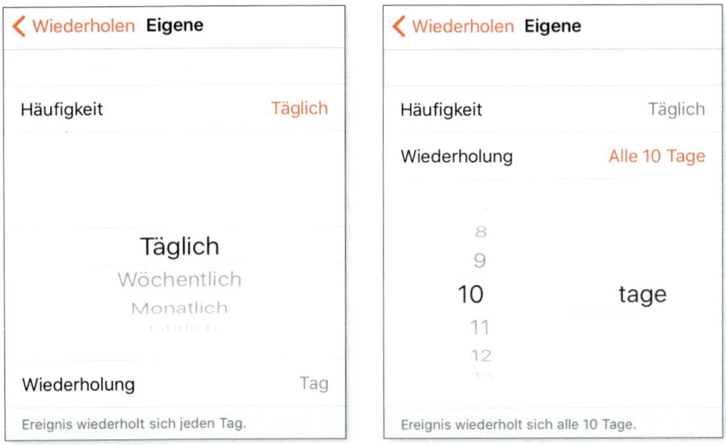

Wenn Sie ein wiederkehrendes Ereignis anlegen, können Sie natürlich auch festlegen, ob es »ewig« weiterlaufen oder an einem bestimmten Tag enden soll.

4. Wenn ein Ereignis fortlaufend sein soll, tippen Sie auf **Niemals** ❶ beziehungsweise, wenn Sie es nach einer gewissen Zeitspanne beenden möchten, auf **Datum** ❷ und legen ein Enddatum für Ihre Terminserie fest.

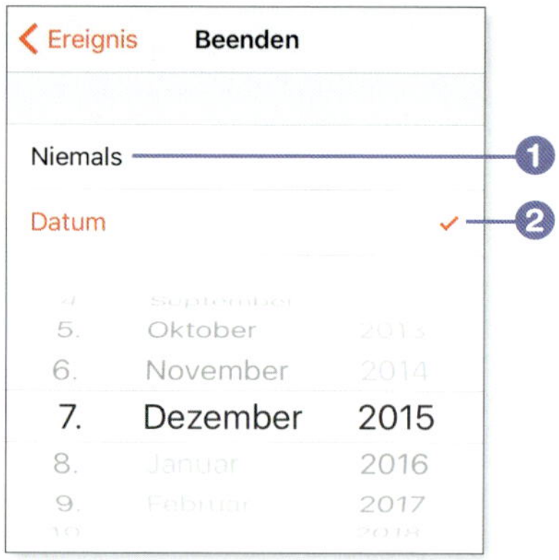

Aber natürlich können Sie einmal angelegte Termine auch wieder aus Ihrem Kalender entfernen. Wie das geht, erfahren Sie im nächsten Abschnitt.

Einträge löschen

Kalendereinträge werden Sie auch ganz schnell wieder los, wenn Sie sie nicht mehr benötigen. Tippen Sie im entsprechenden Kalendereintrag einfach ganz unten auf die Schaltfläche **Ereignis löschen** ❸.

Bearbeiten Sie gerade einen Ereigniseintrag und haben es sich nun doch anders überlegt, dann steht Ihnen auch hier am Ende der Seite die Schaltfläche **Ereignis löschen** zur Verfügung. Tippen Sie darauf, und bestätigen Sie den Vorgang noch einmal. Fertig! Das Ereignis ist gelöscht.

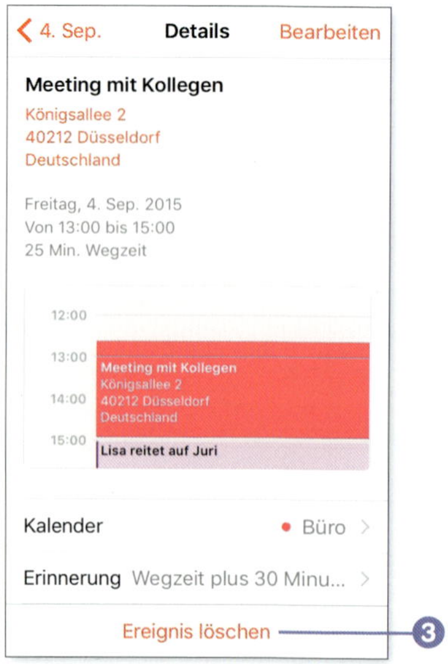

Mehrere Kalender nutzen

Eine bessere Übersicht erreichen Sie, wenn Sie sich mehrere Kalender anlegen. Sie können beliebig viele private, berufliche und andere Kalender nutzen. Auf diese Weise sehen Sie immer auf den ersten Blick, welcher Kalendereintrag in einer bestimmten Situation wichtig ist.

1. Um weitere Kalender zu erstellen, öffnen Sie die Kalender-App und tippen unten in der Mitte auf die Schaltfläche **Kalender**. Sie sind nun in der Ansicht, in der alle Ihre Kalender angezeigt werden.

2. Tippen Sie oben links auf **Bearbeiten**; es erscheint bei jedem Ihrer Accounts ein Menüpunkt **Hinzufügen** 4. Tippen Sie darauf, um einen neuen Kalender anzulegen.

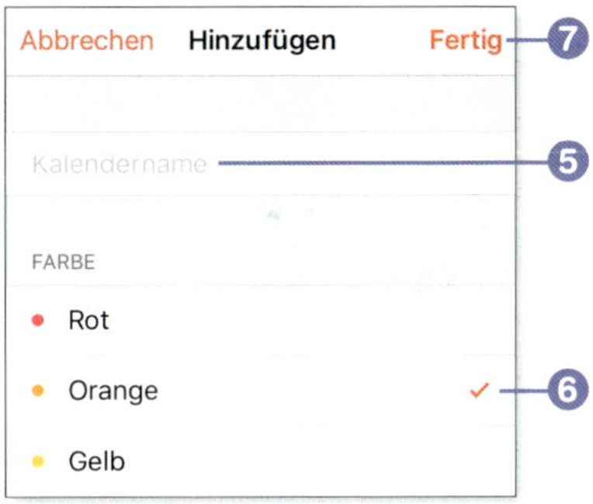

3. Geben Sie in das obere Feld **Kalendername** 5 einen Namen Ihrer Wahl für den neuen Kalender ein.
4. Wählen Sie noch eine Farbe 6 aus, und bestätigen Sie Ihre Wahl mit **Fertig** 7. Der Kalender ist damit sofort einsatzbereit.

Wenn Sie jeden einzelnen Kalender mit einer anderen Farbe versehen, erkennen Sie schon auf den ersten Blick, ob es sich um ein privates, ein berufliches, ein wichtiges oder ein anderes Ereignis handelt.

Die App Erinnerungen

Früher musste man immer einen Termin anlegen, um sich an bestimmte Dinge erinnern zu lassen. Das gehört mittlerweile der Vergangenheit an, denn dafür gibt es eine App, die Ihre Erinnerungen verwaltet und speichert.

Bereits seit iOS 6 ist die App Erinnerungen auch vollständig in iCloud integriert, sodass alle Termine zwischen allen Ihren iOS-Geräten und auf Ihrem Computer drahtlos synchronisiert werden.

Eine Erinnerung erstellen

Eine Erinnerung ist genauso schnell erstellt wie ein Termin im Kalender (dieses Vorgehen habe ich im Abschnitt »Termine anlegen und einzelnen Kalendern zuweisen« ab Seite 172 erklärt).

Dank 3D Touch können Sie nun auch bereits vom Home-Bildschirm eine neue Erinnerung erstellen. Tippen Sie dazu etwas fester auf das **Erinnerungen**-Symbol. Im Kontextmenü sehen Sie nun Ihre verschiedenen Erinnerungsgruppen. Wählen Sie einfach die Gruppe aus, der Sie eine neue Erinnerung hinzufügen möchten, und schon können Sie sie eingeben.

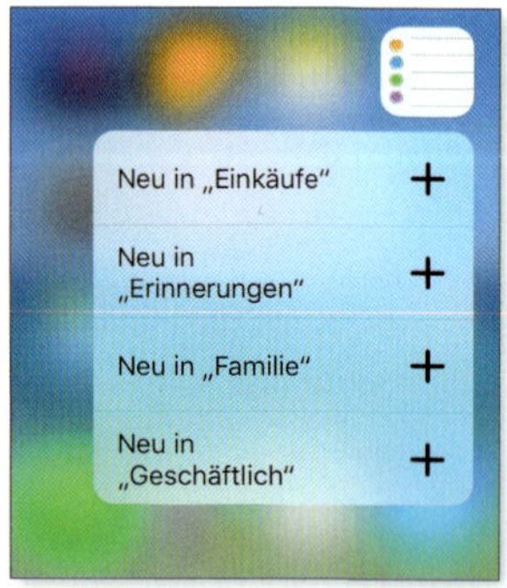

Bei einem Eintrag in der App Erinnerungen gehen Sie folgendermaßen vor:

1. Öffnen Sie die Erinnerungen-App.
2. Tippen Sie in eine freie Zeile, und geben Sie Ihren Erinnerungstext dort ein, wo der blaue Cursor blinkt ❶, oder diktieren Sie ihn mithilfe des Mikrofonsymbols links neben der Leertaste.

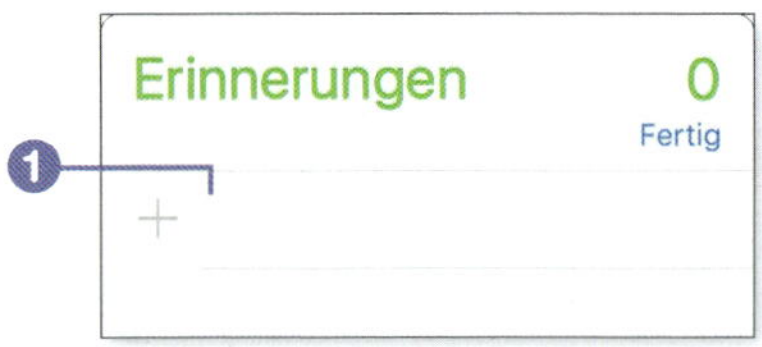

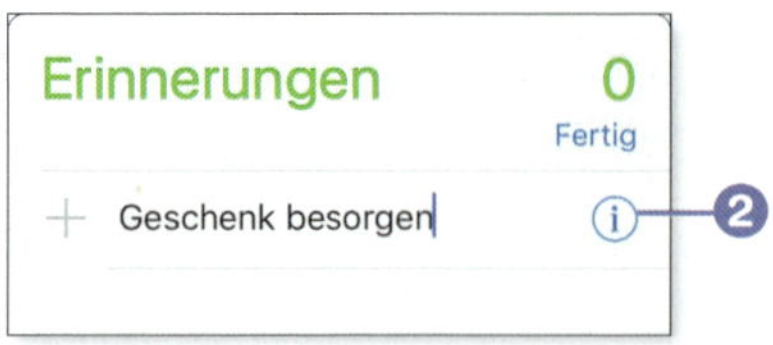

3. Tippen Sie rechts auf das kleine **i** ❷ neben der gerade erstellten Erinnerung, um den Tag und die Zeit festzulegen, zu der Sie erinnert werden möchten.
4. Tippen Sie auf den Schalter **Tagesabhängig** ❸. Wenn Sie dann auf das Datum ❹ tippen, erscheint die »Trommel«, über die Sie Datum und Uhrzeit individuell verändern können.

5. Dann entscheiden Sie mit einem Fingertipp auf **Wiederholen** ⑤, ob Sie wiederholt erinnert werden möchten und – wenn ja – in welchem Intervall ⑥: **Täglich**, **Wöchentlich**, **Alle 2 Wochen**, **Monatlich**, **Jährlich** oder **Eigene**. Wählen Sie das Intervall ebenfalls mit einem Fingertipp aus.

6. Geben Sie eine Priorität ⑦ für Ihre Erinnerung an (**Ohne**, **Gering**, **Mittel** oder **Hoch**).

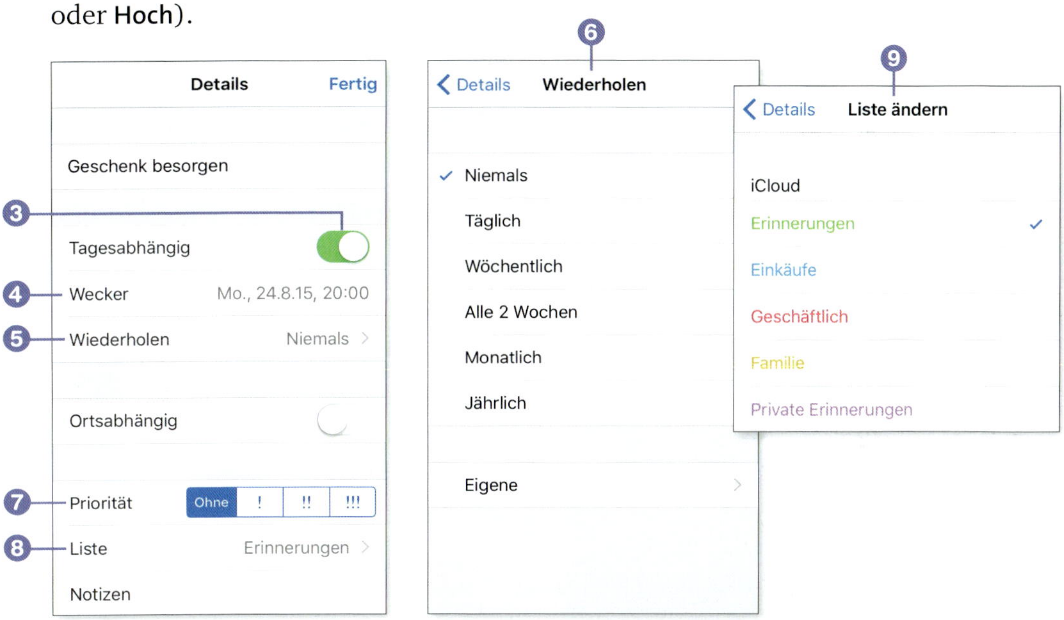

7. Wenn Sie möchten, weisen Sie diese neue Erinnerung noch einer Liste zu ⑧. Der Menüpunkt **Liste** wird nur dann eingeblendet, wenn Sie auch verschiedene Erinnerungslisten ⑨ angelegt haben, z. B. »Privat« und »Geschäftlich« (siehe dazu den Abschnitt »Eine neue Liste für Erinnerungen erstellen« ab Seite 186).

8. Zum Schluss können Sie noch weitere Notizen einfügen, die im Zusammenhang mit Ihrer Erinnerung wichtig sein könnten. Wenn Sie auf **Fertig** tippen, wird Ihre Erinnerung angelegt.

Sobald Sie die erste tagesabhängige Erinnerung erstellt haben, blendet die App automatisch die Liste **Planmäßig** ein. Diese listet alle Erinnerungen auf, die mit einem bestimmten Datum verknüpft sind, und bietet Ihnen so noch mal eine Übersicht an.

Sie können die Erinnerungsfunktion übrigens auch ortsabhängig einrichten, wenn Sie die Ortungsfunktion aktiviert haben; wie das geht, erfahren Sie im nächsten Abschnitt.

Die Erinnerungen können Sie beim iPhone 6s Plus auch im Querformat betrachten und haben dann sogar noch den Überblick über Ihre verschiedenen Erinnerungslisten ❶ auf der linken Seite.

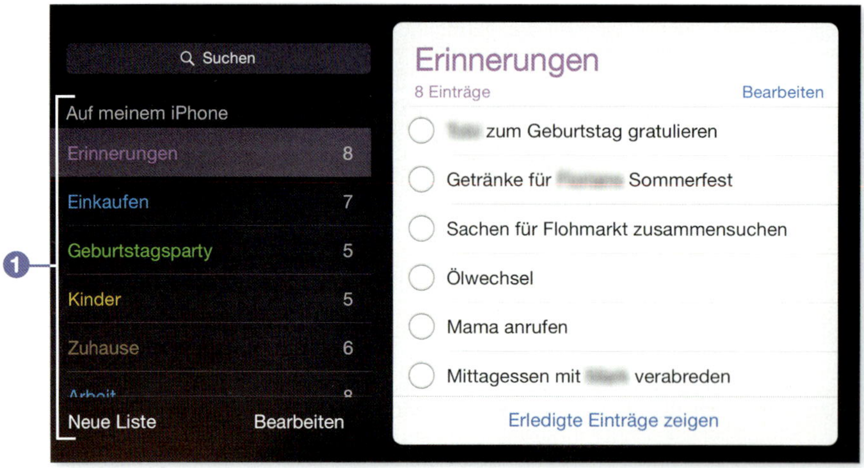

Der Erinnerung einen Ort zuweisen

Sie können einer Erinnerung nicht nur eine Zeit zuordnen, sondern auch einen Ort. Angenommen, Sie möchten sich daran erinnern lassen, dass Sie beim nächsten Mal, wenn Sie nach Hause kommen, Blumen mitbringen, können Sie dies an dieser Stelle tun:

1. Tippen Sie auf die entsprechende Erinnerung, und aktivieren Sie den Schalter **Ortsabhängig** ❷.

2. Dann müssen Sie bestätigen, dass die App Erinnerungen Ihren aktuellen Ort mithilfe der Ortungsfunktion ermitteln darf (siehe dazu weiter unten den Kasten »Ortungsdienste aktivieren«).

3. Wenn Sie auf **Ort** tippen, können Sie auf dem nächsten Bildschirm eine passende Adresse eingeben ❸.

4. Bestimmen Sie schließlich nur noch, ob Sie beim Verlassen des Ortes oder bei Ihrer Ankunft dort erinnert werden möchten ❹. Mit dem schwarzen Punkt ❺ können Sie jeweils den Radius der Erinnerung einstellen.

INFO

Ortungsdienste aktivieren

Wenn Sie die Funktion *Ortsabhängige Erinnerung* nutzen möchten, müssen Sie die *GPS-Ortung* aktivieren. Öffnen Sie dazu das Menü **Einstellungen ▸ Datenschutz ▸ Ortungsdienste**, und tippen Sie den Regler **Ortungsdienste** nach rechts. Darunter können Sie für jede App einzeln bestimmen, ob sie die Ortung nutzen darf oder nicht. Die dafür aktivierten Apps zeigen eine kleine Kompassnadel an, die auch im Display zu sehen ist, wenn der Dienst aktiv ist.

Eine neue Liste für Erinnerungen erstellen

Um einen besseren Überblick über Ihre unterschiedlichen Erinnerungen zu behalten, ist es sinnvoll, verschiedene Kategorien beziehungsweise Listen zu erstellen, denen Sie die Erinnerungen dann zuordnen.

1. Um verschiedene Erinnerungskategorien zu erstellen, ziehen Sie die Listen etwas nach unten, sodass das Suchfeld erscheint, und tippen Sie in der geöffneten App Erinnerungen oben rechts auf das Plussymbol ❶.

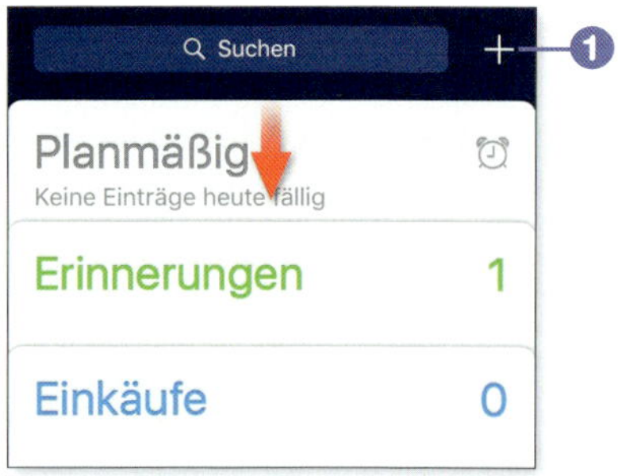

2. Wählen Sie im folgenden Dialog den Menüpunkt **Liste** ❷ aus, um eine neue Erinnerungsliste zu erstellen.

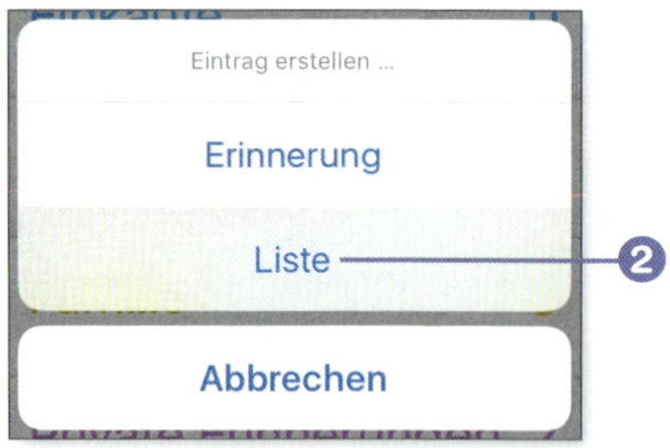

3. Geben Sie einen aussagekräftigen Namen ❸ für die Liste ein, wählen Sie eine der vorgegebenen Farben aus, und bestätigen Sie Ihre Namensgebung, indem Sie oben rechts auf **Fertig** ❹ tippen.
4. Sie wechseln zwischen den verschiedenen Erinnerungslisten, indem Sie auf die jeweilige Registerkarte der Liste tippen. Die Erinnerungen der gewünschten Liste werden dann angezeigt.

Auf diese Weise können Sie beliebig viele Listen erzeugen und bestimmte Erinnerungen gruppieren, sodass Sie den optimalen Überblick behalten. Bedenken Sie aber, dass eine Masse an Erinnerungslisten auch wieder unübersichtlich werden kann. Wenn Sie eine Erinnerung »verloren« haben, können Sie nach ihr suchen. Wie das geht, erkläre ich Ihnen im nächsten Abschnitt.

Nach bestimmten Erinnerungen suchen

Je nachdem, wie oft Sie die Erinnerungsfunktion benutzen, sammelt sich mit der Zeit eine ganze Menge Erinnerungen an. Deshalb können Sie in Ih-

ren Erinnerungen nach bestimmten Details und Begriffen suchen. Um zur Suche zu gelangen, ziehen Sie einfach die erste Registerkarte mit dem Finger etwas nach unten, und schon erscheint das Suchfeld. Geben Sie nun in die Suchleiste den gewünschten Begriff ⑤ ein, also den Namen der Erinnerung, die Sie suchen.

Kontakte verwalten

Eine der wichtigsten Funktionen eines Smartphones ist es, Kontakte zu verwalten. Mit der Zeit sammelt sich eine Vielzahl verschiedenster Kontakte an, die es zu kategorisieren und zu verwalten gilt. Ein Kontakt kann dabei ein einfacher Name, gefolgt von einer Telefonnummer, sein. Ein Kontakt kann aber noch viel mehr enthalten: neben weiteren Telefonnummern und Faxnummern auch E-Mail-Adressen, Websites, Adressen, Firmenname, Position, Geburtstag und vieles mehr. Sie sehen, ein Kontakt ist ein mächtiges Datenpaket. Im Folgenden zeige ich Ihnen, wie Sie derartige Kontakte auf Ihrem iPhone anlegen und verwalten.

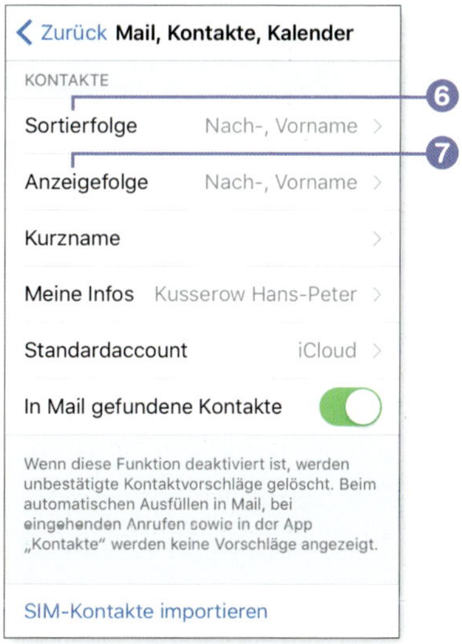

Einen neuen Kontakt anlegen

1. Beginnen wir damit, einen Kontakt auf dem iPhone anzulegen. Damit aber Ihre Kontakte entsprechend gut sortiert angezeigt werden, müssen Sie im Vorfeld festlegen, wie. Gehen Sie dazu in das Menü **Einstellungen**, und wählen Sie dort den Menüpunkt **Mail, Kontakte, Kalender** aus.
2. Scrollen Sie etwas nach unten, bis Sie zur Kategorie **Kontakte** gelangen. Legen Sie hier die Optionen **Sortierfolge** ⑥ und **Anzeigefolge** ⑦ für Ihre Kontakte fest.
3. Wie Sie Ihre Kontakte sortieren, kommt auf Ihre Gewohnheit an; ich habe zuerst den Nachnamen und dann den Vornamen als Sortierkrite-

rien gewählt. Die ausgewählte Variante wird mit einem Häkchen versehen und ist auch direkt im Menü **Kontakte** zu sehen.

4. Wenn Sie möchten, können Sie auch noch einen Kurznamen festlegen. Dieser entscheidet dann darüber, wie Sie und Ihre Kontakte unter anderem mit Siri angesprochen werden können.

5. Sie können außerdem festlegen, ob Sie Ihre Telefonfavoriten und die Kontakte, mit denen Sie zuletzt telefoniert haben, unterhalb des Suchfeldes der Spotlight-Suche angezeigt bekommen möchten. Um diese Einstellung vorzunehmen, gehen Sie zu **Einstellungen ▸ Allgemein ▸ Spotlight-Suche** und aktivieren den Schalter **Siri-Vorschläge** ①. Die Siri-Vorschläge ② werden Ihnen dann angezeigt, wenn Sie von links nach rechts über den Home-Bildschirm streichen.

6. Legen Sie nun noch Ihren Standardaccount fest. Dies wird in der Regel Ihr normaler E-Mail-Account oder aber Ihr iCloud-Account sein.

Nachdem Sie die nötigen Voreinstellungen getroffen haben, können Sie sich nun endlich daranmachen, einen neuen Kontakt in Ihrem iPhone-Telefonbuch anzulegen. Auch dies können Sie wieder per 3D Touch vom Home-Bildschirm beginnen. Tippen Sie etwas fester auf das **Kontakte**-Symbol, können

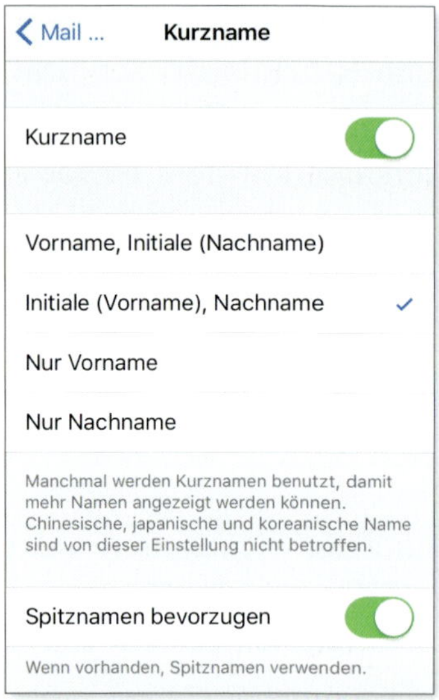

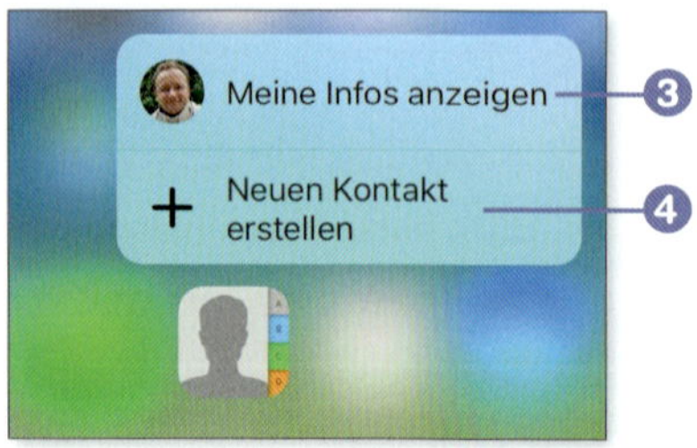

Sie zum einen Ihre eigenen Infos ❸ schnell anzeigen lassen oder aber einen neuen Kontakt ❹ erstellen. Das weitere Vorgehen beschreibe ich Ihnen in der folgenden Schrittanleitung. Haben Sie die Kontakte-App gerade geöffnet, gehen Sie folgendermaßen vor:

1. Tippen Sie in der App oben rechts auf das Plussymbol ❺.
2. Daraufhin öffnet sich das leere Kontaktfenster, in dem Sie Ihre Eingaben machen können.

   Beginnen Sie mit **Nachname**, **Vorname** und bei Bedarf mit **Firma** ❻. Wenn Sie auf **Telefonnummer hinzufügen** ❼ tippen, können Sie verschiedene Telefonnummern eingeben, z. B. die Handynummer oder auch die Festnetznummer Ihres Kontakts. Sobald Sie eine Nummer angelegt haben, tippen Sie wieder auf das grüne Plus, dann öffnet sich ein weiteres Feld für die Eingabe.
3. Das jeweilige Etikett, also die Bezeichnung des Eingabefeldes, ändern Sie, indem Sie auf den blauen Begriff vor dem Wort **Telefon** tippen (in diesem Fall also auf **Privat** ❽). Es öffnet sich eine Liste, aus der Sie das passende Etikett auswählen. Wenn Sie darauf getippt haben, wird es mit einem Häkchen ❾ versehen.

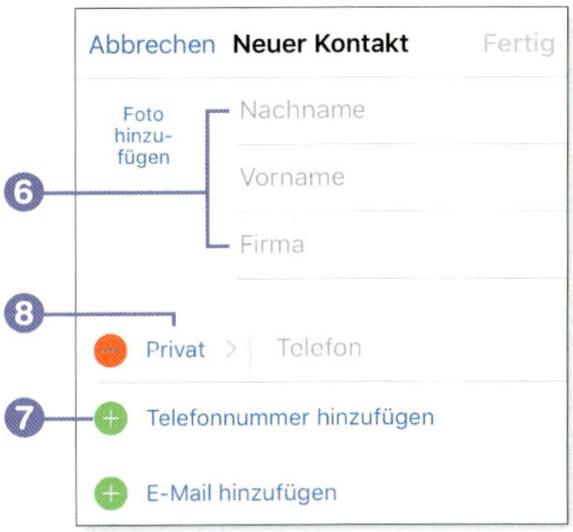

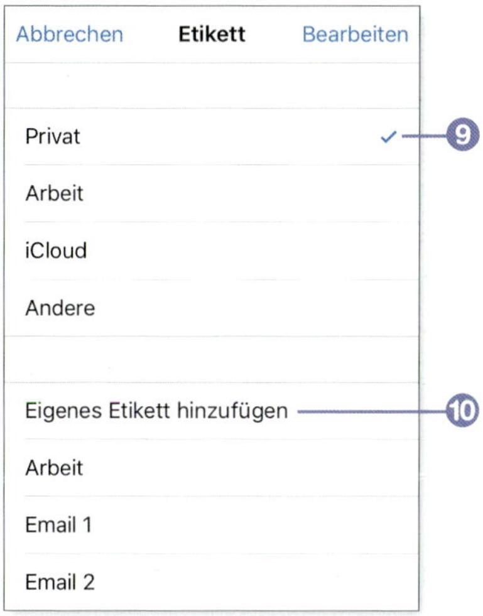

4. Sie können diese Etiketten auch Ihren eigenen Wünschen anpassen, indem Sie ganz unten in der Liste auf **Eigenes Etikett hinzufügen** (❿ auf Seite 189) tippen und einen neuen Namen eingeben. Bestätigen Sie Ihre Änderung mit **Fertig**.

5. Als Nächstes geben Sie die E-Mail-Adresse des Kontakts – oder auch mehrere – ein. Auch hier können Sie, wie schon bei den Telefonnummern, die Etiketten entsprechend anpassen.

6. Im nächsten Schritt können Sie einen Klingelton ❶ für Anrufe und einen Nachrichtenton ❷ für eingehende SMS dieses Kontakts festlegen. Tippen Sie dazu auf die entsprechende Rubrik, und wählen Sie Ihren Lieblingston aus der Liste aus.

7. Falls Ihr Kontakt eine eigene Website hat, die Sie hin und wieder besuchen, können Sie auch die URL Ihres Kontakts in das Feld **URL hinzufügen** ❸ einsetzen.

8. Zu einem vollständigen Datensatz gehört immer auch die postalische Anschrift, die Sie in der Rubrik **Adresse hinzufügen** ❹ einfügen können. Tippen Sie auf das grüne Plus vor der Rubrik, und tragen Sie die entsprechenden Daten ein. Auch hier können Sie mehrere Adressen eingeben, wenn Sie z. B. sowohl eine private als auch eine geschäftliche Postadresse Ihres Kontakts haben. Ändern Sie das Etikett entsprechend von **Privat** in **Geschäftlich**.

9. Falls Sie ein Foto Ihres Kontakts haben, können Sie es oben links in dem Kontaktformular einfügen. Tippen Sie auf die Plakette **Foto hinzufügen**

5, und entscheiden Sie, ob Sie ein neues Foto knipsen oder ein vorhandenes aus Ihrem Fotoalbum verwenden möchten 6.

10. Wenn Sie ein Foto aufnehmen möchten, wird die in Ihrem iPhone integrierte Kamera gestartet. Gefällt es Ihnen, können Sie es auf dem Bildschirm bewegen, um einen guten Ausschnitt zu wählen, und es skalieren (indem Sie das Foto mit den Fingern größer oder kleiner zoomen). Ist alles nach Ihren Wünschen, tippen Sie auf **Foto benutzen** 7.

11. Ist das erledigt, können Sie dem Kontakt noch ein Geburtsdatum hinzufügen. Auf diese Weise lassen Sie sich von Ihrem iPhone an den Geburtstag erinnern (siehe dazu die Abschnitte »Einen Geburtstagskalender anlegen« und »Wiederkehrende Ereignisse anlegen« ab Seite 178). Um den Geburtstag anzulegen, tippen Sie zuerst auf **Geburtstag hinzufügen**. Dann geben Sie mithilfe der »Trommel« die genauen Daten an 8. Sie müssen nicht zwingend ein Jahr eingeben, sollten Sie das Geburtsjahr des anzulegenden Kontakts nicht kennen. Tag und Monat sind ausreichend.

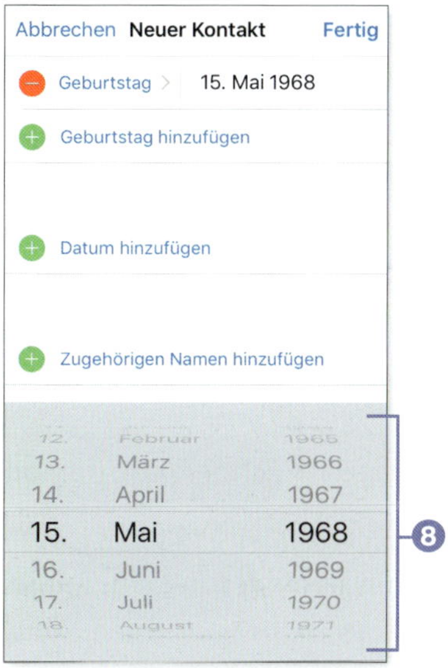

12. Immer wichtiger werden die Beziehungen über soziale Netzwerke, daher können Sie über den Menüpunkt **Soziales Profil hinzufügen** ❶ die Kontaktdaten verschiedener sozialer Netzwerke eingeben. Dann nehmen Sie auf diesem Weg schnell Kontakt auf, wenn Sie es wünschen. Sollte das soziale Netzwerk, über das Sie Ihren Kontakt erreichen möchten, nicht bei der Auswahl dabei sein, tippen Sie auf **Eigenen Dienst hinzufügen** ❷ und fügen die Daten manuell ein.

13. Wenn Sie zum Abschluss auf **Fertig** tippen, haben Sie es geschafft: Sie haben einen neuen Kontakt angelegt.

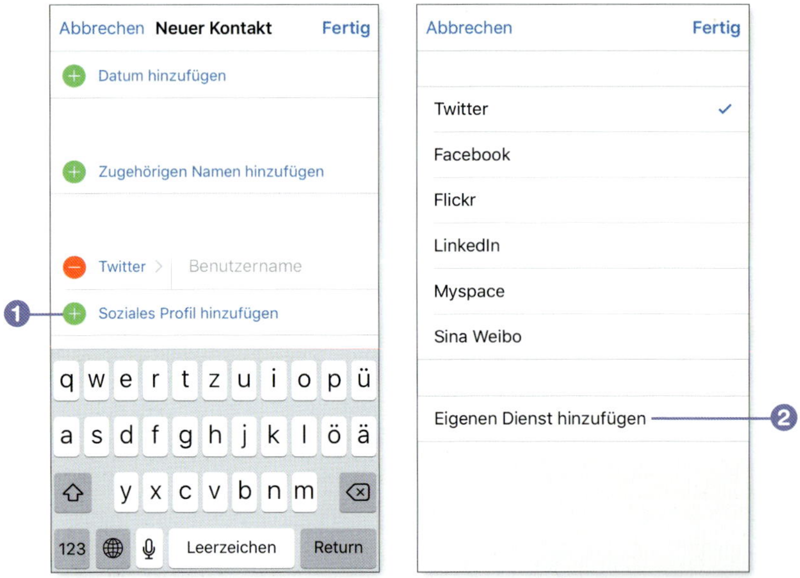

Natürlich können Sie vorhandene Kontakte in Ihrem Telefonbuch auch nachträglich verändern. Öffnen Sie die Kontakte-App, wählen Sie einen Kontakt aus, und tippen Sie oben rechts auf **Bearbeiten**. Dann gehen Sie genauso vor wie soeben für das Anlegen eines neuen Kontakts beschrieben.

Kontakte aus der Liste schnell anrufen oder anmailen dank 3D Touch

Haben Sie Ihre Kontaktliste geöffnet, können Sie ganz schnell mal den einen oder anderen Kontakt anrufen, anmailen, ihm eine Nachricht schicken oder per FaceTime anrufen. Tippen Sie dazu einfach etwas fester auf den jeweiligen Listeneintrag. Sie sehen daraufhin ein Kontextmenü mit verschiedenen Optionen. Am unteren Rand des Kontextmenüs sehen Sie zusätzlich das entsprechende Kontaktbild und einige kurze Infos.

Wenn der Kontakt über mehrere E-Mail-Adressen oder Möglichkeiten verfügt, ihn per Nachrichten-App zu kontaktieren, so erkennen Sie das an den kleinen Pfeilen ❸ jeweils am rechten Rand. Tippen Sie darauf, wird die Auswahl der Kontaktmöglichkeiten ❹ geöffnet. Wählen Sie die gewünschte Option aus.

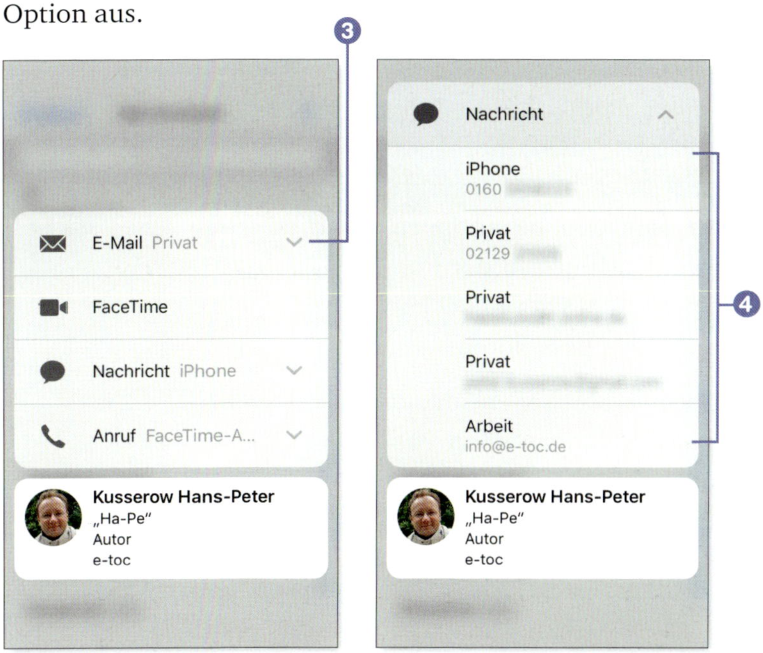

Eine ganz neue Methode, mit Ihren Freunden in Kontakt zu treten. Probieren Sie es aus.

Kontakte in Gruppen verwalten

Um etwas mehr Ordnung in Ihre Kontakte zu bringen, können Sie mit Gruppen arbeiten. Das bedeutet, dass Sie bestimmte Personen einer bestimmten Gruppe zuordnen, z. B. »Familie«, »Büro« etc. Diese Zuordnung müssen Sie jedoch an Ihrem PC in Outlook oder in der Kontakte-App am Mac vornehmen, da Sie am iPhone selbst keine Gruppen erstellen können. Wenn Sie Ihr iPhone dann mit dem Computer synchronisieren, werden auch die von

Ihnen erstellten Gruppen synchronisiert, und Sie können von Ihrem iPhone darauf zugreifen (siehe dazu auch den Abschnitt »Das iPhone aktivieren« ab Seite 17).

1. Um die Gruppen angezeigt zu bekommen, die Sie auf dem Rechner angelegt und mit Ihrem iPhone synchronisiert haben, öffnen Sie die Kontakte-App und tippen anschließend links oben auf **Gruppen** ❶.

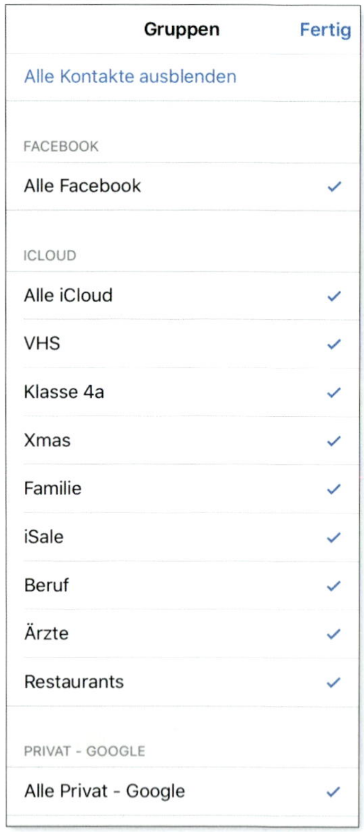

2. Daraufhin werden alle Gruppen Ihrer Accounts angezeigt. Auch Ihre Facebook-Kontakte werden hier aufgeführt. Wenn Sie nur eine Gruppe antippen, z. B. **Familie**, werden Ihnen in der Kontakte-App nur die Kontakte eingeblendet, die zu dieser Gruppe gehören.
3. Um diese Ansicht zu schließen, tippen Sie auf **Fertig**. Sie gelangen dann wieder zurück zu Ihren Kontakten, die nun, je nach Auswahl, gefiltert dargestellt werden.

Sie sehen, mit dieser Gruppenübersicht gelangen Sie relativ schnell zum Ziel, weil Sie nicht Ihr ganzes Telefonbuch nach einem bestimmten Kontakt durchforsten müssen, sondern Ihre Kontakte filtern können.

Kontakte löschen

Wenn Sie einen Kontakt nicht mehr benötigen, können Sie ihn selbstverständlich problemlos wieder von Ihrem iPhone löschen.

1. Öffnen Sie dazu die Kontakte-App, und wählen Sie den Kontakt aus, den Sie löschen wollen. Dann tippen Sie oben rechts auf **Bearbeiten**.

2. Scrollen Sie nach unten bis zum Ende des Kontakts. Dort tippen Sie auf die rote Schaltfläche **Kontakt löschen** ❷.

3. Bestätigen Sie den Löschvorgang noch einmal ❸, und der Kontakt wird von Ihrem iPhone entfernt.

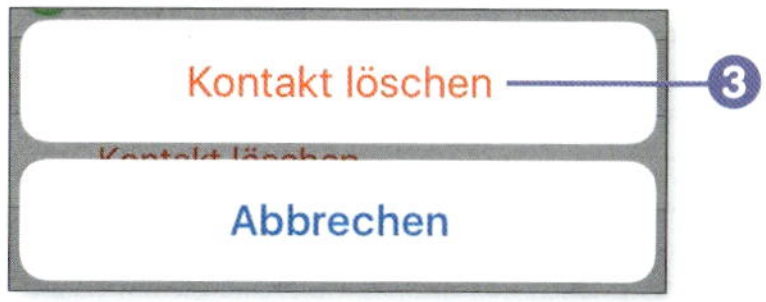

Wenn sich die Daten eines Kontakts verändert haben, müssen Sie den entsprechenden Eintrag nicht gleich löschen, sondern können ihn auch einfach bearbeiten. Auch dazu klicken Sie auf **Bearbeiten** und gehen dann nach dem gleichen Prinzip vor, wie ich es im Abschnitt »Einen neuen Kontakt anlegen« ab Seite 187 beschrieben habe.

Gezielt nach Kontakten suchen

Erfahrungsgemäß füllt sich eine Kontaktliste sehr schnell, und mit der Zeit wird sie unübersichtlich. Damit Sie sich nicht immer manuell durch Hunderte von Kontakten wühlen müssen, verwenden Sie die integrierte Suche, die Sie schnell zum gewünschten Kontakt führt.

1. Öffnen Sie die Kontakte-App, und tippen Sie in das Suchfeld ❹ am oberen Rand.

2. Geben Sie einen Begriff in das Suchfeld ein, der Sie voraussichtlich zu Ihrem Kontakt führt. Passende Einträge werden sofort als Vorschläge unter dem Suchfeld angezeigt.
3. Wenn das Gesuchte dabei ist, tippen Sie darauf, um zu den Kontaktdaten zu gelangen.

4. Sie können aber auch direkt aus dem Home-Bildschirm nach einem Kontakt suchen, indem Sie das Spotlight-Suchfeld durch eine Wischgeste von oben nach unten auf dem Home-Bildschirm öffnen und den

Namen des Kontakts oder ein Stichwort eingeben ①. Sofort werden Ihnen die Ergebnisse angezeigt. Wenn Sie z. B., wie hier gezeigt, nach Restaurants suchen, dann bekommen Sie zuerst als Toptreffer einige Restaurants angezeigt, darunter dann Restaurants aus Ihren Kontakten, gefolgt von Restaurants, die in der Karten-App gefunden wurden und die sich in der Nähe Ihres aktuellen Standortes befinden.

Bis hierher haben Sie in diesem Buch schon einige praktische Apps kennengelernt; die meisten davon sind standardmäßig auf Ihrem iPhone installiert. Im nächsten Kapitel stelle ich Ihnen weitere interessante Apps vor, die Sie zum Teil auch schon auf Ihrem iPhone finden und zum Teil aus dem App Store herunterladen und installieren müssen.

Kapitel 8
Weitere interessante Apps

Ich werde Ihnen nun noch einige weitere interessante Apps vorstellen, die Sie sicherlich auch nützlich finden werden. Denn gerade die zahlreichen Apps machen das iPhone ja zu einem so praktischen Gerät. Beispielsweise hat sich Apple eine eigene, in ihrer Art zukunftsweisende Gesundheits-App einfallen lassen, die fest im Betriebssystem integriert ist.

Das iPhone bringt weitere interessante Apps wie Wetter, Notizen, Taschenrechner, iBooks, Sprachmemos, Pages, Numbers, Keynote, iPhoto und iMovie mit – die letzten fünf sind allerdings nicht vorinstalliert, sie können kostenlos aus dem App Store heruntergeladen werden.

Health, die Gesundheits-App

Bei Health handelt es sich, wie der Name bereits vermuten lässt, um die Gesundheits-App von Apple. Sie dient als zentrale Sammelstelle für Ihre Gesundheitsdaten und übernimmt z. B. auch Daten von externen Geräten wie einem Blutdruckmessgerät. Auch die sogenannten *Fuelpunkte* von Ihrem Nike+ Fuelband, also die verbrannten Kalorien, gelaufenen Schritte etc., lassen sich hier erfassen. Natürlich werden im Laufe der Zeit auch andere Geräte hinzukommen, die Sie mit Ihrem iPhone und Health koppeln können. Über einen längeren Zeitraum konsequent angewendet, erhalten Sie dann einen recht guten Informationsstand über Ihre Fitness, Ihre Vitalfunktionen und Ihren Gesundheitszustand. Darüber hinaus können Sie sich in Health auch einen sogenannten *Notfallpass* anlegen. Wenn Sie beispielsweise Diabetiker sind, einige Allergien und Unverträglichkeiten haben oder regelmäßig Medikamente benötigen, können Sie es hier in Health zentral verzeichnen. Da Apple davon ausgeht, dass Sie ihr iPhone sowieso immer dabeihaben, haben Sie so auch Ihren Notfallpass immer zur Hand, und dieser kann im Fall der Fälle vom Rettungsteam eingesehen werden.

ACHTUNG

Was passiert mit meinen sensiblen Gesundheitsdaten?

Apple ist sich bewusst, dass besonders Daten, die die eigene Gesundheit betreffen, sehr sensibel und persönlich sind. Deshalb werden diese auch nur auf Ihrem iPhone gesammelt und nicht über iCloud abgeglichen. Des Weiteren müssen sich alle Entwickler vertraglich verpflichten, die Daten ausschließlich zu medizinischen Zwecken oder für eine Verbesserung der App zu nutzen. Aber auch hierfür ist eine ausdrückliche Einverständniserklärung des Nutzers erforderlich.

Nun, wie funktioniert das Ganze? Die App selbst ist in vier Bereiche, sprich Tabs, unterteilt: **Übersicht** zeigt die Daten, die Sie zu messen gedenken, sehr übersichtlich an. Der zweite Tab **Daten** beinhaltet die eigentlichen Messwerte, gefolgt von dem Tab **Quellen**, der zur Verwaltung der Messgeräte und Apps dient. Zu guter Letzt finden Sie im gleichnamigen Tab den **Notfallpass**.

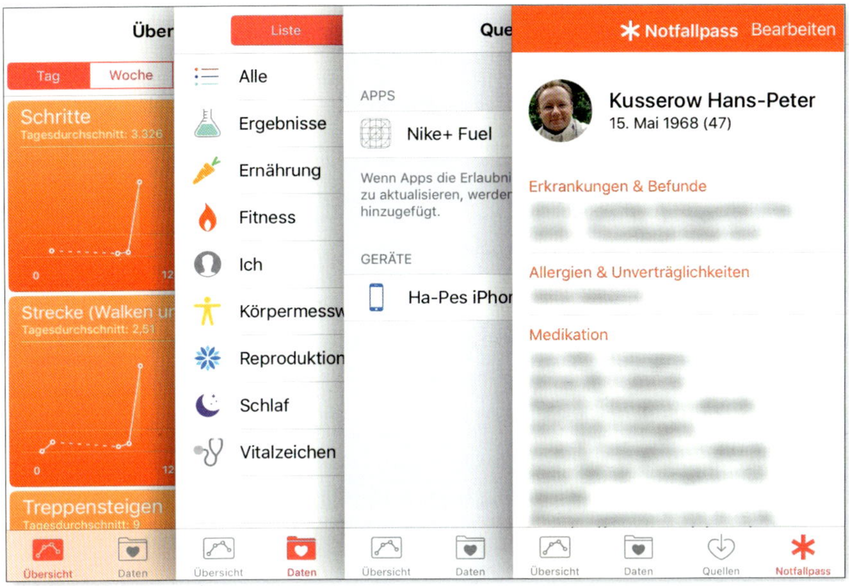

Sehen wir uns zunächst den zweiten und wichtigsten Bereich an.

Daten – die Grundlage von Health

Der Tab **Daten** ist das eigentliche Herzstück von Health. Hier werden nicht nur die einzelnen Einstellungen vorgenommen, sondern hier fließen auch alle von Ihnen oder Ihren externen Geräten gemessenen beziehungsweise eingegebenen Daten zusammen.

Der Startbildschirm des Tabs **Daten** ist in neun Kategorien ❶ unterteilt, anhand derer Sie bereits erkennen können, welche Art von Daten die App Health für Sie zu sammeln und aufzubereiten in der Lage ist.

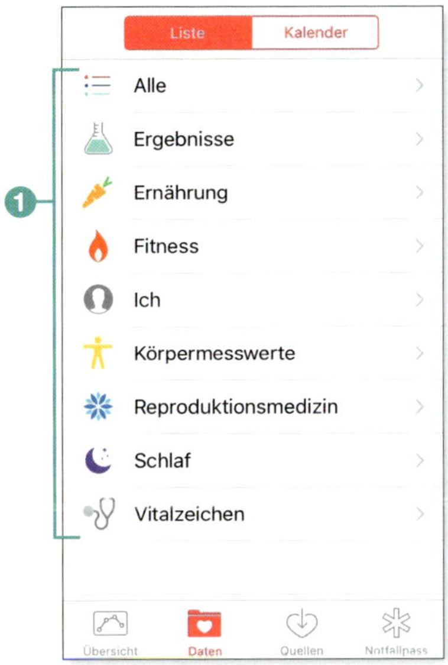

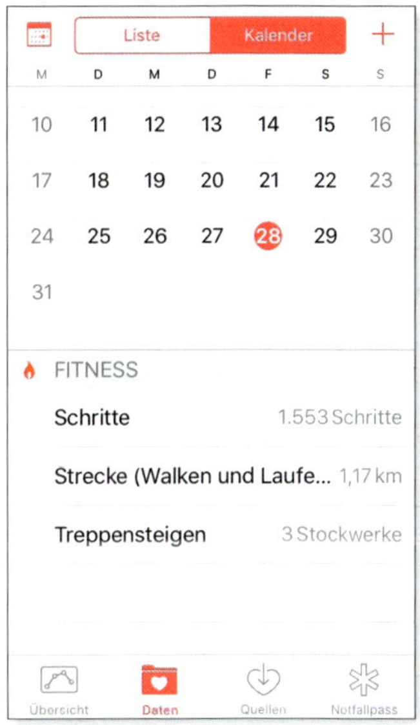

Dies sind die Rubriken: **Alle**, **Ergebnisse**, **Ernährung**, **Fitness**, **Ich**, **Körpermesswerte**, **Reproduktionsmedizin**, **Schlaf** und **Vitalzeichen**.

In der Rubrik **Alle** sind sämtliche Messdaten zwar alphabetisch geordnet, die Rubriken aber alle durcheinandergewürfelt, was ich persönlich etwas unübersichtlich finde.

Ergebnisse liefert Ihnen Daten, die in der Regel vom Arzt gemessen werden, wie Blutzucker, Sauerstoffsättigung etc.

Beim nächsten Punkt **Ernährung** wird es dann schon etwas kompliziert – wer kennt schon seine Ernährungswerte im Detail? Ausnahmen bilden da sicherlich Personen, die aus gesundheitlichen Gründen strenge Diäten einhalten müssen. Die Liste der dort aufgeführten über 30 Substanzen reicht von Ballaststoffen über Vitamine bis hin zu Zucker.

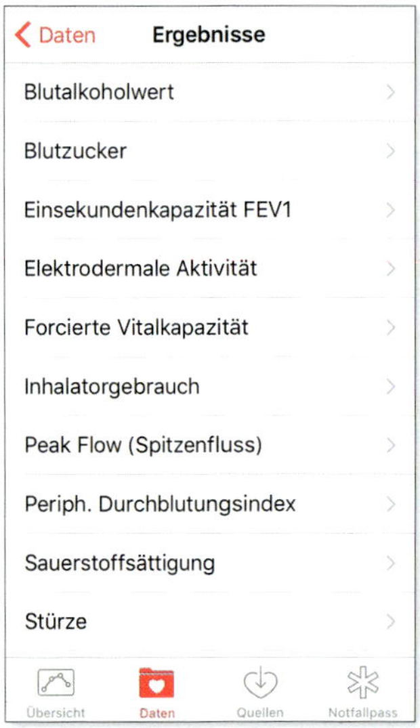

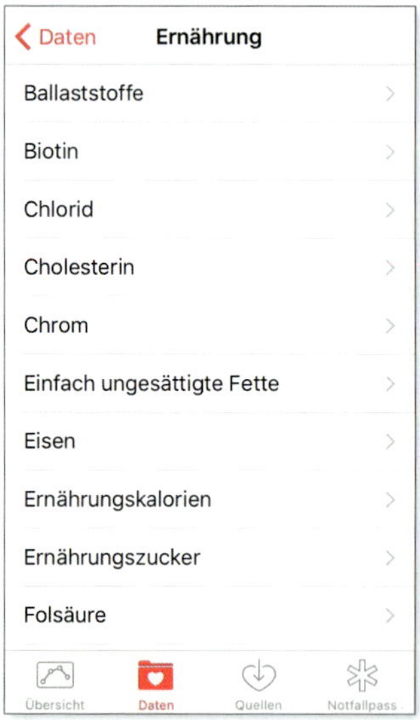

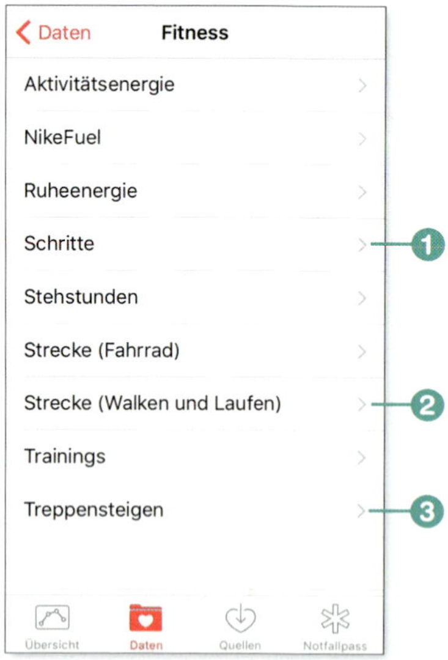

Die am meisten genutzte Rubrik wird sicherlich **Fitness** sein. Hier werden **Aktivitätskalorien**, **Entfernung**, **NikeFuel**, **Ruhekalorien**, **Schritte** und **Treppensteigen** getrackt. Dank des im iPhone 6s und 6s Plus verbauten Barometersensors ist nämlich auch das Aufzeichnen von Treppenstufen und anderen Höhenunterschieden kein Problem mehr. Die vom iPhone aufgezeichneten Daten wie **Schritte** ❶, **Strecke** ❷ und **Treppensteigen** ❸ können Sie dann auf den Kalender bezogen direkt in der Health-App einsehen.

Unter **Ich** befinden sich vier persönliche Einstellungen zum **Geburtstag**, zum **biologischen Geschlecht**, zur **Blutgruppe** und zum sogenannten **Fitzpatrick-Hauttyp**. Um diese Daten eintragen zu können, müssen Sie oben auf **Bearbeiten** ❹ tippen. Geben Sie danach die erforderlichen Daten ein. Zum Schluss tippen Sie auf **Fertig**, um wieder in die Kategorienansicht zu gelangen.

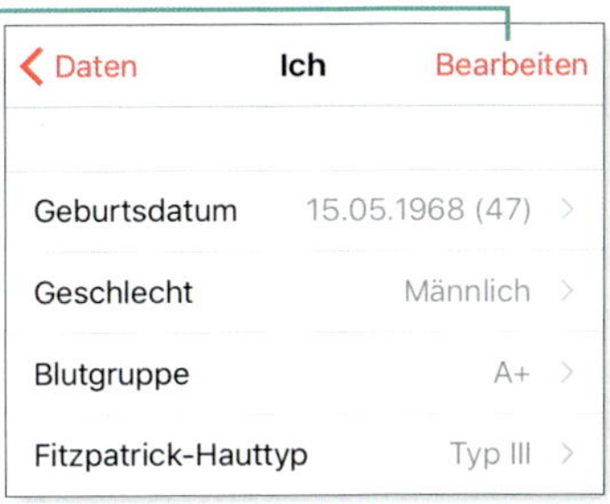

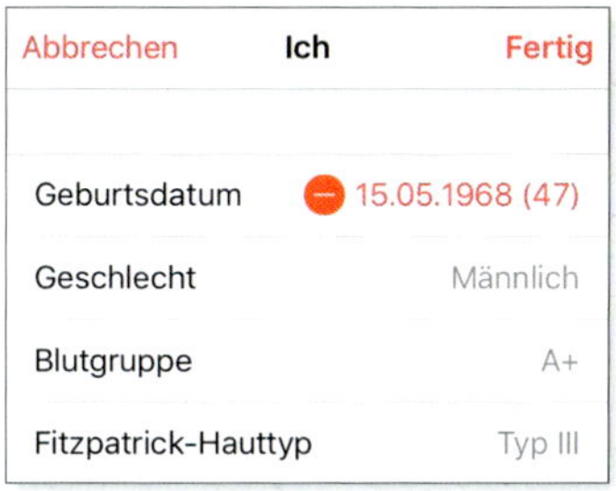

Bei den Körpermesswerten wie **Body-Mass-Index**, **Gewicht**, **Größe** etc. können Sie nähere Angaben zu sich machen. Hier müssen Sie Ihre Werte ebenfalls manuell eingeben. Tippen Sie beispielsweise auf **Gewicht** ❺ und dann auf **Datenpunkt hinzufügen** ❻. Geben Sie nun über die Tastatur Ihr derzeitiges Gewicht ein, und tippen Sie anschließend auf **Hinzufügen** ❼. Legen Sie noch fest, ob diese Statistik in der Übersicht angezeigt werden soll, indem Sie den Schieberegler aktivieren ❽.

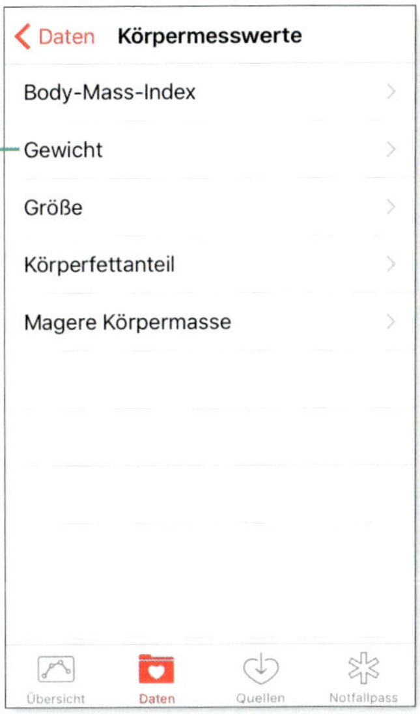

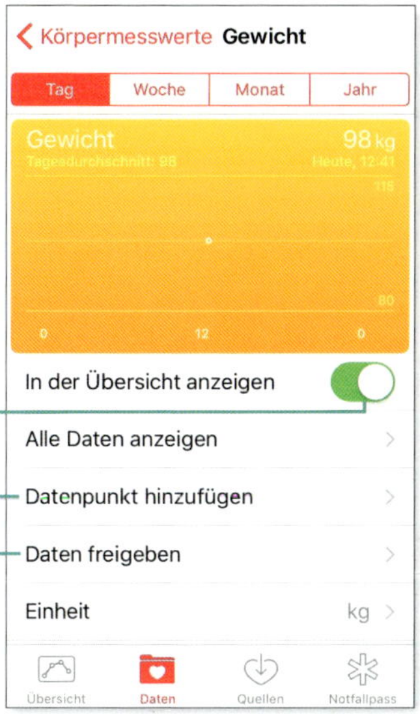

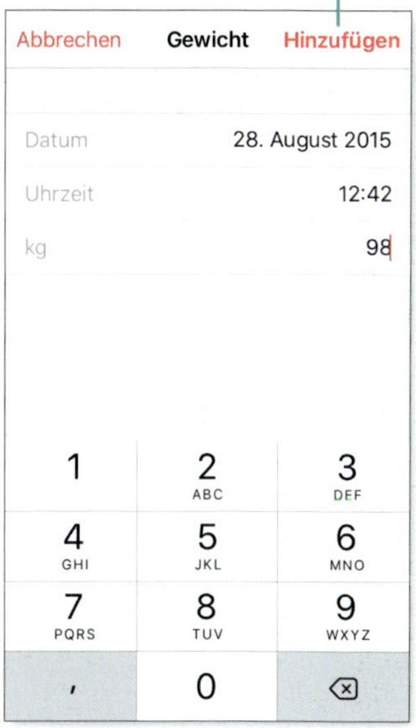

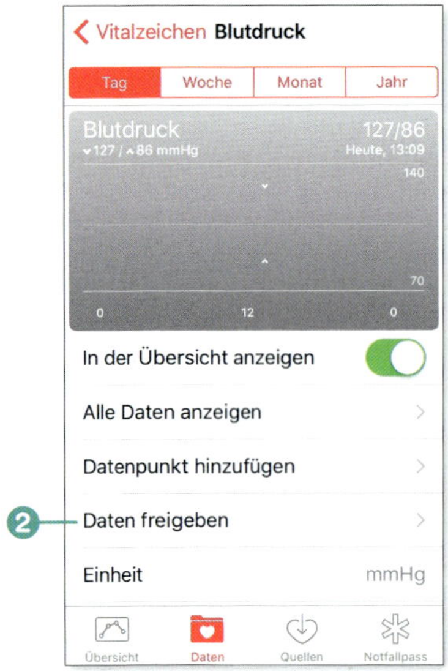

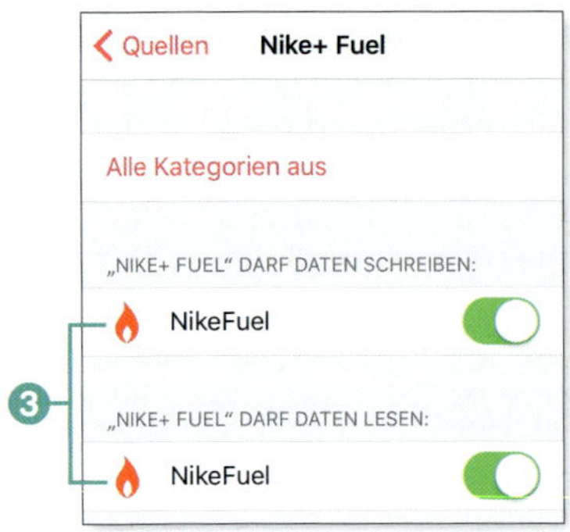

Legen Sie nun noch fest, ob Sie die Daten auch für eine andere App freigeben möchten (❾ auf Seite 201).

Die Rubrik **Reproduktionsmedizin** ist neu hinzugekommen und verzeichnet sechs weitere Untergruppen, die sich genauso anpassen lassen wie schon die persönlichen Daten. Auch diese Daten können Sie wieder in der Übersicht anzeigen lassen. Auf diese Art können Sie bei einem Kinderwunsch den optimalen Zeitpunkt für die Empfängnis ermitteln.

Bei der Schlafanalyse verhält es sich ähnlich. Tippen Sie auch hier wieder auf **Datenpunkt hinzufügen**, und geben Sie Ihre Einschlaf- beziehungsweise Aufwachzeiten ein. So können Sie bei täglicher Nutzung Ihre Schlafdauer überwachen.

Auch die **Vitalzeichen** bieten Ihnen wieder die gleichen Möglichkeiten der Eingabe, z. B. beim Thema **Blutdruck** ❶. Hier können Sie unter **Datenpunkt hinzufügen** jeweils die systolischen und diastolischen Werte entweder manuell eingeben oder von einem Blutdruckmessgerät, das mit dem iPhone zusammenarbeitet, übernehmen. Das Gerät müssen Sie dann vorher unter **Daten freigeben** ❷ hinzufügen. Über einen langen Zeitraum ergibt sich dann ein konsistentes Bild.

Quellen – diese Apps dürfen mit Health zusammenarbeiten

Sie können genau einstellen, welche Apps überhaupt mit Health in Verbindung treten dürfen, um Daten auszutauschen. Hierzu gibt es mit **Quellen** einen eigenen Tab. Hier werden alle Apps und Geräte aufgeführt, die Gesundheitsdaten verarbeiten und aktualisieren dürfen. Tippen Sie auf die entsprechende App und aktivieren beziehungsweise deaktivieren Sie die entsprechenden Schalter, um so zu entscheiden, ob Daten von der App oder dem Gerät geschrieben oder nur gelesen ❸ werden dürfen.

Die Übersicht

Kommen wir nun zum ersten Tab **Übersicht**. Sie haben weiter oben bereits erfahren, dass Sie auf verschiedenen Seiten der App Health einen Schalter aktivieren können, der **In der Übersicht anzeigen** ❹ heißt. Die entsprechenden Daten werden darauf hin für die Seite **Übersicht** bereitgestellt. Sie haben hier also immer alle Funktionen und Ergebnisse, die Sie messen möchten, im Blick.

1. Tippen Sie auf **Übersicht**, und schon bekommen Sie alle Ihre gemessenen Werte übersichtlich geordnet angezeigt. Sie können dann auch die Mittelwerte Ihrer Daten einsehen.
2. Wenn Sie auf eines der bunten Felder ❺ tippen, können Sie Ihre Daten im Detail einsehen.
3. Tippen Sie auf **Alle Daten anzeigen** ❻, und Sie sehen alle Daten in chronologischer Reihenfolge.

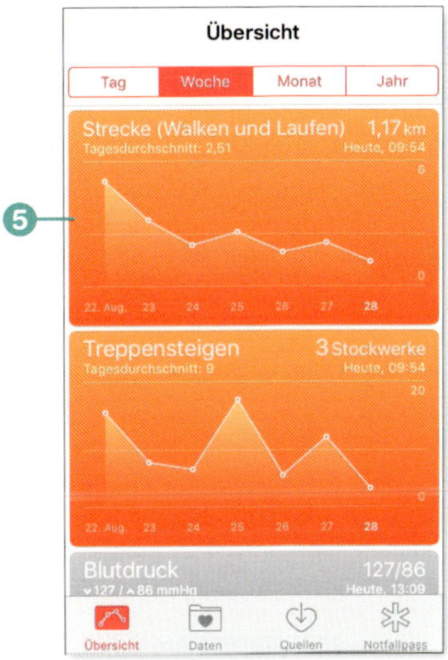

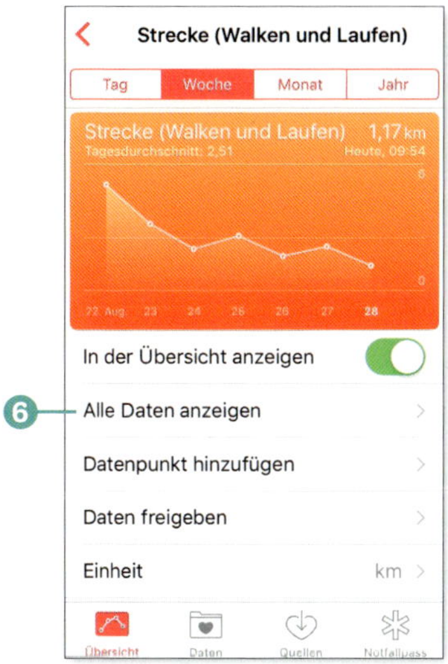

Der Notfallpass

Zu guter Letzt stelle ich Ihnen den letzten Tab **Notfallpass** vor. Er dient dazu, gesundheitlich relevante Daten etwa zu Allergien oder auch Unverträglichkeiten gegen Medikamente zu versammeln. Passiert Ihnen einmal etwas, kann das Erste-Hilfe-Team gegebenenfalls darauf zugreifen und die richtigen Maßnahmen einleiten. Wie das geht, erfahren Sie im Anschluss.

1. Tippen Sie beim erstmaligen Anlegen auf **Notfallpass erstellen**. Haben Sie bereits einen Notfallpass angelegt, können Sie die Daten jederzeit über den Button **Bearbeiten** ändern.

2. Geben Sie nun Ihre Daten in den entsprechenden Rubriken des Notfallpasses ein. Bei Rubriken wie etwa **Medikation** sollten Sie natürlich alle Angaben so genau wie möglich eingeben, gleichfalls bei den **Allergien & Unverträglichkeiten**. Sie sollten auch den Regler **Im Sperrzustand zeigen** ❶ aktivieren, damit ein Ersthelfer im Ernstfall auch direkten Zugang zu den Daten erhält.

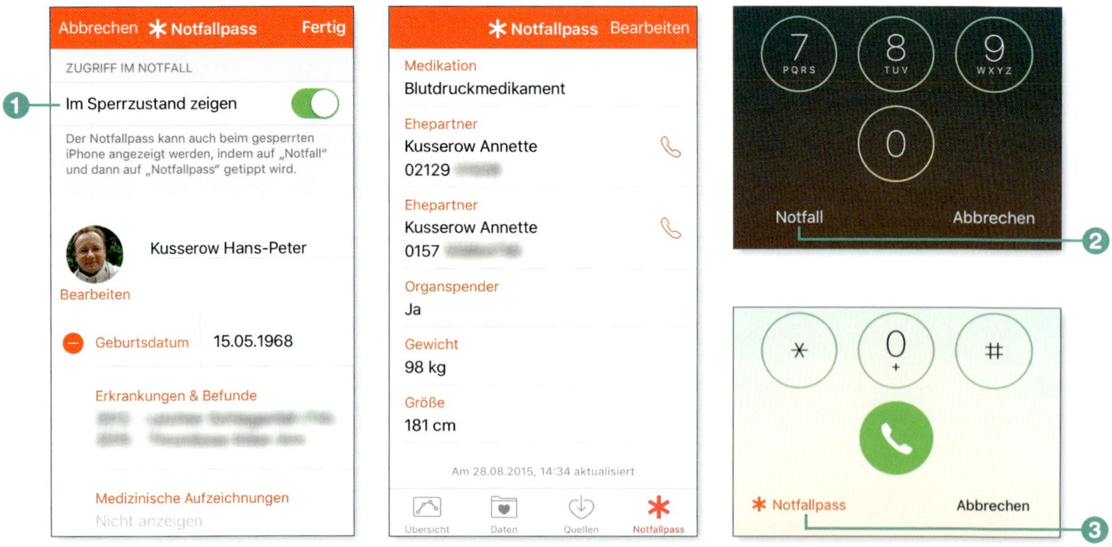

3. Ersthelfer können dann die Daten an der Stelle einsehen, an der Sie eigentlich den Code zum Entsperren des iPhones eingeben müssten, indem sie auf den Befehl **Notfall** ❷ tippen.

4. Tippen Sie darauf, ohne den Code einzugeben, und Sie gelangen zu dem Bildschirm, in dem Sie die Notrufnummer wählen können. Hier befindet sich unten links die Aktivierung ❸ für den Notfallpass. Einfach antippen und Sie sehen die benötigten Infos.

Der Notfallpass ist wirklich sehr nützlich. Wichtige Infos zur richtigen Zeit können manchmal über Leben und Tod entscheiden.

Wissen, wie das Wetter wird – die Wetter-App

Eine der meistgenutzten Apps auf dem iPhone überhaupt ist neben Mail und Safari sicherlich die Wetter-App. Sie informiert Sie über das Wetter der Orte, für die Sie eine Vorhersage benötigen. Und das Beste: Das aktuelle Wetter wird Ihnen auch in der Mitteilungszentrale angezeigt. Wie Sie Orte hinzufügen, deren Wetterlage Sie sehen wollen, lesen Sie hier:

1. Starten Sie die **Wetter**-App, und tippen Sie rechts unten auf die Listenschaltfläche ❹, um zum Informationsbildschirm zu gelangen.
2. Wählen Sie die Temperatureinheit ❺.

3. Tippen Sie anschließend auf das Plussymbol ❻, und geben Sie einen Städtenamen Ihrer Wahl in das folgende Suchfeld ein ❼. Indem Sie ihn antippen, können Sie einen der Vorschläge auswählen, die das iPhone macht.

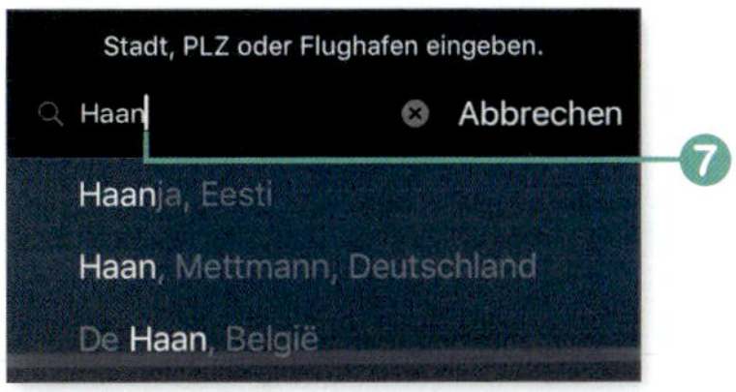

4. Wenn Sie eine Wettervorschau von mehreren Städten wünschen, geben Sie auf die gleiche Weise weitere Ortsnamen ein. Mit einem Fingerwischen von rechts nach links wechseln Sie dann später zwischen den einzelnen Wetterberichten. Die Punkte (❶ auf Seite 206) am unteren Rand zeigen Ihnen,

auf welcher Seite Sie sich befinden. Sie können aber auch die Finger von oben und unten zusammenziehen (siehe mittlere Abbildung) und sehen dann Ihre Orte in einer Listenübersicht (rechts).

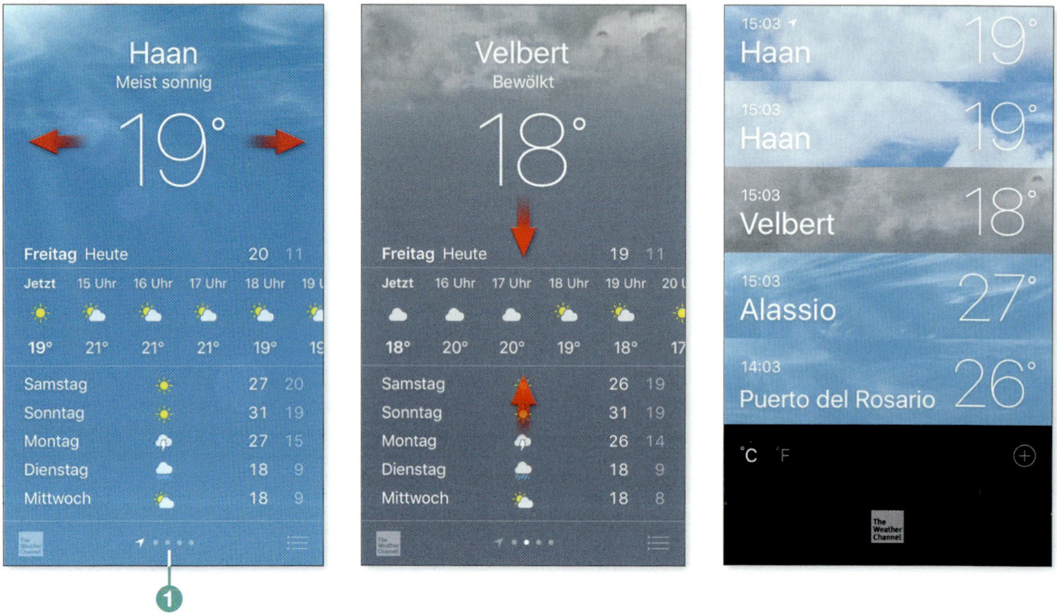

5. Sie können sich für den aktuellen Tag auch eine stündliche Wetteransicht ❷ aufrufen. Streichen Sie dazu mit dem Finger über die Uhrzeitangaben nach links. Sie sehen dann sogar die Sonnenuntergangszeit ❸ des aktuellen Tages. Wenn Sie den Bildschirm nach oben schieben, werden Ihnen zusätzliche, ausführlichere Wetterinformationen eingeblendet ❹.

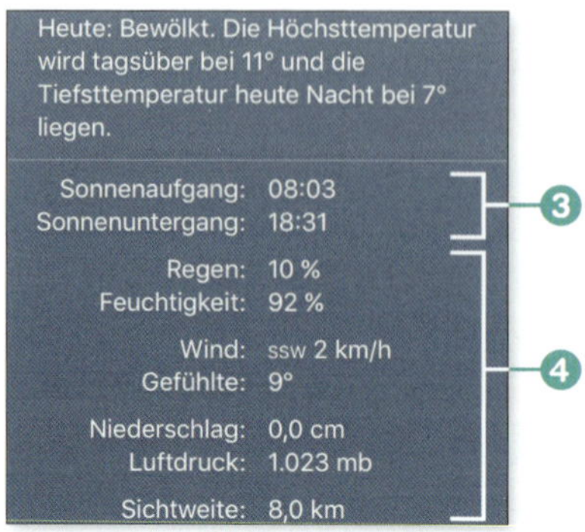

Die Wetter-App bietet zahlreiche Detailinformationen.

Auch die Wetter-App verfügt beim iPhone 6s Plus über eine querformatige Ansicht. Hier werden mehr Stunden angezeigt, und in der Queransicht sehen Sie die Beschreibung neben den grafischen Werten parallel dargestellt.

Wie anfangs erwähnt, können Sie sich das Wetter auch in der Mitteilungszentrale anzeigen lassen. Egal, in welcher Anwendung Sie sich befinden, können Sie diese Infoansicht dann aus dem oberen Bildschirmrand nach unten herausziehen. Standardmäßig ist das lokale Wetter der erste Punkt in der Mitteilungszentrale. Beachten Sie dabei aber: Wenn Sie im Ausland das Wetter abrufen wollen oder die Mitteilungszentrale öffnen, kann das zu erhöhten Roaming-Kosten führen.

Die App Aktien

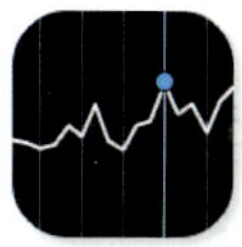

Eine weitere Standard-App, die auf das Internet zugreift, ist die App Aktien. Auch wenn Sie nicht über ein eigenes Aktiendepot verfügen, kann die App für Sie interessant sein.

1. Tippen Sie auf die App und anschließend in der geöffneten App rechts unten auf die Listenschaltfläche. Sie gelangen zu dem Bildschirm, auf dem Sie die Liste Ihrer Aktieninfos bearbeiten und nach Firmennamen suchen können.

2. Tippen Sie oben links auf das Plussymbol 5, um das Suchfeld zu öffnen. Geben Sie einen Firmennamen in das Suchfeld ein 6. Mit einem Fingertipp auf den richtigen Namen in der Liste der Vorschläge fügen Sie die gewünschte Firma Ihrer Liste hinzu.

3. Weiter unten in der App können Sie noch entscheiden, ob Sie eine Darstellung der Aktienkurse in Prozent, als Preis oder als Marktkapitalisierung wünschen. Die blaue Markierung (7 auf Seite 207) ändert sich dann entsprechend ebenso wie die Darstellung der Daten 1.

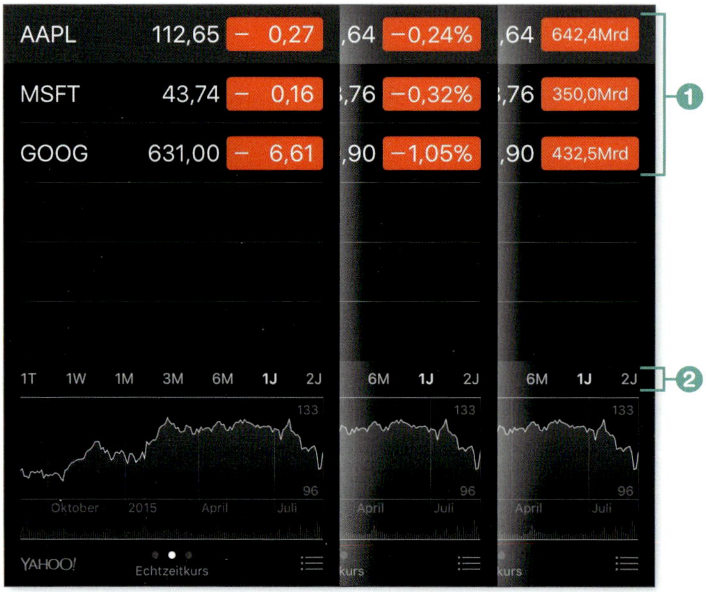

4. Für eine bessere Übersicht bietet Ihnen die App unterschiedliche Ansichten: für einen Tag (**1T**), eine Woche (**1W**), einen Monat (**1M**), drei Monate (**3M**), sechs Monate (**6M**), ein Jahr (**1J**) oder zwei Jahre (**2J**). Um die Darstellung zu ändern, tippen Sie oben in der Ansicht auf den jeweiligen Kolumnentitel 2.

5. Unten in der App sehen Sie drei Punkte 3. Darüber wechseln Sie mit einem Fingerwischen zwischen drei verschiedenen Ansichten: den Kennzahlen, dem Chart der Kursentwicklung und einer News-Ansicht.

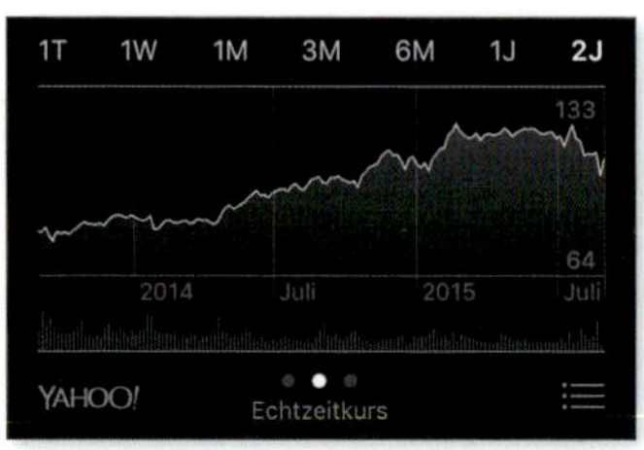

6. Wenn Sie den Bildschirm um 90° drehen, sehen Sie den Chart auf dem kompletten Bildschirm. Die Ansichtsmöglichkeiten werden dann außerdem um die Darstellungsoptionen fünf Jahre (**5J**) und zehn Jahre (**10J**) ergänzt.

Auch die App Aktien können Sie in Ihre Mitteilungszentrale integrieren. So haben Sie immer die wichtigsten Informationen im Blick. Wie das geht, erfahren Sie in den nächsten Schritten:

1. Um die App in der Mitteilungszentrale zu aktivieren, ziehen Sie die Mitteilungszentrale von oben herunter und tippen unten auf **Bearbeiten** ④.
2. Um die Aktien hinzuzufügen, tippen Sie nun auf das Plus im grünen Punkt ⑤, und das war es schon, wie Sie im rechten Bild sehen können.
3. Sie können noch die Reihenfolge der Anzeige ändern, wenn Sie auf die drei Striche ⑥ tippen, halten und diese nach oben oder unten verschieben.

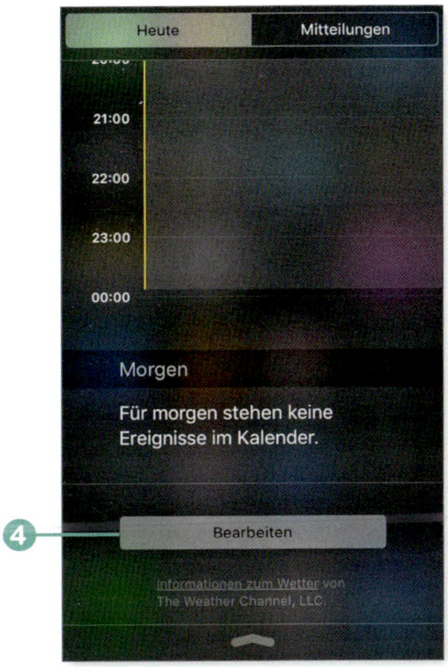

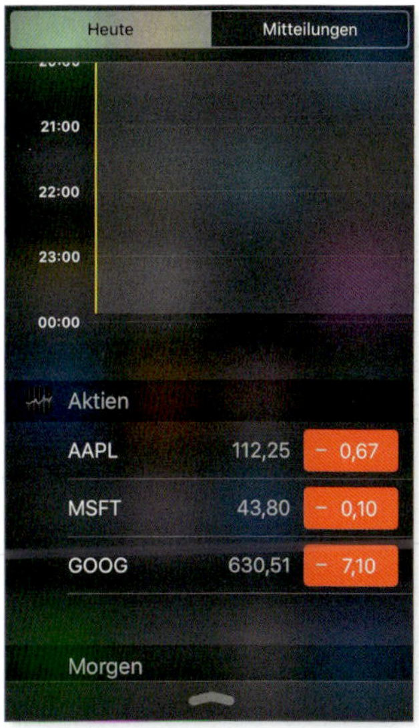

Die Aktien-App befindet sich nun in der Mitteilungszentrale. Ziehen Sie sie mit einem Fingerwischen vom oberen Bildschirmrand nach unten, und schauen Sie sich tagesaktuell Ihre Aktienkurse an.

> INFO
>
> **Roaming-Kosten!**
>
> Wie für die Wetter-App gilt auch für die Aktien-App: Wenn Sie sich im Ausland aufhalten und Informationen über eine Internetverbindung abrufen, kann es aufgrund der Roaming-Gebühren zu erhöhten Kosten kommen.

Gedankenstützen mit Notizen

Wer kennt das nicht? Tausend Listen, die auf irgendwelchen zusammengeschriebenen Zetteln in irgendwelchen Ecken herumliegen. Die Notizen-App macht Schluss damit. Rufen Sie die App per 3D Touch auf, können Sie gleich eine neue Notiz, Skizze oder ein Foto anfertigen.

1. Wenn Sie die Notizen-App öffnen, sehen Sie die »Überschriften« (die ersten Zeilen) der bereits angelegten Notizen, natürlich vorausgesetzt, Sie haben bereits Notizen angelegt. Tippen Sie auf eine Notizzeile, um die entsprechende Notiz zu öffnen.
2. Möchten Sie eine neue Notiz hinzufügen, tippen Sie unten rechts auf die Schaltfläche **Neue Notiz** ❶. Schreiben Sie die neue Notiz, oder diktieren Sie sie mithilfe von Siri (siehe dazu den Abschnitt »Den intelligenten Assistenten Siri nutzen« ab Seite 35). Haben Sie die Eingabe abgeschlossen, tippen Sie auf **Fertig**.

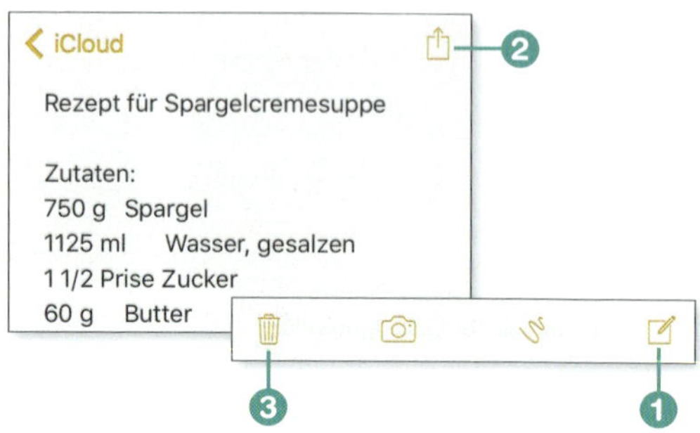

Wenn Sie eine Notiz geöffnet haben, stehen Ihnen einige Funktionen zur Verfügung. Mit der Schaltfläche **Teilen** ❷ leiten Sie die erstellte Notiz z.B. als Nachricht oder E-Mail weiter oder drucken sie mit einem AirPrint-fähigen Drucker aus, über die Schaltfläche mit dem Stift erstellen Sie auch hier eine neue Notiz, und mit Antippen des Papierkorbsymbols ❸ löschen Sie die aktuelle Notiz.

Aber Notizen lassen sich auch noch mehr an Ihre persönlichen Bedürfnisse anpassen.

1. Tippen Sie dazu während der Bearbeitung einer Notiz auf das Plussymbol ❹ rechts oberhalb der Tastatur.
2. Nun erscheint eine ganze Reihe von Schaltflächen, über die Sie Ihre Notizen anpassen können.
3. Tippen Sie auf das Häkchen-Symbol ❺, um eine Checkliste zu erstellen. Mithilfe des zweiten Symbols ❻ können Sie Textformatierungen wie Titel, Überschrift etc. einfügen. Tippen Sie auf das Kamerasymbol ❼, um ein Foto beziehungsweise ein Video Ihrer Notiz hinzuzufügen. Tippen Sie auf das Liniensymbol ❽, können Sie Skizzen, die Sie per Finger auf das Display des iPhones zeichnen, Ihrer Notiz hinzufügen. Tippen Sie auf das **x** ❾, um die Leiste wieder auszublenden.

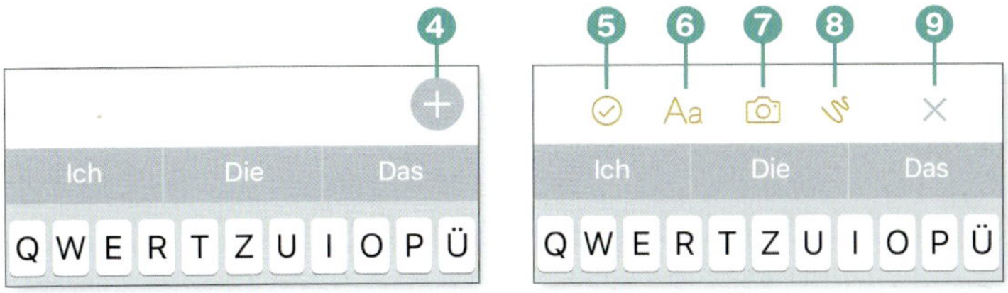

Im Folgenden stelle ich Ihnen einige Beispiele vor, wie Sie diese Werkzeuge in Ihren Notizen verwenden können.

Eine Einkaufs-Checkliste erstellen

Checklisten sind ausgesprochen praktisch, um den Überblick über erledigte und unerledigte Dinge zu behalten. Beginnen Sie mit einer neuen leeren Notiz (Sie können Checklisten natürlich auch gleichermaßen nachträglich in bereits bestehende Notizen einfügen).

1. Hierzu wählen Sie eine aussagekräftige Überschrift aus, und tippen dann auf das Häkchen-Symbol.

2. Es wird daraufhin ein leerer Kreis eingefügt. Schreiben Sie nun den ersten Listenpunkt. Sobald Sie eine neue Zeile beginnen, wird erneut ein Checklisten-Symbol eingefügt.
3. Beenden Sie das Erstellen der Checkliste mit einem Tipp auf **Fertig**.

Wenn Sie nun Ihre Notiz erneut öffnen, können Sie, indem Sie das Checklisten-Symbol antippen, den jeweiligen Punkt abhaken.

Skizzen in eine Notiz einfügen

Auch Handskizzen lassen sich ganz bequem in Ihre Notizen einfügen. Sie benötigen nun also keinen Zettel mehr, um etwas kurz zu skizzieren, sondern können alles mit Ihrem iPhone erledigen.

1. Um in Ihren Notizen eigene Skizzen anzufertigen, tippen Sie entweder in der Fußzeile einer Notiz oder in der Werkzeugleiste oberhalb der Tastatur auf das Skizzensymbol. Nun steht Ihnen der komplette Bildschirm für Ihre Skizze zur Verfügung. Am unteren Bildschirmrand werden die Skizzenwerkzeuge eingeblendet, die Ihnen zur Verfügung stehen. Wählen Sie hier durch Antippen zwischen einem Kugelschreiber ❶, einem Marker ❷, und einem Bleistift ❸. Es stehen Ihnen überdies ein Lineal ❹ und ein Radiergummi ❺ zur Verfügung. Ganz rechts befindet sich der Farbwähler ❻, der Ihnen eine ganze Reihe von Farben bietet.
2. Erstellen Sie nun Ihre Skizze, z. B. einen Anfahrtplan oder Ähnliches. Wenn Sie sich vermalt haben, können Sie das mit dem Radiergummi immer wieder löschen.
3. Sie können übrigens auch die Größe der Darstellung beim Malen beeinflussen, indem Sie mit zwei Fingern die Ansicht auseinanderziehen und so vergrößern.

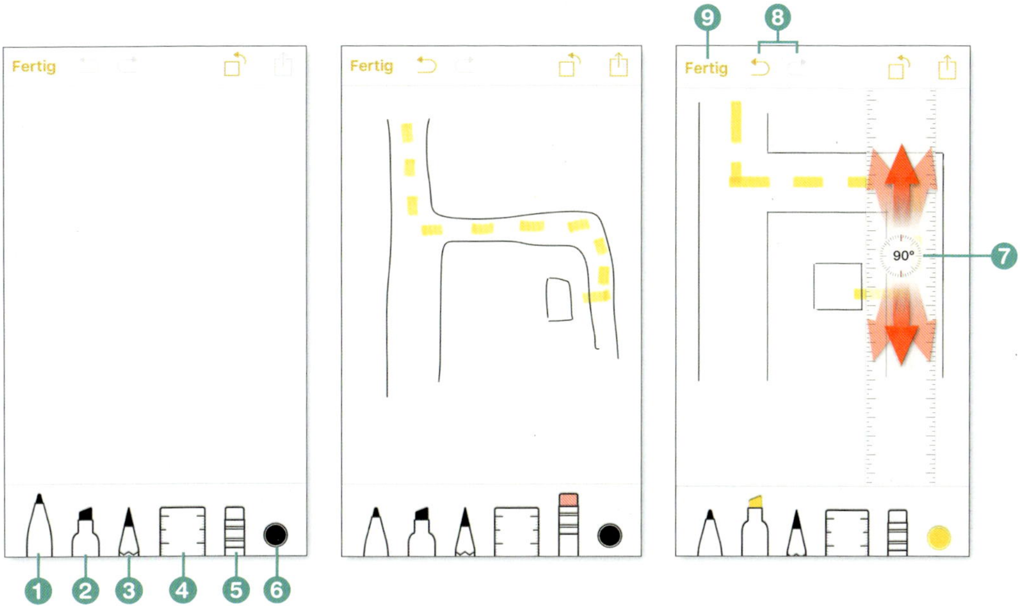

4. Mithilfe des Lineals lassen sich auch gerade Linien ziehen, und natürlich können Sie das Lineal auch mit zwei Fingern bewegen und drehen. Dabei wird Ihnen mittig der Winkel ⑦ des Lineals angezeigt.
5. Über die Pfeilschaltflächen ⑧ können Sie einzelne Zeichenschritte rückgängig machen beziehungsweise wiederholen.

Schließen Sie Ihre Skizze ab, indem Sie oben links auf **Fertig** ⑨ tippen.

Bilder oder Videos in eine Notiz einfügen

Zu guter Letzt können Sie auch noch Bilder oder Videos einfügen und so Ihre Notizen anschaulicher gestalten. Angenommen, Sie haben ein Rezept abgeschrieben und möchten dieses nun mit einem aussagekräftigen Bild versehen, dann gehen Sie wie folgt vor.

1. Öffnen Sie die entsprechende Notiz, tippen Sie an die Stelle, an der Sie das Bild oder Video einfügen möchten, und tippen Sie in der Werkzeugleiste oberhalb der Tastatur auf das Kamerasymbol. Wählen Sie aus, ob Sie ein Bild aus Ihrer Mediathek verwenden oder ein Foto/Video machen möchten.

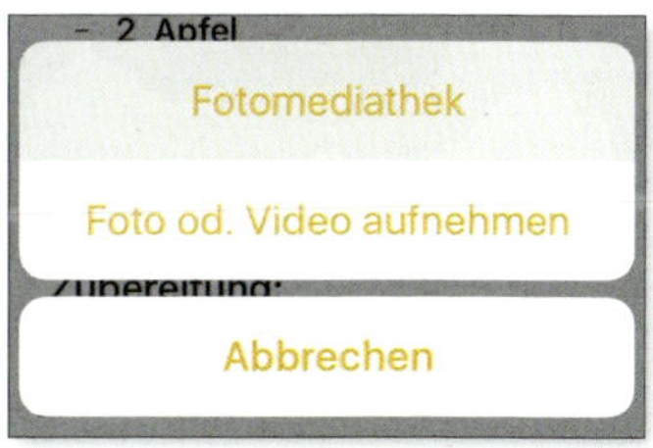

2. Wählen Sie aus Ihren Momenten oder Aufnahmen ein Foto aus. Bestätigen Sie mit einem Tipp rechts unten auf **Auswählen**.
3. Das Foto wird sofort an der markierten Stelle und in optimaler Größe in der Notiz platziert.

4. In der Listenansicht sehen Sie bei Notizen mit Bildern eine kleine Miniatur am rechten Rand. Sie sehen so also sofort, welche Notiz mit einem Foto, Video oder einer Skizze versehen wurde.

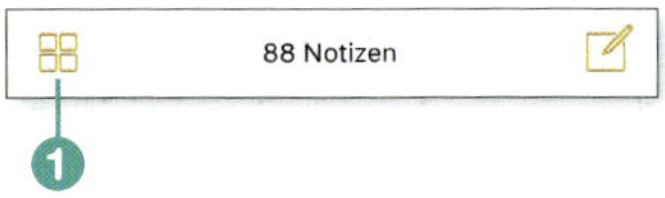

Möchten Sie ein Video anfügen, gehen Sie genauso vor. In der Listenansicht können Sie sich über die Schaltfläche links unten ❶ zudem sehr schnell einen Überblick über angehängte Fotos, Video und Zeichnungen verschaffen. Mit einer Wischbewegung von rechts nach links können Sie die Bilder, Videos und Zeichnungen schnell durchsehen. Sie können aber auch auf **Alle einblenden** tippen. Sie sehen daraufhin alle angefügten Anhänge Ihrer Notizen.

Sie sehen, Sie können mit der App Notizen eine ganze Menge anstellen. Probieren Sie es aus, Sie werden ganz neue Möglichkeiten entdecken, Notizen zu machen.

Sie können auf Ihrem iPhone einen oder mehrere iCloud-Accounts anlegen, aus denen heraus Sie auch Ihre Notizen synchronisieren und in denen Sie sie erstellen können. Im weitesten Sinne handelt es sich dabei um zwei Accounts, nämlich die Notizen, die Sie auf dem iPhone verfasst haben, und die iCloud-Notizen, die Sie zwischen Computer, iPad, iPod touch und iPhone synchronisieren können. Notizen dieses Accounts können auf allen genannten Geräten erstellt werden. Sie erreichen sie, wenn Sie oben links auf die Pfeilschaltfläche ❷ tippen.

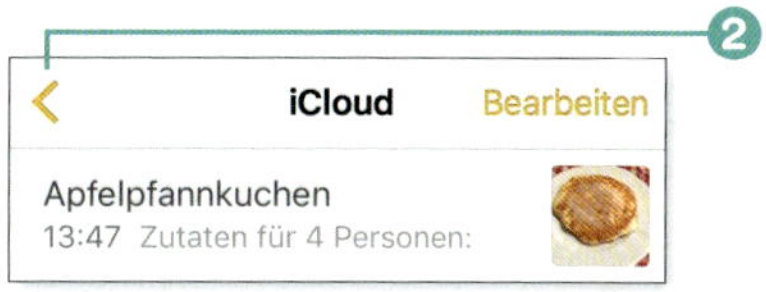

Diese Accounts sind nach folgenden Kriterien unterteilt:

- **Alle iCloud:** Steht für die Notizen, die über die iCloud-Funktion mit anderen Geräten synchronisiert werden. (Nähere Informationen zum Anlegen von iCloud-Accounts finden Sie in Kapitel 9, »Synchronisieren mit iCloud«.)
- **Auf meinem iPhone:** Bezeichnet die Notizen, die Sie direkt auf dem iPhone erstellt haben.
- **Neuer Ordner:** Legt einen neuen Ordner für Notizen an.

Gegebenenfalls sehen Sie hier auch noch weitere Accounts, etwa wenn Sie Ihre Notizen über Ihr E-Mail-Konto bei einem anderen Anbieter synchronisieren. Beachten Sie dabei allerdings auch, dass Ihnen in diesem Fall unter Umständen nicht die erweiterten Bearbeitungsmöglichkeiten wie Checklisten und Handskizzen zur Verfügung stehen.

Wenn Sie auf einen Account tippen, werden Ihnen die Notizen angezeigt, die zu diesem Account gehören. Falls Sie mehrere Accounts angelegt haben, können Sie unter **Einstellungen ▸ Notizen** einen **Siri-Standardaccount** ❸ wählen, unter dem Ihre neuen diktierten Notizen gespeichert werden. Wählen Sie hier etwa Ihren iCloud-Account oder einen anderen Account, den Sie zuvor angelegt haben und den Sie für Ihre Notizen verwenden. Hier können Sie auch noch festlegen, mit welcher Formatierung eine Notiz beginnen soll ❹, entweder mit einem **Titel**, einer **Überschrift** oder reinem **Text**. Sie können außerdem

noch festlegen, ob Sie den **„Auf meinem iPhone"-Account** (5 auf Seite 215) auch aktivieren möchten oder nicht. Wenn Sie den iCloud-Account zum Standard wählen, ist dies nämlich eigentlich nicht notwendig.

Auch in der Notizen-App verfügen Sie beim iPhone 6s Plus wieder über Darstellungsvorteile in der querformatigen Ansicht, denn hier wird die Liste der Notizen mit der aktuellen Notiz parallel dargestellt.

Podcasts abonnieren und wieder löschen

Seit iOS 8 ist auch die bislang separat und gratis zu ladende App Podcasts wieder standardmäßig dabei. Podcasts, das ist Radio zum Mitnehmen und zeitversetztes Radiohören. Man abonniert einfach kostenlos den entsprechenden Podcast und kann die Sendung hören, wann und wo man möchte. Und so geht es:

Öffnen Sie die App Podcasts, und wählen Sie unter **Highlights** 1 einen Podcast aus.

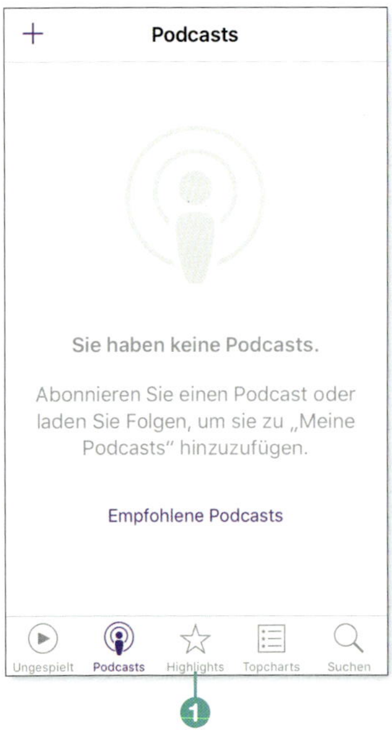

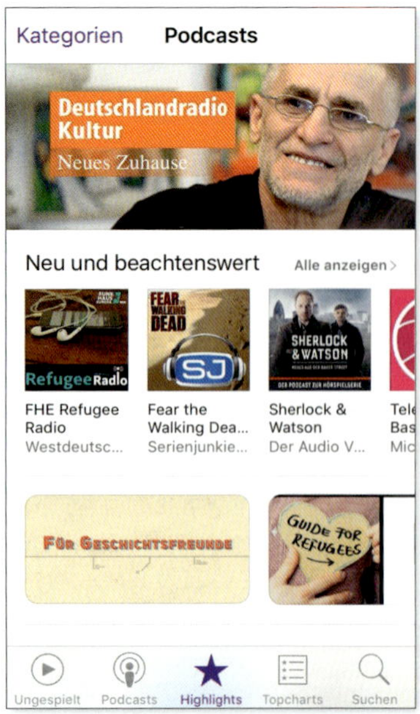

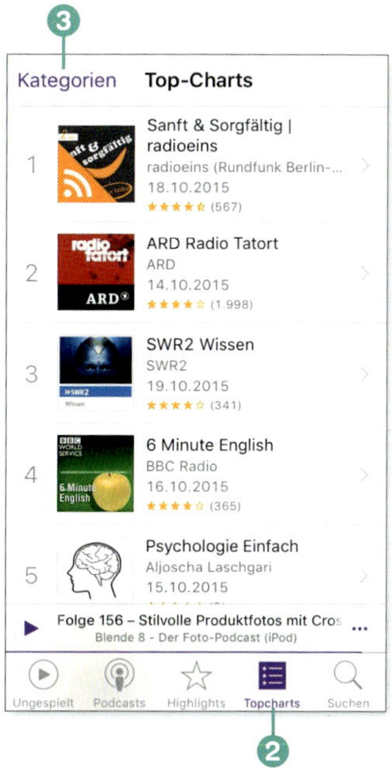

Die **Topcharts** versammeln Podcasts, und zwar jeweils die Top 150 einer Kategorie. Tippen Sie hierzu auf den Tab **Topcharts** ❷, und stöbern Sie darin, um erst einmal einen Überblick zu bekommen. Nutzen Sie hierzu auch die verschiedenen **Kategorien** ❸.

> **INFO**
>
> **Video-Podcasts brauchen viel Platz**
>
> Wenn Sie sich für Video-Podcasts entscheiden, sollten Sie beachten, dass Ihr iPhone dann schnell voll sein kann. Allein für den Video-Podcast der aktuellen *Keynote* von Apple benötigen Sie ca. 1,72 GB Speicherplatz auf Ihrem iPhone. Leider gibt es keine Unterscheidung mehr zwischen Audio- und Video-Podcasts. Das müssen Sie im Einzelfall selbst herausfinden, indem Sie den jeweiligen Podcast abspielen.

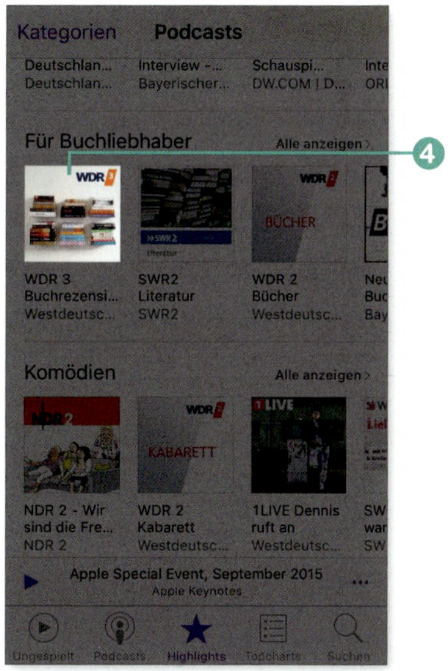

Das Abonnieren von Podcasts ist kostenlos. Sie können also nach Herzenslust »zugreifen«.

1. Suchen Sie sich einen Podcast aus, und tippen Sie darauf ❹. Tippen Sie nun auf **Abonnieren** (❶ auf Seite 218), wird der aktuelle Beitrag geladen. Wenn Sie auch ältere Beiträge laden möchten, tippen Sie auf das kleine Wölkchen ❷, und die entsprechenden Sendungen werden geladen.
2. Nun befindet sich Ihr abonnierter Podcast in der Podcast-Liste im Tab **Podcasts**. Anhand eines Hinweises ❸ unterhalb des Titels erkennen Sie die Anzahl der ungespielten Folgen. Zur besseren Übersicht aller Fol-

gen, die Sie noch nicht gehört haben, steht Ihnen auch der Tab **Ungespielt** ④ zur Verfügung. Wenn Sie auf Ihren gerade abonnierten Podcast tippen, werden Ihnen auch alle Folgen angezeigt.

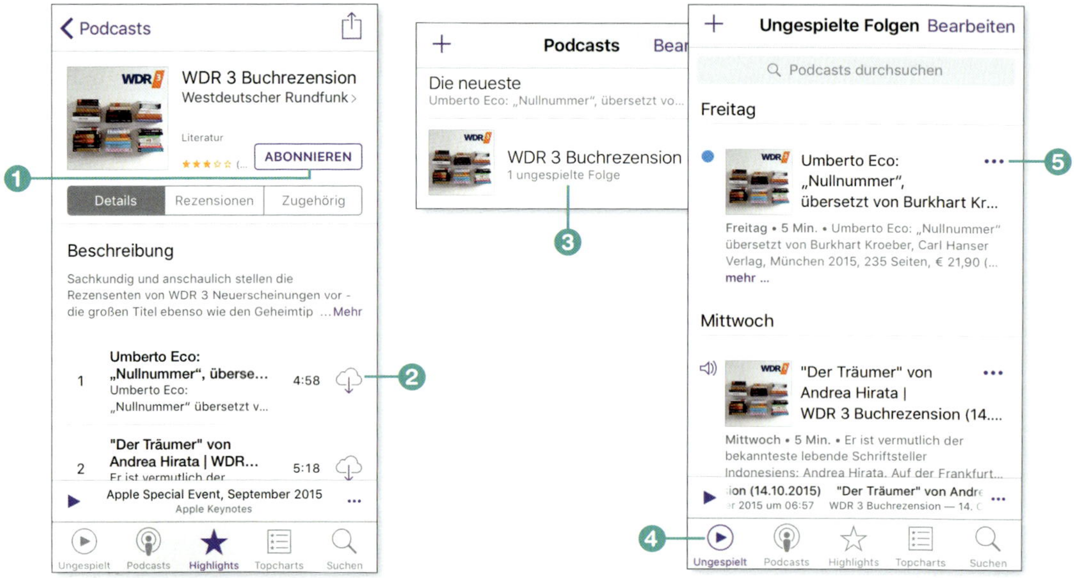

3. Tippen Sie auf die Schaltfläche **Mehr** ⑤, und Sie erhalten weitere Informationen zu Ihrem Podcast.

Um einzelne Podcast-Folgen vom iPhone zu entfernen, wischen Sie einfach mit dem Finger von rechts nach links und tippen auf die dann erscheinende Schaltfläche **Löschen**. Auch über den Button **Mehr**, der ein Kontextmenü ⑥ öffnet, können Sie die entsprechende Folge löschen. Um einen kompletten Podcast zu löschen, gehen Sie ähnlich vor wie eben bei der einzelnen Folge. Tippen Sie im Tab **Podcasts** auf den Button **Bearbeiten**. Alle Ihre Podcasts erhalten ein kleines rotes Minussymbol ⑦. Tippen Sie darauf, und es erscheint wieder die **Löschen**-Schaltfläche.

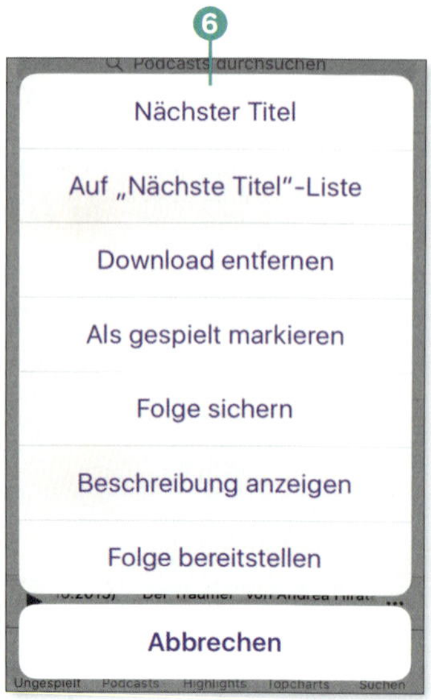

Tippen Sie auf diese, wird der komplette Podcast umgehend gelöscht. Sie können aber auch von rechts nach links über den Podcast wischen und dann die **Löschen**-Schaltfläche antippen.

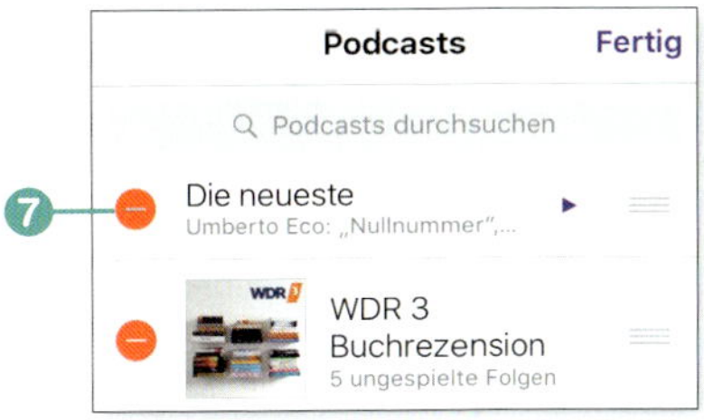

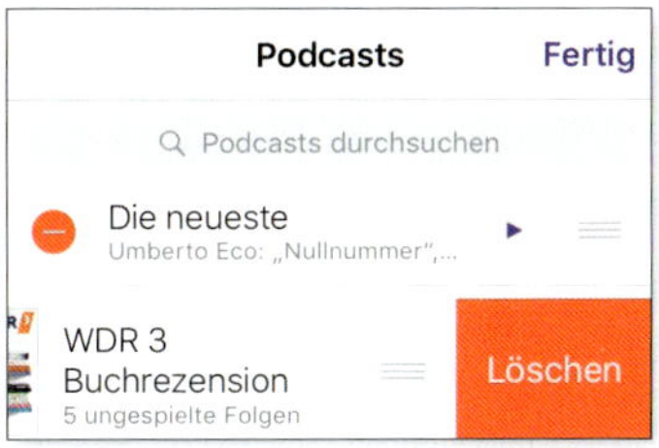

Tippen Sie auf dem Home-Bildschirm etwas kräftiger auf die Podcast-App, können Sie dank 3D Touch die aktuell noch ungespielten Folgen Ihrer abonnierten Podcasts direkt auswählen und abspielen.

iBooks – gelesen wird hier!

Eine sehr vielseitige App auf dem iPhone ist iBooks. iBooks kann nicht nur E-Books darstellen, sondern auch PDF-Dokumente anzeigen. Darüber hinaus ist in iBooks ein Store für Bücher integriert, und die App verwaltet auch alle Hörbücher, die Sie auf Ihrem iPhone gespeichert haben.

Öffnen Sie entweder die App mit einem Tipp auf das Icon oder mit 3D Touch, dann können Sie im Menü wählen, ob Sie das aktuelle Buch weiterlesen oder im Store nach weiteren Büchern suchen möchten.

Die Standardansicht ist die eines stilisierten Bücherregals, Sie können sie allerdings auch in eine Listenansicht umwandeln. Tippen Sie dazu links oben auf die Listenschaltfläche (❶ auf Seite 220). Mit der gleichen Schaltfläche können Sie auch wieder auf das Bücherregal umschalten ❷. In der Listenansicht sehen Sie am oberen Rand vier Tabs ❸, mit deren Hilfe Sie Ihre Bücher unterschiedlich darstellen können: **Regal** (beziehungsweise **Zuletzt**, falls Sie derzeit die Sortierung **Alle Bücher** gewählt haben; dazu gleich mehr), **Titel**, **Autoren** und **Kategorien**. An der Oberseite des iBooks-Bildschirms befinden sich zwei weitere Schaltflächen ④: **Bücher** und **Auswählen**.

Die **Auswählen**-Schaltfläche ganz rechts dient dazu, Bücher zu markieren, zu bewegen oder zu löschen. Und das geht so:

1. Tippen Sie zuerst auf **Auswählen**. Daraufhin ändern sich die Schaltflächen entsprechend in **Bewegen**, **Löschen** und **Fertig**.
2. Wenn Sie ein E-Book löschen möchten, markieren Sie es mit einem Fingertipp und tippen dann einfach auf **Löschen**.
3. Um ein E-Book zu verschieben, tippen Sie es an und halten den Finger auf dem Display. Das E-Book wird vergrößert dargestellt ⑤, und Sie können es an eine andere Stelle verschieben.

Sie können Ihr E-Book aber auch in eine andere Sammlung verschieben, um so die Bücher in verschiedene Kategorien zu unterteilen. Die Sammlungen **Alles**, **Bücher**, **Hörbücher** und **PDFs** sind bereits standardmäßig angelegt.

1. Markieren Sie das E-Book, indem Sie die **Auswählen**-Schaltfläche und dann das entsprechende E-Book antippen.
2. Tippen Sie auf **Bewegen** (6), und wählen Sie das Ziel, also eine Sammlung, aus (7).

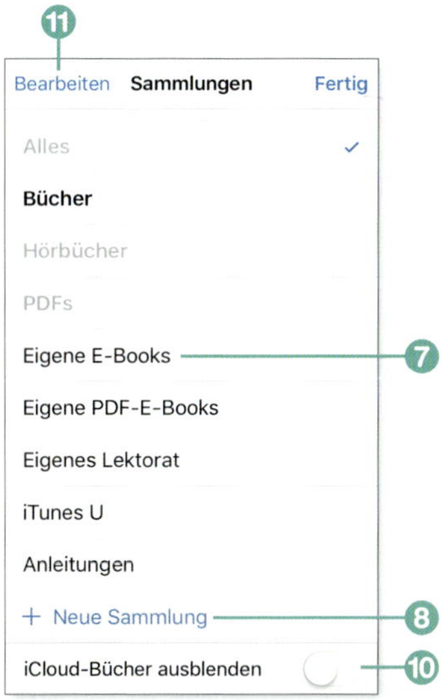

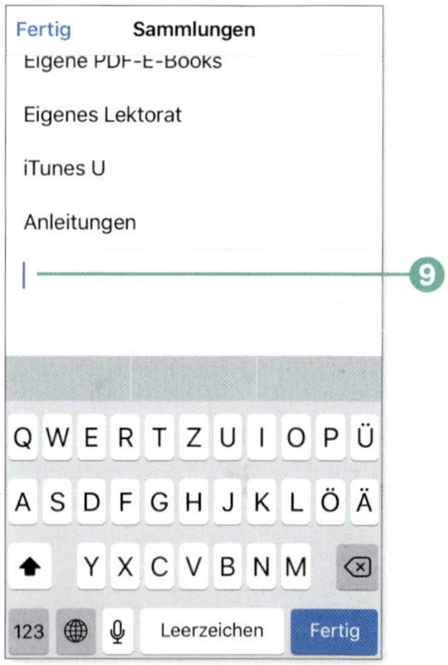

3. Sie können weitere Sammlungen anlegen, wie ich es im Beispiel getan habe. Tippen Sie dazu auf **Neue Sammlung** (8), und geben Sie im daraufhin erscheinenden Feld (9) über die Tastatur den Namen für Ihre neue Sammlung ein, oder diktieren Sie ihn.

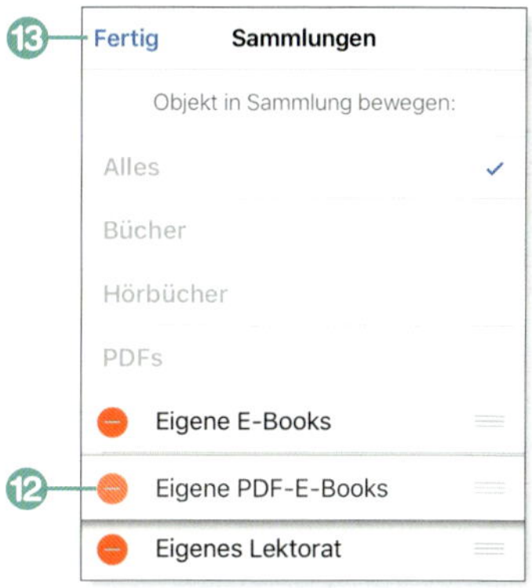

4. In dieser Ansicht können Sie auch noch alle in der iCloud gespeicherten Bücher ausblenden, sodass Sie nur noch die Bücher sehen, die Sie aktuell auf Ihr iPhone geladen haben. Aktivieren Sie hierzu den Schalter **iCloud-Bücher ausblenden** (10).
5. Um die Reihenfolge Ihrer Sammlungen zu verändern, tippen Sie auf **Bearbeiten** (11) und anschließend auf die drei waagerechten Striche an

der Sammlung, die Sie verschieben möchten. Halten Sie den Finger auf der Sammlung, und ziehen Sie sie an eine neue Stelle in der Liste (⓬ auf Seite 221). Bestätigen Sie Ihre Aktion mit **Fertig** ⓭.

Sie sehen, die iBooks-App ist eine praktische Sache, wenn Sie auch unterwegs gerne Bücher lesen, aber nicht Ihre Bibliothek mit sich herumtragen möchten.

Ein E-Book lesen

Um ein E-Book in iBooks zu lesen, müssen Sie es lediglich einmal antippen. Das Buch wird daraufhin in den Speicher geladen, was durch die Einblendung an der unteren Seite des Displays verdeutlicht wird. Dann können Sie sofort mit der Lektüre beginnen.

Sie können aber auch dank 3D Touch etwas fester auf das Buch tippen, Ihnen wird dann eine Vorschau ❶ des Covers angezeigt. Drücken Sie nun etwas fester, wird das Buch direkt aus Ihrer Cloud geladen, Sie erkennen das anhand eines schmalen Fortschrittbalkens ❷ am unteren Rand der Vorschau. Schieben Sie das Cover stattdessen etwas nach oben, können Sie das

Buch beziehungsweise den Link über das eingeblendete Menü ❸ mit anderen teilen oder es sich im iBooks Store anzeigen lassen.

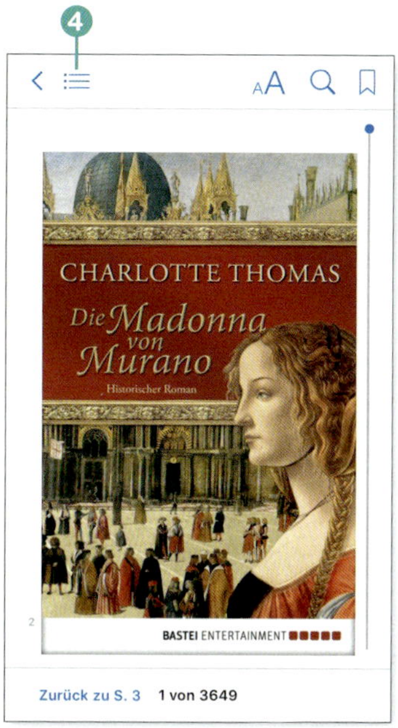

Tippen Sie auf die Schaltfläche mit der Liste ❹, um das Inhaltsverzeichnis und weitere Informationen zum ausgewählten Buch einzublenden.

Hier sehen Sie die Rubriken **Inhalte** ❺, **Lesezeichen** ❻ und **Notizen** ❼. Wie Sie ein neues Lesezeichen setzen, erfahren Sie gleich.

Wenn Sie auf **Zurück** ❽ tippen, gelangen Sie wieder in die Leseansicht, die Sie entweder im Hoch- oder Querformat genießen können (für Letzteres drehen Sie einfach das iPhone).

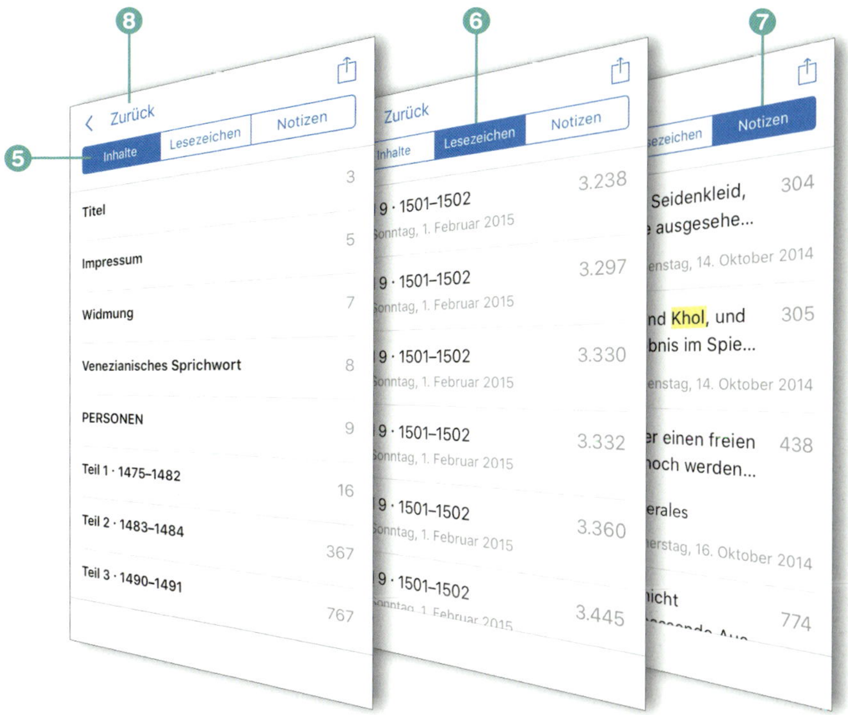

Hinter der Schaltfläche **Textdarstellung** ❶ verbergen sich Einstellungsmöglichkeiten wie **Schriftgröße** ❷, **Schriften** ❸ und Themen ❹ (z. B. **Weiß**, **Sepia**, **Dunkelgrau** oder **Nacht**). Außerdem können Sie hier die Helligkeit der Darstellung ❺ in iBooks anpassen und einen automatischen Nachtmodus aktivieren ❻.

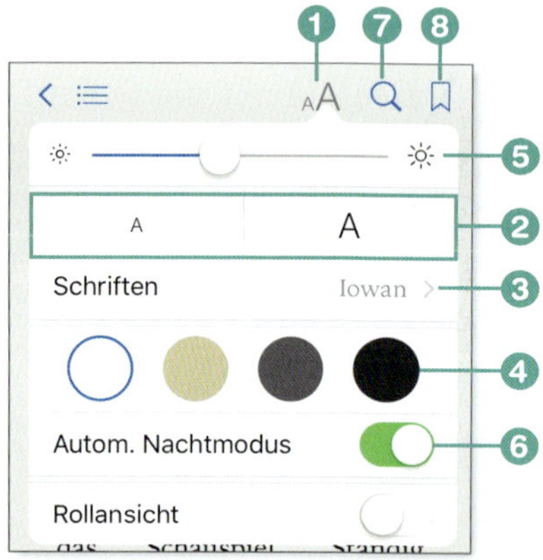

Die Lupe ❼ rechts neben der **Textdarstellung**-Schaltfläche ist die eingebaute Suchfunktion, über die Sie den eingegebenen Begriff nicht nur in Ihrem E-Book suchen können, sondern die darüber hinaus auch die Suche im Web und in Wikipedia anbietet.

Ganz rechts befindet sich schließlich das Symbol für die Lesezeichen ❽. Standardmäßig ist dieses Symbol deaktiviert (klein und blau umrandet). Tippen Sie es an, wird das Lesezeichen für die aktuelle Stelle im E-Book aktiviert (rot) und ist damit in der Ansicht **Lesezeichen** (siehe oben) einsehbar. Sie können so bequem Seiten, die Sie später noch einmal aufrufen möchten, markieren.

Die Leiste am unteren Buchrand können Sie auch als Navigationshilfe nutzen. Wenn Sie den kleinen Regler ❾ über die Linie schieben, werden Ihnen die Kapitelüberschriften Ihres E-Books angezeigt. So wissen Sie immer, in welchem Abschnitt Sie sich gerade befinden.

E-Books kaufen

In der iBooks-App ist ebenfalls ein Store integriert, in dem Sie Ihre E-Books kaufen können. Sie finden ihn, wenn Sie auf dem iBooks-Startbildschirm unten in der Tab-Leiste entweder auf **Highlights** oder auf **Topcharts** tippen.

Im Store angekommen, können Sie die einzelnen Rubriken durchsuchen, indem Sie von rechts nach links wischen, oder sich Rubriken ansehen, indem Sie nach oben wischen. Oben links steht Ihnen außerdem die Schaltfläche **Kategorien** ❿ zur Verfügung, über die Sie weitere Kategorien ⓫ einblenden können. Der Store ist außerdem in die beiden Bereiche **Bücher** und **Hör-**

bücher ⑫ unterteilt. In jedem der beiden Bereiche können Sie sich natürlich auch die einzelnen Kategorien anschauen.

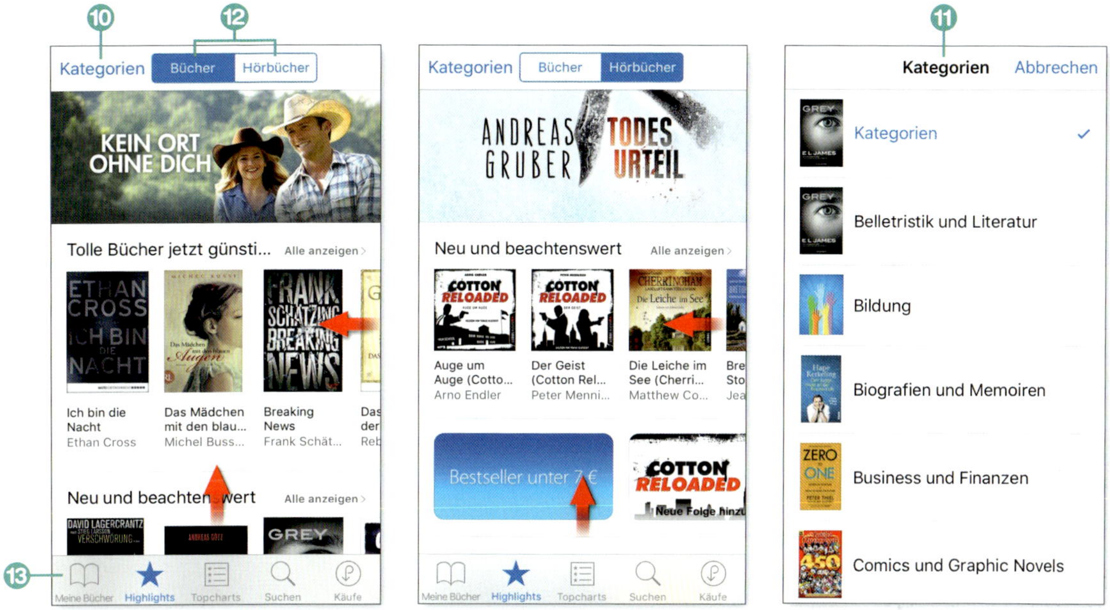

Im unteren Teil des Bildschirms sehen Sie eine Tab-Leiste, mit deren Hilfe Sie weitere Store-Bereiche öffnen. Neben **Highlights** gibt es hier die Bereiche **Topcharts**, **Suchen** und **Käufe**. Ganz links in der Tab-Leiste befindet sich der Punkt **Meine Bücher** ⑬. Hier kommen Sie wieder zurück in Ihre eigene Bibliothek.

Ich möchte hier besonders die Kategorie **Käufe** hervorheben. Sie verfügen hier nämlich über zwei Ansichten ⑭. Zum einen können Sie unter **Alle** – wie zu erwarten – alle von Ihnen gekauften Artikel einsehen. Unter **Nicht auf iPhone** laden Sie E-Books, die Sie zwar im Store gekauft haben, die aber noch nicht auf Ihr iPhone kopiert wurden. Um die Bücher, die sich noch nicht auf Ihrem iPhone befinden, zu laden, tippen Sie einfach auf die Schaltfläche mit dem kleinen Wölkchen ⑮, und schon beginnt der Download.

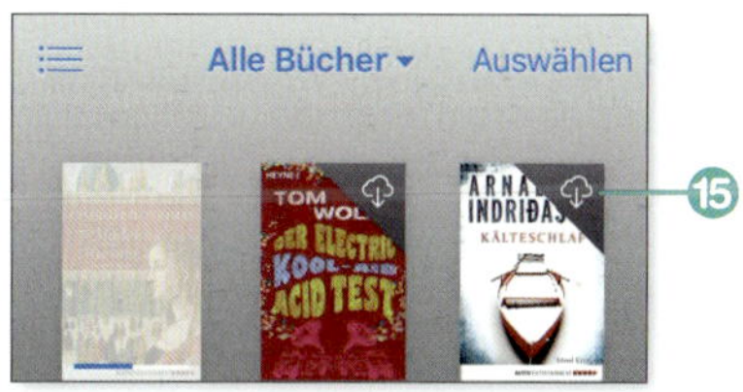

Es ist dabei egal, ob Sie das Buch schon einmal geladen und es zwischenzeitlich gelöscht haben. Sie können es jederzeit wieder aus iCloud auf Ihr iPhone laden. Wenn Sie die Bücher herunterladen, erkennen Sie am Buchcover sofort, wie weit fortgeschritten der jeweilige Download ist.

Bücher gratis aus dem Store besorgen

Sie haben im iBooks Store auch die Möglichkeit, einige Bücher gratis zu erhalten. Der iBooks Store hält z. B. die Bücher des Projekts Gutenberg gratis für Sie bereit. Aber auch andere Titel gibt es kostenlos im Store. Im Tab **Topcharts** finden Sie die Kategorie **Gratis**. In der großen Auswahl ist unter Umständen etwas dabei, das für Sie interessant ist. Die Rubrik **Kostenlose Bücher** erreichen Sie aber auch über den Tab **Highlights** des iBooks Stores und entdecken so sicher das eine oder andere lesenswerte Buch.

INFO

Dokumente auf dem iPhone bearbeiten

Neben den vorinstallierten Apps bietet Ihnen Apple für Ihr iPhone kostenfrei die *iWork*-Programme *Pages*, *Numbers* und *Keynote* an, mit denen Sie Ihre Textdokumente, Tabellenkalkulationen und Präsentationen unterwegs lesen, bearbeiten oder neu erstellen können.

Bei den Geräten mit 64 GB Speichergröße sind diese Apps bereits vorinstalliert.

Mit den iWork-Apps steht Ihnen ein vollwertiges Office-Paket für unterwegs zur Verfügung, das zugleich auch zu den Microsoft-Office-Anwendungen kompatibel ist. Sie können alle iWork-Apps außerdem mit iCloud und iCloud Drive verwenden und so jederzeit auf Ihre Dokumente zugreifen (lesen Sie dazu auch den Abschnitt »Dateien aus iWork direkt in iCloud Drive speichern« ab Seite 241). Jede dieser Apps bietet Ihnen nach der Installation eine ausführliche Einführung, sodass Sie die Programme schnell und unkompliziert im Alltag einsetzen können. Diese Einführung können Sie jederzeit erneut abrufen, sobald Sie das Programm geöffnet haben (Sie finden sie unter Ihren Dokumenten).

Die Taschenrechner-App

Mir sind Zahlen ein Graus, und besonders das Kopfrechnen bereitet mir Mühe. Wie gut, dass das iPhone gleich einen Taschenrechner mitliefert. Wenn Sie Ihr iPhone ins Querformat drehen, können Sie auf noch mehr Rechenfunktionen zugreifen.

Der Standardtaschenrechner des iPhones beherrscht die Grundrechenarten wie jeder andere handelsübliche Taschenrechner auch. Welche Funktion Sie gerade verwenden, also etwa Addition, Subtraktion, Multiplikation oder Division, erkennen Sie daran, dass die jeweilige Taste mit einem schwarzen Rahmen umgeben ist. Darüber hinaus beherrscht der iPhone-Taschenrechner das Rechnen mit negativen Zahlen. Verwenden Sie dafür die [+/-]-Taste ❶.

Die fortgeschrittenen Funktionen des Rechners einzuschalten ist ganz einfach: Wenn Sie Ihr iPhone in die waagerechte Position drehen, ändert sich auch die Anzeige des Taschenrechners, d. h., er wird von einem einfachen zu einem wissenschaftlichen Taschenrechner und bietet deutlich mehr Funktionen.

Im Querformat-Modus verfügt der Taschenrechner zusätzlich über eine zweite Tastenbelegung, die Sie mit der [2nd]-Taste ❷ aktivieren. Ist die zweite Tastenbelegung aktiviert, erkennen Sie das an der Hervorhebung der

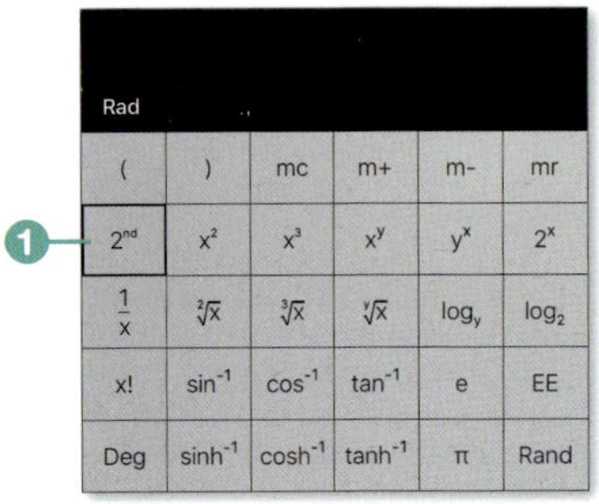

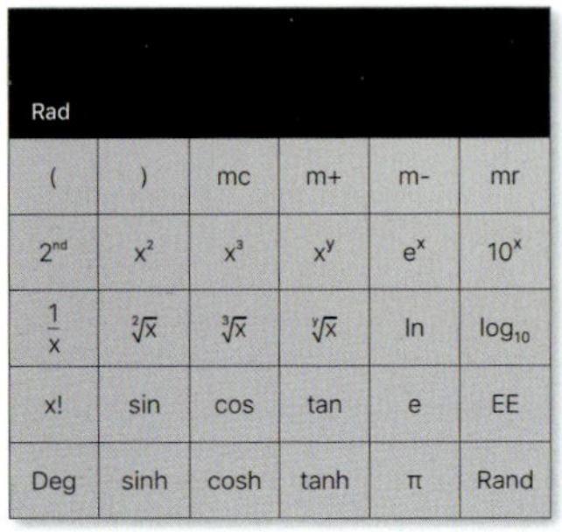

2nd-Taste ❶. Die Tastenbelegung im linken Block ändert sich dann natürlich ebenfalls.

Ein zweites Tippen auf die 2nd-Taste stellt die ursprüngliche Tastenbelegung wieder her.

Sprachmemos aufnehmen

Sie möchten schnell einmal etwas notieren oder den Anfang eines Briefes an einen Freund diktieren? Oder vielleicht möchten Sie einen Kommentar aus dem Radio aufnehmen? Wenn Sie erst einmal darüber nachdenken, fallen Ihnen sicherlich noch viele Situationen ein, in denen Sie die Sprachmemos-App verwenden könnten. Diese App gehört zu den Dienstprogrammen und ist daher auf Ihrem iPhone vorinstalliert. Öffnen Sie sie mit einem Klick auf das App-Icon.

Das Design der App kommt sehr minimalistisch-technisch daher. Die gesamte App ist konsequent auf Funktionalität ausgerichtet. Eine eigene Sprachmemo-Aufnahme erstellen Sie so:

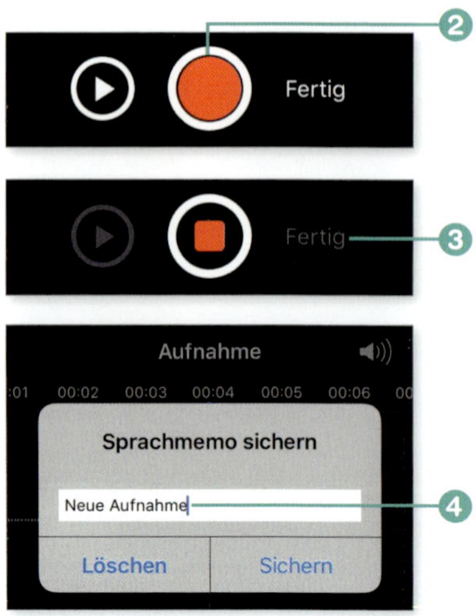

1. Wenn Sie ein Sprachmemo aufnehmen wollen, tippen Sie unten in der Mitte auf die rote Schaltfläche ❷. Diese wird daraufhin zu einer **Stopp**-Schaltfläche, mit der Sie jederzeit und beliebig oft Ihre Aufnahme unterbrechen können, um sie später an derselben Stelle fortzusetzen.

2. Haben Sie Ihr Memo beendet, tippen Sie auf **Fertig** ❸. Vergeben Sie anschließend einen Namen für Ihre Aufnahme ❹, und bestätigen Sie die Eingabe mit **Sichern**.

3. Wenn eine Aufnahme läuft, wird dies durch einen feinen blauen Strich in der Mitte des Bildschirms dargestellt. Halten Sie die Aufnahme an, ist auch das dort sichtbar. Auch auf dem Sperrbildschirm erhalten Sie eine Übersicht über das Fortschreiten Ihrer Aufnahme.
4. Wenn Ihnen mal eine Aufnahme nicht gut gelungen ist, können Sie sie mit einem Fingerwisch nach rechts etwas zurückspulen und diesen Teil neu einsprechen. Die Aufnahme, die vorher an dieser Stelle war, wird dabei natürlich überschrieben. Sie erkennen das neue Stück daran, dass das Signalmuster rot ⑤ aufgezeichnet wird.
5. Um eine Sprachmemo-Aufnahme abzuhören, tippen Sie auf den Namen der Aufnahme, in diesem Fall »Testaufnahme« ⑥. Haben Sie mehrere Aufnahmen gemacht, werden Ihnen diese hier als Liste dargestellt. Diese Liste wird Ihnen nun auch angezeigt, sobald Sie die App Sprachmemos starten.

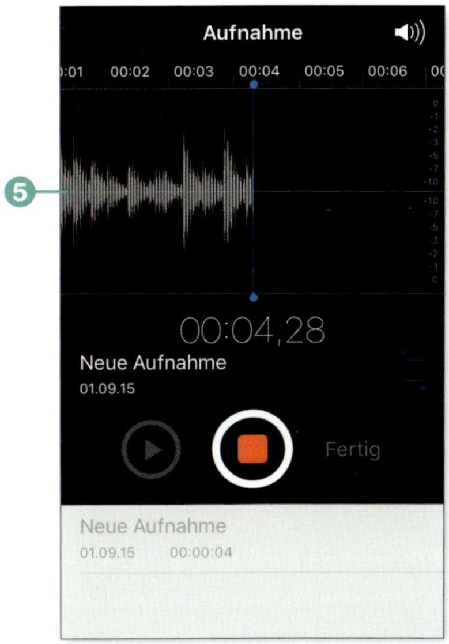

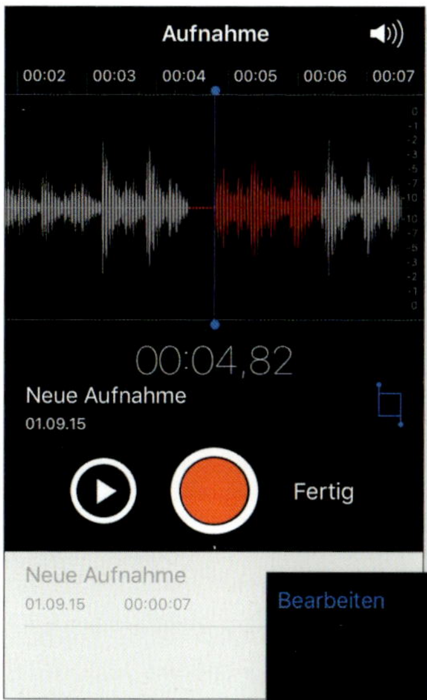

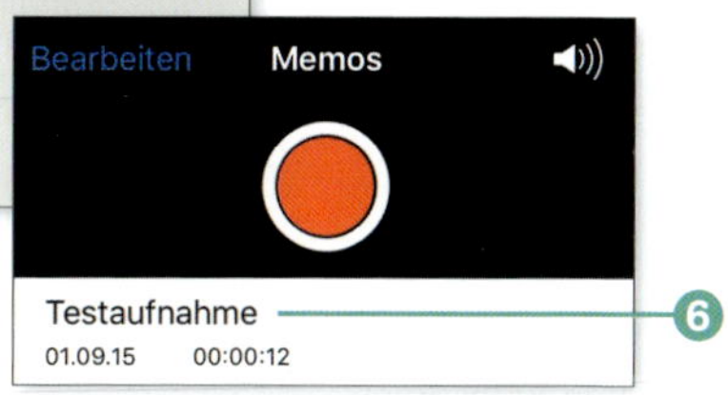

6. Wenn Sie auf Ihr Sprachmemo tippen, klappt das Abspielmenü auf. Durch Antippen des kleinen Play-Symbols (① auf Seite 230) können Sie das Abhören der Aufnahme jederzeit starten und wieder stoppen.

7. Wenn Ihr Memo einmal etwas zu lang geraten ist, können Sie es nachträglich auf die richtige Länge schneiden. Dazu tippen Sie zuerst auf **Bearbeiten** ❷. Im Anschluss daran können Sie an den beiden Anfasserpunkten ❸ Ihr Sprachmemo auf die richtige Länge kürzen. Tippen Sie auf **Kürzen** ❹, um Ihre Auswahl zu bestätigen. Ist alles zu Ihrer Zufriedenheit erledigt, tippen Sie entweder auf die Schaltfläche **Original kürzen** oder auf **Als neue Aufnahme sichern**.

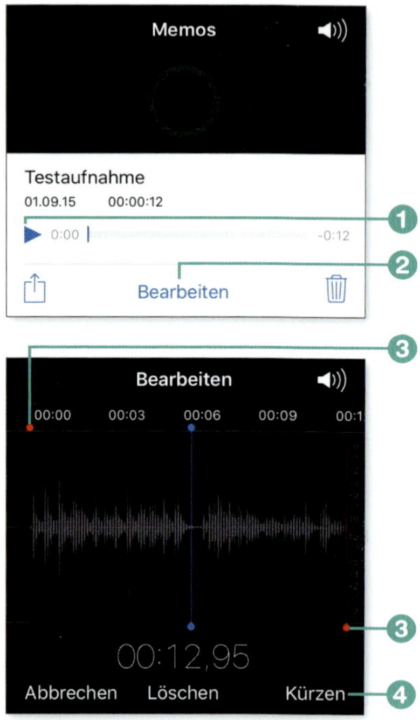

8. Selbstverständlich können Sie Ihre Aufnahme umbenennen, dies ist auch nachträglich möglich. Um ihr einen neuen aussagekräftigen Namen zu geben, tippen Sie auf den Namen Ihrer Aufnahme, sodass der Abspielmodus eingeblendet wird. Tippen Sie nun mit Ihrem Finger hinter den Namen der Aufnahme. Danach können Sie ihn Zeichen für Zeichen löschen oder etwas Neues hinzufügen. Sobald Sie außerhalb des Namensfeldes tippen, wird Ihre Änderung übernommen und gespeichert.

TIPP

Aufnahme vermeintlich zu leise?

Es kommt Ihnen so vor, als wäre die Aufnahme an Ihrem iPhone deutlich zu leise geraten und Sie können die Aufnahme nur richtig hören, wenn Sie das iPhone an Ihr Ohr halten? Das liegt daran, dass die Voreinstellung so gewählt ist, dass nur der interne Lautsprecher verwendet wird, um Ihre Umgebung nicht mit dem Abspielen Ihrer Aufnahmen zu stören. Das können Sie allerdings ändern, indem Sie oben rechts auf das Lautsprechersymbol tippen. Ist es aktiviert, erscheint es blau, und Sie hören Ihre Aufnahme laut und deutlich.

Nach der nächsten Synchronisation mit Ihrem Computer werden Sie die entsprechenden Memodateien in iTunes wiederfinden.

Sie können das aufgenommene Sprachmemo auch per E-Mail oder als Nachricht an Dritte versenden, wenn Sie möchten. Wählen Sie das zu versendende Memo in der Übersicht aus, und tippen Sie dann auf die Schaltfläche **Teilen**. Nun können Sie Ihr Memo entweder als Nachrichten- oder als E-Mail-Anhang versenden oder in einer Notiz verwenden. Sie können es aber auch via AirDrop an ein anderes iOS-Gerät schicken (beachten Sie dabei allerdings, dass diese Funktion nur bei iPads ab der 4. Generation und iPhone 5 oder neuer zur Verfügung steht). Sie werden dann an eine der beiden Apps Mail oder Nachrichten »weiterverwiesen«.

Tickets und Buchungen mit Wallet verwalten

Die App Passbook hat Apple umbenannt in Wallet, was auf Deutsch Brieftasche bedeutet, und somit seine Standard-App für *ApplePay* fit gemacht. Hiermit können Sie neben Tickets, Coupons und Bordkarten auf ihrem iPhone 6s auch Kreditkarten verwalten und damit bezahlen. Einziger Wermutstropfen ist jedoch, dass ApplePay zurzeit noch nicht in Deutschland angeboten wird. Alle anderen Funktionen können Sie aber nutzen.

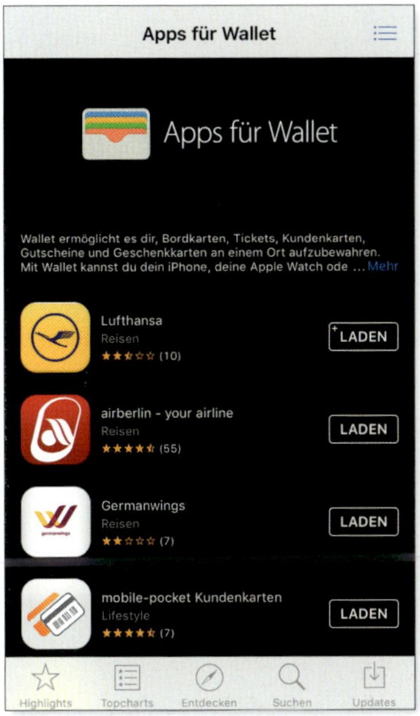

Um diese App nutzen zu können, müssen Sie erst einmal aus der App heraus in den App-Store gehen, um sich eine App herunterzuladen, mit der Sie Buchungen machen oder Coupons kaufen können. Diese Apps müssen natürlich mit Wallet zusammenarbeiten, weshalb Ihnen auch eine Liste der Apps vorgeschlagen wird, die bereits über eine Zusammenarbeitsfunktion mit Wallet verfügen. In dieser Suche stehen Ihnen drei verschiedene Ansichten (**Name**, **Erschienen** und **Highlights**) zur Verfügung. Bislang sind jedoch lediglich Apps nutzbar, die für das ehemalige Passbook zur Verfügung stehen. Dies wird sich jedoch im Laufe der Zeit ändern.

Sie fragen sich nun sicherlich, wozu dann Wallet? Wallet dient nur dazu, Ihre Bestellungen, Coupons etc. an einem bestimmten Ort zusammenzuführen und Sie an Termine und Orte zu erinnern beziehungsweise dann die Anmeldung, Zahlung etc. zu vereinfachen, indem Sie lediglich Ihr iPhone vorzeigen. Probieren Sie es doch einfach aus. Sie werden die Bequemlichkeit zu schätzen wissen. Mittlerweile bieten auch einige Webseiten an, die Daten direkt an die App zu übermitteln, sofern Sie die Buchung über Ihr iPhone vornehmen.

Kapitel 9
Synchronisieren mit iCloud

iCloud – Ihre persönliche »Festplatte« im Internet, auf der Sie verschiedene Daten problemlos speichern und mit anderen Geräten teilen können – ist mittlerweile voll in das iPhone integriert und um *iCloud Drive* erweitert worden. iCloud ist in seinen Grundfunktionen gratis, solange Sie sich auf den zur Verfügung gestellten Speicherplatz beschränken. Was Sie alles mit iCloud anstellen können und welche Einstellungen zum Schutz Ihrer Daten sinnvoll sind, erfahren Sie in diesem Kapitel.

iCloud synchronisiert Ihre Geräte und hält sie auf dem gleichen Stand.

Bei iCloud anmelden

Sie können bei der ersten Aktivierung Ihres iPhones 6s/6s Plus entscheiden, ob Sie iCloud verwenden möchten. Haben Sie diese Gelegenheit verpasst, können Sie iCloud auch später noch jederzeit wie folgt aktivieren:

1. Tippen Sie auf **Einstellungen** und dann auf **iCloud** ❶.
2. Tippen Sie die E-Mail-Adresse Ihres Accounts in das vorgesehene Feld ❷, und geben Sie darunter das Kennwort Ihrer Apple-ID ein. Tippen Sie dann auf **Anmelden** ❸. Sollten Sie noch nicht über eine Apple-ID-verfügen, so können Sie an dieser Stelle eine Gratis-Apple-ID anlegen. Tippen Sie hierzu auf **Neue Apple-ID erstellen** ❹, und folgen Sie den Anweisungen.
3. Sie werden während der Anmeldung noch gefragt, ob Sie die Daten von Safari zusammenführen möchten, ob iCloud Ihren Standort verwenden darf und ob ein iCloud-Backup gemacht werden soll.
4. Wenn alles glatt gelaufen ist, sehen Sie nun Ihren Account mit allen Einstellungen (lesen Sie dazu auch den Abschnitt »Die richtigen Einstellungen für iCloud«, ab Seite 236).

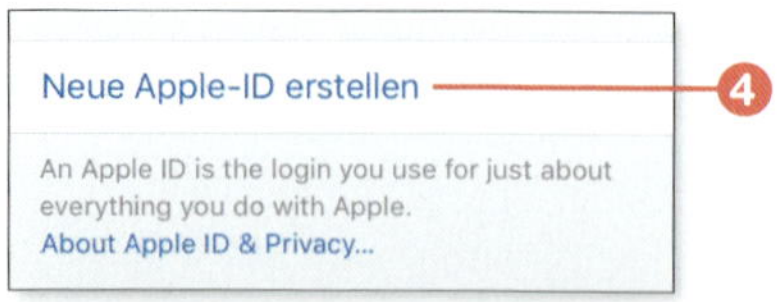

Mit diesen Eingaben haben Sie die iCloud-Anmeldung abgeschlossen. Nun können Sie noch einige weitere Einstellungen zur Personalisierung Ihres Kontos vornehmen. Diese können Sie übrigens auch ganz bequem im Browser an Ihrem Computer vornehmen. Folgen Sie dazu einfach den beschriebenen Schritten:

1. Melden Sie sich unter *www.icloud.com* mit Ihren iCloud-Account-Daten an, und klicken Sie auf den kleinen Pfeil ❺. Sie können vorher noch entscheiden, ob Sie angemeldet bleiben möchten. In diesem Fall setzen Sie ein Häkchen unterhalb des Passwort-Eingabefeldes ❻.

2. Fügen Sie anschließend ein Account-Bild hinzu, indem Sie auf **iCloud-Einstellungen** klicken und ein Foto auswählen, das auf Ihrem Computer gespeichert ist. Ziehen Sie das Foto auf den leeren Bereich ❼, der dafür vorgesehen ist.

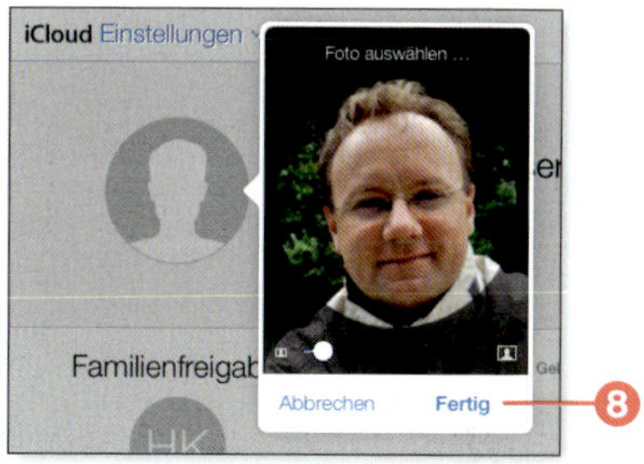

3. Stimmen Größe und Ausrichtung des Bildes, bestätigen Sie mit **Fertig** ❽.

4. Stellen Sie noch Ihre Sprache und die Zeitzone ein, in der Sie sich befinden.

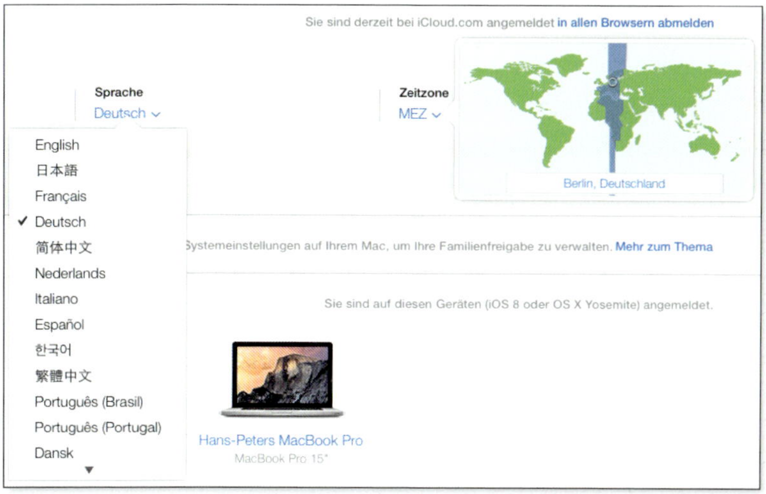

5. Klicken Sie zum Schluss auf **Fertig**, und schon ist Ihr iCloud-Konto eingerichtet. Sie gelangen daraufhin zur iCloud-Oberfläche, über die Sie die verschiedenen Apps, die Sie mit iCloud verwenden können, aufrufen.

Das sind natürlich nur die Grundeinstellungen, die Sie für die Nutzung von iCloud vornehmen sollten. Wie Sie weitere Anpassungen vornehmen, erfahren Sie im nächsten Abschnitt.

Die richtigen Einstellungen für iCloud

Unter **Einstellungen ▸ iCloud** legen Sie fest, welche Daten Sie mit iCloud synchronisieren möchten und welche nicht. In den meisten Fällen können Sie lediglich die Synchronisationsfunktion ein- oder ausschalten.

1. Entscheiden Sie jeweils, ob Sie **Fotos**, **Mail**, **Kontakte**, **Kalender**, **Erinnerungen**, **Safari**, **Notizen**, **Wallet** oder die Funktionen **Backup**, **Schlüsselbund** beziehungsweise **Mein iPhone suchen** ❶ aktivieren möchten oder nicht. Um eine Funktion zu aktivieren, schieben Sie den Regler jeweils nach rechts. Leider können über iCloud nicht einzelne Dateien freigegeben werden, sondern immer nur ganze Apps und ihre Inhalte.

2. Darüber hinaus können Sie festlegen, ob Sie die Funktion **Mein Fotostream** einschalten und Ihre Fotos für andere freigeben möchten. Tippen Sie dazu auf den Eintrag **Fotos** ❷, um diese Funktion zu aktivieren ❸. Legen Sie zusätzlich in den iCloud-Einstellungen **Fotos** fest, ob Sie die **iCloud-Fotomediathek** aktivieren ❹ beziehungsweise die von Ihnen gemachten Serienaufnahmen ❺ auch hochladen möchten. Ersteres führt

dann dazu, dass Ihre komplette Mediathek (Fotos und Videos) in iCloud geladen wird, sodass sie auf allen Ihren Geräten zur Verfügung steht.

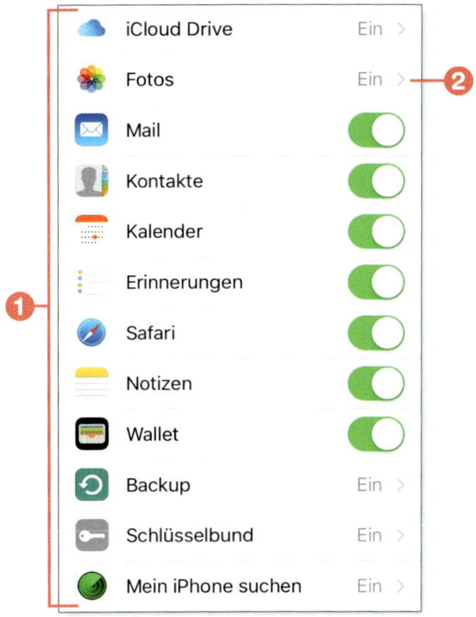

INFO

Die iCloud-Fotomediathek

Wenn Sie die iCloud-Fotomediathek aktivieren, werden alle Ihre Fotos und Videos in iCloud geladen. Je nach Größe Ihrer Mediathek kann es dann erforderlich werden, zusätzlichen Speicherplatz hinzuzumieten, was dann monatliche Kosten verursacht und unter Umständen recht teuer werden kann. Sie müssen also entscheiden, ob es Ihnen das wert ist.

iCloud Drive nutzen

Die ehemalige Funktion *Dokumente und Daten* gibt es nun nicht mehr. Apple hat hierfür *iCloud Drive* eingeführt, das es Ihnen erlaubt, alle Ihre selbst erstellten Dokumente auf allen Ihren Apple-Geräten zu betrachten oder zu bearbeiten. Damit Sie noch bequemer auf Ihre Daten zugreifen können, stellt Apple im App Store kostenfrei die App iCloud Drive zur Verfügung. Um iCloud Drive nutzen zu können, gehen Sie wie folgt vor:

1. Öffnen Sie in den Einstellungen den Menüpunkt **iCloud**, und aktivieren Sie **iCloud Drive** ❶.
2. Entscheiden Sie hier, welche App Daten in iCloud Drive speichern darf ❷ und ob Sie auch die mobilen Daten ❸ für iCloud Drive nutzen möchten. Der Punkt **Mich per E-Mail finden** ❹ bedeutet, dass hier Apps angezeigt werden, die es anderen Personen erlauben, Sie über Ihre Apple-ID zu finden. Ihr kompletter Name wird dabei angezeigt.
3. Sie haben dann Zugang zu iCloud Drive entweder über den Finder des Mac, der über eine iCloud-Drive-Rubrik ❺ verfügt, über *iCloud.com* oder über die Apps auf dem iPhone, die iCloud Drive unterstützen, wie Pages, Keynote oder Numbers. Das geht aber natürlich auch über die eingangs erwähnte iCloud Drive-App ❻.

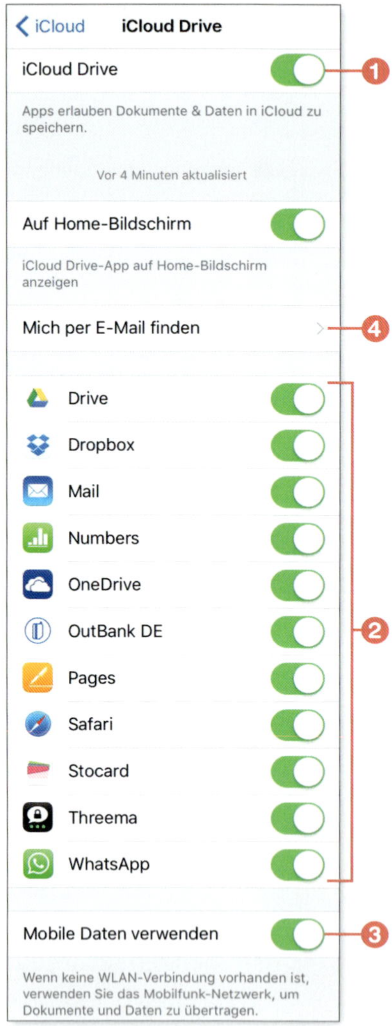

Sie können die Dateien entweder via Drag & Drop auf dem Mac oder PC in iCloud Drive kopieren oder über die Upload-Möglichkeit des Browsers in *iCloud.com*. Oder Sie machen es wie im folgenden Abschnitt beschrieben, indem Sie Dokumente mobil speichern.

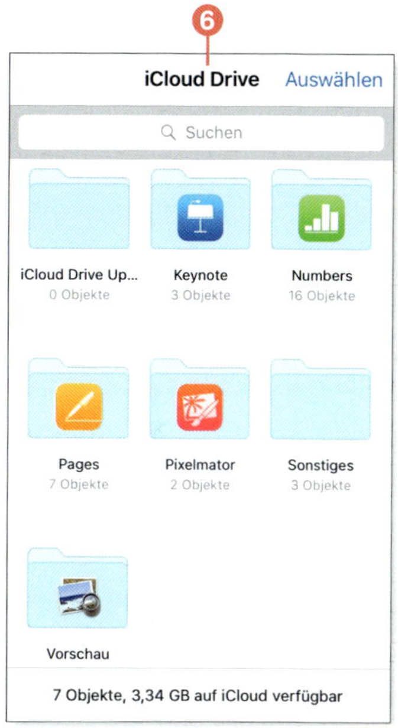

ACHTUNG

Vorsicht bei Aktivierung des Schalters »Mobile Daten«!

Wenn unter **Einstellungen ▸ Mobiles Netz** der Schalter **Mobile Daten** aktiviert ist, werden Ihre Dokumente und Daten auch dann synchronisiert, wenn keine WLAN-Verbindung zur Verfügung steht. Die Daten werden in diesem Fall über Ihr Mobilfunknetz übertragen. Besonders bei Verträgen mit geringem Datenvolumen gelangen Sie so schnell an Ihre Grenzen. Überlegen Sie sich also gut, ob Sie diese Funktion wirklich benötigen.

Dokumente für den mobilen Einsatz speichern

Eine wichtige Funktion von iCloud ist die umgehende Synchronisation von Dokumenten. Solche Dokumente können dann auf dem Computer und auf allen mobilen iOS-Geräten wie iPhone und iPad, die mit demselben iCloud-Account verknüpft sind, synchronisiert und bearbeitet werden. iCloud dient in diesem Fall dazu, die jeweiligen Dokumente auf allen Geräten auf dem gleichen Stand zu halten. Wie aber kommen die Dokumente erst einmal dorthin, damit sie Ihnen für den mobilen Einsatz zur Verfügung stehen? Das erfahren Sie in diesem Abschnitt.

Dokumente mit iTunes auf Ihr iPhone übertragen

Für die Übertragung können Sie zum einen natürlich iTunes nutzen. So können Sie z. B. Office-Dokumente (aus Word oder Excel) oder aber iWork-

Dateien mit Ihrem iPhone synchronisieren. Voraussetzung ist natürlich, dass Sie die mobilen Versionen der benötigten Programme auf dem iPhone installiert haben (beziehungsweise eine App, die mit dem jeweiligen Dateiformat umgehen kann), um die Dateien auch öffnen und verwenden zu können. Sie gehen dabei wie folgt vor:

1. Öffnen Sie iTunes, und schließen Sie Ihr iPhone an Ihren Rechner an.
2. Wenn das Gerät erkannt wurde, klicken Sie in der Mediathekleiste auf das iPhone ❶ und dann auf **Apps** ❷. Scrollen Sie im rechten Bereich nach unten, bis Sie den Bereich **Dateifreigabe** sehen.
3. Klicken Sie z. B. auf eine iWork-App, etwa Pages ❸, und ziehen Sie Ihre Dateien aus dem Finder oder Dateimanager per Drag & Drop in den rechten Bereich von iTunes. Sie können sie auch über die **Hinzufügen**-Schaltfläche ❹ auswählen. Synchronisieren Sie dann Ihr iPhone mit einem Klick auf **Synchronisieren** ❺.

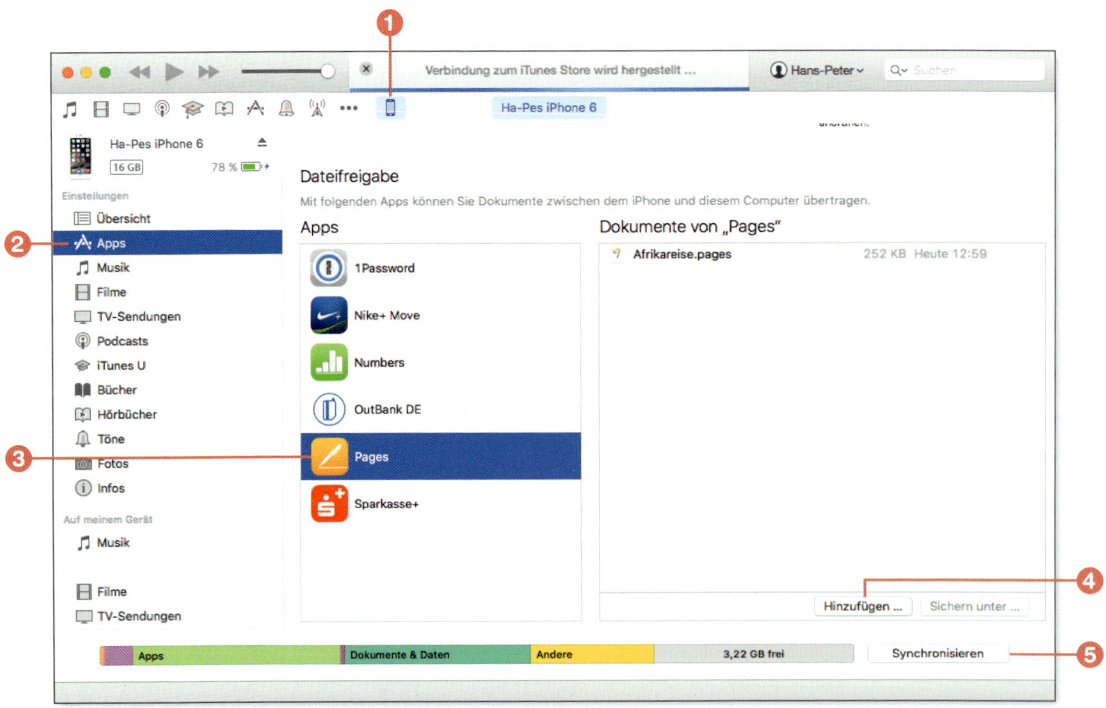

4. Öffnen Sie auf Ihrem iPhone nun ebenfalls Pages, und tippen Sie in der linken oberen Ecke der App auf das Plussymbol ⑥. Es öffnet sich ein Auswahlfeld, in dem Sie auf **Von iTunes kopieren** ⑦ tippen.
5. Sie sehen nun die Liste der Pages-Dokumente. Aus ihr wählen Sie ein Dokument aus ⑧ und importieren es in Ihre App, indem Sie es antippen.

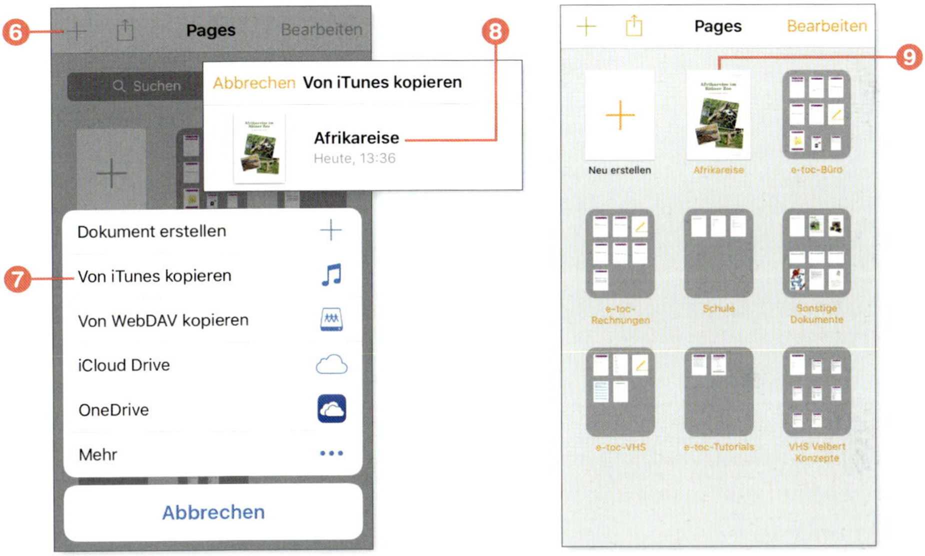

6. Das Dokument wird umgehend in Pages kopiert. Hin und wieder werden beim Import einige Schriften nicht korrekt angezeigt. Bestätigen Sie eine etwaige Importwarnung mit **OK**, und das Dokument ist daraufhin (gegebenenfalls mit anderen Schriften) in Pages verfügbar ⑨.

Zum Zeitpunkt der Fertigstellung dieses Buches befinden sich die Programme in iCloud noch im Betastadium, können aber bereits genutzt werden. Melden Sie sich bei iCloud an, und probieren Sie es aus.

Dateien aus iWork direkt in iCloud Drive speichern

Sie können Ihre Dokumente direkt aus einem der iWork-Programme (Pages, Numbers und Keynote) heraus in iCloud Drive speichern. Dazu öffnen Sie in Pages ein Dokument, bearbeiten es und speichern es in iCloud Drive unter einem aussagekräftigen Namen ab (① auf Seite 242).

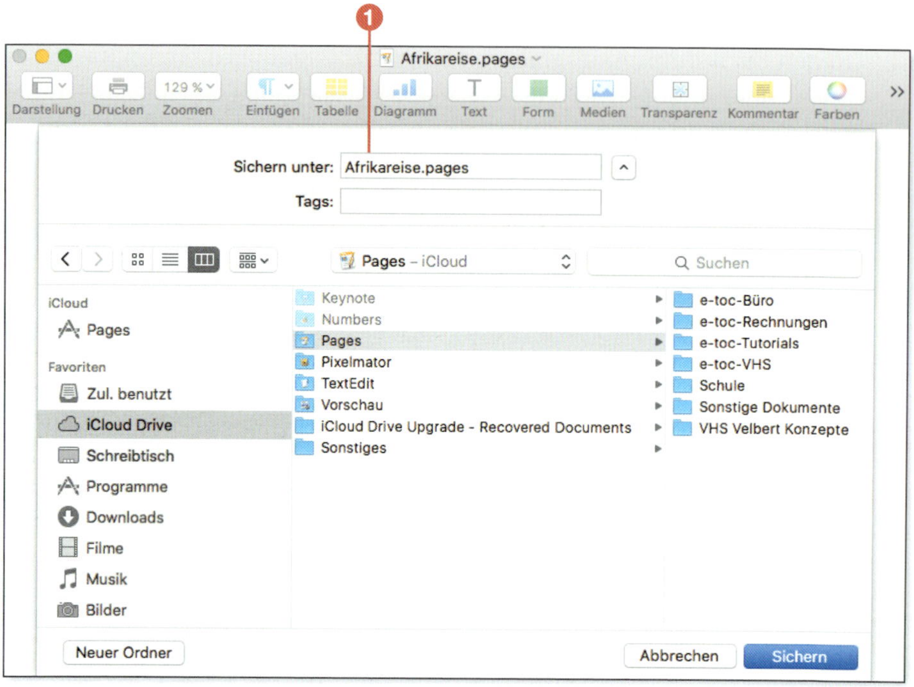

Weil Sie dieses Dokument direkt in iCloud Drive gespeichert haben, kann es sofort auf einem der anderen Geräte, die mit demselben iCloud-Account verknüpft sind, geöffnet, bearbeitet und wieder gespeichert werden. Dieser neue Bearbeitungsstand ist dann wiederum auch von Ihrem Rechner aus abrufbar.

Wenn Sie nicht über einen Mac, sondern über einen Windows-PC verfügen, müssen Sie die Dokumente erst einmal über iTunes in iCloud laden (lesen Sie dazu den vorangegangenen Abschnitt).

Die Familienfreigabe nutzen

Seit iOS 8 gibt es die sehr interessante Funktion *Familienfreigabe*, die man gar nicht genug schätzen kann. Damit können Sie Ihre Einkäufe aus dem iTunes Store, dem iBooks Store sowie dem App Store mit anderen Familienmitgliedern teilen – und das sogar mit bis zu sechs Personen. Voraussetzung hierfür ist, dass auf allen Geräten mindestens das Betriebssystem iOS 8 installiert ist. Und so richten Sie die Familienfreigabe ein:

1. Tippen Sie auf **Einstellungen** ▸ **iCloud** ▸ **Familie** und dann auf **Familienmitglied hinzufügen** 2.
2. Geben Sie dann die E-Mail-Adresse des Familienmitgliedes 3 ein.
3. Im nächsten Schritt bestätigen Sie den Sicherheitscode 4 Ihrer Kreditkarte, und zur Verifikation geben Sie im Anschluss Ihr Apple-ID-Passwort ein.
4. Tippen Sie anschließend auf **Weiter**, und entscheiden Sie, ob Sie ein Passwort eingeben 5 oder eine Einladung versenden 6 möchten.

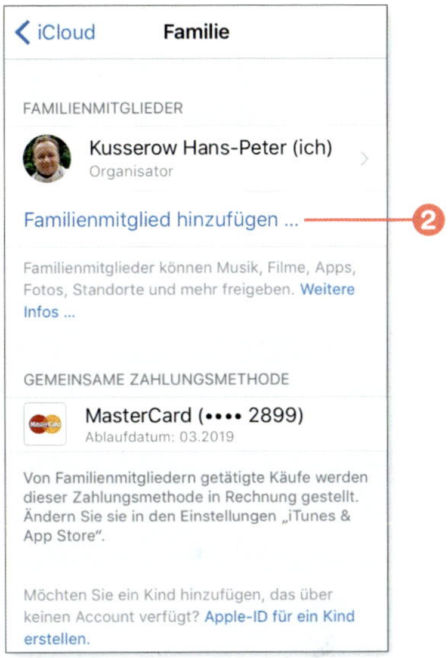

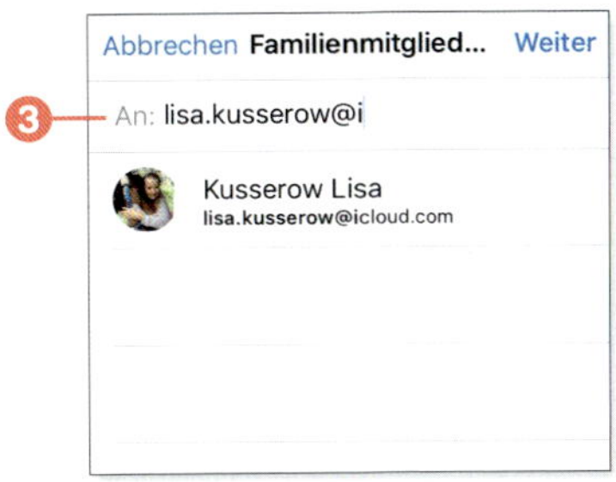

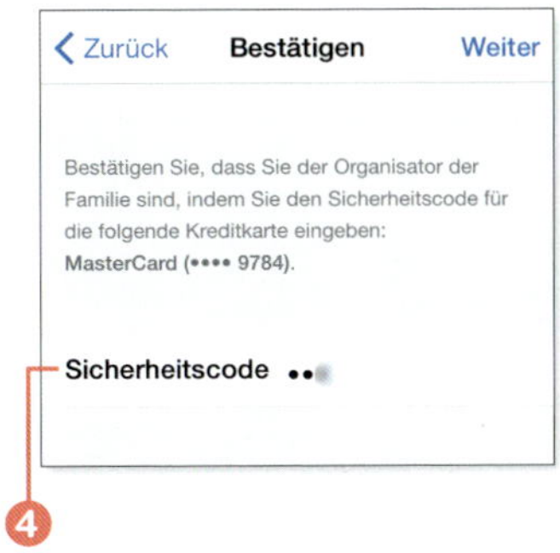

5. Der Empfänger muss dann lediglich auf **Einladung anzeigen** tippen und kann diese mit einem Fingertipp auf **Annehmen** akzeptieren. Sie als Organisator bestätigen (1 auf Seite 244) das Ganze schließlich noch.
6. Nun können Sie entscheiden, ob Sie Einkäufe mit der Apple-ID Ihres Familienmitgliedes freigeben 2 möchten. Legen Sie zum Schluss noch fest, ob der Standort des Familienmitgliedes freigegeben werden soll, sodass Sie ihn über die App Freunde einsehen können.

So, das war es auch schon. Nun sind beide Accounts über die Familienfreigabe verbunden, und alle Apps, eBooks, Songs und Videos können von nun an gemeinsam genutzt werden.

Auch Kalender, die alle Familienmitglieder betreffen, können Sie so im Kalender **Familie** 3 anlegen, sodass alle immer auf dem Laufenden sind. Oder geben Sie Fotos im Album **Family** frei.

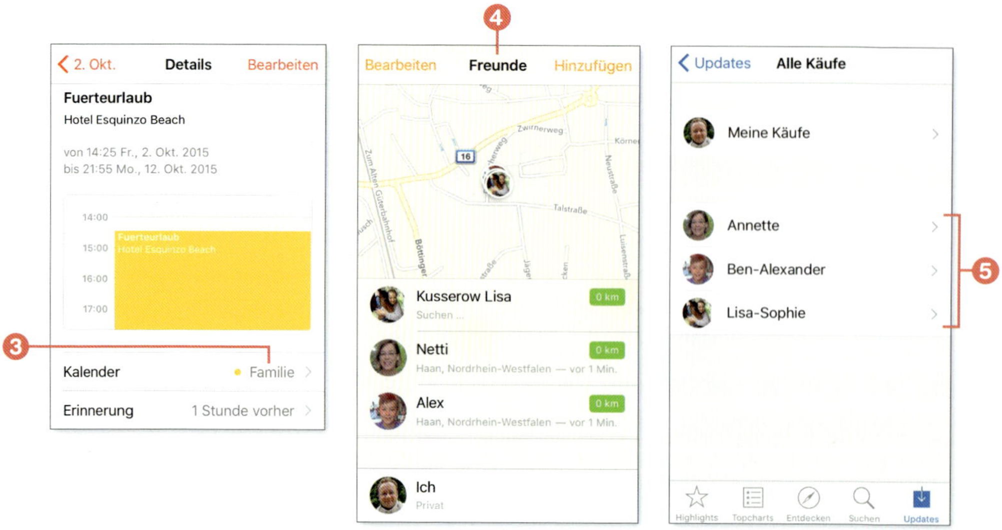

Über **Freunde suchen** ❹ können Sie sehen, wo sich Ihre Kinder oder auch deren iPhones befinden, falls diese einmal verlegt oder verloren wurden. Diese können Sie einfach über die Suche orten.

Schauen Sie sich die Einkäufe Ihrer Familie im App, iTunes oder iBooks Store ❺ an, und laden Sie die Einkäufe von jedem einzeln, wenn Sie möchten.

Geteilte Fotostreams und Fotofreigabe

Mit iCloud haben Sie die Möglichkeit, Bilder aus Ihrem Fotostream beziehungsweise aus Ihren Aufnahmen für andere freizugeben.

1. Um ein Bild aus Ihrem Fotostream auszuwählen, tippen Sie oben rechts auf die **Auswählen**-Schaltfläche ❻. Tippen Sie auf die Bilder, die Sie freigeben möchten, und dann links unten auf den **Teilen**-Button ❼. Tippen Sie nun auf **iCloud-Fotofreigabe** ❽, um eine neue Freigabe zu erstellen.

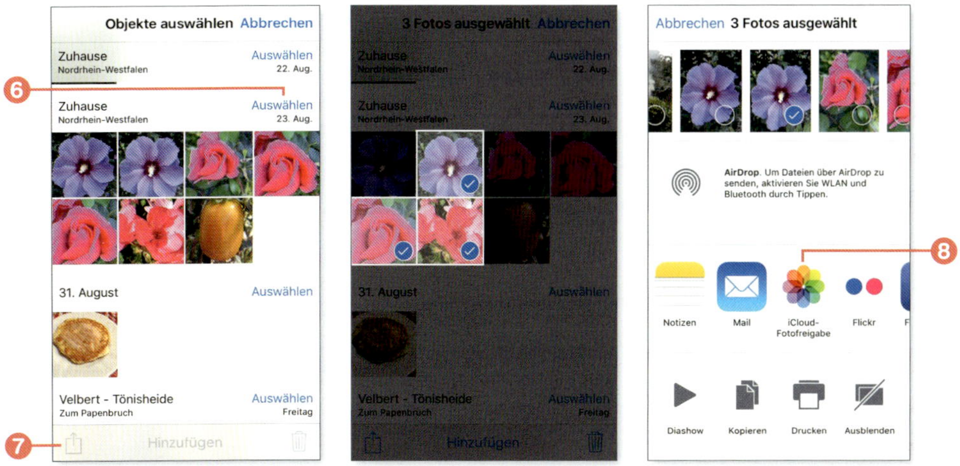

2. Geben Sie den Fotos einen aussagekräftigen Namen (❶ auf Seite 246), wählen Sie dann unter **Freigegebenes Album** ein Album aus, oder erstellen Sie ein neues Album, indem Sie auf das Plussymbol tippen ❷. Geben Sie auch diesem Album einen Namen.

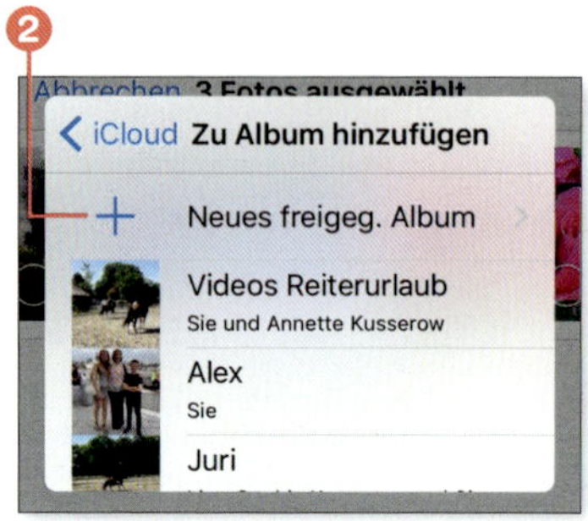

3. Wählen Sie die Personen aus, für die Sie das Album freigeben möchten, und tippen Sie auf **Weiter**. Sie haben jetzt alle Einstellungen vorgenommen und können nun auf **Posten** ❸ tippen, um Ihr Album freizugeben.

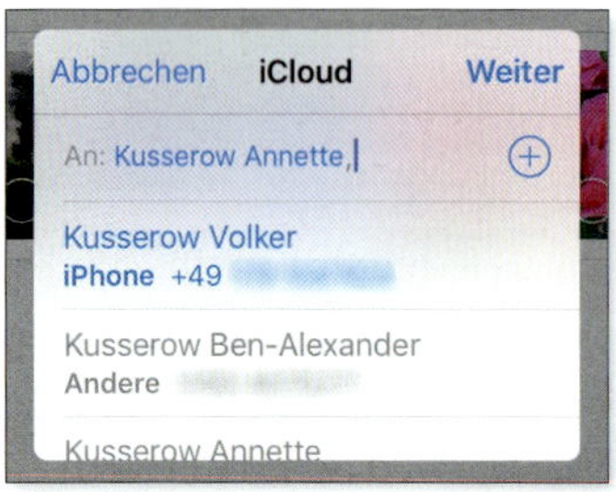

4. Diejenigen, die Zugang zu dem geteilten Fotostream haben, können Ihnen auch Kommentare zu Ihren Bildern schreiben, die Ihnen dann unterhalb des Bildes angezeigt werden ❹.

5. Darüber hinaus können Sie jedem Ihrer freigegebenen Fotostreams weitere »Abonnenten« hinzufügen. Wählen Sie dazu einen Fotostream aus, tippen Sie auf die Schaltfläche **Personen** ❺ und anschließend auf **Einladen** ❻. Wählen Sie nun die entsprechende Person aus Ihren Kontakten aus.

6. Die eingeladene Person kann, nachdem sie die Einladung zu Ihrem Fotostream angenommen hat, die Fotos auch kommentieren, sofern Sie die Option **Abonnenten können posten** 7 aktiviert haben. Haben Sie Mitteilungen für die Fotos-App aktiviert, sehen Sie neue Kommentare bereits auf Ihrem Sperrbildschirm.

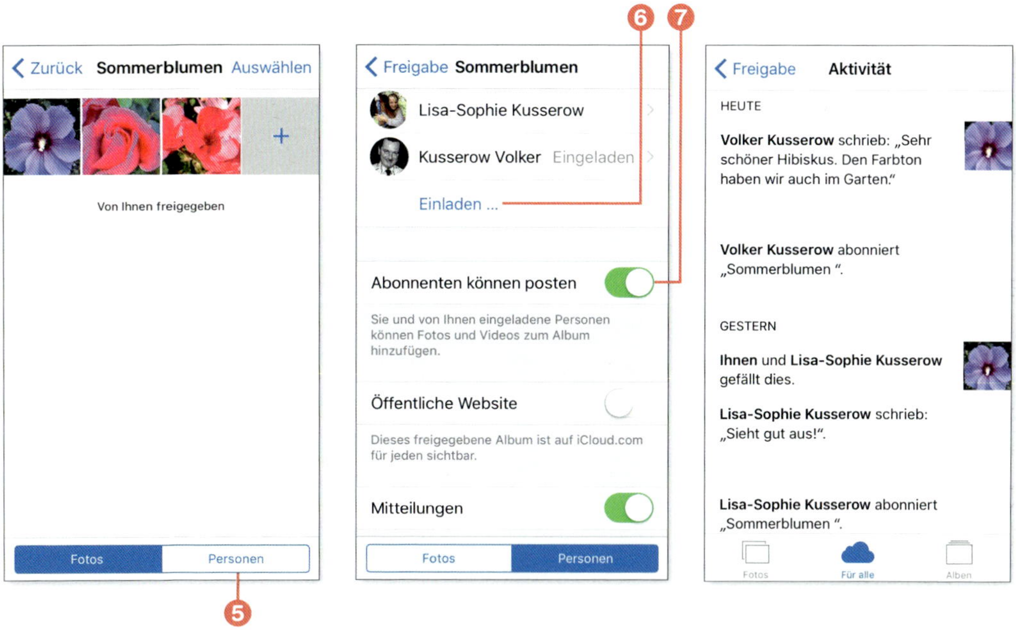

Fotos aus dem Fotostream können Sie nicht nur direkt mit Freunden und Bekannten teilen, sondern auch über die sozialen Netzwerke *Facebook* und *Twitter*. Mehr dazu erfahren Sie im Abschnitt »Fotos bei Twitter und Facebook veröffentlichen« ab Seite 292.

Die Funktion »Mein iPhone suchen«

Ihr iPhone verfügt über einen integrierten GPS-Chip. Dieser kann in Kombination mit Ihren GSM-Daten dazu genutzt werden, den Standort Ihres iPhones zu lokalisieren. Unter *www.icloud.com* können Sie sich die Position Ihres iPhones auf einer Karte darstellen lassen. Das kann insbesondere sehr wichtig sein, wenn Sie Ihr iPhone verloren haben oder es Ihnen gestohlen wurde. Nutzen Sie in diesem Fall Ihr iPhone über diese iCloud-Funktion, um entweder eine Nachricht an den Dieb oder Finder zu senden, das iPhone zu sperren oder sämtliche Daten zu löschen, sodass Ihr Gerät für die Person, die es gefunden oder gestohlen hat, keinen Wert darstellt und Ihre Daten sicher sind.

1. Aktivieren Sie unter **Einstellungen ▸ iCloud** die Funktion **Mein iPhone suchen** ❶. Daraufhin werden Sie gebeten, diese Aktion noch einmal zu bestätigen. Tippen Sie auf **Erlauben**. Sie können nun noch auswählen, dass Ihr letzter Standort an Apple gesendet wird ❷, eine Sicherheitsfunktion, wenn der Akku einmal fast leer ist.

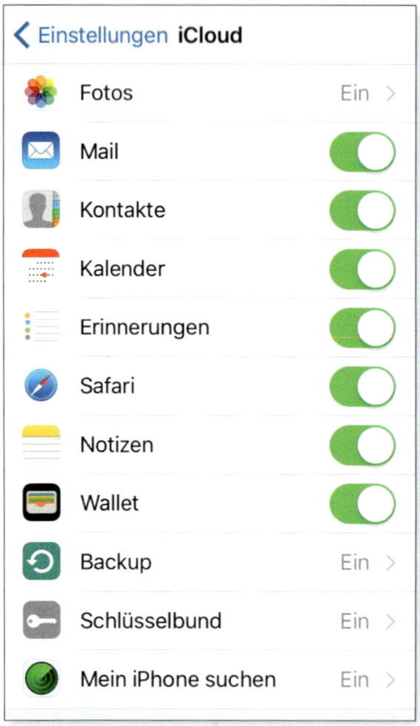

2. Melden Sie sich jetzt mit Ihren Apple-ID-Daten unter *www.icloud.com* an, und tippen Sie dann auf die Rubrik **iPhone-Suche** ❸. Daraufhin müssen Sie sicherheitshalber noch einmal Ihr Apple-ID-Kennwort eingeben.

3. Nach wenigen Augenblicken wird die Position Ihres iPhones auf einer Karte angezeigt ❹. Wie üblich kann die Karte in der **Standard**-, **Satellit**- oder **Hybrid**-Ansicht dargestellt werden ❺. Außerdem können Sie den Kartenausschnitt durch Tippen auf die Plus-Schaltfläche ❻ vergrößern.

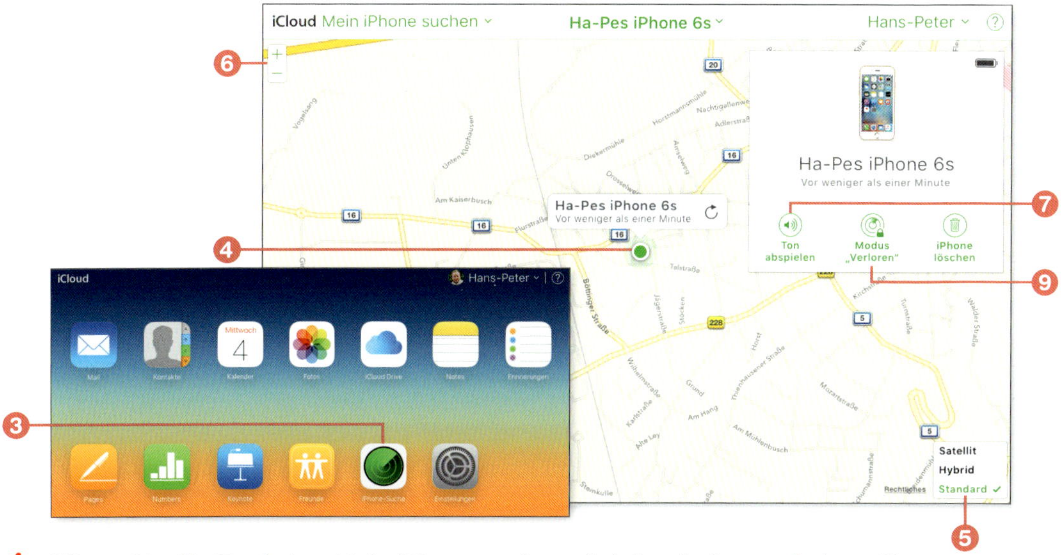

4. Wenn Sie die Funktion **Mein iPhone suchen** aktiviert haben, erhalten Sie dazu eine Bestätigungs-Mail von Apple.

Im Folgenden stelle ich Ihnen die Funktionen *Ton abspielen*, *Modus »Verloren«* und *iPhone löschen* vor und zeige Ihnen, wie Sie sie nutzen können.

Einen Ton abspielen

Eine einfache Möglichkeit, Ihr iPhone zu suchen, besteht im Abspielen eines Tons. Ihr iPhone macht sich dann akustisch bemerkbar. Das ist z. B. dann praktisch, wenn Sie es einmal verlegt haben.

1. Klicken Sie in der Karte der Funktion **Mein iPhone suchen** auf **Ton abspielen** 7.
2. Ein Signalton wird auf Ihrem iPhone abgespielt, und die Aktivierung der Funktion wird im Sperrbildschirm angezeigt. Wenn Sie die Meldung nach links aus dem Bild wischen, gelangen Sie zum eigentlichen Hinweis beziehungsweise können den Hinweis auch direkt löschen, indem Sie auf das kleine Kreuzchen tippen 8. Tippen Sie im Home-Bildschirm einfach auf **OK**.

Sie erhalten außerdem eine E-Mail, die bestätigt, dass Sie diese Funktion aktiviert haben.

Wenn Sie Ihr iPhone auf diese Art nicht in Ihrer Nähe gefunden haben, haben Sie es wohl verloren, oder es ist Ihnen gestohlen worden. Aber auch in solchen Fällen haben Sie Möglichkeiten, Ihr iPhone aufzuspüren oder aus der Ferne zu sperren, um wenigstens Ihre Daten zu schützen. Wie das geht, erfahren Sie in den nächsten Abschnitten.

Das iPhone fernsperren: der Modus »Verloren«

Wenn Sie nicht wissen, wo Ihr iPhone ist, sollte der erste Schritt – ähnlich wie bei einer abhandengekommenen EC-Karte – sein, es zu sperren. Dazu aktivieren Sie den Modus »Verloren«.

1. Um diesen Modus zu nutzen, tippen Sie in der Karte der Funktion **Mein iPhone suchen** auf die Schaltfläche **Modus „Verloren“** (siehe ❾ im Bild zu Schritt 1 auf Seite 249). Dieser Modus versieht Ihr iPhone mit einem Code, den Sie zur Sicherheit direkt nach der ersten Eingabe noch einmal bestätigen müssen. Das iPhone kann dann nur noch durch die Eingabe des Codes entsperrt werden.

2. Darüber hinaus können Sie, weil man ja doch an das Gute im Menschen glauben sollte, eine Nachricht für den ehrlichen Finder und eine Telefonnummer hinterlassen ❶, unter der er Sie kontaktieren kann. Beides wird dann auf dem Display Ihres iPhones angezeigt.
3. Wie schon beim Abspielen eines Tons bekommen Sie auch in diesem Fall eine Bestätigungs-E-Mail, dass Sie den Modus »Verloren« aktiviert haben.
4. Wurde das iPhone gefunden und die entsprechende Nummer angerufen, erhalten Sie eine weitere E-Mail, die genau darüber Auskunft gibt. Sie können dann auch den Standort Ihres Gerätes lokalisieren, indem Sie in der E-Mail auf **Standort anzeigen** tippen.

Zu guter Letzt können Sie das iPhone auch komplett in den Auslieferungszustand zurückversetzen, d. h. alle Ihre Daten und Einstellungen löschen, um sie vor unbefugtem Zugriff zu schützen.

INFO

Die Code-Sperre bleibt weiterhin aktiv

Die Code-Sperre, mit der Sie eine unbefugte Nutzung Ihres iPhones verhindern, bleibt weiterhin bestehen, wenn Sie Ihr iPhone tatsächlich wiedererhalten haben. Sie müssen sie dann manuell wieder entfernen, indem Sie sie in den Einstellungen im Bereich **Allgemein ▸ Code-Sperre** deaktivieren. Erst dann können Sie Ihr iPhone wieder normal nutzen.

Das iPhone fernlöschen

Die wichtigste Funktion unter **Mein iPhone suchen** ist das Fernlöschen des iPhones. Damit befreien Sie das iPhone komplett von allen Ihren persönlichen Daten, sodass niemand mehr darauf zugreifen kann. Nach dem Löschen befindet sich das iPhone wieder im Auslieferungszustand. So schützen Sie empfindliche Daten sicher vor dem Zugriff anderer Personen. Wie das genau funktioniert, erfahren Sie in der folgenden Anleitung.

1. Melden Sie sich zuerst mit Ihren Account-Daten unter *www.icloud.com* an, und lassen Sie Ihr iPhone über die Funktion **Mein iPhone suchen** lokalisieren.
2. Tippen Sie in der Karte der Funktion **Mein iPhone suchen** auf die Schaltfläche **iPhone löschen** ❷.
3. Geben Sie Ihr Apple-ID-Kennwort ❸ ein, und tippen Sie auf **Weiter** ❹.

4. Geben Sie danach optional eine Telefonnummer ❶ ein, unter der Sie angerufen werden können, sofern Ihr iPhone gefunden wird, und legen Sie noch eine Mitteilung ❷ fest als Ansprache für den Finder. Dabei können Sie die vorgegebene Nachricht verwenden oder eine eigene Benachrichtigung formulieren. Tippen Sie abschließend auf **Fertig**.

5. Bestätigen Sie im Browser den Löschvorgang noch einmal. Ihnen wird daraufhin ein Hinweis angezeigt, dass Ihr iPhone gelöscht wurde, und Sie erhalten zusätzlich eine Bestätigungs-E-Mail von Apple.

Falls Sie Ihr iPhone doch noch zurückerhalten, reicht eine normale Synchronisation mit iTunes aus, um Ihr iPhone in den ursprünglichen Zustand zu versetzen.

Ein gelöschtes iPhone wiederherstellen

Sollten Sie Ihr iPhone einmal zurücksetzen müssen, ist das Wiederherstellen nur mit einer entsperrten SIM-Karte möglich, da der Anmeldeprozess keinen Bildschirm liefert, der das Entsperren während des Wiederherstellungsprozesses erlaubt. Sie sollten daher vorsichtshalber den SIM-Code deaktivieren, sodass sich das iPhone während des Wiederherstellungsprozesses problemlos über das Mobilfunknetz erneut bei Apple aktivieren kann. Um den SIM-PIN zu entfernen, müssen Sie unter **Einstellungen ▸ Telefon ▸ SIM-PIN** den Schalter deaktivieren.

Haben Sie Ihr iPhone wiedergefunden, oder ist es Ihnen zugeschickt worden? Wie auch immer – Sie können es nun problemlos wieder auf den letzten Stand bringen, ohne irgendeine Information zu verlieren.

1. Schalten Sie Ihr iPhone ein, und durchlaufen Sie den normalen Startvorgang so, als würden Sie Ihr iPhone zum ersten Mal einschalten.
2. Gehen Sie also folgende Schritte durch: Entsperren, Spracheinstellung, Land und Region, Aktivierung der Ortungsdienste, WLAN-Anmeldung, Aktivierungsbildschirm, der nach etwa drei Minuten automatisch umschaltet zur Auswahl, aus welcher Quelle das Backup aufgespielt werden soll. Wählen Sie hier die Quelle, die Ihre letzte Sicherung enthält. In diesem Fall ist das iTunes. Schließen Sie Ihr iPhone dann an iTunes an.
3. Ist Ihr iPhone an iTunes angeschlossen, wird es umgehend erkannt, und Sie können das letzte Backup, das Sie erstellt haben, auf Ihr iPhone zurückspielen, indem Sie die zweite Option **Aus diesem Backup wiederherstellen** ❸ anklicken, im Feld daneben ein Backup auswählen und die Aktion mit **Fortfahren** ❹ bestätigen.

Die Wiederherstellung kann je nach Größe und Inhalt des Backups eine ganze Weile dauern. Ist der Prozess abgeschlossen, ist Ihr iPhone wieder auf dem neuesten Stand.

Ein iCloud-Backup einrichten

Das iCloud-Backup hat die gleiche Funktion wie ein Backup, das Sie kabelgebunden mit iTunes durchführen. Es hat allerdings den Vorteil, dass Sie für eine Sicherung Ihrer Daten keine Kabel mehr benötigen und das Backup jederzeit und von jedem Ort aus erledigen können. Sofern Sie die Backup-Funktion in iCloud noch nicht beim ersten Start des iPhones eingerichtet haben, können Sie dies natürlich jederzeit nachholen. So geht's:

1. Unter **Einstellungen ▸ iCloud** finden Sie unten die Schaltfläche **Backup** ❶. Tippen Sie darauf.
2. Schieben Sie dann den Regler **iCloud-Backup** ❷ nach rechts, um dadurch Ihr iCloud-Backup zu aktivieren.

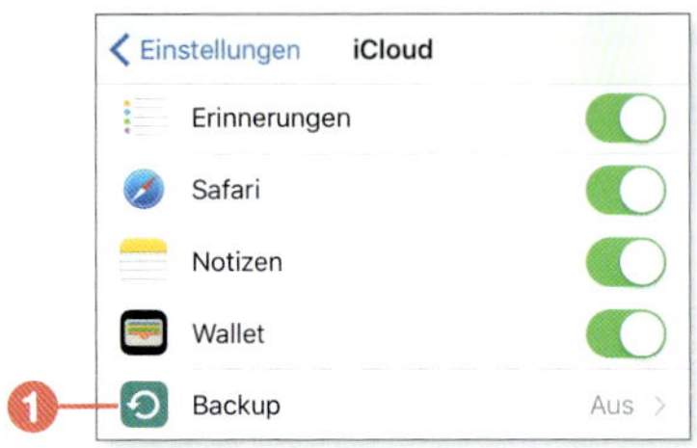

3. Sobald Sie den Backup-Schalter aktiviert haben, werden Sie informiert, dass Ihre Daten ab sofort nicht mehr über iTunes gesichert werden. Bestätigen Sie diese Nachricht mit **OK**, und tippen Sie dann auf **Backup jetzt erstellen**. Sie werden nun gebeten, das Kennwort Ihrer Apple-ID einzugeben, um sich zu autorisieren.
4. Daraufhin wird Ihnen angezeigt, wie lange es dauern wird, das Backup zu erstellen. Haben Sie gerade wenig Zeit, können Sie es über **Backup abbrechen** ❸ sofort beenden.

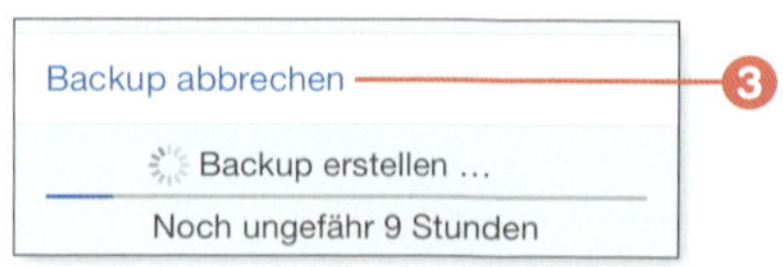

Eines müssen Sie jedoch wissen: Je mehr Daten, Musik, Filme, Apps etc. Sie auf Ihrem iPhone installiert haben, desto länger wird das Erstellen des ersten Backups dauern. Deshalb empfehle ich Ihnen, das erste Backup vorzunehmen, wenn Sie über eine leistungsstarke WLAN-Verbindung verfügen. Die weiteren Backups sind weniger zeitintensiv, da nur vorgenommene Änderungen gespeichert werden und nicht erneut der gesamte Datenbestand.

Den iCloud-Speicher verwalten

Im Laufe der Zeit sammeln sich viele Daten in Ihrem iCloud-Speicher an. Das muss Sie aber nicht schrecken, denn selbstverständlich können Sie sich immer einen genauen Überblick über alles verschaffen, was Sie in iCloud gespeichert haben. Tippen Sie unter **Einstellungen ▸ iCloud ▸ Speicher** auf **Speicher verwalten** ④. Im Bereich **Dokumente & Daten** ⑤ sehen Sie, welche Daten jede App gespeichert hat. Wenn Sie auf eine der Apps, etwa iMovie, Keynote oder Pages, tippen, erfahren Sie, wie groß die einzelnen Dokumente sind ⑥.

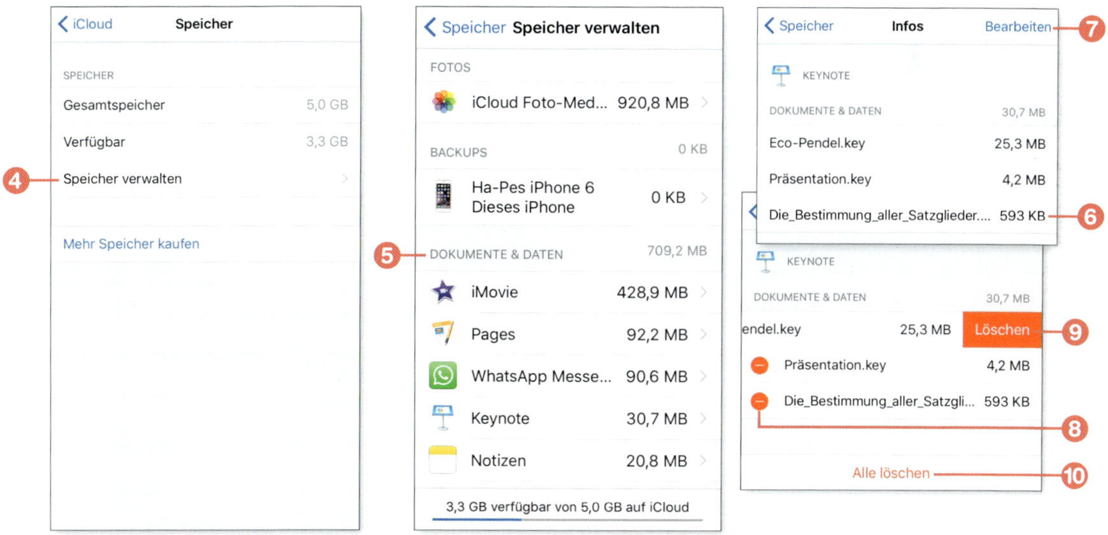

Wenn Sie einige Dokumente, die Sie in iCloud gespeichert haben, nicht mehr benötigen, können Sie sie aus iCloud löschen. Dazu tippen Sie auf **Bearbeiten** ⑦ und löschen ein Dokument per Tipp auf die Minus-Schaltfläche ⑧. Oder Sie wischen mit dem Finger von rechts nach links über das zu löschende Dokument, sodass daneben die Schaltfläche **Löschen** (9 auf Seite 255) erscheint, auf die Sie dann nur noch tippen müssen. Sämtliche Dokumente einer App löschen Sie, wenn Sie auf **Alle löschen** 10 tippen.

INFO

Mehr iCloud-Speicher kaufen

Möglicherweise reichen Ihnen die 5 GB freier iCloud-Speicher nicht. In diesem Fall können Sie zusätzlichen Speicher bei Apple hinzukaufen. Tippen Sie dazu unter **Einstellungen ▸ iCloud ▸ Speicher** auf **Mehr Speicher kaufen**. Wählen Sie nun das für Sie passende Speicher-Upgrade aus. Sie haben die Wahl zwischen vier Optionen: **20 GB**, **200 GB**, **500 GB** oder **1 TB**. Nachdem Sie Ihre Auswahl getroffen haben, müssen Sie nur noch das Passwort Ihrer Apple-ID eingeben, und schon verfügen Sie über zusätzlichen Speicher. Beachten Sie, dass Ihr Speicher-Upgrade jedes Jahr automatisch verlängert wird, solange Sie nicht zum kostenlosen Speicher zurückwechseln, was Sie etwas weiter unten unter **Downgrade-Optionen** tun können.

Der Schlüsselbund

Ihr iPhone bietet Ihnen eine Möglichkeit, Benutzernamen, Passwörter, Kreditkartendaten oder WLAN-Zugangsdaten sicher zu speichern und zu verwalten: den Schlüsselbund. Auf die Art müssen Sie sich nicht mehr die unterschiedlichsten Zugangsdaten merken, sondern können das iPhone diese Angaben für Sie ausfüllen lassen. Die sensiblen Daten sind verschlüsselt und werden so vor Zugriffen Dritter (auch Apple selbst) geschützt. Die Funktion gibt es aber nur für den Apple-eigenen Browser Safari.

TIPP

Automatisches Ausfüllen aktivieren

Damit der iCloud-Schlüsselbund Passwörter und andere Zugangsdaten speichern kann, müssen Sie folgende Einstellung vornehmen: Wählen Sie **Einstellungen ▸ Safari**, und aktivieren Sie unter **Autom. ausfüllen** die Punkte, die gespeichert werden dürfen.

Bei der Konfiguration Ihres iPhones beziehungsweise von iCloud werden Sie gefragt, ob Sie den iCloud-Schlüsselbund einrichten wollen. Wenn Sie dies bei der Ersteinrichtung des iPhones nicht getan haben, können Sie diese Funktion auch später aktivieren.

1. Tippen Sie auf **Einstellungen ▸ iCloud**, und wählen Sie hier den Menüpunkt **Schlüsselbund** ❶.
2. Zum Aktivieren der Funktion tippen Sie auf den Schalter **iCloud-Schlüsselbund** ❷.

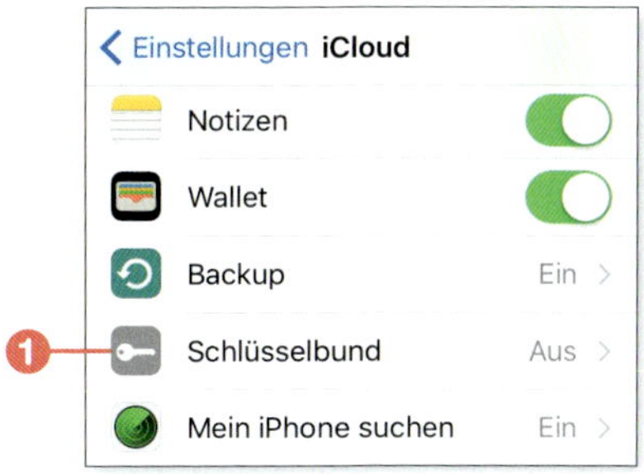

3. Nun melden Sie sich mit Ihrer Apple-ID bei iCloud an, sollte das noch nicht geschehen sein.
4. Bei der ersten Konfiguration müssen Sie entscheiden, ob Sie den Sicherheitscode Ihres Telefons für den iCloud-Schlüsselbund verwenden oder lieber einen separaten Code einrichten wollen. Diesen Code müssen Sie eingeben, um sich zu authentifizieren und um den Schlüsselbund auch auf anderen Geräten, z. B. einem Computer oder iPad, zu aktivieren.
5. Dann werden Sie gebeten, eine Nummer anzugeben ❸, an die per SMS ein weiterer Überprüfungscode gesendet werden kann.

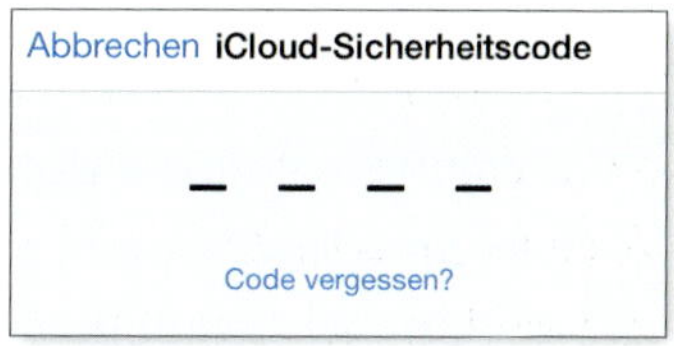

6. Anschließend geben Sie den sechsstelligen Überprüfungscode ein, der Ihnen per SMS an die in Schritt 4 angegebene Nummer gesendet wurde.

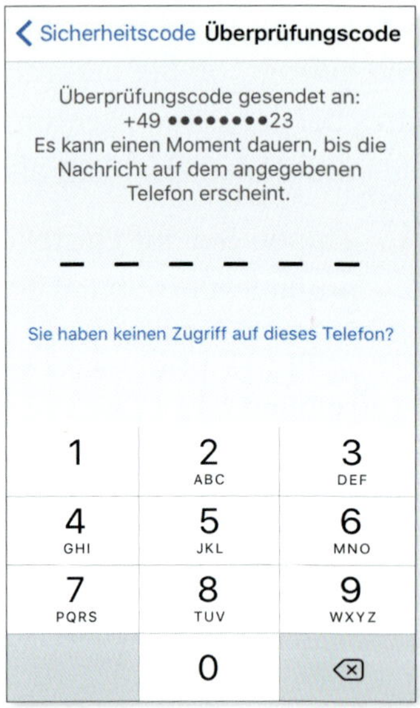

Sobald Sie den Code eingegeben haben, ist die Funktion iCloud-Schlüsselbund aktiviert. Fortan kann sie genutzt werden, und Sie können Ihre Benutzerdaten damit verwalten. Sobald Sie nun über Safari eine Webseite besuchen, auf der Sie Login-Daten eingeben müssen, werden Sie nach der Eingabe gefragt, ob Sie diesen Namen und dieses Passwort im iCloud-Schlüsselbund speichern möchten. Wenn Sie auf **Kennwort sichern** tippen, können Sie diese Daten auch auf allen anderen Geräten nutzen, auf denen Sie den Schlüsselbund eingerichtet haben. Sie müssen sie nicht mehr eingeben, sondern die Login-Felder werden automatisch ausgefüllt. Falls ein Login mal fehlschlägt oder das Passwort geändert wurde, werden Sie gefragt, ob das alte durch das neue Passwort ersetzt werden soll.

INFO

Den Schlüsselbund deaktivieren

Wenn Sie die Funktion iCloud-Schlüsselbund über das Menü **Einstellungen** deaktivieren, können Sie wählen, ob Sie die gespeicherten Zugangsdaten behalten wollen, um sie später wiederherzustellen, oder ob sie zurückgesetzt und damit gelöscht werden sollen.

Kapitel 10
Kamera und Fotos

Eine Fotoapplikation gehört zu jedem guten Smartphone. In den Apps Kamera und Fotos finden sich einige interessante Funktionen, die Apple in den letzten Jahren in das Betriebssystem eingeführt hat: eine deutlich verbesserte Bildstabilisierung, Zeitrafferaufnahmen sowie eine Helligkeitskontrolle vor der Aufnahme. Den Selbstauslöser und die neue Funktion *Live Fotos* nicht zu vergessen. Lassen Sie sich überraschen.

Das iPhone bringt einige Möglichkeiten der Bildbearbeitung mit, die sich auf dem Gerät selbst realisieren lassen und deren Ergebnisse auch gespeichert werden können.

Die beiden Kameras des iPhones

Die neuen iPhones 6s und 6s Plus verfügen – wie bereits ihre Vorgänger – über zwei integrierte Kameras: eine auf der Rückseite und eine auf der Frontseite.

Die Kamera auf der Rückseite werden Sie vermutlich am häufigsten benutzen, um Fotos und Videos aufzunehmen. Die Auflösung von 12 Megapixeln in Kombination mit einem vergrößerten Bildsensor steigert die Bildqualität. Beim iPhone 6s und 6s Plus wird die iSight-Kamera durch einen Saphirkristall geschützt, der fast so hart ist wie ein Diamant und deshalb nicht mehr so leicht verkratzt. Das ist wichtig, da die Kamera etwas vorsteht.

Neben diesen technischen Details kann die integrierte Kamera auf der Rückseite nun sowohl Videos in HD-Qualität als auch 4K-Videos aufnehmen (in einer Auflösung von 1 080p und 60 Bildern pro Sekunde beziehungsweise bei 4K in der Auflösung von 3 840 × 2 160 Pixeln und 30 Bildern pro Sekunde). Darüber hinaus verfügen das iPhone 6s und 6s Plus über eine Zeitrafferfunktion, die ich Ihnen in Kapitel 11, »Videos aufzeichnen«, genauer vorstellen werde.

Die Kamera auf der Frontseite wird mit einer Auflösung von 5 Megapixeln ausgeliefert und bietet Ihnen nun auch die Möglichkeit, Videos in HD-Qualität aufzunehmen (in einer Auflösung von 720p). Laut Apple ist die Frontkamera für FaceTime optimiert und hat genau die richtige Brennweite, um bei ausgestrecktem Arm das eigene Gesicht ins richtige Licht zu rücken.

Fotografieren mit dem iPhone

Damit Sie mit dem neuen iPhone Fotos aufnehmen können, bringt es viele Eigenschaften mit. Zuerst einmal wurde der Zugang zu den integrierten Kameras deutlich erleichtert, indem bereits auf dem Sperrbildschirm rechts unten eine Schaltfläche (1) eingeblendet wird, die das iPhone sofort in den

Aufnahmezustand versetzt, wenn Sie sie nach oben schieben ❷. Um diese Schaltfläche aber überhaupt zu sehen, müssen Sie erst einmal auf die Home-Taste drücken.

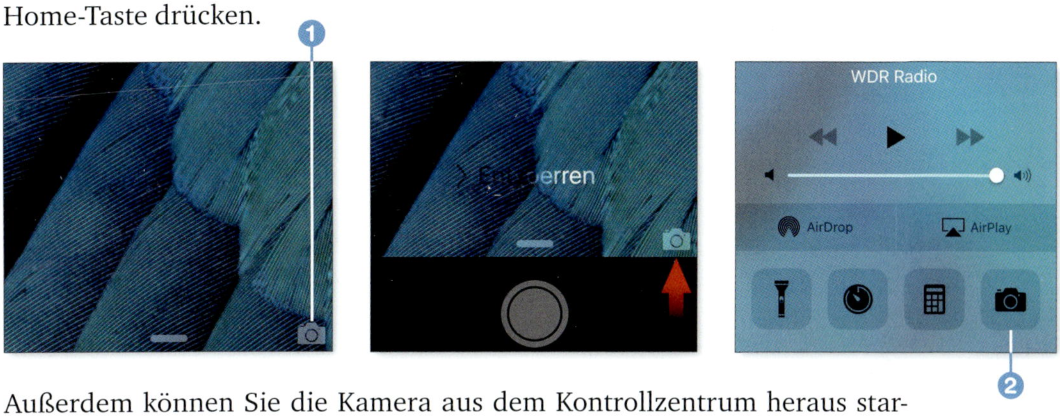

Außerdem können Sie die Kamera aus dem Kontrollzentrum heraus starten, indem Sie es vom unteren Rand nach oben ziehen und rechts unten auf das Kamerasymbol ❷ tippen.

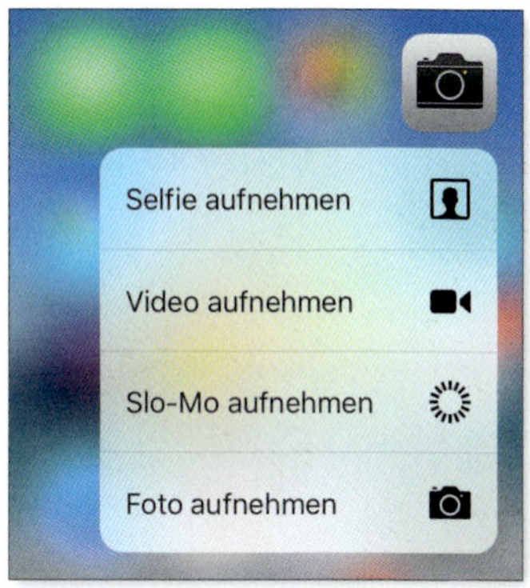

Dank *3D Touch* können Sie mit dem iPhone 6s oder 6s Plus nun außerdem bei freigeschaltetem Bildschirm recht schnell ein neues Foto schießen. Drücken Sie dazu etwas fester auf das Symbol der Kamera-App, und wählen Sie im folgenden Menü die gewünschte Aufnahmeoption aus.

Das Ganze hat den Vorteil, dass Sie direkt loslegen können und in der Kamera-App keine weiteren Einstellungen tätigen müssen, etwa die Frontkamera starten, wenn Sie ein Selfie aufnehmen möchten. Die entsprechende Funktion der Kamera-App haben Sie ja bereits im Menü ausgewählt. Machen Sie dann Ihr Foto.

Um das zu tun, verfügt Ihr iPhone über zwei Möglichkeiten, Fotos aufzunehmen: Entweder drücken Sie den Auslöser auf dem Display (❶ auf Seite 262), oder Sie verwenden den oberen Lautstärkeknopf (+) ❷ am Gehäuse des iPhones als Auslöser. Letzteres ist besonders praktisch, wenn Sie das iPhone quer halten.

So skurril es auch klingen mag, aber wenn Sie die mitgelieferten Kopfhörer an Ihr iPhone 6s oder 6s Plus anschließen, können Sie den [+]-Knopf des Kopfhörers genau wie die Knöpfe am iPhone als Fernauslöser nutzen. Der Vorteil dabei ist, dass Ihre Aufnahmen nicht mehr verwackeln. Gut geeignet ist die Technik z. B., um bessere Selbstporträts zu machen. Probieren Sie es aus!

Raster für eine bessere Bildaufteilung einblenden

Das iPhone bietet Ihnen eine Hilfestellung, damit Sie die Bildaufteilung besser hinbekommen. Dazu verfügt die Kamera-App über die Funktion **Raster einblenden**. Zum Aktivieren öffnen Sie das Menü **Einstellungen** und tippen dort auf **Fotos & Kamera** 3. Scrollen Sie etwas nach unten bis zum Menüpunkt **Raster**. Schieben Sie den Schalter **Raster** 4 nach rechts, um die Funktion zu aktivieren.

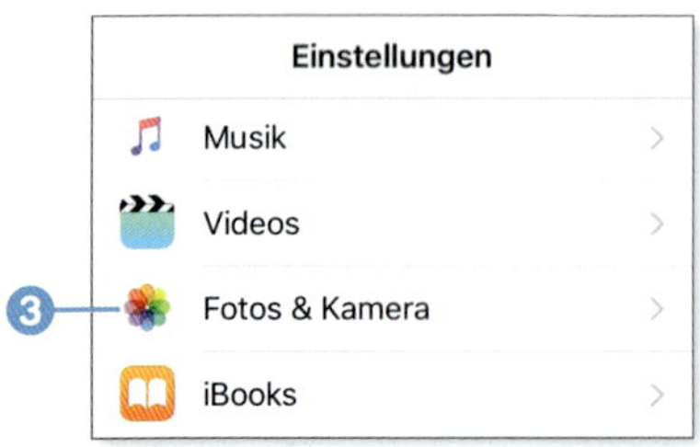

Sie können nach der Aktivierung sofort mit dem eingeblendeten Raster arbeiten und Ihre Bilder perfekt ausrichten.

Das Raster ermöglicht Ihnen die einfache Ausrichtung an horizontalen und senkrechten Linien im Foto, sodass Sie z. B. sofort verhindern können, dass Ihnen der Horizont »wegkippt«. Außerdem erreichen Sie so eine optimale Bildkomposition, etwa nach der Drittelregel beziehungsweise nach dem Goldenen Schnitt.

Die Serienbildfunktion nutzen

Mit dieser praktischen Funktion des iPhones machen Sie eine Serie von Fotos, aus denen Sie dann im Nachhinein das gelungenste auswählen können. Halten Sie dazu die **Aufnahme**-Schaltfläche ca. zwei Sekunden fest. Ihr iPhone macht daraufhin Serienaufnahmen mit zehn Bildern pro Sekunde.

1. Nach der Aufnahme schlägt das iPhone Ihnen ein Bild als am besten gelungen vor. Wenn Sie links neben dem Auslöser auf Ihre letzten Aufnahmen (5) tippen, sehen Sie alle Bilder in einem Stapel hintereinander.
2. Wenn Sie unten auf **Auswählen** (6) tippen, sehen Sie alle Fotos in einer verkleinerten Ansicht. Sie können sie einzeln nach links schieben, bis Sie das von Ihnen favorisierte Bild gefunden haben.

3. Wählen Sie dieses Bild durch Antippen aus. Es wird mit einem blauen Häkchen (7 auf Seite 263) markiert. In der verkleinerten Ansicht wird das Bild ausgegraut dargestellt und erhält ebenfalls ein blaues Häkchen. Das ausgewählte Bild wird Ihren Aufnahmen hinzugefügt.
4. Tippen Sie danach auf **Fertig** 8.

Wenn Sie zu einem späteren Zeitpunkt eines der anderen Bilder aus Ihrem Serienfoto-Stapel auswählen möchten, ist das auch ganz problemlos möglich. Tippen Sie dazu z.B. in der Fotos-App in der Ansicht **Alben** auf Ihren Fotostapel. Dann tippen Sie unten auf **Auswählen** und gehen genauso vor wie oben beschrieben.

Live Photos aufnehmen und als Hintergrund verwenden

Normale Fotos, die einen bestimmten Augenblick in Ihrem Leben festhalten, kennen Sie. Dank *Live Photos* lassen sich nun besonders tolle Momente noch lebendiger festhalten. Bei dieser Funktion wird nicht nur ein Bild, sondern darüber hinaus noch ein kurzes Video mit Ton von 1,5 Sekunden vor und nach dem eigentlichen Foto aufgenommen und dem Foto hinzugefügt. Um ein Live Photo aufzunehmen, müssen Sie lediglich auf den Button **Live Photo** 1 tippen. Dieser wird daraufhin gelb dargestellt.

Haben Sie ein Live Photo gemacht, können Sie später beim Betrachten die Bewegung im Bild aktivieren, indem Sie per 3D Touch etwas fester auf das Bild tippen. Schon wird Ihr Foto »abgespielt«.

Sie können ein Live Photo auch als Hintergrundbild für den Home- und Sperrbildschirm verwenden.

Tippen Sie hierzu in **Einstellungen ▸ Hintergrundbild ▸ Neuen Hintergrund wählen** auf ein Live Photo in Ihren Aufnahmen, und legen Sie das Live Photo fest, indem Sie unten rechts auf **Live Photo** ❷ tippen.

Im nächsten Schritt sichern Sie das Live Foto, indem Sie auf eine der Optionen tippen, also **Sperrbildschirm**, **Home-Bildschirm** oder **Beide**.

Ihren Lieblingsmoment können Sie von nun an immer betrachten, wenn Sie etwas fester auf das Display drücken, wenn Sie den Sperrbildschirm sehen. Das Foto erwacht dann zum Leben.

Fotos mit dem Selbstauslöser machen

Mit Ihrem iPhone können Sie auch Aufnahmen per Selbstauslöser machen. Hierzu gibt es in der Kamera am oberen Rand ein Uhrensymbol ❸. Wählen Sie durch Antippen die gewünschte Zeit bis zur Auslösung der Aufnahme aus, entweder 3 oder 10 Sekunden.

Mit der 3-Sekunden-Aufnahme erzeugen Sie ein verwacklungsfreies Bild, bei der 10-Sekunden-Option können Sie sich bei einer Gruppenaufnahme selbst noch mit ins Bild schmuggeln. Die Sekunden werden übrigens links unten relativ groß auf dem Bildschirm dargestellt, sodass Sie immer sehen, wie viel Zeit Ihnen noch bleibt. Wenn Sie abgedrückt haben und die Zeit verstrichen ist, macht Ihr iPhone jeweils eine Serienaufnahme und schlägt Ihnen dann das beste Bild vor.

TIPP

Verwacklungsfreie Aufnahmen mit Selbstauslöser machen

Wenn Sie vollständig verwacklungsfreie Aufnahmen mit dem Selbstauslöser realisieren möchten, empfehle ich Ihnen ein Stativ mit einer Halterung für Ihr iPhone. Die gibt es schon für 5 € im Handel.

Eine HDR-Aufnahme machen

Mit Ihrem iPhone können Sie auch sogenannte *HDR-Fotos* machen. Der Begriff HDR steht für *High Dynamic Range* und bezeichnet ein Foto mit einem erhöhten Dynamikumfang. Um ein derartiges Foto zu erzeugen, werden in der Regel mehrere Bilder aufgenommen, die dann automatisch übereinandergelegt werden. Beim iPhone funktioniert das so ähnlich. Das iPhone lagert allerdings nur drei Fotos unterschiedlicher Einstellungen übereinander.

Tippen Sie in der Kamera-App auf den Button **HDR**. Sie können zwischen den Optionen **AUTO**, **EIN** oder **AUS** wählen. Tippen Sie auf **AUTO** ❶, wird jedes Bild automatisch als HDR-Bild aufgenommen. Mit **EIN** ❷ schalten Sie die HDR-Aufnahme ein, und mit einem Fingertipp auf **AUS** ❸ wird die HDR-Funktion wieder deaktiviert.

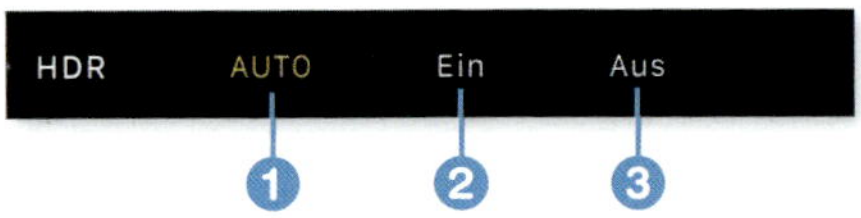

Machen Sie mit ruhiger Hand ein Foto, und warten Sie, bis es gespeichert wurde. Es befinden sich nun zwei neue Fotos in Ihrem Fotoalbum, von denen das zweite Foto das HDR-Bild ist.

Das linke Bild wirkt etwas flau, wenn Sie sich die Blüten anschauen. Das HDR-Foto rechts ist deutlich kontrastreicher und farbintensiver. Es wirkt dadurch interessanter.

Quadratische Fotos machen

In der Kamera-App steht Ihnen noch ein weiteres interessantes Bildformat zur Verfügung. Sie können auch quadratische Fotos mit Ihrem iPhone aufnehmen. Zur Aktivierung dieses Bildformats wischen Sie in dem Drehmenü oberhalb des Auslösers von rechts nach links, bis der Menüpunkt **Quadrat** 4 gelb hervorgehoben wird.

Das Bildformat wird daraufhin sofort aktiviert, und Sie können Ihre Aufnahme machen. Dabei ändert sich auch der Vorschaubildschirm, der dem Format angepasst wird und Ihnen eine quadratische Vorschau anzeigt.

Panoramafotos machen

Die Panoramafunktion erstellt Panoramen mit bis zu 63 Megapixeln. Sie arbeitet mit einer dynamischen Autobelichtung, die während der Aufnahme angeglichen wird, sodass keine groben Farb- und Helligkeitsabweichungen auftreten und ein harmonisches Panoramabild entsteht.

1. Wischen Sie zur Aktivierung der Funktion das Drehmenü oberhalb des Auslösers von rechts nach links, bis der Menüpunkt **Panorama** 5 gelb dargestellt wird.

2. Die Panoramaansicht wird geöffnet. Nun müssen Sie nur noch auf die **Aufnahme**-Schaltfläche ❶ tippen und das iPhone gleichmäßig nach rechts bewegen. Das iPhone macht automatisch die entsprechenden Bilder und fügt sie zu einem Panoramabild zusammen. Dabei ist es wichtig, dass Sie das iPhone gerade und im gleichen Winkel halten. Der große Pfeil auf dem Display hilft Ihnen dabei: Wenn Sie ihn auf der eingeblendeten Linie halten, sind Sie auf der sicheren Seite.

3. Wenn Sie rechts am Ende der Linie angekommen sind, wird das Foto im Ordner **Panoramen** ❷ gespeichert. Diesen Ordner gibt es nur, wenn Sie bereits ein Panoramafoto gemacht haben. Er wird automatisch den bereits vorhandenen beziehungsweise von Ihnen angelegten Ordnern hinzugefügt.

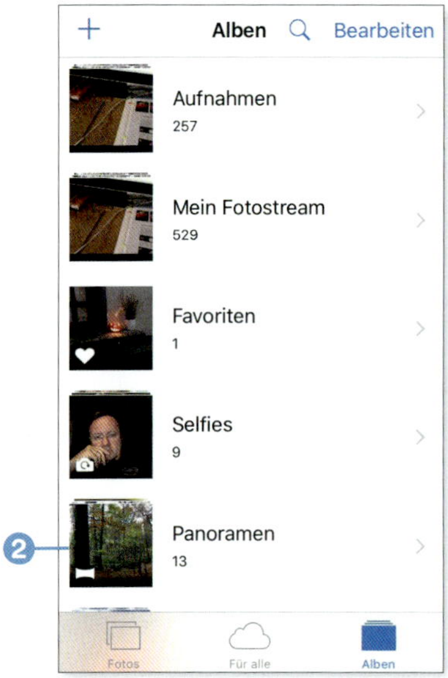

Ein fertiges Panoramabild sieht so ähnlich aus wie in der nächsten Abbildung. Das Ganze funktioniert recht reibungslos aus der Hand, wenn Sie den Pfeil beachten. Sie benötigen also nicht unbedingt ein Stativ.

Richtig scharf stellen

Die Kamera-App verfügt über eine Funktion, um auf ein Motiv scharf zu stellen. Zunächst einmal hat das iPhone einen automatischen Fokus, bei dem Ihnen, während Sie das Motiv anvisieren, ein kleines Quadrat auf dem Display anzeigt, welcher Bildteil scharf dargestellt wird. Daneben befindet sich das Symbol einer kleinen Sonne, mit der Sie die Helligkeit des Fotos verändern können (siehe dazu den Abschnitt »Helligkeit während des Filmens einstellen« auf Seite 298).

Möchten Sie einen anderen Bildteil als den automatisch vom iPhone ausgewählten fokussieren, tippen Sie mit dem Finger auf die Stelle des Displays, an der das Bild scharf gestellt werden soll. Das Fokus-Quadrat bewegt sich an diese Stelle und stellt das Bild automatisch scharf.

Genauso verhält es sich, wenn Sie Personengruppen mit dem iPhone fotografieren möchten. Hier hat die Software den Vorteil, dass sie die Personen

automatisch durch die Gesichtserkennung wahrnimmt. Die Gesichtserkennung wird durch ein gelbes Fokus-Quadrat auf dem Bildschirm angezeigt.

Das iPhone stellt dann entsprechend auf eine Person scharf und optimiert daraufhin die Gruppe mit diesen Werten. Die neue Gesichtserkennung arbeitet zuverlässig bis zu einer Gruppengröße von zehn Personen.

Einen Ausschnitt vergrößern

Das iPhone ist in der Lage, Bildausschnitte noch vor dem eigentlichen Fotografieren zu vergrößern, sodass nur der gewählte Ausschnitt aufgenommen wird. Sie müssen dann also Ihr Motiv nicht nachträglich zoomen. Um einen Ausschnitt zu vergrößern, gehen Sie wie folgt vor:

1. Öffnen Sie die Kamera-App, und fokussieren Sie den entsprechenden Bildteil, indem Sie darauf tippen. Es erscheint ein gelbes Fokus-Quadrat mit einer kleinen Sonne am Rand.
2. Vergrößern Sie nun den Ausschnitt, indem Sie Daumen und Zeigefinger auf dem Display auseinanderbewegen.
3. Am unteren Rand des Motivs wird daraufhin eine Vergrößerungsleiste eingeblendet, die Sie ebenfalls für die Vergrößerung verwenden können. Sie müssen dafür nur mit dem Finger den Regler (1) nach rechts ziehen.

4. Warten Sie, bis das iPhone Ihr Motiv erneut fokussiert hat, und lösen Sie nun die Aufnahme aus, indem Sie auf die **Aufnahme**-Schaltfläche ② tippen.

Es ist wichtig, dass Sie auf das erneute Fokussieren warten, denn sonst wird das Foto schnell unscharf. Grundsätzlich ist der Autofokus aber eine leistungsfähige Funktion, mit deren Hilfe Sie das für Sie Wichtige hervorheben können.

Live-Filter anwenden

Die Kamera-App enthält *Live-Filter*, die es Ihnen erlauben, Ihr Motiv durch verschiedene Filter zu betrachten und den passenden bereits vor der Aufnahme auszuwählen.

1. Aktivieren Sie die Live-Filter für Ihre Aufnahme, indem Sie das Symbol mit den drei grauen Kreisen ③ neben dem Auslöser antippen. Sobald Sie die Filter aktiviert haben, werden die grauen Kreise in der Tab-Leiste farbig dargestellt ④.
2. Ihr Motiv wird mit den verschiedenen Filtern als Vorschau angezeigt. Wählen Sie den passenden Filter aus, indem Sie ihn antippen.
3. Machen Sie nun das Foto, indem Sie ganz normal auf den Auslöser tippen. Der Filter wird bei der Aufnahme auf das Bild angewandt.

Mithilfe der Filter können Sie interessante Bildeffekte und Stimmungen erzeugen. Von monochromen Aufnahmen über Aufnahmen, die nach gealterten Filmen aussehen, finden Sie hier eine ganze Reihe schöner Filter.

Ein Selbstporträt machen

Mit dem iPhone 6s ein Selbstporträt zu machen ist denkbar einfach. Dazu müssen Sie lediglich per 3D Touch auf dem Home-Bildschirm etwas fester auf das Symbol der Kamera-App drücken und den Menüpunkt **Selfie aufnehmen** ① auswählen. Die Kamera auf der Vorderseite wird daraufhin aktiviert, und Sie können sofort Ihr Bild machen.

Befinden Sie sich bereits in der Kamera-App, können Sie hier ein Selfie aufnehmen, indem Sie einfach von der Rückseiten- zur Frontkamera wechseln. Tippen Sie dazu oben rechts auf die entsprechende Schaltfläche ②. Die Kamera wird »gedreht«, und Sie sehen sich im Display. Nun können Sie Ihr Selbstporträt schießen. Für Selbstporträts können Sie auch gut die Selbstauslöserfunktion verwenden, die Ihnen erlaubt, verwacklungsfreie Bilder zu erzeugen.

Wenn Sie Brillenträger sind, sollten Sie darauf achten, dass Sie sich so fotografieren, dass der Lichteinfall auf der Brille minimiert wird, da es ansonsten zu unschönen Reflexionen kommen kann.

INFO

Vorsicht vor Verzerrungen

Die Frontkamera des iPhones ist so eingestellt, dass Sie die besten Ergebnisse erzielen, wenn Sie sich mit ausgestrecktem Arm fotografieren. Wenn Sie das iPhone zu dicht vor Ihr Gesicht halten, kommt es zu stärkeren Verzerrungen im Nasenbereich, und Ihr Gesicht wirkt unnatürlich. Um Verzerrungen komplett zu vermeiden, können Sie natürlich auch einen sogenannten Selfie-Stick, also eine Teleskopstange, an dessen Ende Sie Ihr iPhone montieren, verwenden.

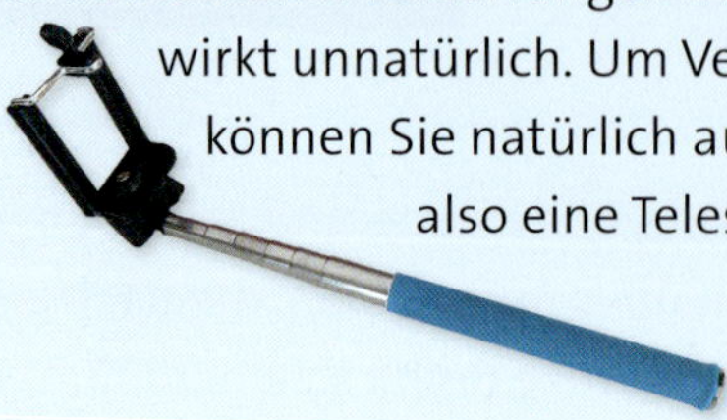

Die Blitzfunktion nutzen

Das iPhone verfügt über einen True-Tone-Blitz, der mit zwei integrierten LED-Lichtern arbeitet, eins weiß und eins bernsteinfarben. Dank dieser Mischung lassen sich über 1 000 unterschiedliche Farbkombinationen abbilden, wodurch die Fotos realistischere Farben zeigen sollen.

In der linken oberen Ecke der geöffneten Kamera-App befindet sich ein Blitzsymbol 3. Tippen Sie auf dieses Symbol, öffnet sich eine Auswahl, mit der Sie den Blitz entweder auf automatischen Betrieb einstellen (**AUTO**), ausschalten (**Aus**) oder ihn dauerhaft aktivieren (**Ein**). Wenn die automatische Funktion eingeschaltet bleibt, löst der Blitz bei Bedarf selbsttätig aus. Neu ist beim iPhone 6s die Möglichkeit, ein Selfie mit Blitz zu machen. Da sich an der iPhone-Front aber kein LED-Blitz befindet, hat Apple sich etwas einfallen lassen. Apple nennt die neue Funktion *Retina Flash*, was bedeutet, dass das komplette Display nun als Blitz fungiert.

Ich habe zum Vergleich zwei Fotos gemacht, eins bei normal hellen Bedingungen ohne Blitz und ein zweites bei absoluter Dunkelheit mit dem Retina Flash. Selbst bei derart widrigen Bedingungen bekommt man noch ein relativ gutes Ergebnis.

Sie sehen, es ist Apple mal wieder gelungen, der Kamera-App eine neue sinnvolle Funktion hinzuzufügen. Bei weniger widrigen Bedingungen wird man also recht ordentliche Selfies schießen können.

Aufnahmen direkt anschauen und aussortieren

Sofort nachdem Sie Ihre Aufnahmen gemacht haben, können Sie überprüfen, ob diese etwas geworden sind. Schlechte Aufnahmen löschen Sie dann einfach wieder.

1. Öffnen Sie die Kamera-App, machen Sie ein Foto, und tippen Sie dann unten links auf das kleine Vorschaubildchen ❶.
2. Ihnen wird das gerade geschossene Foto angezeigt, und Sie können sofort beurteilen, ob Sie das Bild behalten möchten oder nicht.
3. Darüber hinaus können Sie auch die Fotos anschauen, die Sie vorher gemacht haben, denn diese werden ebenfalls in einer Miniaturvorschauleiste angezeigt ❷. Bereits an dieser Stelle können Sie ein gut gelungenes Foto als Favorit markieren, indem Sie auf das Herzsymbol ❸ tippen, oder das jeweils angezeigte Foto bearbeiten, um es in gewissen Grenzen zu verbessern. Um ein misslungenes Bild zu löschen, tippen Sie einfach auf das Papierkorbsymbol ❹.

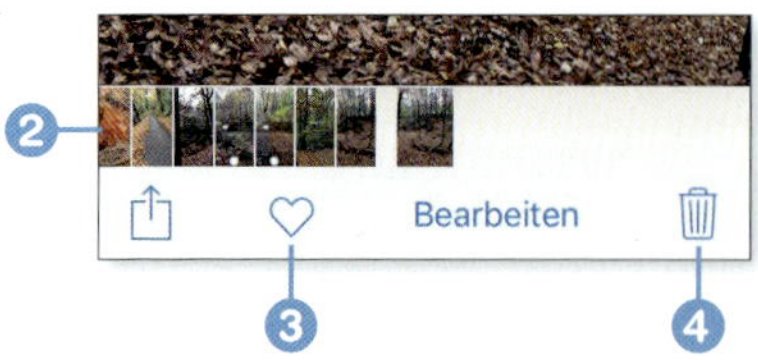

4. Indem Sie oben rechts auf **Fertig** ❺ tippen, kehren Sie zur Kamera-App im Aufnahmemodus zurück. Wenn Sie links auf **Alle Fotos** ❻ tippen, gelangen Sie zur Darstellung **Momente**, in der sich alle Fotos, nach Aufnahmeort und Datum sortiert, befinden, die Sie mit Ihrem iPhone gemacht haben.

Wenn es Ihnen gefällt, können Sie das Bild mithilfe der **Teilen**-Schaltfläche auch gleich verschicken oder eine Diashow anlegen. Lesen Sie dazu die Abschnitte »Fotos per E-Mail oder MMS versenden« ab Seite 288, »Fotos bei Twitter und Facebook veröffentlichen« ab Seite 292 und »Eine Diashow erstellen« ab Seite 285.

Fotofavoriten auswählen

Mit dem iPhone 6s können Sie direkt und ganz schnell Ihre Fotofavoriten auswählen, die dann in einem eigenen Album angezeigt werden.

1. Um ein Foto zu einem favorisierten Bild zu machen, müssen Sie lediglich das Bild anzeigen lassen und unten auf das Herzsymbol (7) tippen, das daraufhin blau ausgefüllt wird.
2. Die Fotofavoriten werden automatisch in das Album **Favoriten** (8) im Bereich der Alben eingeordnet.
3. Um ein Bild wieder aus den Favoriten zu entfernen, gehen Sie den gleichen Weg in umgekehrter Richtung. Öffnen Sie das Bild in den Favoriten, und tippen Sie wieder auf das blaue Herzchen. Daraufhin wird die Füllung des Herzchens entfernt und das Bild aus den Favoriten gelöscht.

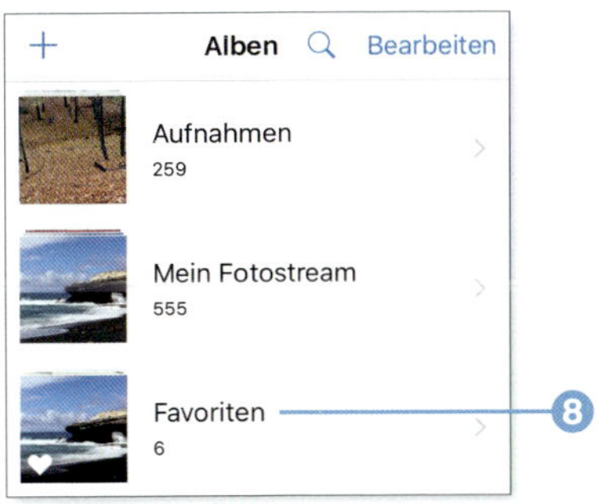

Sie sehen, es ist ganz einfach, Favoriten Ihrer Fotos zu erzeugen und sie auf diese Weise zu sortieren.

Fotos direkt auf dem iPhone bearbeiten

In iOS stehen Ihnen auch recht ausgereifte Möglichkeiten zur Verfügung, um die eigenen Bilder auf dem iPhone zu bearbeiten. Sie können z. B. den Horizont gerade richten, verschiedene Bildformate auswählen, unterschiedliche Farbmodi zuweisen oder Licht, Farbe und Schwarz-Weiß-Werte anpassen oder – für die ganz Faulen – die Autokorrektur nutzen. Wie das alles funktioniert, sehen Sie hier.

Horizont gerade richten, Bilder drehen und beschneiden

Um ein Foto gerade auszurichten, können Sie entweder auf die automatische Funktion zurückgreifen oder alles manuell einstellen.

1. Wählen Sie ein Foto aus, tippen Sie das Bild an und dann oben rechts auf **Bearbeiten** 1.
2. Sie gelangen auf die Bearbeiten-Oberfläche und können dort das Beschneiden-Werkzeug 2 anwählen.
3. In der Ansicht zum Beschneiden und Bilddrehen haben Sie die Wahl, ob Sie Ihre Korrektur manuell vornehmen, indem Sie an der Skala 3 drehen, oder aber automatisch, indem Sie unten mittig auf den **AUTO**-Button 4 tippen. Mit der linken Schaltfläche 5 können Sie das Foto jeweils um 90 Grad drehen und mit der rechten Schaltfläche 6 vorausgewählte Bildformate nutzen. Natürlich können Sie Ihr Bild auch frei beschneiden, indem Sie an den Ecken 7 ziehen und so das gewünschte Format einstellen.

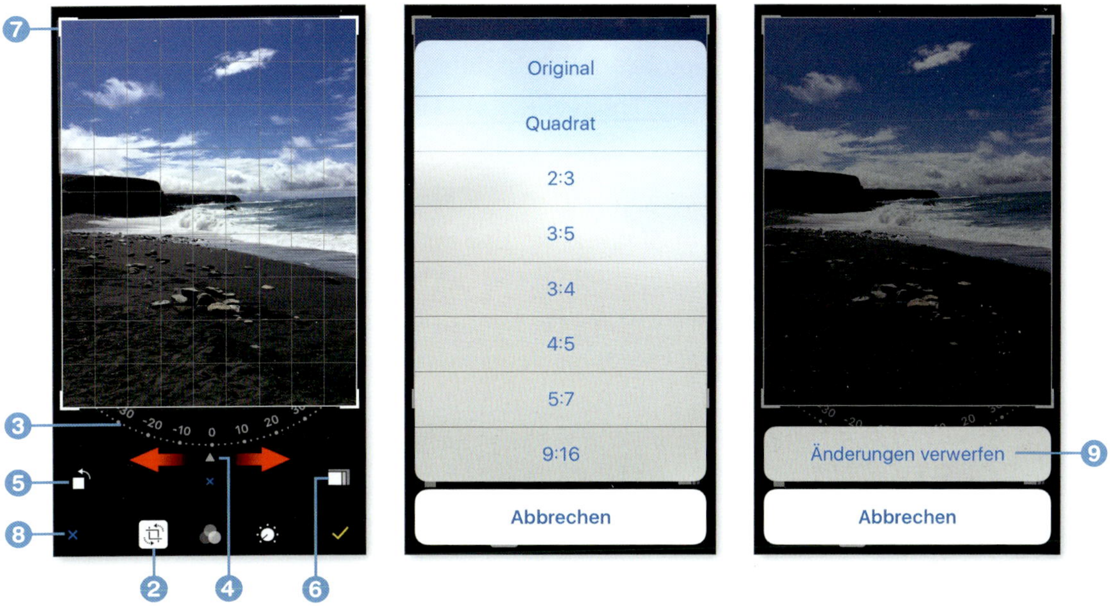

Einmal auf das blaue Kreuzchen 8 in der linken unteren Ecke getippt – und der Bearbeitungsmodus wird wieder beendet, wobei Sie entscheiden können, ob Sie die **Änderungen verwerfen** 9 möchten.

Farbmodi zuweisen

Sie können übrigens auch im Nachhinein Ihren Bildern bestimmte Farbmodi zuweisen. Sie müssen das nicht schon beim Fotografieren tun.

1. Gehen Sie anfangs genauso vor wie in der obigen Anleitung, wählen Sie aber statt des Beschneiden-Werkzeugs (siehe Schritt 2 oben) das Farbmodi-Werkzeug 10 rechts daneben.
2. Wischen Sie weitere verschiedene Modi nach links ins Bild. Wählen Sie nun einen Modus durch Antippen aus, und bestätigen Sie dies mit einem Fingertipp auf das gelbe Häkchen 11 rechts unten.

Machen Sie mit den verschiedenen Farbmodi je nach Aufnahmesituation Ihre eigenen Erfahrungen.

Licht- und Farbwerte zuweisen

Noch eine genauere Fotobearbeitung gelingt Ihnen, wenn Sie den letzten Reiter in der Liste wählen. Hier geht es um Licht- und Farbwerte. Standardmäßig werden Ihnen Möglichkeiten in den Bereichen **Licht**, **Farbe** und **S/W** angeboten.

1. Wenn Sie vorne auf die Begriffe tippen, sehen Sie die Veränderungen am Bild direkt in einer Bildleiste ❶ am unteren Rand. Diese Veränderung betrifft jedoch alle Werte. Das erkennen Sie, wenn Sie auf das kleine Listensymbol ❷ tippen, denn dann öffnen sich beispielsweise die einzelnen Einstellungen für Licht und die entsprechend eingestellten Werte. Der kleine graue Punkt zeigt übrigens den Ausgangszustand.

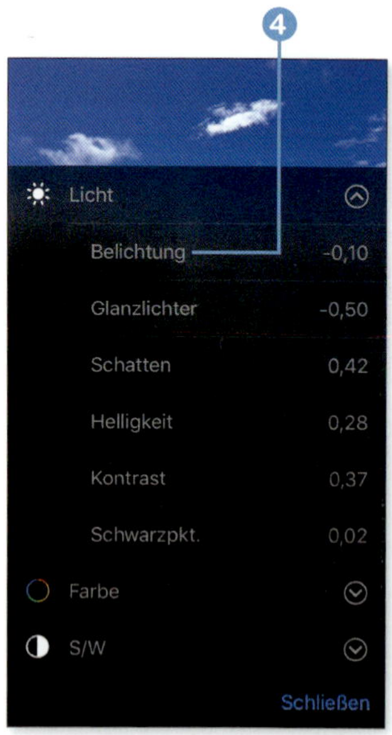

2. Natürlich können Sie auch die einzelnen Werte manuell anpassen, indem Sie auf die Pfeilschaltfläche ❸ am rechten Rand tippen. Tippen Sie dann auf eine Rubrik, beispielsweise **Belichtung** ❹, und Sie können die Belichtung manuell über eine Strichskala ❺ anpassen.

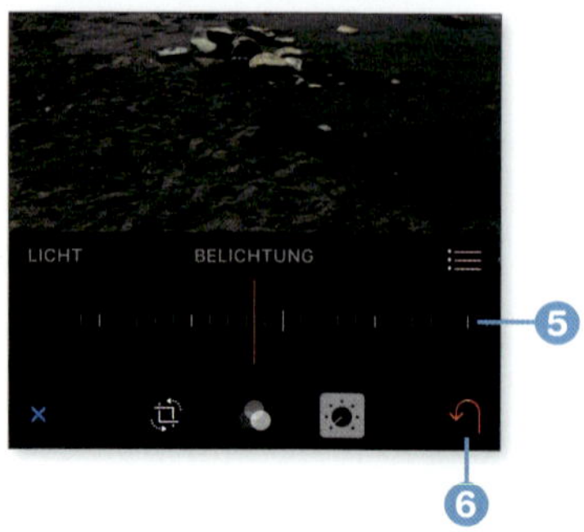

3. Ein Fingertipp auf den roten, gebogenen Pfeil 6 und Sie gelangen wieder zum Originalbild zurück, wenn eine Bearbeitung mal nicht so ausgefallen ist, wie Sie es sich wünschen.

Probieren Sie die verschiedenen Einstellungen doch einmal an Ihren Bildern aus, und Sie werden zu erstaunlichen Ergebnissen gelangen.

Fotos drucken

Sie sind mit Ihrem iPhone auch in der Lage, die von Ihnen gemachten Fotos direkt via *AirPrint*-Technologie auszudrucken. Das ist allerdings nur möglich, wenn Sie über einen AirPrint-fähigen Drucker verfügen. Welche Drucker das sind, entnehmen Sie bitte der Apple-Website unter *http://support.apple.com/kb/HT4356?viewlocale=de_DE*. Wie das Drucken genau funktioniert, erfahren Sie in diesem Abschnitt.

1. Öffnen Sie das Bild, das Sie drucken möchten, und tippen Sie auf **Teilen**.
2. Im zugehörigen Menü tippen Sie auf **Drucken** 7.
3. Nun öffnet sich das Menü **Druckeroptionen**, in dem Sie einstellen, welchen Drucker Sie verwenden möchten 8 und wie oft Sie das Bild drucken wollen 9.

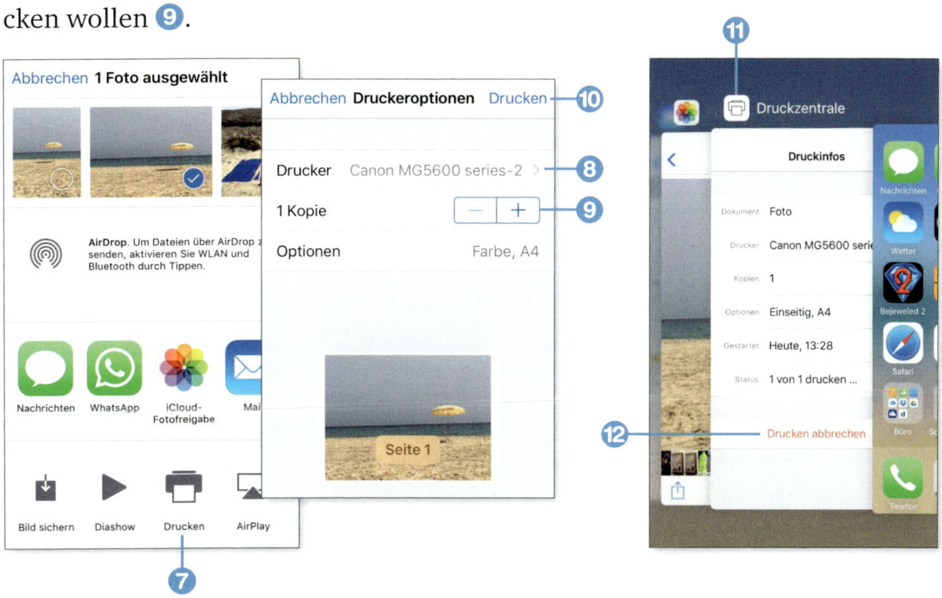

4. Haben Sie den Druck mit **Drucken** (6 auf Seite 279) gestartet, können Sie, indem Sie die Home-Taste zweimal schnell drücken, ins Menü **Druckzentrale** 11 hineinschauen.

5. Tippen Sie auf **Druckzentrale**, und Sie sehen sofort, welche Dokumentenart gerade gedruckt wird, auf welchem Drucker wie viele Kopien erstellt werden, ob doppelseitig gedruckt wird und wann der Druckauftrag gestartet wurde. Hier wird Ihnen auch der aktuelle Druckstatus angezeigt.

Wenn Sie doch nicht drucken wollen, tippen Sie einfach auf **Drucken abbrechen** 12. Nach dem Drucken verschwindet das Symbol **Druckzentrale** übrigens automatisch aus der Ansicht für die zuletzt verwendeten Apps.

TIPP

Drucken auch ohne AirPrint-fähigen Drucker

Wenn Sie, wie ich auch, nicht über einen AirPrint-fähigen Drucker verfügen, müssen Sie trotzdem nicht auf diese Funktion verzichten. Es gibt Programme wie *handyPrint* (Mac) oder *AirPrint Activator* (PC), mit denen Sie Ihren Drucker über das heimische WLAN AirPrint-fähig machen. Diese Druckertreiber können Sie kostenlos testen. Probieren Sie es einfach aus.

Die iCloud-Fotomediathek

Apple hat in Zusammenarbeit mit der iCloud eine neue Funktion für die eigene Fotodatenbank eingeführt, die sogenannte *iCloud Fotomediathek*. Mit dieser Funktion können Sie alle Ihre Bilder von jedem Ihrer Geräte – ob iPhone, iPad, Mac oder PC – in die iCloud laden. Sie stehen Ihnen so auch auf jedem Ihrer Geräte zur Verfügung. Voraussetzung ist hierbei, dass Sie auf allen Geräten mit derselben Apple ID angemeldet sind und natürlich wie bei allen Onlinespeicher-Lösungen über eine funktionierende Internetverbindung verfügen. Und so aktivieren Sie Ihre neue Fotomediathek:

Tippen Sie entweder auf **Einstellungen ▸ Fotos und Kamera**, oder gehen Sie über **Einstellungen ▸ iCloud ▸ Fotos**, und aktivieren Sie den Regler für **iCloud-Fotomediathek** ①. Entscheiden Sie darüber hinaus, ob Sie Ihre Fotos für den iPhone-Speicher optimieren möchten ② oder die Option **Laden und Originale behalten** ③ vorziehen, welche natürlich mehr Speicherplatz benötigt.

Ist der Aktualisierungsprozess abgeschlossen, können Sie sich alle Ihre Fotos auch auf dem iPhone ansehen, da nun Ihre gesamte Mediathek hier gespeichert ist.

TIPP

Was tun bei großen Fotobeständen?

Bei großen Fotosammlungen reicht der kostenlose iCloud-Speicher mit seinen 5 GB vermutlich nicht aus. Sie können hier entsprechend iCloud-Speicher hinzukaufen.

Fotostreams »Für alle«

Hinter dem Begriff *Für alle* verbergen sich alle Ihre iCloud-Fotofreigaben, die hier nun lediglich einen neuen Namen bekommen haben. Sie finden hier weiterhin Ihre Aktivitäten beziehungsweise die verschiedenen Alben, die von Ihnen über die iCloud für bestimmte Personen freigegeben wurden. Sichtbar wird das Ganze wieder durch das kleine blaue Wolkensymbol (① auf Seite 282), das die iCloud symbolisiert.

Fotostream »Familie«

Der Fotostream *Family* ist eine Neuerung seit iOS 8. Haben Sie beispielsweise mehrere Familienmitglieder in der Familienfreigabe zusammengefasst, so können Sie auch eigene Bilder im Album **Family** ablegen, und jedes Familienmitglied kann diese Fotos dann direkt sehen. Weiteres zum Thema Familienfreigabe finden Sie im Abschnitt »Die Familienfreigabe nutzen« ab Seite 242.

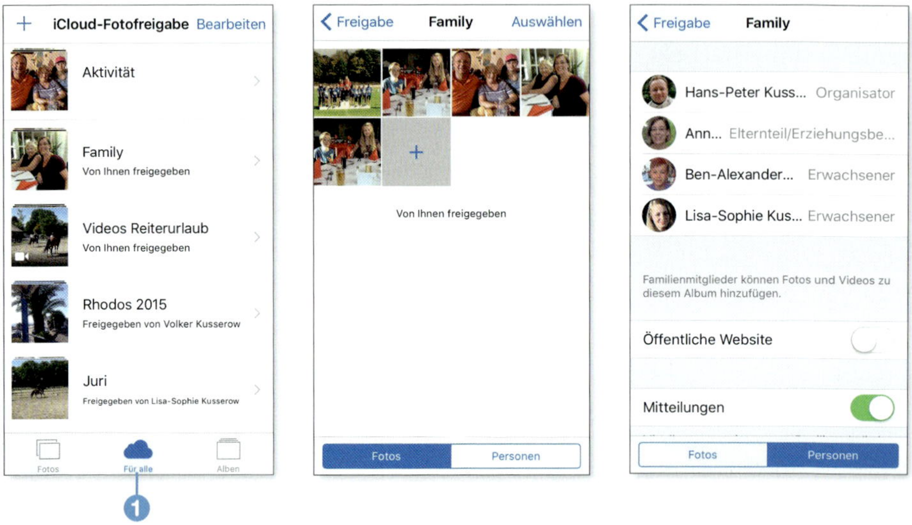

In der linken Abbildung oben sehen Sie die verschiedenen Alben, die Sie in iCloud freigegeben haben, in der Mitte dann die einzelnen freigegebenen Fotos eines Albums, hier **Family**, und rechts die Personen, die über die Familienfreigabe verknüpft sind. Das ist ein wirklich schönes Feature und sehr praktisch. So müssen die Bilder nicht mehr unnötig hin- und hergeschickt werden.

Darüber hinaus können Sie im Album **Family** auch wieder 3D Touch verwenden. Tippen Sie etwas fester auf eines der quadratischen Vorschaubildchen, wird eine Vorschau geöffnet. Diese können Sie mit einem Tipp auf das Pfeilsymbol ❷ nach oben schieben, sodass die Menüpunkte **Kopieren**, **Senden** und **Löschen** ❸ zu sehen sind. Ein festerer Druck öffnet schließlich das Bild.

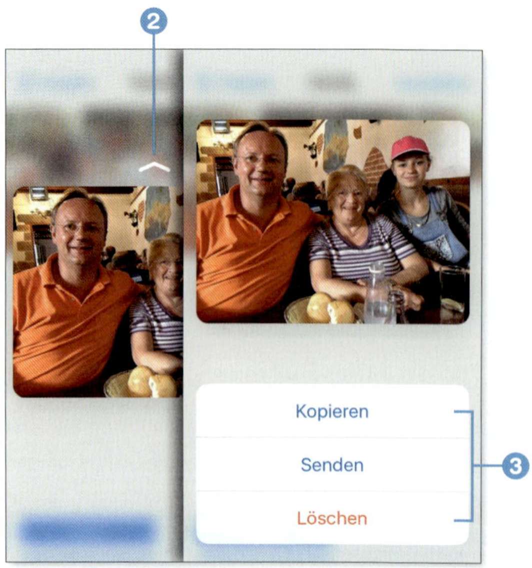

Die Alben

Die **Alben**-Ansicht versammelt eine ganze Anzahl verschiedener Alben, wie z. B. **Aufnahmen**, **Mein Fotostream**, **Favoriten**, **Selfies**, **Panoramen**, **Videos**, **Slo-Mo**, **Zeitraffer**, **Serien**, **Bildschirmfotos** und **Zuletzt gelöscht**. Das sind die Standardalben, in die Ihre Fotos und Videos einsortiert werden. Nicht alle Alben sind jedoch von vornherein angelegt, sondern werden erst erzeugt, sobald Sie eine entsprechende Aufnahme gemacht haben.

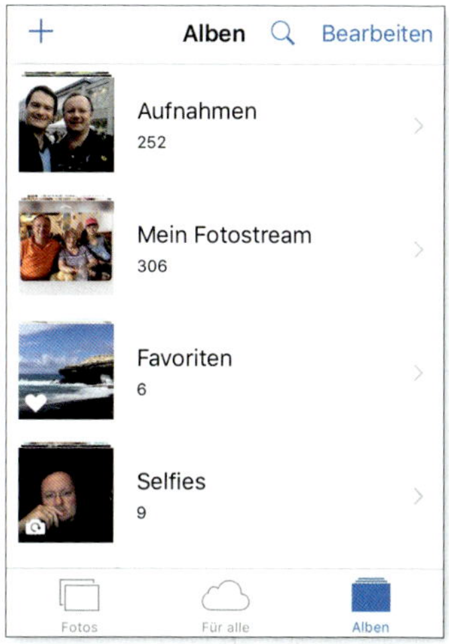

Darüber hinaus können Sie natürlich weitere Alben Ihrer Wahl anlegen. Um ein neues Album anzulegen, gehen Sie wie folgt vor:

1. Tippen Sie oben links auf das Plussymbol 4, und geben Sie Ihrem Album einen aussagekräftigen Namen. Tippen Sie dann auf **Sichern** 5.
2. Wählen Sie die Bilder für Ihr Album aus. Diese werden mit einem kleinen weißen Häkchen in einem blauen Kreis gekennzeichnet 6.
3. Das Album finden Sie dann in der Übersicht Ihrer Alben 7. Tippen Sie darauf, um zu sehen, welche Fotos Sie hinzugefügt haben.

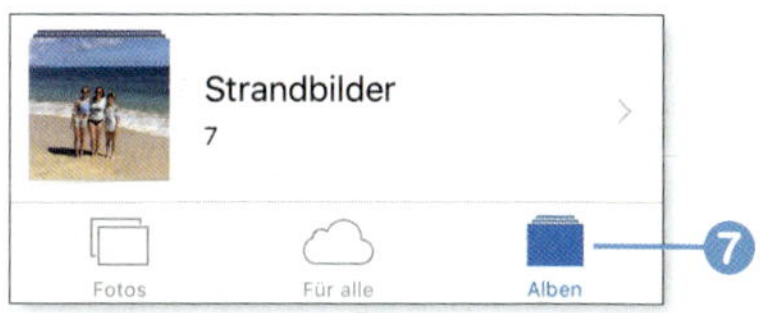

Auch in den Alben können Sie natürlich 3D Touch anwenden, um verschiedene Funktionen auszuführen. Drücken Sie etwas fester auf das entsprechende quadratische Vorschaubildchen. Sie sehen nun eine vergrößerte Vorschau und können über das Pfeilsymbol wieder einige Menübefehle aufrufen. Wählen Sie hier etwa **Favorit**, sodass Sie ganz schnell das Bild zu Ihren Favoriten hinzufügen können.

> **INFO**
>
> **Das Album »Zuletzt gelöscht«**
>
> Alle Bilder, die Sie vom iPhone löschen, werden automatisch in dieses Album geschoben. Sie haben dann insgesamt 30 Tage Zeit, um
>
> 
>
>
> die Fotos wiederherzustellen, bevor sie automatisch und ohne Vorwarnung gelöscht werden. Bei jedem Bild können Sie übrigens die noch verbleibende Verweildauer im Album **Zuletzt gelöscht** ablesen.

Ganze Alben löschen

Wenn Sie das eine oder andere Album nach einer gewissen Zeit nicht mehr benötigen, können Sie es auch wieder löschen. Gehen Sie wie folgt vor:

1. Tippen Sie in der Alben-Ansicht oben rechts auf **Bearbeiten**.

2. Wählen Sie das zu löschende Album aus, indem Sie auf das Minussymbol im roten Kreis (1) tippen. Tippen Sie anschließend auf **Löschen**.

3. Beenden Sie den Löschvorgang, indem Sie oben rechts auf **Fertig** tippen.

> **INFO**
>
> **Was passiert mit Fotos, die aus Alben gelöscht werden?**
>
> Wenn Fotos aus Alben oder ganze Alben gelöscht werden, bleiben die Fotos weiterhin im Album **Aufnahmen** erhalten, da es sich dabei lediglich um Duplikate handelt.

Eine Diashow erstellen

Als eine weitere interessante Funktion bietet Ihnen das iPhone die Möglichkeit, aus Ihren Bildern eine Diashow zu erstellen. Dabei ist es egal, ob es sich um Bilder aus einem Ihrer Fotoalben handelt oder um gerade aufgenommene Fotos.

1. Um eine Diashow zu erstellen, öffnen Sie die Fotos-App und tippen unter **Fotos** oder **Alben** oben rechts auf den Befehl **Auswählen** ❷.
2. Tippen Sie alle die Bilder an, die Sie in Ihre Diashow aufnehmen möchten. Die ausgewählten Bilder erkennen Sie an dem weißen Häkchen im blauen Kreis ❸. Tippen Sie nun unten links auf den **Teilen**-Button ❹.
3. Tippen Sie auf **Diashow** ❺, um die Diashow zu starten.
4. Wenn Sie eine laufende Diashow antippen, können Sie rechts unten unter **Optionen** ❻ ein Thema und eine Hintergrundmusik festlegen.

5. Tippen Sie auf **Thema** (❶ auf Seite 286), und suchen Sie durch Antippen einen passenden Übergang aus. Er wird mit einem Häkchen gekennzeichnet.

6. Wenn Sie danach oben rechts auf **Fertig** tippen, können Sie sich ansehen, wie der Übergang wirkt, und entscheiden, ob er Ihnen gefällt.

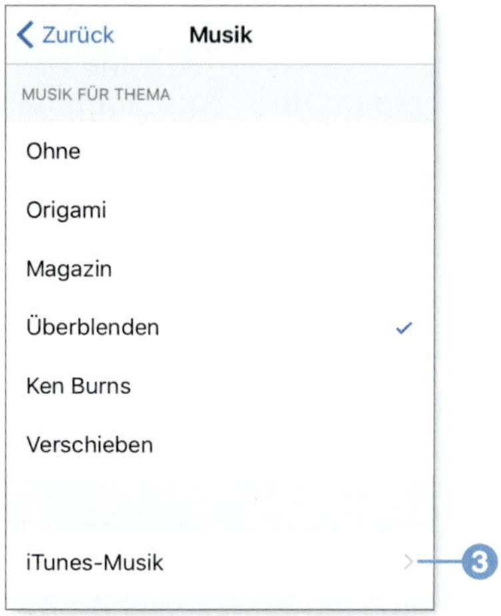

7. Jedes Thema einer Diashow wird bereits mit Musik unterlegt. Wenn Sie möchten, können Sie diese Musik aber ausschalten oder durch die Musik Ihrer Wahl ersetzen. Tippen Sie hierzu auf **Musik** ❷, und wählen Sie entweder die Musik eines Themas aus, oder nutzen Sie **iTunes-Musik** ❸, um eigene Musik auszuwählen. Natürlich können Sie nur Musik auswählen, die Sie auf Ihrem iPhone in der Musik-App gespeichert haben. Möchten Sie keine Musik abspielen, tippen Sie auf den Menüpunkt **Ohne**.

8. Zum Schluss tippen Sie auf **Fertig**, und die Diashow läuft mit Ihren Einstellungen weiter.

Diashows via AirPlay auf dem Fernseher abspielen

Sie können eine Diashow aber nicht nur auf Ihrem iPhone genießen, sondern sie auch anderen vorführen. Dafür kommt die AirPlay-Technik zum Einsatz. Folgendes sollte dafür vorhanden sein:

- ein aktives WLAN, in das sich auch Ihr iPhone einwählt
- Apple TV, das Sie über die HDMI-Schnittstelle an Ihren Fernseher angeschlossen haben

Wenn diese technischen Voraussetzungen erfüllt sind, müssen Sie nur noch die Diashow an den Fernseher schicken. Hier erfahren Sie, wie das funktioniert:

1. Schalten Sie auf Ihrem iPhone das WLAN ein, starten Sie Ihre Fotos-App, und wählen Sie einige Bilder aus, die Sie sich als Diashow ansehen möchten. Tippen Sie dann wieder auf den **Teilen**-Button und hier auf **Diashow**, die daraufhin sofort startet.
2. Tippen Sie in der laufenden Diashow einmal auf das Display und anschließend oben rechts auf das **AirPlay**-Symbol ❹. Nun können Sie Ihr AirPlay-Gerät, hier im Beispiel **Apple TV** ❺, auswählen.

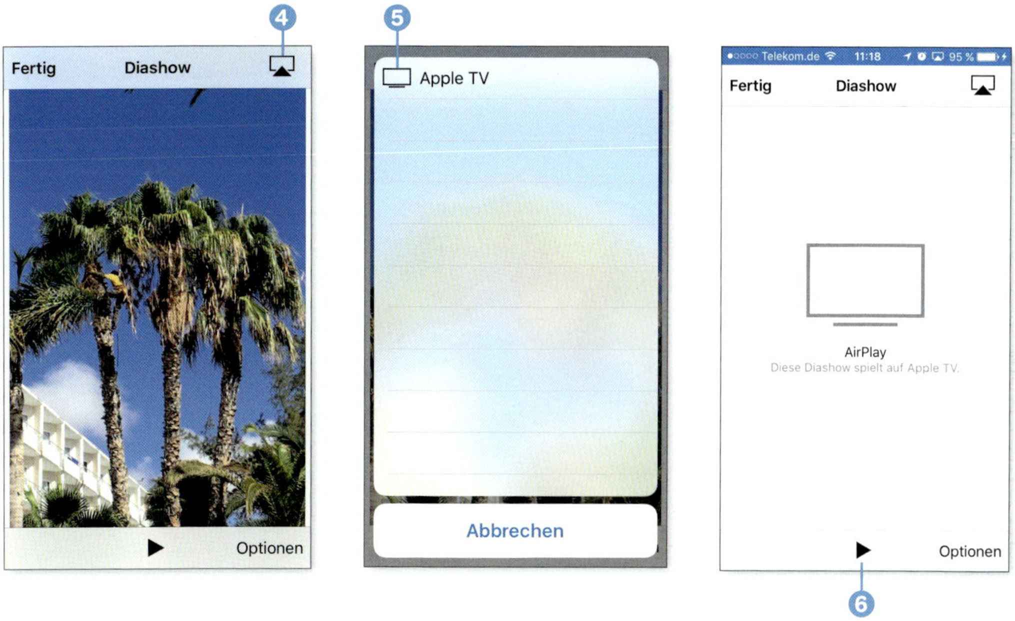

3. Tippen Sie zum Schluss auf das **Play**-Symbol ❻. Die Diashow wird nun mit dem gewählten Thema und der entsprechenden Musik auf Ihrem AirPlay-Gerät wiedergegeben.

So genießen Sie Ihre Diashow etwa auf dem eigenen Fernseher und können Ihre Fotos anderen präsentieren, ohne Ihr iPhone herumreichen zu müssen.

Neben der AirPlay-Variante hat Apple einen Adapter entwickelt, mit dessen Hilfe Sie den Bildschirminhalt Ihres iPhones oder iPads auf dem Fernseher darstellen können.

Das Dock-Connector-Kabel für eine zusätzliche Stromversorgung stecken Sie in der unteren Buchse und das HDMI-Kabel in der oberen Buchse ein. Den Dock-Connector rechts stecken Sie in Ihr iPhone.

INFO

Fotos ausblenden

Wenn Sie in Ihrer Bildersammlung Fotos haben, die Sie keinem zeigen möchten, weil sie beispielsweise zu privat sind, können Sie diese auch ausblenden. Tippen Sie hierzu einfach das Foto an und anschließend auf den **Teilen**-Button. Wählen Sie nun den Menüpunkt **Ausblenden**, und das Bild verschwindet sofort aus Ihrer Foto-Mediathek. Es befindet sich dann in der **Alben**-Ansicht im Album **Ausgeblendet**.

Fotos per E-Mail oder MMS versenden

Die mit Ihrem iPhone 6s und 6s Plus erstellten Fotos können Sie Ihren Freunden zur Verfügung stellen, indem Sie sie versenden. Dazu haben Sie verschiedene Möglichkeiten. Versenden Sie die Bilder entweder per E-Mail oder als Nachricht (MMS), oder veröffentlichen Sie sie über soziale Netzwerke (siehe dazu den Abschnitt »Fotos bei Twitter und Facebook veröffentlichen« ab Seite 292).

Fotos per E-Mail versenden

Der klassische Weg, Fotos weiterzugeben, ist, sie per E-Mail zu verschicken. Das geht natürlich auch von Ihrem iPhone aus, sofern Sie einen Mail-Account eingerichtet haben (siehe dazu Kapitel 6, »E-Mails senden und empfangen«).

1. Wenn Sie ein Foto per E-Mail versenden möchten, wählen Sie es aus und tippen in der Tab-Leiste auf die Schaltfläche **Teilen**.
2. Weil Sie Ihr Foto ja per E-Mail verschicken möchten, tippen Sie auf dem nächsten Bildschirm auf **Mail** ❶.
3. Ihre Mail-App öffnet sich mit einem Fenster für eine neue E-Mail, in der das Foto schon eingefügt ist. Geben Sie den Empfänger ❷, die Betreffzeile ❸ und gegebenenfalls weiteren Text ein.
4. Versenden Sie nun die E-Mail, indem Sie oben rechts auf **Senden** ❹ tippen. Beim Empfänger wird sie so angezeigt, wie Sie es im rechten Teil der folgenden Abbildung sehen.

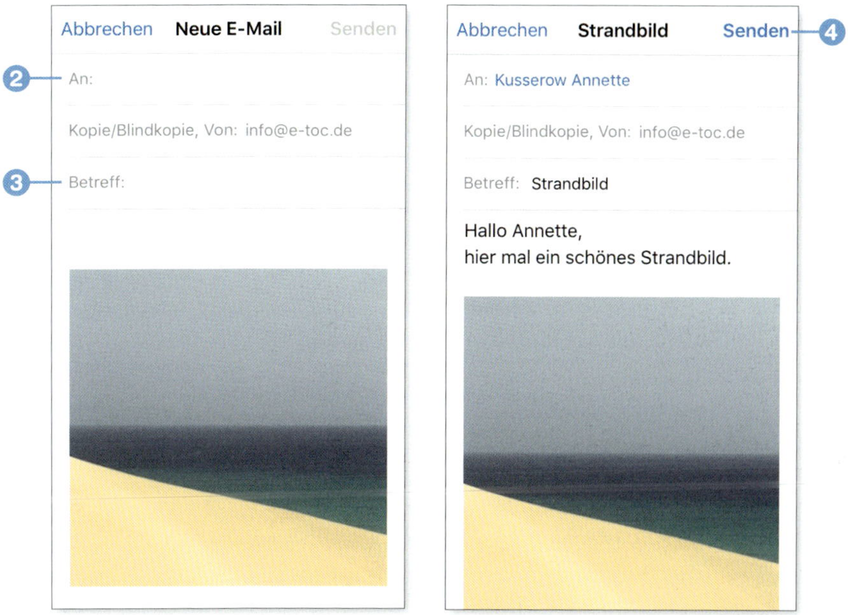

Selbstverständlich können Sie auch aus der Mail-App Fotos verschicken. Wie das geht, erfahren Sie im Abschnitt »Bilder und andere Medien per Mail versenden« ab Seite 161.

Mehrere Bilder auf einmal versenden

Mit Ihrem iPhone können Sie natürlich auch mehrere Bilder auf einmal versenden und müssen dafür nicht immer eine neue E-Mail erstellen.

1. Wählen Sie in der Fotos-App die Bilder aus, die Sie versenden möchten, indem Sie erst einmal oben rechts auf **Auswählen** ❶ tippen.
2. Mit einem Fingertipp auf die Bildervorschau markieren Sie die gewünschten Bilder. Ein ausgewähltes Bild wird mit einem Häkchen ❷ gekennzeichnet.

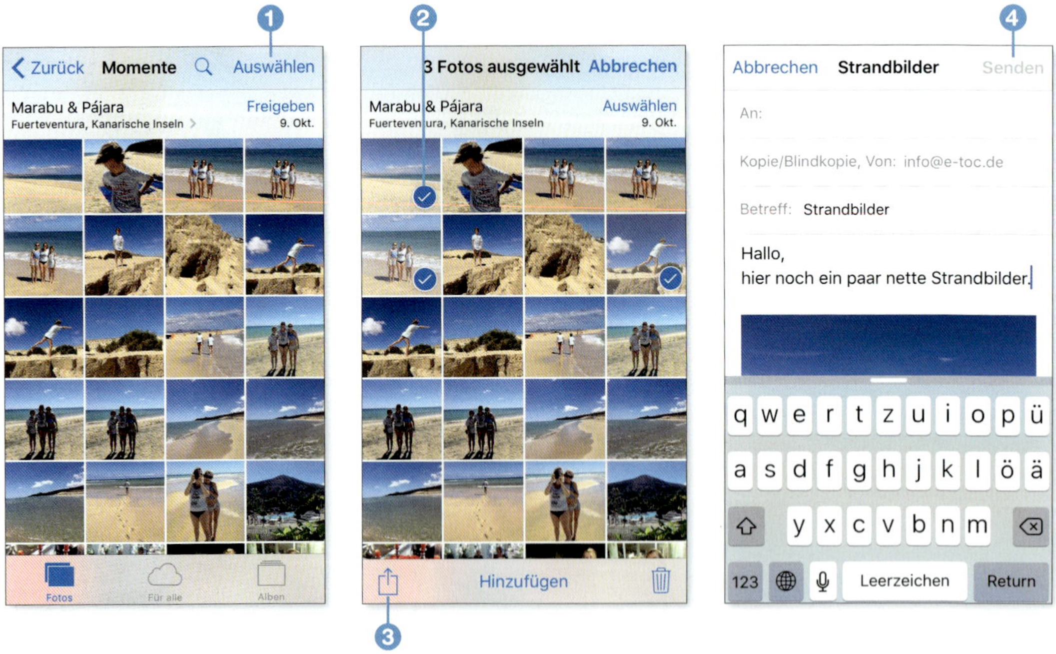

3. Ist Ihre Auswahl vollständig, tippen Sie links unten auf die Schaltfläche **Teilen** ❸.
4. Tippen Sie im nächsten Menü auf **Mail**. Die Bilder werden direkt in Ihre E-Mail eingefügt, Sie müssen nur noch den Empfänger und gegebenenfalls einen Text hinzufügen und die E-Mail mit **Senden** ❹ verschicken.

Haben Sie zu viele Bilder ausgewählt, erscheint das Mail-Symbol nicht mehr in der Auswahl des **Teilen**-Menüs, da die E-Mail dann zu groß würde. In diesem Fall müssen Sie entweder mehrere E-Mails daraus machen oder aber eine iCloud-Fotofreigabe einrichten und die Bilder hierüber der entsprechenden Person freigeben.

Fotos in einer Nachricht (MMS) versenden

Sie können Ihre Fotos auch über die Nachrichten-App als MMS versenden. Ihnen stehen dafür zwei Varianten zur Verfügung: Die eine geht von der Fotos-App aus und wird im Folgenden beschrieben. Bei der anderen können Sie Ihre Bilder auch direkt aus der Nachrichten-App versenden, lesen Sie dazu den Abschnitt »Bild- und Videonachrichten versenden« ab Seite 103.

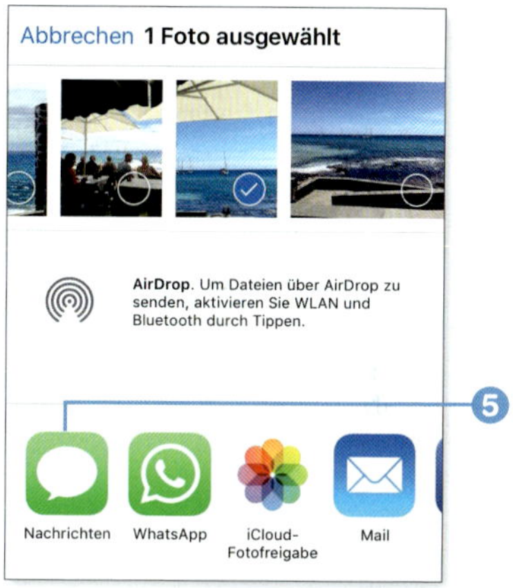

1. Öffnen Sie Ihre Fotos-App, und wählen Sie ein Foto aus.
2. Tippen Sie dann in der Tab-Leiste auf den Button **Teilen**, und wählen Sie anschließend eine App für den Versand aus, hier **Nachrichten** 5.
3. Es öffnet sich die Nachrichten-App; geben Sie manuell oder per Auswahl aus Ihren Kontakten einen Adressaten in das Feld **An** ein 6, schreiben Sie einen passenden Text dazu, und versenden Sie die Nachricht 7.

Wenn Sie, wie hier zu sehen, den Text in die gleiche Blase schreiben, in der auch das Bild steht, werden beide zusammen verschickt. Beim Empfänger und auch bei Ihnen werden in den gesendeten Nachrichten Bild und Text trotzdem in zwei getrennten Blasen angezeigt.

Fotos bei Twitter und Facebook veröffentlichen

Heutzutage nutzen immer mehr Menschen die unterschiedlichsten sozialen Netzwerke. Ich werde Ihnen in diesem Abschnitt zeigen, wie Sie Ihre Fotos ganz einfach bei *Twitter* oder *Facebook* veröffentlichen.

Beide Dienste sind in das Betriebssystem integriert, so dass Sie Bilder direkt aus der Fotos-App heraus als Tweet oder Facebook-Post versenden können.

1. Geben Sie zunächst unter **Einstellungen ▸ Twitter** beziehungsweise **Facebook** Ihre Daten wie Name und Passwort ein. Sie müssen dies nur einmal tun, Ihr iPhone wird den Account dann in Zukunft verwenden.
2. Wählen Sie in Ihrer Fotos-App ein Bild aus, tippen Sie auf die Schaltfläche **Teilen** ❶, und wählen Sie danach im Menü den Eintrag **Facebook** oder **Twitter** ❷ aus.

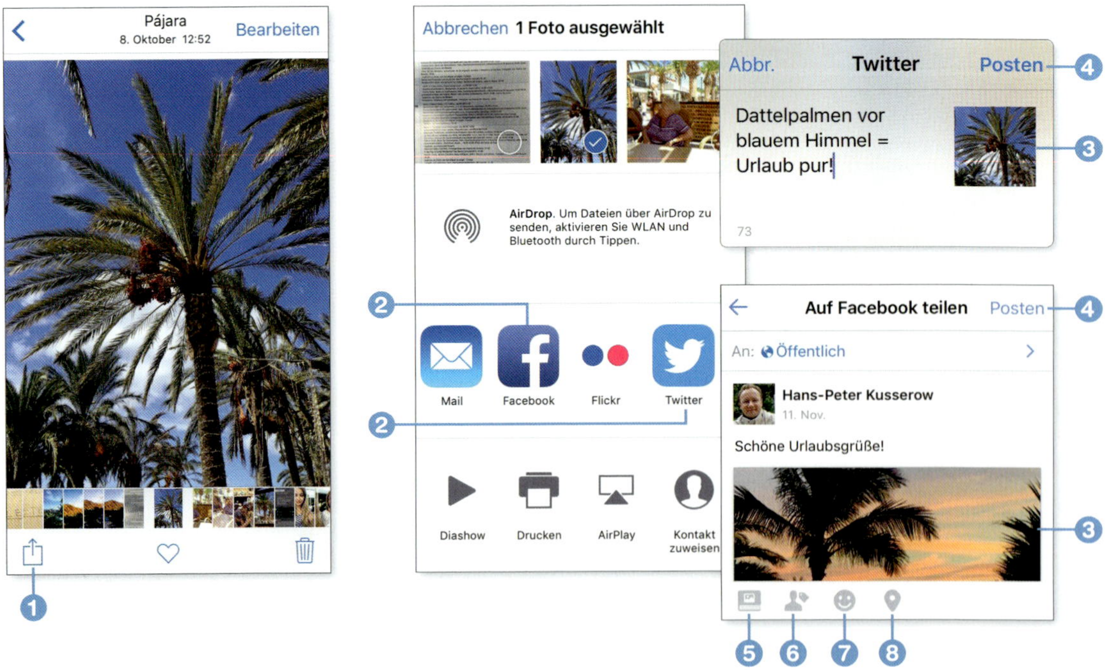

3. Daraufhin wird ein Tweet beziehungsweise Post erstellt, dem Ihr Foto angehängt wurde ❸, und Sie können noch einen Text eingeben. Tippen

Sie zu guter Letzt auf die Schaltfläche **Posten** ④, um das Bild zu veröffentlichen.

Wenn Sie möchten, fügen Sie bei einem Facebook-Post das Bild einem Ihrer Alben ⑤ hinzu, markieren auf dem Foto eine Person ⑥, teilen mit, was Sie gerade machen ⑦ oder geben Ihren Standort ⑧ an.

Bei der Veröffentlichung oder dem Versenden von Fotos wird also eigentlich immer nach dem gleichen Schema vorgegangen. Versuchen Sie es; Sie werden sehen, es ist gar nicht so kompliziert.

Ein Foto als Hintergrundbild einrichten

Grundsätzlich können Sie aus jedem Ihrer Fotos ein Hintergrundbild erstellen, wenn Sie es jeden Tag sehen möchten. Im Folgenden erfahren Sie, wie das geht:

1. Suchen Sie sich ein Bild aus Ihrer Fotos-App aus, tippen Sie auf **Teilen**, und wählen Sie die Option **Als Hintergrund** (① auf Seite 294) (gegebenenfalls müssen Sie vorher noch auf **Weiter** tippen). Um diese Option zu sehen, müssen Sie die Auswahlleiste mit dem Finger nach links wischen.
2. Bewegen und skalieren Sie Ihr Foto, um den richtigen Ausschnitt zu finden, und tippen Sie auf **Sichern** ②.
3. Zum Schluss weisen Sie Ihr Foto einem der beiden Bildschirme zu, also dem **Sperrbildschirm** oder dem **Home-Bildschirm**, oder aber Sie wählen den Menüpunkt **Beide** aus.

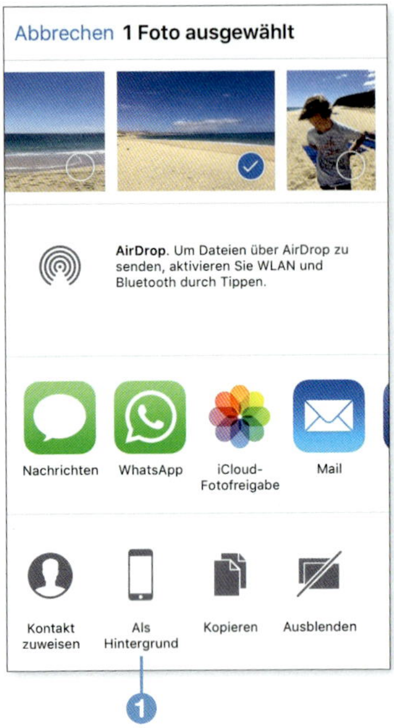
Abbrechen 1 Foto ausgewählt
AirDrop. Um Dateien über AirDrop zu senden, aktivieren Sie WLAN und Bluetooth durch Tippen.
Nachrichten
WhatsApp
iCloud-Fotofreigabe
Mail
Kontakt zuweisen
Als Hintergrund
Kopieren
Ausblenden
1

Bewegen und Skalieren
12:52
Mittwoch, 11. November
Abbrechen
Sichern
2

Kapitel 11
Videos aufzeichnen

Mist! Schon wieder keine Videokamera mitgenommen ... Geht es Ihnen auch oft so: Immer wenn Sie eine Kamera gebrauchen könnten, haben Sie keine dabei? Das hat nun ein Ende, da im iPhone eine mittlerweile wirklich gute Kamera eingebaut ist. Sie können damit sich selbst oder andere ganz einfach filmen. Auch Filme in der Dämmerung sind kein Problem, genauso wenig wie die Nachbearbeitung auf dem iPhone selbst.

Videoschnitt ist auf dem iPhone ganz problemlos zu realisieren. Videoaufnahmen sowohl im Querformat als auch im Hochformat gehören zum Standardrepertoire des iPhones.

Ein Video aufnehmen

Es ist genauso einfach, ein Video mit dem iPhone aufzunehmen, wie damit zu fotografieren. Gehen Sie folgendermaßen vor:

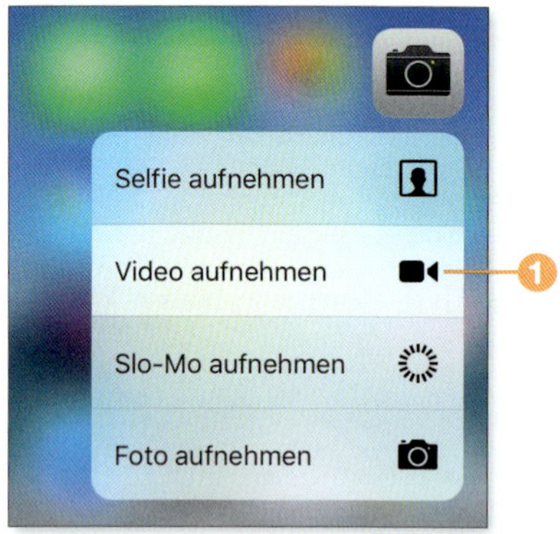

1. Nutzen Sie 3D Touch, und tippen Sie etwas fester als üblich auf das Symbol der Kamera-App. Wählen Sie nun den Menüpunkt **Video aufnehmen** ①. Die Videofunktion ist dann sofort aktiviert. Der Auslöser verändert sich und wird zu einer roten **Aufnahme**-Schaltfläche ②, die Sie vielleicht von Videokameras kennen.

2. Tippen Sie darauf, wird die Videoaufnahme sofort gestartet. Die **Aufnahme**- wird dann zu einer **Stopp**-Schaltfläche ③. Die laufende Aufnahme erkennen Sie außerdem daran, dass oben in der Mitte eine Uhr ④ mitläuft und links neben dieser Aufnahmezeit ein roter Punkt zu blinken beginnt.

3. Kommt Ihnen während des Filmens ein schönes Motiv vor die Linse, können Sie gleichzeitig ein Foto davon machen – Ihre Filmaufnahme läuft dabei weiter. Tippen Sie hierzu einfach auf den weißen Knopf ⑤ links unten, und machen Sie das Foto.
4. Wenn Sie den Film beenden möchten, tippen Sie wieder auf den Auslöser. Ihre Aufnahme wird daraufhin – paradoxerweise – automatisch der Fotos-App hinzugefügt.

Sie finden das Video zusammen mit Ihren Fotos im Ordner **Aufnahmen** und erkennen es daran, dass das Vorschaubild mit einer kleinen Videokamera beziehungsweise Symbolen für Zeitraffer und Slow Motion und einer Zeitangabe versehen wurde.

5. Sie können aber auch ausschließlich Ihre Videos aufrufen, indem Sie in der Fotos-App den Ordner **Videos** 6, **Slo-Mo** 7 oder **Zeitraffer** 8 öffnen. Der Ordner **Videos** sammelt übrigens alle Videoformate. Sie finden hier also auch Videos, die Sie in den Modi **Slo-Mo** und **Zeitraffer** aufgenommen haben.

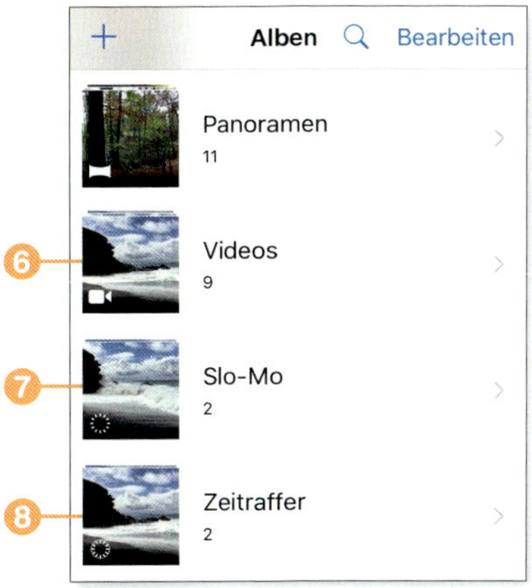

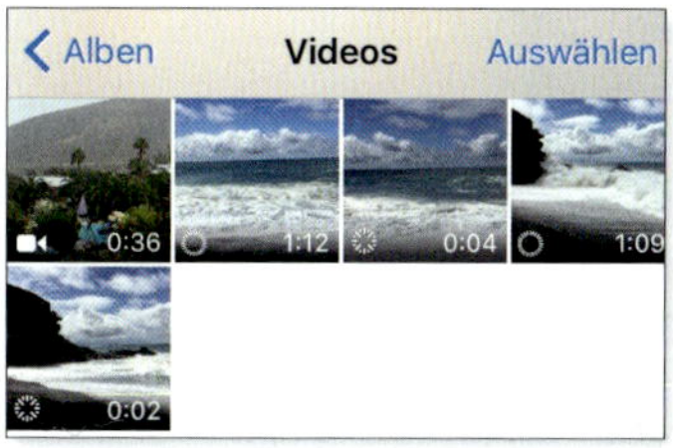

INFO

Das iPhone 6s Plus bringt Bewegung in Filme

Wer ein iPhone 6s Plus besitzt und gerne bewegte Aufnahmen macht, kann sich freuen: Es verfügt gegenüber dem iPhone 6s zusätzlich über einen Bildstabilisator, der eine wirklich gute Korrektur bei »Wacklern« vornimmt. So können Sie etwa jemanden filmen, der mit einem Fahrrad neben Ihnen herfährt, und bekommen dennoch ruhige Bilder.

Wenn Sie mit der integrierten Kamera Filme aufnehmen, werden diese, wie gesagt, in der Fotos-App gespeichert. Die App Videos speichert hingegen nur TV-Sendungen und Filme, die Sie entweder aus iTunes importiert oder aber im iTunes Store käuflich erworben haben.

Während des Filmens zoomen

Die Kamera des iPhones bietet Ihnen einen dreifachen Zoom, den Sie während des Filmens anwenden können. Mit ein wenig Übung gelingen Ihnen so weiche und sanfte »Kamerafahrten« in Ihren Videos. Probieren Sie es doch gleich einmal aus:

1. Starten Sie die Aufnahme, indem Sie den Auslöser drücken.
2. Möchten Sie nun näher an Ihr Motiv heranzoomen, ziehen Sie zwei Finger langsam auf dem Display auseinander, etwa so, als würden Sie ein Foto vergrößern. Wenn Sie das ganz behutsam machen, zoomen Sie Stück für Stück an Ihr Filmobjekt heran.
3. Möchten Sie dann wieder herauszoomen, also zur ursprünglichen Ansicht zurückkehren, ziehen Sie zwei Finger auf dem Display zusammen. Sie entfernen sich dann wieder von Ihrem Motiv.

Während des gesamten Zoomvorgangs wird Ihr Motiv automatisch fokussiert, sodass Ihre Aufnahme zu jeder Zeit scharf bleibt.

Helligkeit während des Filmens einstellen

Als besonderes Feature im Betriebssystem Ihres iPhones können Sie schon beim Filmen die Helligkeit der Aufnahme beeinflussen, indem Sie neben dem kleinen Sonnensymbol ❶ den Finger entweder nach oben über das Display gleiten lassen, um das Video heller

zu machen, oder nach unten bewegen, um das Video dunkler zu gestalten. Diesen Effekt der Helligkeitsänderung können Sie übrigens direkt im Bild mitverfolgen und entsprechend anpassen, bis Sie das gewünschte Ergebnis erzielt haben. Nehmen Sie dann einfach den Finger wieder vom Display.

Hoch- oder Querformat?

Selbstverständlich können Sie Ihre Videos mit dem iPhone sowohl im Hochformat als auch im Querformat aufnehmen. Das Hochformat kann hier auch ganz nett sein. Allerdings sollten Sie beachten, dass die meisten Videoausgabegeräte Filme im Querformat besser darstellen, sodass es sich anbietet, Ihre Filme sofort im Querformat aufzuzeichnen.

Vergleichen Sie einmal die beiden Aufnahmen, die ich im Hochformat und im Querformat erzeugt habe. Wird das im Hochformat aufgenommene Video auch im Hochformat abgespielt (oberes Bild), müssen Sie keine Verluste in der Bilddarstellung hinnehmen. Hingegen wirkt ein im Hochformat aufgenommenes Video, wenn es im Querformat abgespielt wird (rechts), wegen der breiten schwarzen Streifen sehr klein.

Auch wenn Sie mit einem Doppelklick auf den Bildschirm die Darstellung eines im Hochformat aufgenommenen Videos so vergrößern wollen, dass der komplette Bildschirm ausgefüllt ist, verlieren Sie sehr viel an Darstellungsfläche. Ein Film, der im Querformat aufgenommen wurde, lässt sich hingegen viel besser und mit deutlich weniger Verlusten im Vollbildmodus darstellen.

Eine Querformataufnahme nutzt den iPhone-Bildschirm viel besser aus als eine Aufnahme im Hochformat.

TIPP

Videoaufnahmen im Querformat starten

Schon seit geraumer Zeit gibt es beim iPhone die Möglichkeit, die Lautstärkeknöpfe an der linken Seite als Auslöser zu verwenden. Das funktioniert auch im Videomodus. Besonders praktisch ist das, wenn Sie im Querformat filmen möchten.

Filmen mit dem True-Tone-Hilfslicht

Sie können beim Filmen in dunklen Umgebungen genau wie beim Fotografieren das eingebaute *True-Tone-Hilfslicht* nutzen, um Ihre Aufnahme etwas aufzuhellen. So gelingen Ihnen schöne Filme, auch wenn nur wenig Licht vorhanden ist.

Links sehen Sie eine normale Aufnahme ohne Hilfslicht und rechts die Aufnahme mit dem True-Tone-Blitz. Der Abstand zum gefilmten Objekt lag bei ungefähr einem Meter.

Um das True-Tone-Hilfslicht einzuschalten, gehen Sie vor wie beim normalen Blitzen (siehe dazu den Abschnitt »Die Blitzfunktion nutzen« ab Seite 273). Tippen Sie auf das Blitzsymbol und anschließend auf **Ein**, wird Ihre Szenerie gut ausgeleuchtet.

INFO

Stromfresser True-Tone-Hilfslicht

Einen Nachteil hat das True-Tone-Hilfslicht allerdings: Es benötigt viel Strom. Sie werden merken, dass schon nach kurzer Zeit der Akkuladezustand rapide abnehmen wird. Nutzen Sie das Hilfslicht also mit Bedacht.

Filme direkt nach der Aufnahme anschauen und aussortieren

Genauso wie beim Fotografieren können Sie sich Ihre Aufnahme, direkt nachdem Sie sie gemacht haben, anschauen und entscheiden, ob Sie sie eventuell löschen möchten.

1. Um sich das zuletzt gefilmte Video anzuschauen, tippen Sie auf die kleine Bildvorschau ①.

2. Dann spielen Sie das Video ab, indem Sie in der Mitte auf das **Play-Symbol** ② tippen.
3. Um das Video zu löschen, tippen Sie auf das Papierkorbsymbol ③ in der Tab-Leiste und wählen im folgenden Menü **Video löschen** aus.

Kehren Sie anschließend durch Tippen auf die Schaltfläche **Fertig** in der rechten oberen Ecke in die Videoansicht zurück. Auf diese Art überfrachten Sie Ihren Speicher nicht mit Videos, die nicht Ihren Ansprüchen genügen.

Nach der Aufnahme finden Sie Ihre selbst gedrehten Videos im gleichnamigen Ordner und im Ordner **Aufnahmen** der Fotos-App. Videos erkennen Sie in der Vorschau daran, dass ein kleines Kamerasymbol und die Länge des Videos angezeigt werden. Tippen Sie auf das Vorschaubild, und starten Sie anschließend die Wiedergabe, indem Sie auch hier auf das **Play**-Symbol tippen.

Filme auf dem iPhone bearbeiten

Sicherlich ist das iPhone kein ausgewiesenes Videoschnittgerät. Allerdings können Sie Ihren Videoclip recht genau am Anfang und am Ende in der Länge kürzen. Man nennt das *trimmen*.

1. Öffnen Sie die Fotos-App, und wählen Sie im Ordner **Videos** mit einem Fingertipp den Clip aus, den Sie bearbeiten möchten. Tippen Sie oben rechts auf **Bearbeiten** ❶.

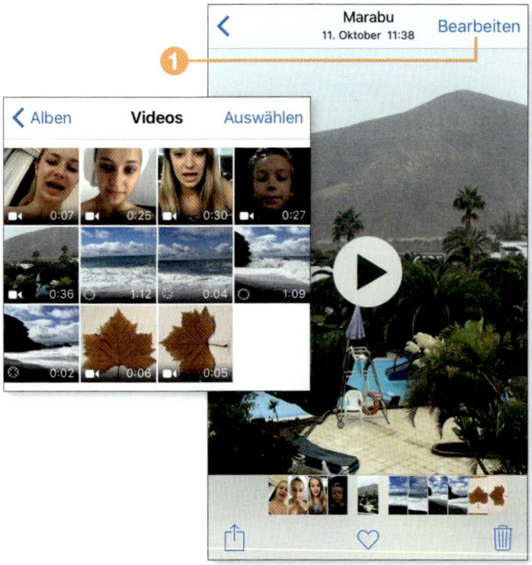

2. Das Video wird aufgerufen. Gleichzeitig erscheint unten eine Bearbeitungsleiste mit kleinen Einzelbildern Ihres Videos (die sogenannte *Trimmspur*). Um die Bearbeitungsfunktion **Trimmen** zu aktivieren, tippen Sie auf den linken oder rechten Rand dieser Bearbeitungsleiste.
3. Die Leiste wird nun gelb umrahmt, und dieser Rahmen kann an beiden Enden bewegt werden ❷. Ziehen Sie den Rahmen so weit nach rechts oder links, bis Sie jeweils den Punkt erreicht

haben, an dem Sie Ihr Video schneiden möchten. Hier habe ich einfach das Ende drastisch gekürzt.

Sicherlich können Sie Ihre Filme sowohl im Hochformat als auch im Querformat bearbeiten. Ich lege Ihnen aber das Querformat ans Herz. Auch Filme, die Sie im Hochformat gedreht haben, können Sie im Querformat besser bearbeiten.

4. Tippen Sie auf **Fertig** 3. Daraufhin können Sie noch entscheiden, ob Sie den Originalfilm kürzen oder ihn zuvor als neuen Clip abspeichern und den Originalfilm behalten möchten.

TIPP

Originale behalten

Wenn Sie einen Videoclip z. B. im Urlaub drehen, können Sie diese Aufnahmen später nicht mehr wiederholen. Wenn Sie also einen Filmclip bearbeiten, sollten Sie ihn immer als neuen Clip sichern, um das Originalvideo nicht unwiederbringlich zu zerstören. Arbeiten Sie also immer mit einer Kopie, bevor Sie es verändern.

Wenn Sie Ihre Videoclips bearbeitet haben, können Sie diese Filme anschließend an Ihre Bekannten und Freunde versenden. Dazu bietet Ihnen das iPhone verschiedene Möglichkeiten – z. B. per Mail oder MMS (siehe dazu den folgenden Abschnitt).

Filme per E-Mail oder MMS versenden

Wie Sie Fotos und Videos mit der Mail-App per E-Mail verschicken, haben Sie bereits im Abschnitt »Fotos per E-Mail oder MMS versenden« ab Seite 288 erfahren. Das Ganze funktioniert aber auch mit Videos.

1. Wählen Sie in Ihrer Fotos-App aus dem Ordner **Videos** ein schönes Video aus, das Sie weitergeben möchten.
2. Tippen Sie links unten auf **Teilen**, und wählen Sie im **Teilen**-Menü den Eintrag **Mail** aus.
3. Daraufhin wird das Video zum besseren Versand automatisch komprimiert, und es öffnet sich die Mail-App mit einer neuen E-Mail, an die Ihr Video bereits angehängt ist. Geben Sie den Adressaten und einen Betreff ein, und schreiben Sie, wenn Sie mögen, noch weiteren Text dazu.
4. Sobald Ihre E-Mail fertiggestellt ist, tippen Sie oben rechts auf die Schaltfläche **Senden**.

Der Empfänger erhält daraufhin wenig später eine E-Mail, die Ihr Video enthält, und bekommt – sofern er die Mail von einem Mac oder einem iPhone aus abruft – auch gleich ein Vorschaubild angezeigt. Er kann das Video nun mit einem Klick auf die **Play**-Schaltfläche abspielen, oder er lädt es sich zuerst als Datei auf seinen Computer und spielt es dann ab.

Wenn Sie ein Video per *MMS* (SMS mit Multimedia-Inhalt) verschicken wollen, gehen Sie genauso vor, nur dass Sie in Schritt 2 anstelle von **Mail** die Option **Nachrichten** auswählen.

INFO

Videos zu YouTube, Facebook und Co. hochladen

Übrigens können Sie Ihre Videos auch ganz leicht zu YouTube, Facebook oder Vimeo hochladen. Das funktioniert genauso wie der E-Mail-Versand, allerdings müssen Sie bei dem jeweiligen Dienst angemeldet sein und die entsprechende App installiert haben.

Slow-Motion-Aufnahmen machen

Mit dem iPhone können Sie auch Slow-Motion-Aufnahmen machen. Tippen Sie hierzu etwas fester auf das Symbol der Kamera-App, und wählen Sie den Menüpunkt **Slo-Mo aufnehmen** aus.

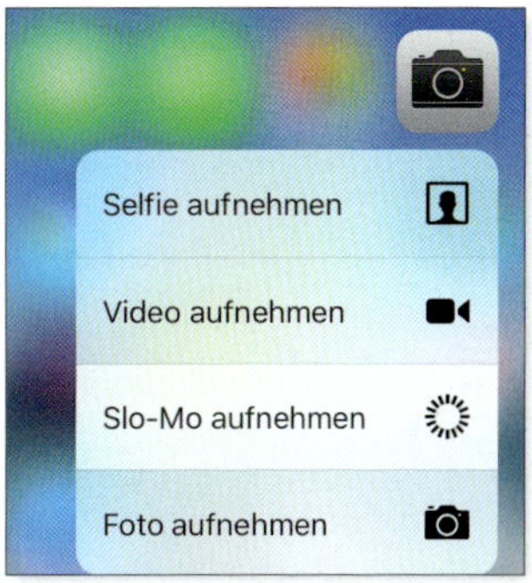

Bei der Wiedergabe wird die normale Bildfrequenz von 30 FPS entweder auf 120 FPS oder auf 240 FPS (*Frames per Second*; Bilder pro Sekunde) erhöht, wodurch die Wiedergabe des Films um das Vierfache bis Achtfache verlangsamt wird.

1. Öffnen Sie die Kamera-App, schieben Sie die Menüleiste nach rechts bis zur Einstellung **Slo-Mo** ①, und tippen Sie rechts auf **120 FPS** ②, wenn Sie lieber mit 240 FPS aufnehmen möchten. Andernfalls belassen Sie es bei der Standardeinstellung.
2. Nun können Sie ganz normal filmen (siehe dazu auch den Abschnitt »Ein Video aufnehmen« ab Seite 296).
3. Wenn Sie sich das Video nach der Aufnahme direkt anschauen beziehungsweise bearbeiten möchten tippen Sie oben rechts auf **Bearbeiten**, nun sehen Sie am unteren Rand die Videobildleiste und darüber eine Reihe kleiner Striche unterschiedlicher Breite. Die auseinanderliegenden Striche ③ symbolisieren den Slow-Motion-Teil. Sie können den Start- und den Endpunkt Ihrer Zeitlupenaufnahme verändern, indem Sie die schwarzen Striche am Anfang und am Ende dieses Bereichs verschieben. Tippen Sie auf **Fertig**, um die Bearbeitung zu beenden.

Für Zeitlupenaufnahmen besonders interessant sind Bewegungen, also Sportaufnahmen, Naturaufnahmen von fliegenden Vögeln oder Ähnliches. Probieren Sie den Zeitlupenmodus aus!

INFO

Sich selbst geschickt filmen

Selbstverständlich können Sie sich auch selbst filmen. Dazu tippen Sie lediglich oben rechts auf das Kamerasymbol, denn dann stellt das iPhone auf die displayseitige FaceTime-Kamera um. Tippen Sie nun einfach auf die rote **Aufnahme**-Schaltfläche, und beginnen Sie zu filmen. Sie können dabei übrigens auch das mitgelieferte Kopfhörerkabel als »Fernbedienung« nutzen. Drücken Sie hier auf das Plussymbol, beginnt die Aufnahme.

Zeitrafferaufnahmen leicht gemacht

Genau das Gegenteil der Slow-Motion-Funktion liefert Ihnen die Zeitrafferfunktion für beschleunigte Bewegungen. Die Funktion befindet sich links neben der Slow-Motion-Funktion, sodass Sie von dort noch einmal weiter nach rechts wischen müssen, um diese nutzen zu können.

Tippen Sie auch hier zunächst auf den Startbutton, und filmen Sie Ihr Motiv im Zeitraffer.

Slow-Motion- als auch Zeitraffervideos werden in den Alben der App Fotos jeweils in einem eigenen, automatisch so benannten Ordner dargestellt. Zudem werden diese Videos auch im Ordner **Videos** abgelegt.

INFO

iMovie-App für iPhone 6s und iPhone 6s Plus gratis im App Store

Allen Käufern des iPhones 6s und 6s Plus stellt Apple die intuitiv zu bedienende Videoschnitt-App *iMovie* kostenlos im App Store zur Verfügung.

Kapitel 12
Karten und Navigation

Schon für iOS 7 hat Apple die Karten-App komplett neu gestaltet. Sie verfügt nicht nur über frei skalierbare vektorbasierte Karten, sondern auch über eine integrierte Navigation und einen 3D-Modus. Auch eine Verkehrsinfo ist mit an Bord. In diesem Kapitel erfahren Sie, welche einzelnen Anwendungsmöglichkeiten hinzugekommen sind und wie die neue Karten-App im Detail funktioniert.

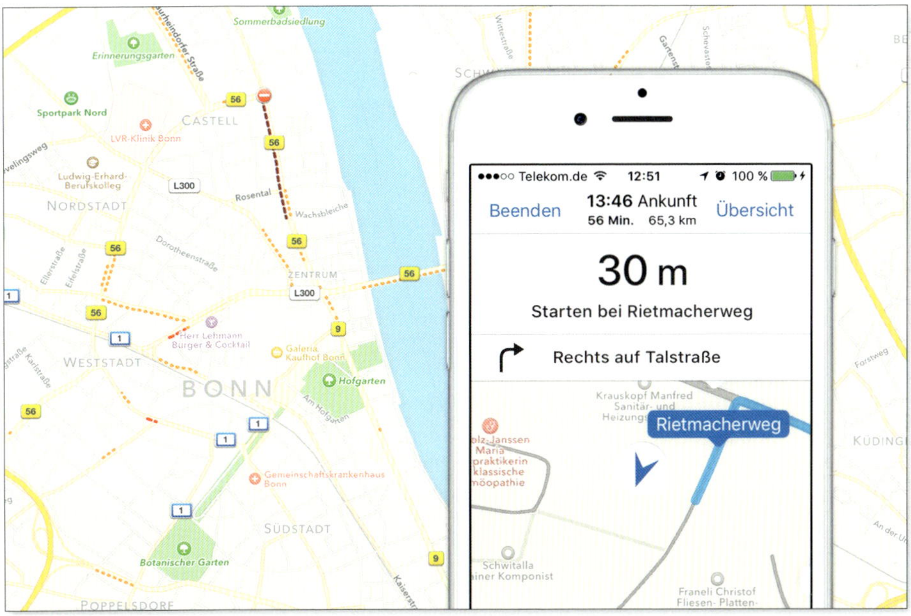

Mit Ihrem iPhone gelingt Ihnen die Navigation nicht nur im Inland, sondern auch über Grenzen hinweg.

Die Ansichten der neuen Karten-App

Die Karten-App ist eine der von Apple vorinstallierten Applikationen. Sie verfügt über einige Ansichtsmodi, die ich Ihnen hier vorstellen werde. Tippen Sie auf das kleine **i** ❶ am rechten unteren Rand der Tab-Leiste, um die Karteninfos »hochzuklappen«.

Sie wechseln zwischen den einzelnen Ansichten, indem Sie auf den entsprechenden Tab ❷ tippen. Folgende Ansichten stehen Ihnen dann zur Verfügung: **Standard**, **ÖPNV** und **Satellit**.

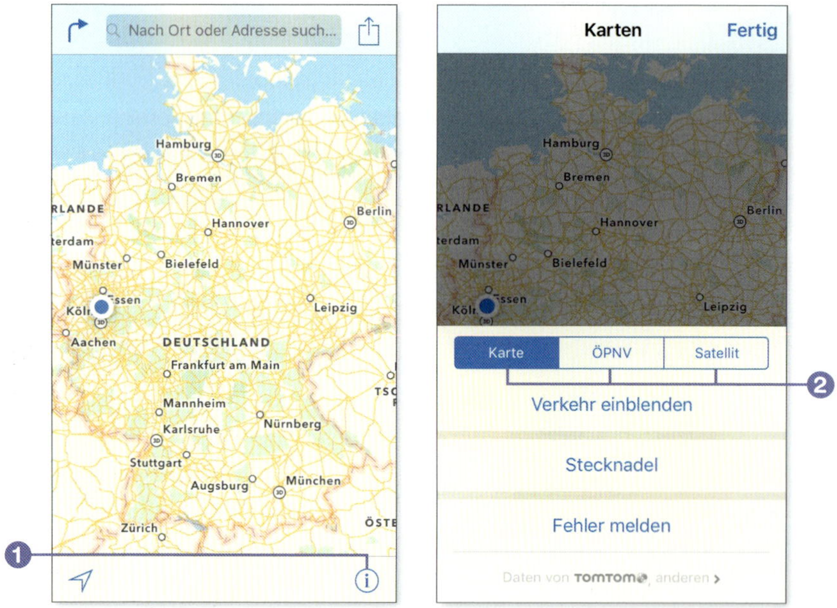

Je nachdem, für welche Ansicht Sie sich entschieden haben, sehen Sie die Darstellung auf Ihrem iPhone (nachdem Sie die Karteninfos mit einem Fingertipp auf die Karte wieder geschlossen haben): Sie erkennen in der folgenden Abbildung die normale Kartenansicht (links), die ÖPNV-Ansicht (Mitte) und die Satellit-Ansicht (rechts). Der blaue Punkt gibt Ihre ungefähre Position an, die das iPhone über GPS geortet hat (siehe dazu den Abschnitt »Die eigene Position finden« ab Seite 311). In allen drei Ansichten können Sie zoomen, indem Sie die Finger auf dem Display auseinanderziehen.

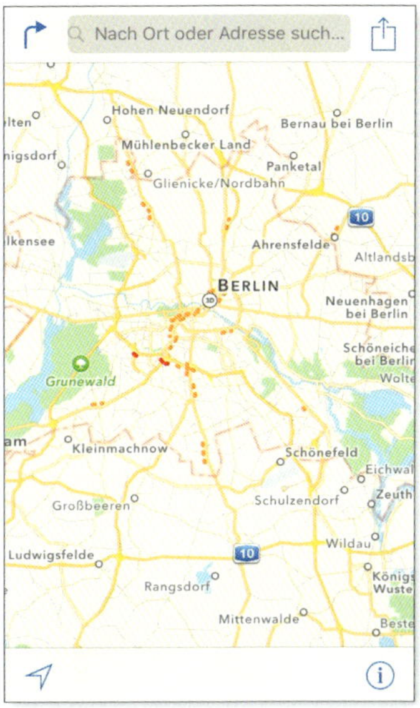

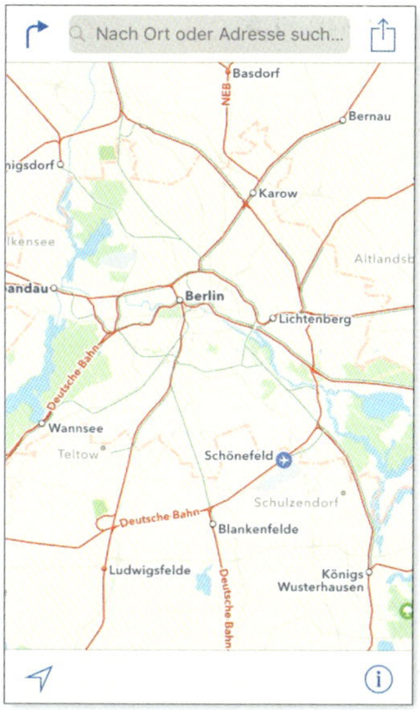

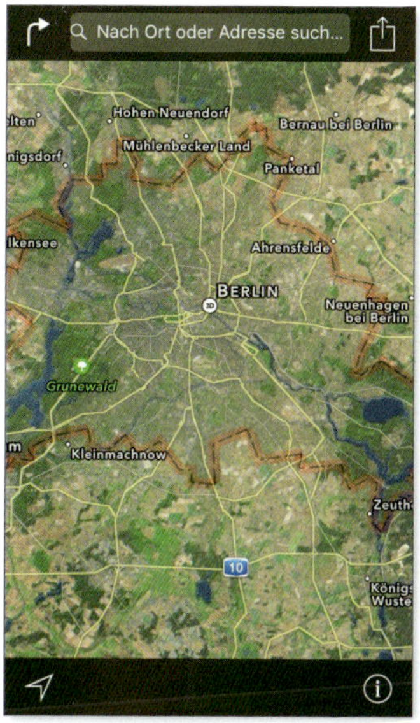

Die Ansicht **ÖPNV** wird Ihnen allerdings zum aktuellen Zeitpunkt keine große Hilfe sein, da sie bislang nur für Berlin verfügbar ist. Bis zur flächendeckenden Nutzbarkeit wird es wohl noch etwas dauern.

In den beiden Ansichten **Standard** und **Satellit** können Sie sich zusätzlich die aktuelle Verkehrssituation einblenden lassen. Öffnen Sie dazu wieder die Karteninfos, und tippen Sie darin auf **Verkehr einblenden** ❸. In der Satelliten-Ansicht können Sie nun zusätzlich noch die Beschriftungen ein- beziehungsweise ausblenden.

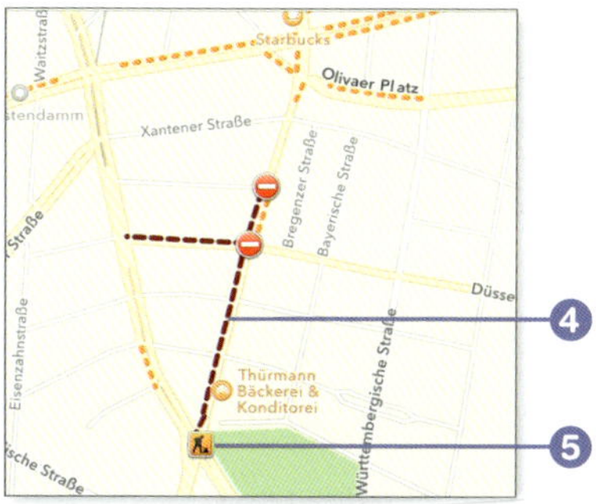

Die rot gestrichelten Abschnitte bedeuten Beeinträchtigungen im Verkehrsfluss bis hin zum Stau ❹, die roten Warnschilder stehen für Sperrungen des

Teilstücks, und die orangefarbenen Baustellenzeichen (5 auf Seite 309) bedeuten, dass es hier eine größere Baustelle gibt.

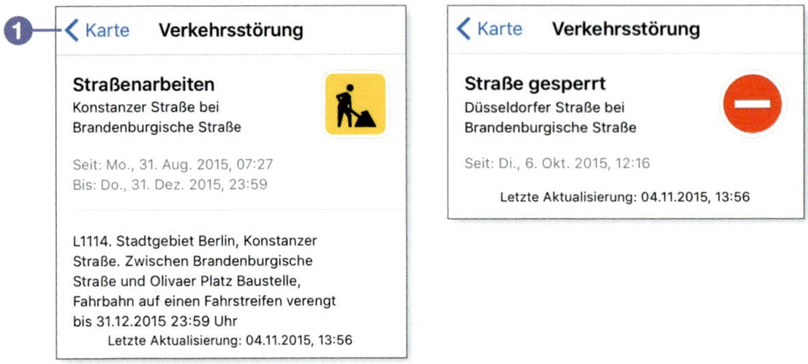

Sie können sich auch noch detailliertere Informationen zur aktuellen Verkehrssituation anzeigen lassen. Tippen Sie dazu entweder auf ein Baustellenschild oder auf ein Sperrungssymbol. Wenn Sie auf das sich öffnende Etikett tippen, erhalten Sie zusätzliche Informationen zu dem angetippten Ereignis. Wenn Sie oben links auf **Karte** 1 tippen, gelangen Sie jeweils wieder zurück zur Kartenansicht.

GPS-Empfang einstellen

Um aber überhaupt vernünftig mit der Karten-App navigieren zu können, müssen Sie den GPS-Empfang (*Global Positioning System*) einstellen.

1. Um den GPS-Empfang beziehungsweise die Ortungsdienste einzustellen, öffnen Sie zunächst das Menü **Einstellungen ▸ Datenschutz**.
2. Tippen Sie dann auf **Ortungsdienste** 2, und aktivieren Sie die Funktion, indem Sie den zugehörigen Schalter 3 antippen.

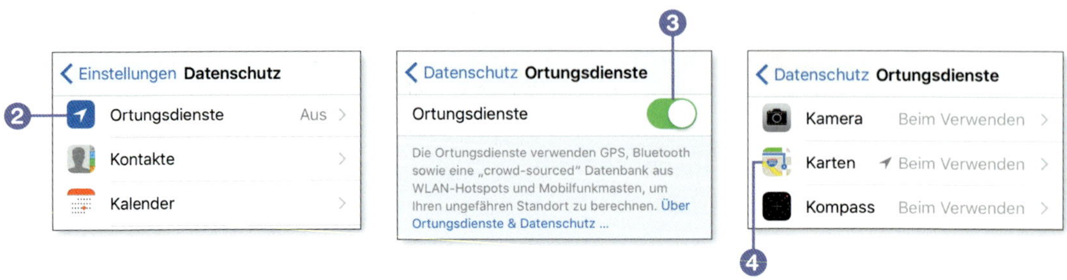

3. Sie sehen nun darunter eine Liste aller Apps, die die Ortungsdienste verwenden. Auf die Weise können Sie im Einzelnen bestimmen, welche App die GPS-Funktion nutzen darf und welche nicht. Schieben Sie die Liste nach oben, um alle Apps zu sehen. Bei **Karten** ④ sollte die Funktion aktiviert sein, wenn Sie die App zur Navigation nutzen möchten.

Das gilt auch, wenn Sie Navigationssysteme wie *Navigon*, *TomTom* oder andere nutzen. Diese Apps müssen Sie auch für die Ortung freischalten.

Die eigene Position finden

Egal, wo Sie sich gerade aufhalten, die Karten-App ist in der Lage, Ihre exakte Position ohne Probleme zu bestimmen, wenn Sie sich z. B. einmal verlaufen haben. Öffnen Sie die Karten-App, und tippen Sie links unten auf den kleinen Pfeil ⑤. Dieser färbt sich daraufhin komplett blau. Wenn Sie genügend Empfang haben, sehen Sie nach wenigen Sekunden einen blauen Punkt ⑥, der Ihre ungefähre Position anzeigt (über GPS geortet).

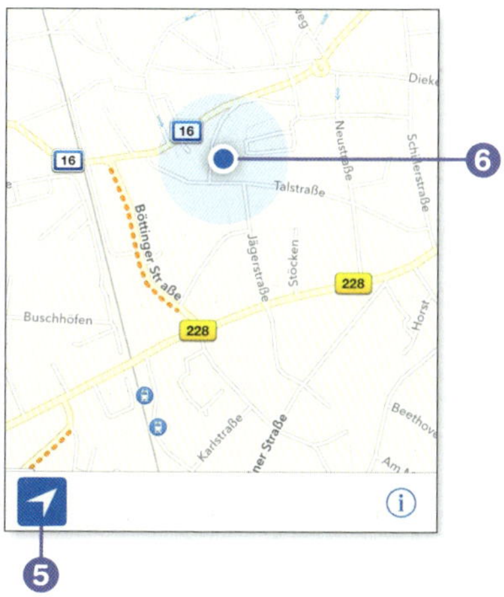

Dass der Suchvorgang des GPS-Systems im Gange ist, erkennen Sie an einem halb transparenten Kreis um den Punkt herum. Je größer der halb transparente Teil um den Kreis ist, desto ungenauer ist die GPS-Ortung.

INFO

So erkennen Sie ein eingeschaltetes GPS-Signal

Sie können sofort erkennen, ob Sie die Ortungsdienste für die Karten-App eingeschaltet haben: Oben rechts in der Menüleiste befindet sich dann nämlich ein kleiner schwarzer Pfeil ⑦, der das eingeschaltete GPS-Signal symbolisiert.

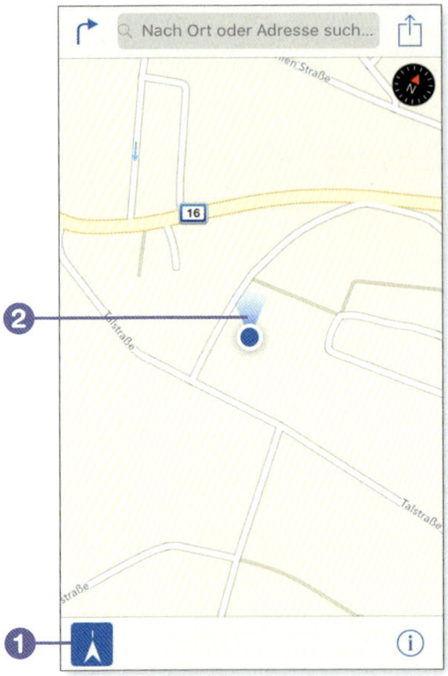

Sollten Sie sich einmal in einer fremden Stadt nicht so gut auskennen und nicht genau wissen, in welche Richtung Sie gerade blicken, hilft Ihnen Ihr iPhone auch hier weiter. Wenn Sie in der Karten-App unten links auf die Schaltfläche mit dem Pfeil tippen, wird die GPS-Erkennung wie beschrieben aktiviert, und der Pfeil färbt sich blau. Tippen Sie ein zweites Mal auf diesen Pfeil, verändert er sich nochmals ❶. Die Ansicht wird dann dank des eingebauten Kompasses so geändert, dass Sie genau sehen können, in welche Richtung Ihr iPhone jetzt zeigt ❷.

So wissen Sie immer, in welche Richtung Sie sich wenden müssen, um zu Ihrem Ziel zu gelangen. Darüber hinaus wird in der oberen rechten Ecke auch noch ein kleiner Kompass eingeblendet, der Ihnen die Himmelsrichtung anzeigt, in die Sie gerade blicken.

Apropos eigene Position finden: Wenn Sie einmal jemanden vom Flughafen abholen müssen und nicht genau wissen, ob der Flieger wirklich pünktlich ist, können Sie hierfür auch die Karten-App bemühen. Wenn Ihnen derjenige, den Sie vom Flughafen abholen sollen, seine Flugnummer per E-Mail gesendet hat oder Sie sich die Flugnummer in Ihren Notizen gespeichert haben, tippen Sie die Flugnummer einfach an, wählen im folgenden Menü den Befehl **Fluginfos prüfen**, und schon bekommen Sie die nötigen Informationen von der Karten-App geliefert.

INFO

Der Kompass

Das iPhone verfügt über einen eingebauten digitalen Kompass, der zusätzlich zum GPS für die Positionsbestimmung eingesetzt wird. Er wird bei Bedarf in der rechten oberen Ecke der Karten-App eingeblendet. Zusätzlich steht Ihnen die mitgelieferte Kompass-App zur Verfügung, die den Kompass auf dem kompletten Display anzeigt, sodass Sie die Himmelsrichtung noch viel präziser ablesen können.

Die Karten-App als Routenplaner

Mit der Karten-App können Sie auch eigene Routen planen, die Sie dann wie mit einem klassischen Navigationssystem abfahren. Dieses Navigationsfeature kann mittlerweile also sogar ein handelsübliches Navigationssystem ersetzen. Sie geben dabei die Zieladresse entweder manuell ein oder verwenden Adressen aus Ihren Kontakten. In diesem Abschnitt erfahren Sie, wie das genau geht.

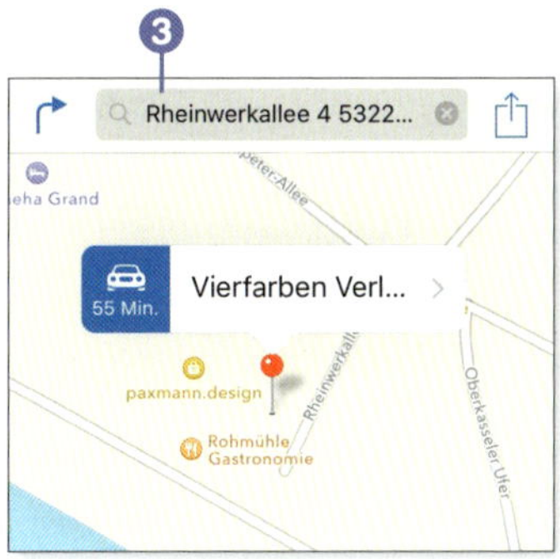

1. Öffnen Sie die Karten-App, und tippen Sie oben in das Suchfeld ❸ den Suchbegriff, den Namen beziehungsweise die Anfangsbuchstaben des Kontaktes ein, den Sie in Ihrem Adressbuch abgespeichert haben. Er wird Ihnen dann in den Ergebnissen angezeigt, und Sie können einfach darauf tippen.
2. Haben Sie den Kontakt ausgewählt, ortet das GPS die Adresse, und diese wird sofort in der Karte angezeigt. Wenn Sie jetzt auf das Autosymbol des Kontaktetiketts tippen, werden Ihnen verschiedene Routenvorschläge angezeigt.
3. Die Unterschiede in der Länge der jeweiligen Route erkennen Sie anhand der Streckeninformationen (❶ auf Seite 314). Um zwischen den

Routenvorschlägen zu wechseln, tippen Sie einfach auf das jeweilige Etikett mit der Fahrtdauer ❷, hier: **55 Min.** oder **1 Std. 4 Min.**

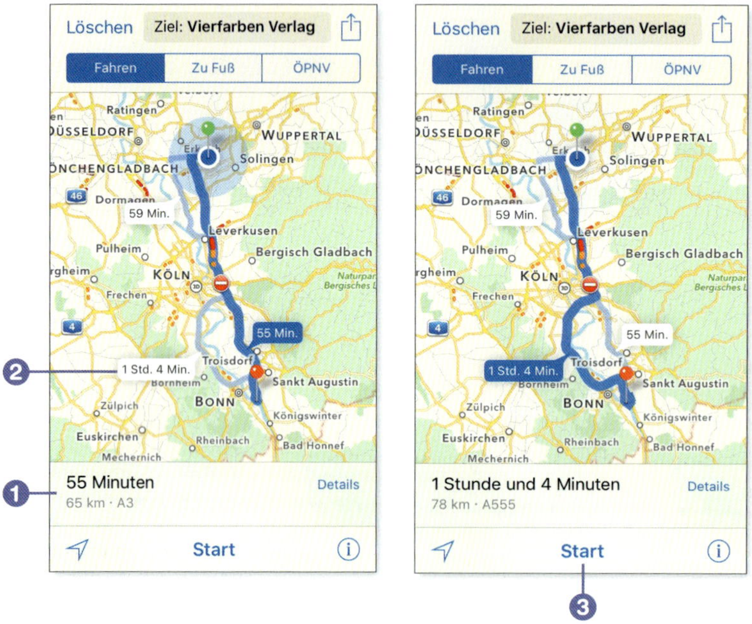

4. Um die Navigation zu starten, tippen Sie auf **Start**.
5. Sie werden dann Stück für Stück durch die Strecke geführt. Im oberen Bereich sehen Sie jederzeit, wie viele Kilometer es noch bis zum Ziel sind und wann Sie in etwa ankommen werden.
6. Wenn Sie oben auf die Routeninfos tippen, wird Ihnen unten in der Mitte der Menüpunkt **Liste** ❹ für die Listenansicht ❺ angezeigt. Wenn Sie darauf tippen, sehen Sie eine Liste mit allen Stationen der Route (ganz rechts in der Abbildung). Dabei wird der letzte Routenhinweis auch noch einmal von Siri angesagt beziehungsweise angezeigt.
7. Wenn Sie unten rechts auf das Lautsprechersymbol ❻ tippen, können Sie die Ansagelautstärke beeinflussen und gleichzeitig die Lautstärke anderer gesprochener Audioinhalte wie Hörbücher oder Podcasts während des Navigationshinweises pausieren ❼. Tippen Sie auf **Fertig**, um wieder in die Kartenansicht der aktuellen Navigationsanfrage zu gelangen.

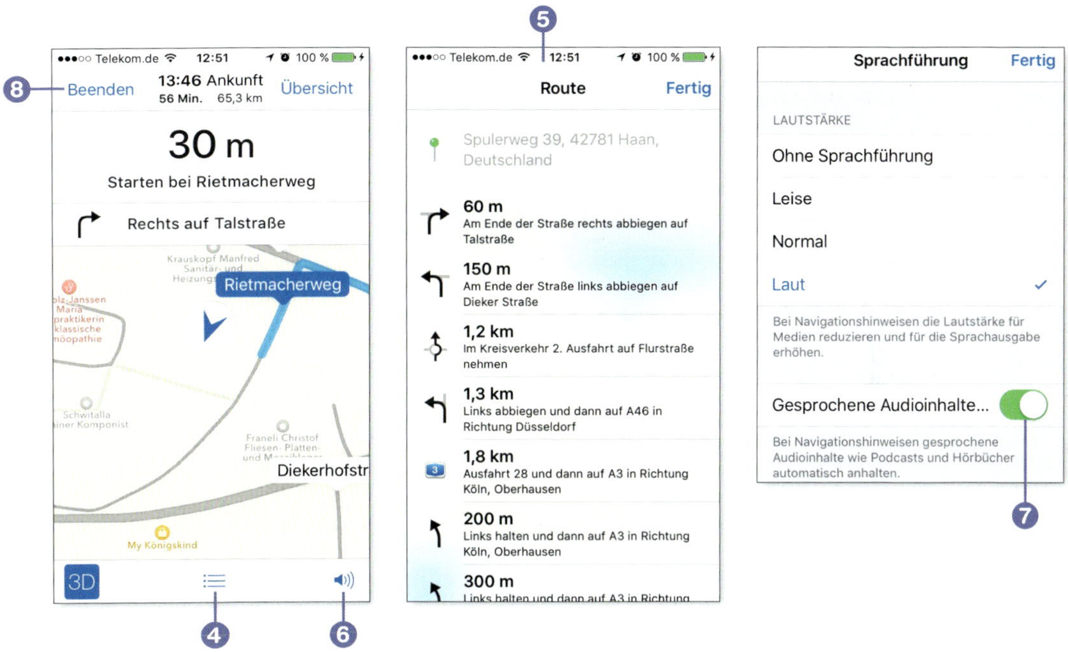

8. Mit einem Tipp auf **Beenden** ❽ schließen Sie die Navigation und kehren zum Eingabebildschirm der Karten-App zurück.

INFO

Aktuelle Verkehrssituation wird beachtet

Auch aktuelle Verkehrsinformationen auf Ihrer geplanten Route werden während der Navigation in Echtzeit oberhalb in einem gut sichtbaren gelben Farbton eingeblendet.

Natürlich können Sie das Ziel Ihrer Fahrt auch manuell eingeben, wenn Sie die Adresse nicht in den Kontakten gespeichert haben.

1. Tippen Sie dazu in der Menüleiste auf den kleinen blauen Pfeil (❶ auf Seite 316).
2. So öffnet sich ein Eingabefenster, in dem Sie Start und Ziel Ihrer Reise eingeben ❷. Im Feld **Start** steht **Aktueller Ort**, weil Ihr iPhone davon ausgeht, dass Sie Ihre Reise sofort beginnen möchten. Es ortet Sie und berechnet die Route von Ihrem aktuellen Standort aus. Sie können aber selbstverständlich auch einen anderen Ort eingeben. Um den Eintrag in

einem Feld zu löschen, tippen Sie darauf und drücken entweder die Löschen-Taste auf Ihrer Tastatur oder tippen auf das Kreuzchen ❸ im Feld. Darunter befinden sich noch die Schnellauswahlfelder **Privat**, **Arbeit** und **Favoriten** ❹. Tippen Sie auf **Privat** oder **Arbeit**, werden jeweils die Adressen verwendet, die Sie in Ihrem eigenen Kontakt in diesen Rubriken eingegeben haben. Bei den **Favoriten** können Sie aus Ihren persönlich eingegebenen Favoriten auswählen.

3. Tippen Sie nun auf **Route** ❺, und schon wird Ihre Reiseroute angezeigt.

In der Übersichtsansicht der Routen sehen Sie drei Tabs: **Fahren**, **Zu Fuß** und **ÖPNV**. Was es damit auf sich hat, erkläre ich Ihnen nun.

Unterschiede für Fußgänger, Autos und Apps

Es gibt Unterschiede in der Navigation – abhängig davon, ob Sie mit dem Auto oder zu Fuß eine bestimmte Route zurücklegen. Ich werde Ihnen das anhand eines Beispiels verdeutlichen.

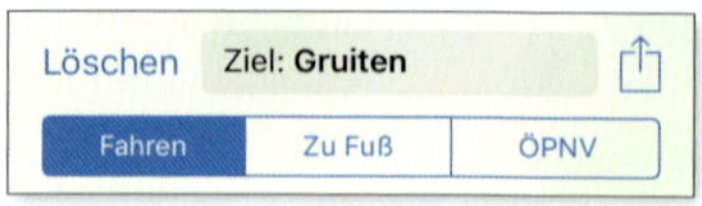

Ich habe eine kurze Route zwischen Haan und der Nachbarstadt Gruiten gewählt. Die Distanz zwischen beiden Städten beträgt ungefähr 3 bis 4 km. Der Unterschied in den Routen ist hier ganz deutlich zu erkennen. Das Auto ❻ benötigt für 4,4 km 10 Minuten. Der Weg des Fußgängers ❼ ist ein komplett anderer – hier kann natürlich nicht die gleiche Straße gewählt werden wie für das Auto –, und er benötigt für einen 3,9 km langen Weg 51 Minuten. **ÖPNV** ist zurzeit in Deutschland nur in Berlin verfügbar. Sie können sich hierzu aber alternative Routen-Apps anzeigen lassen ❽, z. B. Fahrpläne für die öffentlichen Verkehrsmittel, die Sie im App Store herunterladen können.

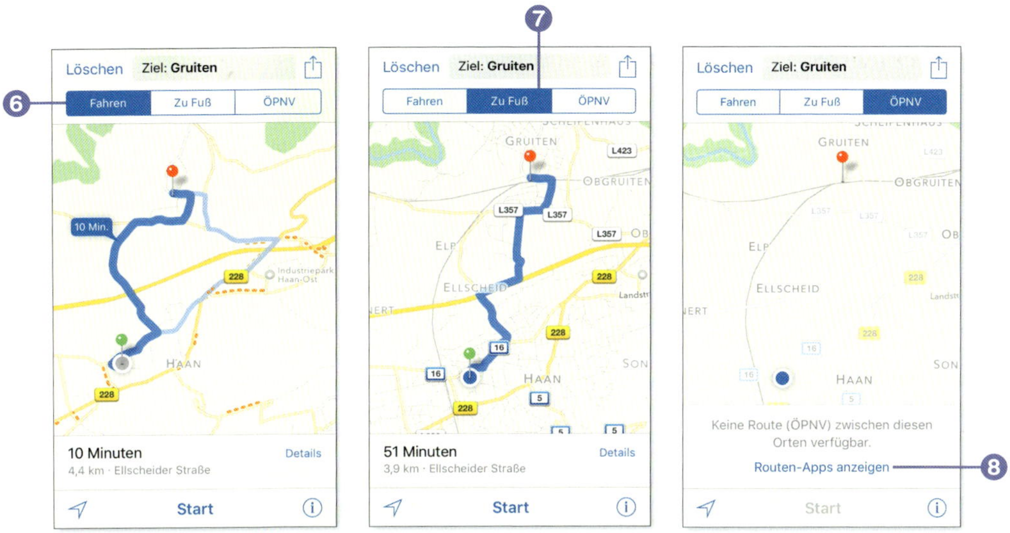

Um sich als Fußgänger von der Karten-App navigieren zu lassen, tippen Sie bei der Eingabe der Route auf **Zu Fuß** und dann wie gehabt **Start**. Streichen Sie die Etiketten von rechts nach links, um von einem Wegpunkt zum nächsten zu gelangen.

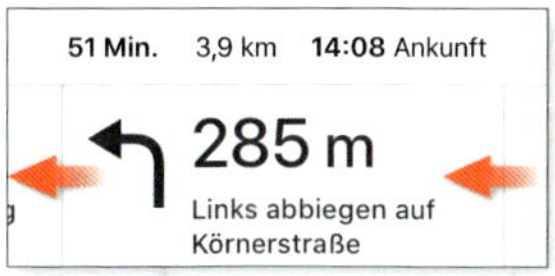

INFO

Genauigkeit des GPS-Signals

Sie können auf den ersten Blick erkennen, wie genau das entsprechende GPS-Signal ist, das Sie empfangen. Je genauer das Signal ist, desto kleiner wird der den Punkt umgebende Kreis. Die Positionsbestimmung links ist noch relativ ungenau, rechts daneben ist sie schon wesentlich exakter.

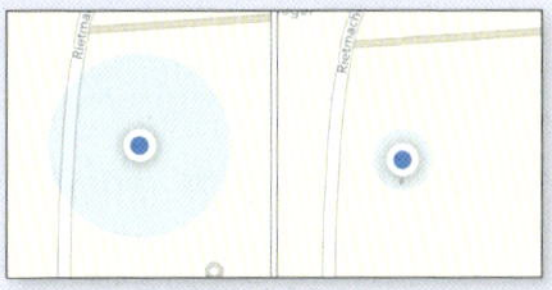

Adressen suchen

Ein ganz großer Vorteil der Karten-App ist die Möglichkeit, gezielt nach bestimmten Adressen zu suchen. Die entsprechende Adresse muss dabei nicht in Ihrem Adressbuch vorhanden sein. Gehen Sie wie folgt vor, um eine Adresse zu finden:

1. Öffnen Sie die Karten-App, und tippen Sie in das Suchfeld ❶. Dort geben Sie nun die gewünschte Adresse oder einen Suchbegriff ein (z.B. den Namen eines Museums), oder Sie diktieren sie, indem Sie auf die Mikrofon-Schaltfläche tippen. Schon bei der Eingabe der ersten Buchstaben macht die App passende Vorschläge ❷, von denen Sie einen auswählen, indem Sie darauf tippen. Sie sehen überdies auch schon, ob es für den Ort Bewertungen gibt.

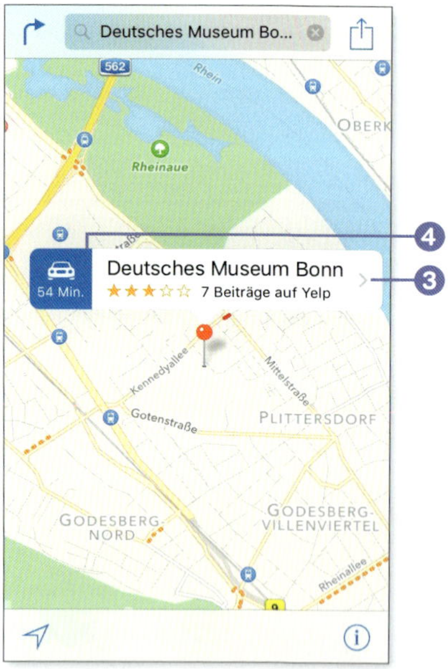

2. Die Adresse wird daraufhin gesucht und in der Karte mit einem Etikett versehen, sobald sie gefunden wurde. Wenn Sie weitere Informationen zu der Adresse benötigen, weil es sich z.B. um ein Restaurant oder Museum handelt, tippen Sie auf den hellen Teil des Etiketts ❸, und Sie gelangen in die Infoansicht.
3. Um die Route zu berechnen, tippen Sie in der Karte auf das Autosymbol ❹. Die Route wird daraufhin auf der Karte dargestellt.
4. Auch aus der Infoansicht heraus können Sie die Route berechnen.
5. In der Infoansicht ❺ werden Ihnen neben den Kontaktdaten und Öffnungszeiten auch Beurteilungen, die mit dem Beurteilungsportal Yelp verknüpft sind sowie beliebte Apps in der Nähe der gesuchten Adresse angezeigt, d.h. Apps, die in dieser Region häufig genutzt werden. Außerdem können Sie die Adresse zu Ihren Kontakten ❻ hinzufügen.
6. Wenn Sie in Ihrer Karten-App einmal einen Fehler finden – wenn z.B. eine Adresse nicht stimmt, die Lokalität nicht mehr existiert oder die Stecknadel falsch platziert ist –, können Sie das an Apple melden ❼. Die zuständigen Entwickler nehmen sich des Problems dann hoffentlich an.

7. Zu guter Letzt können Sie, wenn Sie oben rechts auf **Teilen** ❽ tippen, den Standort auch als Nachricht verschicken, in Notizen speichern, in Twitter oder Facebook posten oder via AirDrop an andere iOS-Nutzer übermitteln. Hier haben Sie zudem die Möglichkeit, die gesuchte Adresse als Favorit abzuspeichern. Schneller geht das Setzen eines Favorits allerdings, wenn Sie in der Detailansicht auf das kleine Herzsymbol ❾ tippen. Es wird daraufhin blau dargestellt.

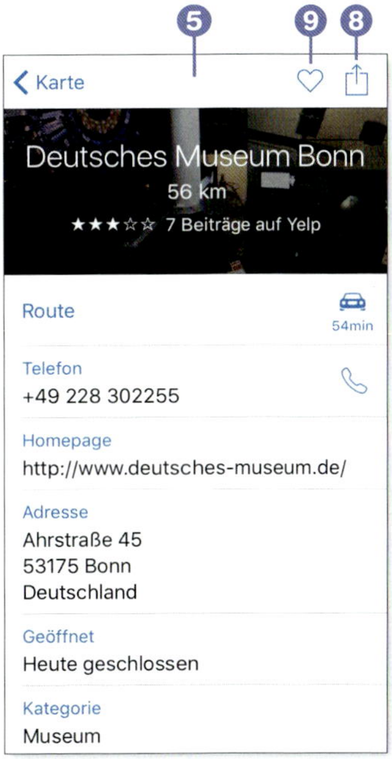

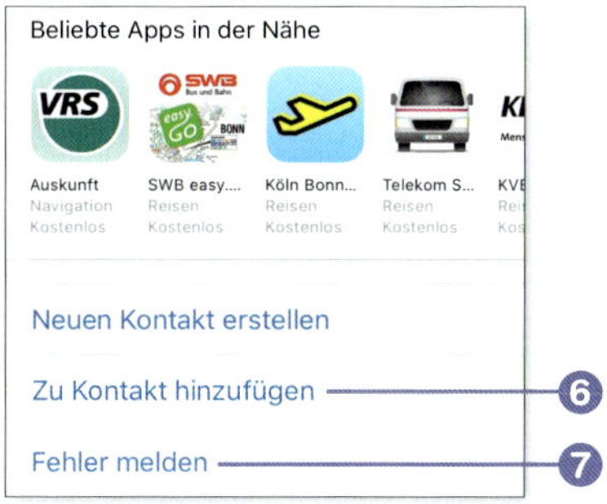

INFO

Was ist gemeint mit der Option »Favorit«?

Mit dieser Funktion speichern Sie eine Navigation in den Favoriten der Karten-App und rufen diese später einfach mit einem Fingertipp wieder auf. Um zu gespeicherten Favoriten zu gelangen, tippen Sie in der Karten-App in das Suchfeld und dann darunter auf **Favoriten**. Nun öffnet sich eine Ansicht, die neben den letzten Suchvorgängen sowie Ihren Kontakten und deren Adressen auch die Favoriten enthält, die Sie gespeichert haben.

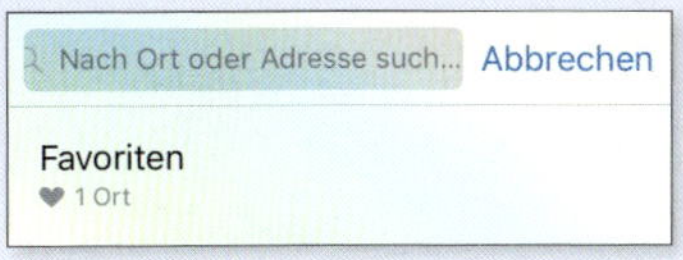

Eigene Kontakte in der Karten-App darstellen

Wenn Sie Ihre eigenen Kontakte in der Karten-App darstellen lassen möchten, ist das mit Ihrem iPhone 6s und 6s Plus auch kein Problem. Gehen Sie dabei wie folgt vor:

1. Öffnen Sie Ihre Kontakte, und suchen Sie sich einen Kontakt aus, indem Sie darauf tippen.
2. Der Kontakt öffnet sich, und alle entsprechenden Kontaktdaten werden Ihnen angezeigt. Tippen Sie nun auf die Adresse, um sie sich in der Kartendarstellung anzeigen zu lassen.

Denken Sie daran, dass Sie alle Adressen, zu denen Sie navigieren, auch als Favoriten abspeichern können, um die Strecke nicht immer wieder neu eingeben zu müssen (siehe dazu auch den Kasten »Was ist gemeint mit der Option ›Favorit‹?« auf Seite 319).

Flyover und 3D-Ansicht anzeigen

Die Karten-App hat noch eine weitere Ansicht, die Apple *Flyover* nennt. Das ist eigentlich nichts anderes als eine nah herangezoomte Satellitenansicht, in der Sie die einzelnen Gebäude dann von allen Seiten betrachten können. Man soll damit Ballungsräume in fotorealistischer Darstellung erleben können. Allerdings funktioniert das in Deutschland zurzeit nur in Berlin, Köln, Hamburg, Karlsruhe, Kiel, München und Nürnberg. Weitere Städte sollen aber im Laufe der Zeit hinzukommen. Aber wie gelangen Sie in diesen Modus? Nun, dazu müssen Sie Folgendes tun:

1. Öffnen Sie die Karten-App, und geben Sie die Stadt ein, die Sie sich anschauen möchten, also z. B. »Berlin«.
2. Schalten Sie dann erst einmal die Satellitenansicht ein.
3. Zoomen Sie in die Stadt hinein, indem Sie Daumen und Zeigefinger auf dem Display auseinanderziehen.
4. Schieben Sie nun gleichzeitig zwei Finger von unten nach oben über das Display, dann kippt die Ansicht immer weiter. Das machen Sie so lange, bis Sie die Häuserfassaden gut sehen können. Sie können dabei die Ansicht drehen, indem Sie beide Finger auf dem Display im oder entgegen dem Uhrzeigersinn drehen. Die Blickrichtung wird dabei von einem kleinen Kompass in der rechten oberen Ecke angezeigt. Tippen Sie einmal auf das Display, und die Navigationselemente werden ausgeblendet. Auf diese Weise können Sie sie auch wieder einblenden.

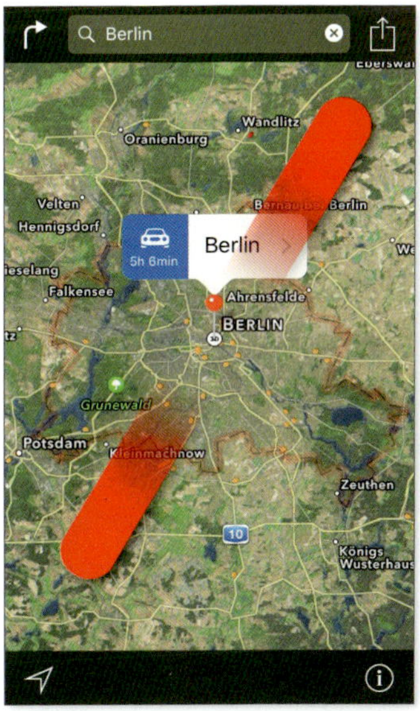

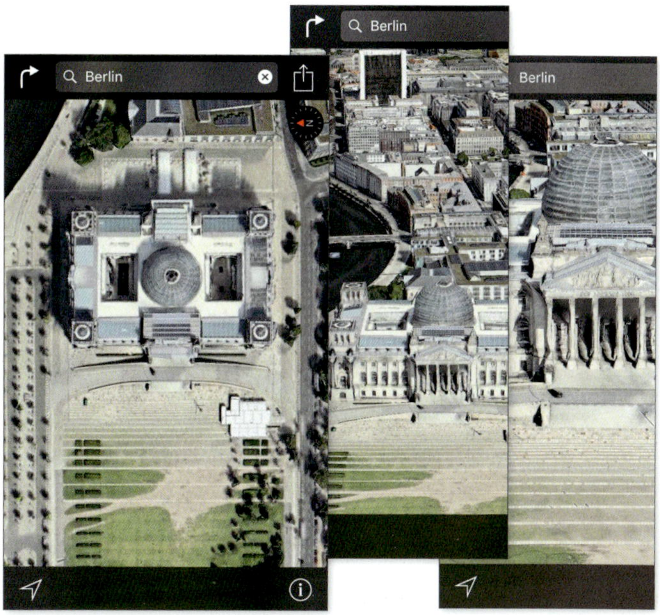

So können Sie die ganze Stadt gut erforschen und verschiedene Sehenswürdigkeiten auch aus der Ferne betrachten. Auch Städte im Ausland, z. B. London oder Sydney, können Sie sich auf diese Weise anschauen. Ein besonderes Highlight ist die sogenannte Flyover-Tour über eine Stadt. Hierbei handelt es sich um eine Art Flug über eine Stadt, wobei einige interessante Sehenswürdigkeiten besonders hervorgehoben werden, indem an sie herangezoomt und am unteren Bildschirmrand der Name der Sehenswürdigkeit eingeblendet wird.

Die 3D-Ansicht aktivieren Sie, indem Sie auf das kleine **i** unten rechts und dann auf **3D-Karte** tippen. Besonders gut wirkt diese Ansicht im Satellitenmodus; hier spielt sie ihre Stärken aus. Der linke Teil des Bildes stellt Innsbruck in der Draufsicht dar: Die Berge sind bereits zu erkennen. Aber erst mit dem 3D-Modus (rechts) sind die Berge scheinbar zum Greifen nah.

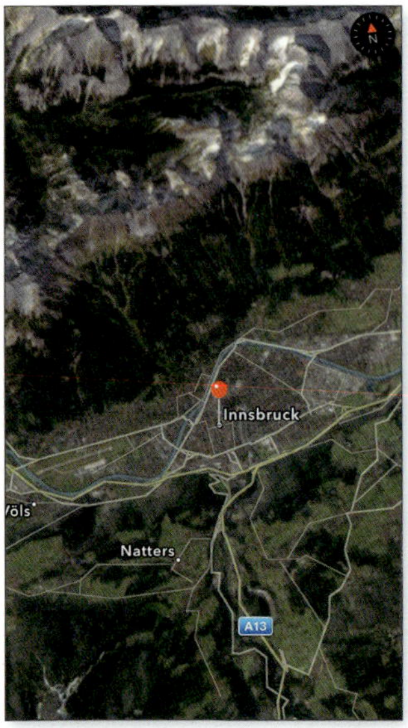

Die lokale Suche

Wenn Sie sich in einer fremden Stadt aufhalten, ist es für Sie unter Umständen wichtig zu wissen, wo welche Geschäfte oder Restaurants zu finden sind. Diesem Umstand hat Apple in der Karten-App ebenfalls Rechnung getragen und regionale Informationen in die App integriert. Sie erfahren im Folgenden, wie Sie damit umgehen.

1. Öffnen Sie in der Karten-App die Standardansicht, und geben Sie einen Städtenamen ein, z. B. »Düsseldorf«.
2. Wenn Sie etwas näher in die Stadt hineinzoomen, sehen Sie sofort, dass Geschäfte, Bars, Restaurants, Banken, U-Bahn-Haltestellen etc. jeweils mit einem kleinen runden Symbol dargestellt werden. Die gleichen Informationen, wenn auch deutlich weniger, sehen Sie in der Ansicht **Satellit** (rechts in der Abbildung), allerdings ohne Beschriftung.

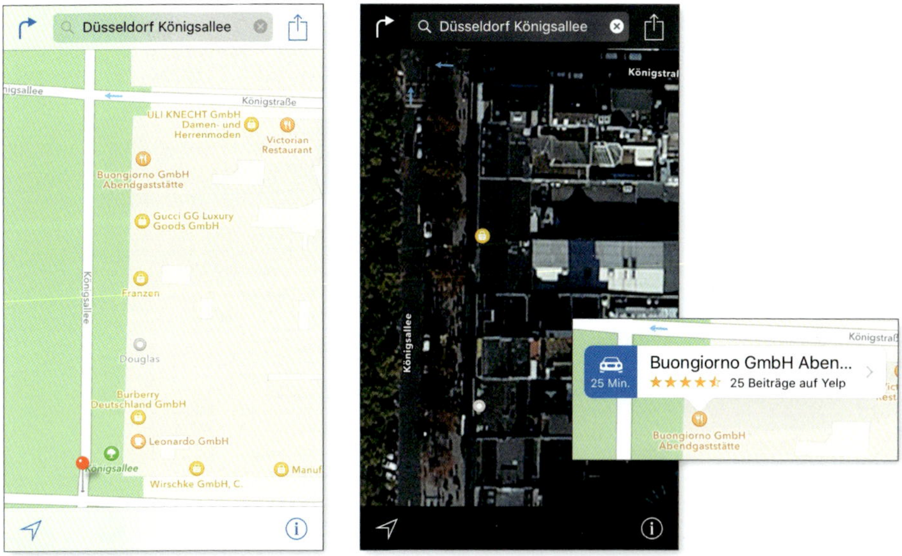

3. Wenn Sie mehr über eine Lokalität wissen möchten, tippen Sie einfach auf das jeweilige Symbol. Zunächst wird Ihnen ein entsprechendes Etikett angezeigt. Sie sehen darin den Namen, eine erste Bewertung (Sterne) und die Information, dass Sie auf der Internet-Bewertungsplattform Yelp einige Beiträge dazu finden.
4. Um sich eine Detailansicht dieser Informationen anzuschauen, tippen Sie einfach auf das Etikett.

Im oberen Drittel des nächsten Menüs sehen Sie den Namen der jeweiligen Lokalität, wie weit sie von Ihrem aktuellen Standort entfernt ist und wie sie bisher bewertet wurde (❶ auf Seite 324). Darunter stehen die Telefonnummer, die Internetadresse und die Anschrift ❷.

Auch aus dieser Ansicht heraus können Sie sofort eine Navigation starten ❸. Sehen Sie auch die **Öffnungszeiten**, die **Kategorie** als auch die Preiskategorie ein, oder informieren Sie sich darüber, ob es einen **Lieferservice** gibt, ob **Reservierungen** angenommen werden oder ob **Kinder** willkommen sind.

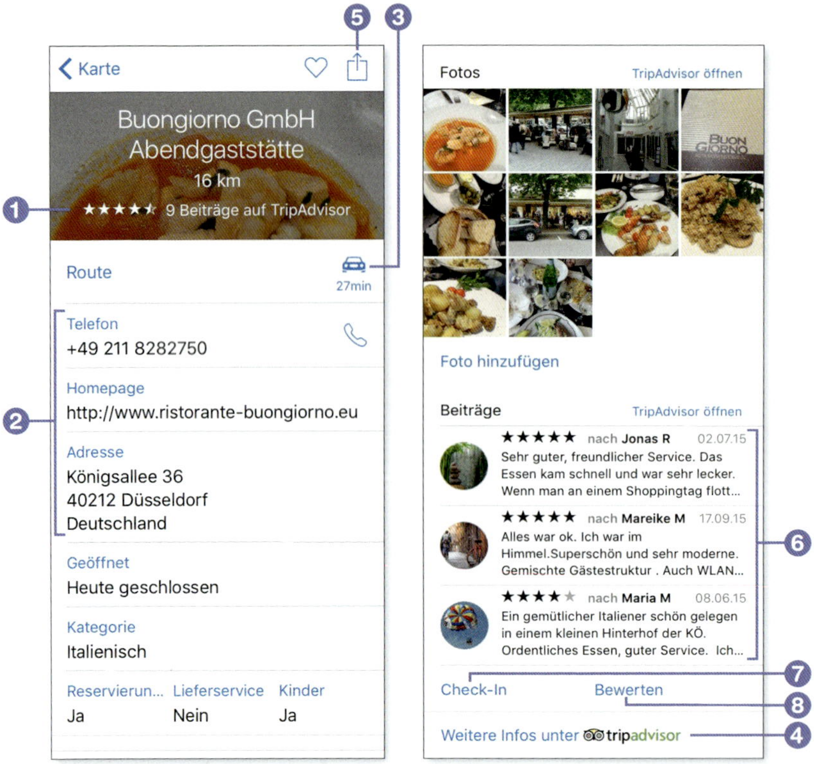

Außerdem haben Sie die Möglichkeit, Bewertungen zu lesen beziehungsweise TripAdvisor aufzurufen und sich dort weitere Bewertungen genauer anzusehen ❹. Beliebte Apps in der Nähe der Lokalität können ausgewählt werden, und Sie können die Adresse in Ihre Kontakte aufnehmen oder aber ein Problem melden (siehe dazu auch den Abschnitt »Adressen suchen« ab Seite 317).

Zu guter Letzt können Sie, wenn Sie oben rechts auf **Teilen** ❺ tippen, die Adresse auch als Nachricht oder Mail verschicken oder in Twitter und Facebook posten. Sie können sie auch via AirDrop an andere iPhones in Ihrer Nähe senden oder aber einen Eintrag in den Favoriten erstellen.

TripAdvisor als Informationsquelle nutzen

Wenn Sie TripAdvisor als Informationsquelle nutzen oder Bewertungen schreiben möchten, gehen Sie folgendermaßen vor:

1. Scrollen Sie etwas nach unten, und Sie sehen in unserem Beispiel schon einmal drei Bewertungen von TripAdvisor ❻. Um sich die in TripAdvisor verfassten Beiträge zu der vorher ausgewählten Lokalität genauer anzuschauen, tippen Sie auf **Weitere Infos unter TripAdvisor** ❹, dann werden Sie direkt zu TripAdvisor weitergeleitet.
2. Sie können von hier aus außerdem selbst bei TripAdvisor »einchecken« ❼ oder eine eigene Bewertung verfassen ❽.
3. Wenn Fotos von der Lokalität vorhanden sind, werden sie oberhalb der TripAdvisor-Bewertungen angezeigt. Sind keine Fotos vorhanden, können Sie eigene Fotos machen und diese dann, falls Sie einen eigenen TripAdvisor-Account haben, bei TripAdvisor hochladen.

Sie sehen, die regionalen Informationen sind bereits recht reichhaltig. Je mehr Leute mitmachen, desto genauer werden diese Informationen, und umso nützlicher sind sie für den Anwender. Also schnell bei TripAdvisor anmelden und mitmachen!

INFO

Was genau ist eigentlich TripAdvisor?

TripAdvisor ist ein Portal im Internet, das dazu gedacht ist, Restaurants, Bars und andere Dienstleistungsunternehmen zu bewerten. Die Bewertungen schreiben die Kunden selbst. Sie können sich unter *www.tripadvisor.com* anmelden oder sich die passende iPhone-App gratis aus dem App Store herunterladen.

Die Funktion In der Nähe

In Sachen lokaler Suche bietet Ihnen Apple aber noch eine weitere interessante Funktion, die mit der Spotlight-Suche verbunden ist: *In der Nähe*. Diese Option sehen Sie in Form von vier Symbolen, wenn Sie den Home-

Bildschirm nach rechts wischen, unterhalb der Siri-Vorschläge.

Hinter den Rubriken **Abendessen** ❶, **Bars** ❷, **Einkaufen** ❸ und **Tanken** ❹ verbirgt sich eine lokale Suche, die automatisch nach den entsprechenden Rubriken sucht und Ihnen die Ergebnisse auf der Karte anzeigt.

Die Suchkategorie wird dabei im Suchfeld der Karten-App ❺ angezeigt. Die roten Stecknadeln im Kartenausschnitt stellen dabei jeweils ein Suchergebnis ❻ dar. Zusätzlich werden Ihnen in einer Liste ❼ in der unteren Bildschirmhälfte weitere Zusatzinformationen angezeigt. Diese Listen können Sie mit dem Befehl **Liste ausblenden** ❽ auch verschwinden lassen.

Mit einem Fingertipp oben links auf den Befehl **Zurück zu Suchen** ❾ gelangen Sie wieder zurück zu Ihrer Spotlight-Suchmaske. Schneller werden Sie keine Informationen finden, wenn Sie sich mal in einer fremden Stadt aufhalten. Probieren Sie es aus, Sie werden sehen, diese Funktion erleichtert Ihnen das Leben enorm.

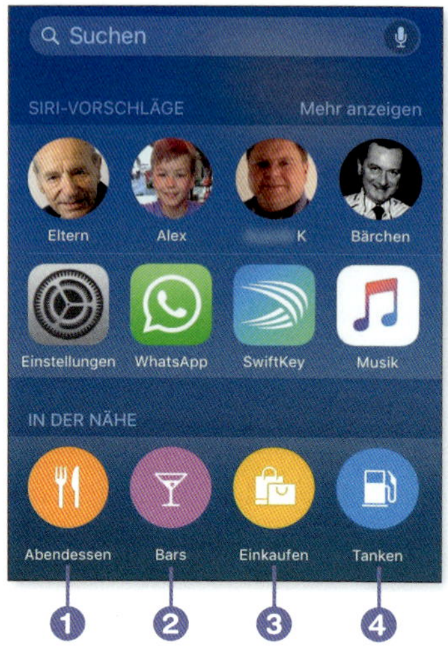

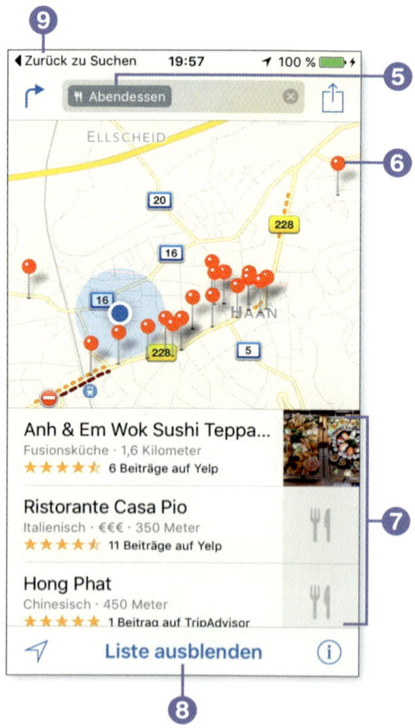

Kapitel 13
Musik hören auf dem iPhone

Es gibt Menschen, die es lieben, viele verschiedene Geräte wie ein Handy, ein Navigationsgerät oder einen iPod mit sich herumzutragen. Diese Menschen muss ich enttäuschen, denn sie brauchen von nun an nur noch ein Gerät. Das iPhone vereinigt alle diese Funktionen in sich. Mir persönlich hat es besonders die iPod-Funktion, die Ihnen Ihr iPhone mit der Musik-App bietet, angetan.

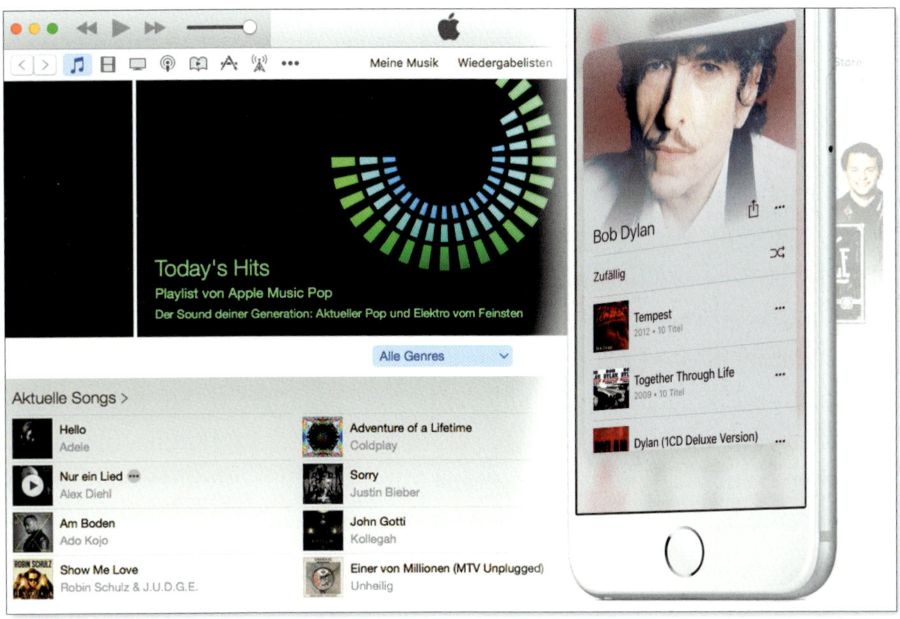

Alles, was mit Musik zu tun hat, gibt es auf dem iPhone aus erster Hand.

Dabei ist das Icon der App zwar mit »Musik« betitelt, es verbirgt sich dahinter jedoch einiges mehr: Mit der Musik-App spielen Sie nicht nur Ihre Musik unterwegs ab, Sie können sie außerdem ganz leicht verwalten und bewerten, Wiedergabelisten anlegen oder Ihre Musik über iCloud streamen. Darüber hinaus hat Apple mit iOS 9 den Dienst *Apple Music* eingeführt, eine ganz neue Möglichkeit, Musik zu genießen. Im weitesten Sinne handelt es sich dabei um einen kostenpflichtigen Streamingdienst, der Ihnen eine ganze Menge neuer Funktionen bietet, sodass Ihnen als Nutzer ganz neue Musikerlebnisse geboten werden. All diese Möglichkeiten der Musik-App lernen Sie in diesem Kapitel kennen. Möchten Sie Apple Music zunächst nicht verwenden und vor allem Ihre eigene Musik auf dem iPhone abspielen, lesen Sie hierzu den Abschnitt »Musik auf dem iPhone speichern«, ab Seite 338.

Apple Music entdecken

Bevor Sie den kostenpflichtigen Dienst Apple Music verwenden können, müssen Sie sich zunächst für eines der angebotenen Abomodelle entscheiden. Sie können sich zwischen einer Einzelmitgliedschaft für monatlich 9,99 € oder einer Familienmitgliedschaft für monatlich 14,99 € entscheiden. Bei der Familienmitgliedschaft können bis zu sechs Personen auf Apple Music zugreifen und den Dienst unabhängig voneinander nutzen. Hierfür ist lediglich die Familienfreigabe erforderlich (lesen Sie dazu den Abschnitt »Die Familienfreigabe nutzen« ab Seite 242). Nach Abschluss eines Abonnements können Sie auf nahezu das gesamte Musikangebot des iTunes Stores zugreifen und jeglichen Song aus dem Angebot anhören. Sie haben auch Zugriff auf verschiedene von Apple gestaltete Radioprogramme, die Ihnen unbegrenzt zur Verfügung stehen. Eine Mitgliedschaft gilt übrigens für alle Ihre Geräte, die mit derselben Apple-ID verknüpft sind.

Das Beste kommt aber zum Schluss: Sie müssen den Dienst nicht direkt kostenpflichtig abonnieren, sondern können zunächst eine dreimonatige Gratis-Testphase nutzen, um sich das Angebot genau anzuschauen. Das bedeutet, Sie können sich mit Ihrer Apple-ID bei Apple Music anmelden und in den ersten drei Monaten das komplette Programm von Apple Music gratis genießen. Die Verlängerung findet allerdings automatisch statt, sodass Sie bei Nichtgefallen das Abonnement manuell beenden müssen. Haben Sie den »Absprung« einmal verpasst, ist das aber auch kein Problem, denn Sie können Apple Music monatlich kündigen, sodass dann nur die Kosten für den jeweiligen Monat anfallen.

Bei Apple Music anmelden

In diesem Abschnitt zeige ich Ihnen den Anmeldeprozess von Apple Music, und Sie erfahren, welche Einstellungen Sie vornehmen sollten, damit Ihnen von Apple Music die Musik angeboten wird, die Sie auch wirklich mögen. Los geht's!

1. Öffnen Sie zunächst die Musik-App, und tippen Sie in der Tab-Leiste auf **Für dich** ①. Auf der folgenden Seite können Sie entweder auf den Button **Probeabo von 3 Monaten** ② tippen, um den Dienst zu aktivieren, oder aber den Vorgang mit **Nein danke** abbrechen.

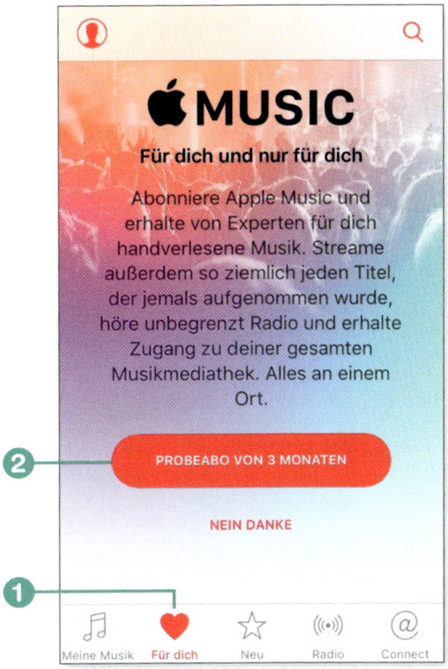

2. Haben Sie sich für das Probeabo entschieden, erscheint die Seite **Abo wählen**. Entscheiden Sie sich hier, ob Sie das Abo für eine **Einzelperson** abschließen wollen oder ob alle Ihre Familienmitglieder ③ davon profitieren sollen. Für Letzteres benötigen Sie eine eingerichtete Familien-

freigabe (lesen Sie dazu den Abschnitt »Die Familienfreigabe nutzen« ab Seite 242). Unten können Sie sich auch noch einmal detailliert über den Datenschutz informieren, was ich jedem ans Herz legen möchte.

3. Nun müssen Sie das Ganze nur noch mit Ihrer Apple-ID verknüpfen, sodass nach Ablauf des Probeabonnements die Abrechnung über Ihre Apple-ID stattfinden kann. Hierzu verwenden Sie entweder Touch-ID oder geben das Passwort Ihrer Apple-ID manuell ein.

4. Jetzt beginnt der eigentliche Einrichtungsprozess von Apple Music. Legen Sie im ersten Schritt fest, welche Musikarten Ihnen gefallen. Tippen Sie hierzu einfach auf den Kreis der entsprechenden Musikrichtung. Dieser wird dann etwas größer dargestellt. Sie können hier ruhig mehrere Kreise antippen. Die Seite lässt sich auch nach rechts und links wischen, sodass Sie weitere Genres sehen. Haben Sie Ihre Auswahl getroffen, tippen Sie oben rechts auf **Weiter** 1.

5. Perfekt! Ist das erledigt, wählen Sie auf die gleiche Weise Ihre Lieblingskünstler aus. Tippen Sie einmal auf einen Kreis, hören Sie den Künstler gerne, zweimaliges Antippen heißt, dass Sie den entsprechenden Künstler »lieben«. Können Sie einen Künstler gar nicht leiden, halten Sie Ihren Finger so lange auf dem Bild des Künstlers, bis es nach zwei Sekun-

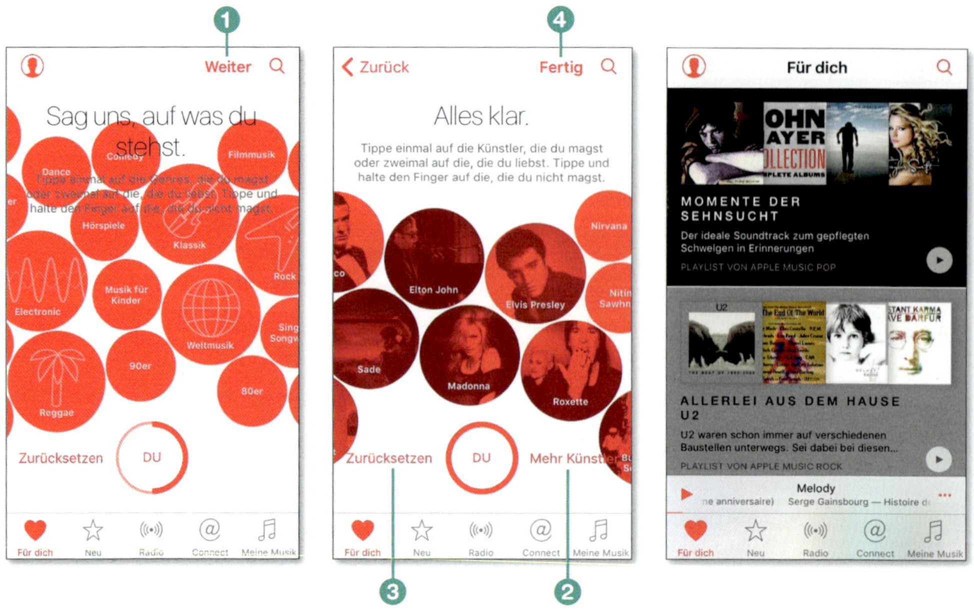

den automatisch ausgeblendet wird. Die Auswahl ist Ihnen nicht groß genug? Tippen Sie unten rechts auf **Mehr Künstler** ❷, werden weitere Künstler eingeblendet, die Sie auswählen können. Das Ganze können Sie sogar mehrmals machen.

6. Haben Sie sich mal falsch entschieden, können Sie natürlich alles rückgängig machen, indem Sie auf **Zurücksetzen** ❸ tippen. Haben Sie Ihre Auswahl getroffen, tippen Sie oben rechts auf **Fertig** ❹.

Nachdem Sie den Einrichtungsprozess abgeschlossen haben, sehen Sie im Tab **Für dich** eine Zusammenstellung mit Musik von Ihren favorisierten Künstlern.

Die verschiedenen Bereiche von Apple Music

Wenn Sie sich für Apple Music entschieden haben, stehen Ihnen die Tabs **Für dich**, **Neu**, **Radio**, **Connect** und **Meine Musik** zur Verfügung. Wozu diese dienen beziehungsweise welche Funktionen Ihnen jeweils zur Verfügung stehen, erfahren Sie im Folgenden.

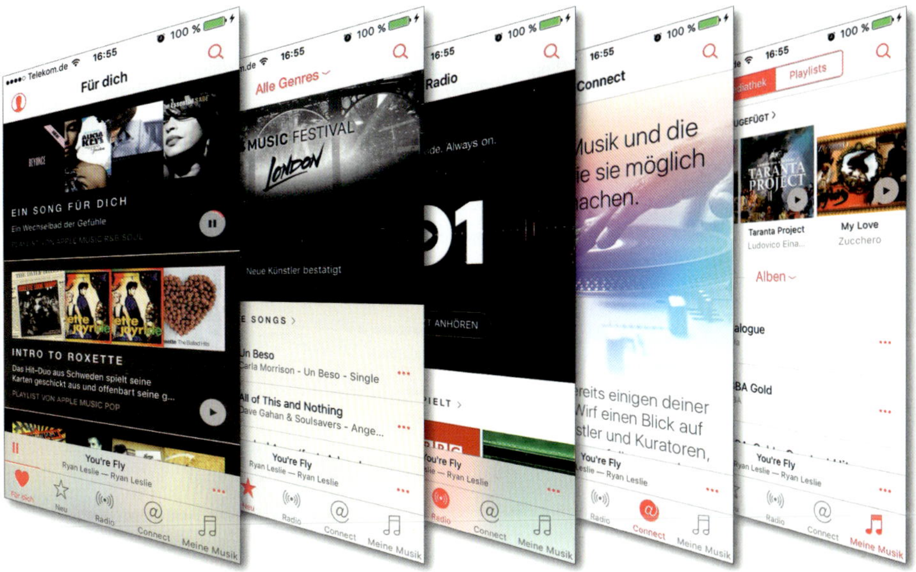

Die einzelnen Ansichten »Für dich«, »Neu«, »Radio«, »Connect« und »Meine Musik« in der Übersicht

Der erste Tab **Für dich** ❶ bietet Ihnen zunächst Musikzusammenstellungen der Künstler, die Sie während des Einrichtungsprozesses favorisiert haben. Zum Abspielen dieser Playlisten tippen Sie jeweils rechts auf das Play-Symbol ❷, das daraufhin zum Pause-Symbol wird. Der Abspielfortschritt wird Ihnen an diesem Symbol durch eine rote, kreisförmige Linie angezeigt. Außerdem sehen Sie nun über der Tab-Leiste die aktuelle Wiedergabe ❸. Ihnen werden hier der Künstler, der Albumname und der Songtitel angezeigt. Über das Pause-Symbol können Sie auch hier die Wiedergabe unterbrechen und anhand der roten Linie den Abspielfortschritt verfolgen.

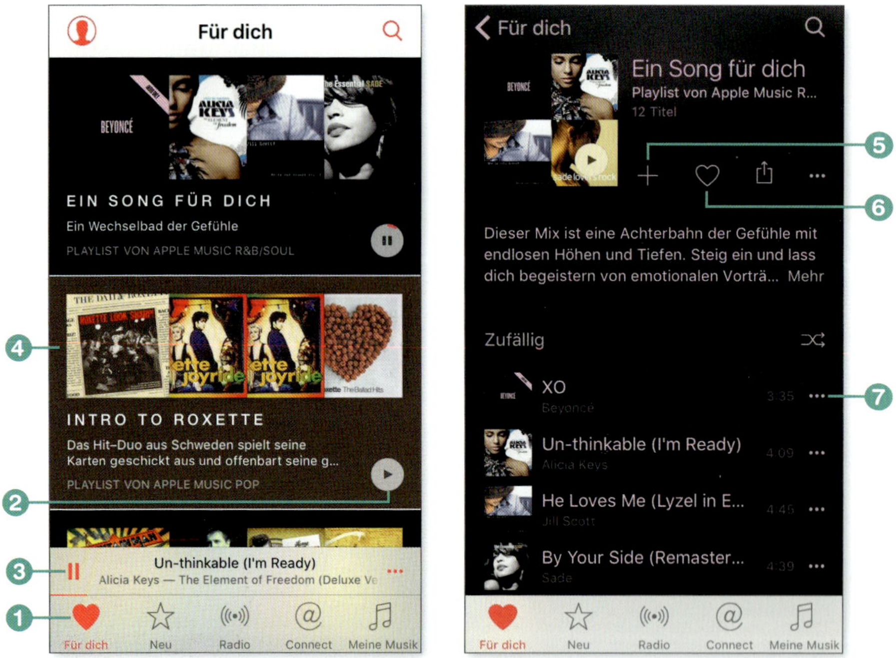

Tippen Sie einmal auf den Hauptbereich der Playlist ❹, werden Ihnen auf der folgenden Seite die einzelnen Musiktitel der Wiedergabeliste angezeigt. Tippen Sie hier auf das Plussymbol ❺, können Sie die Playlist mit einem Fingertipp zu den **Playlists** auf dem Tab **Meine Musik** hinzufügen. Aus dem Plussymbol wird dann ein Häkchen. Tippen Sie auf das Häkchen, wird die Playlist wieder entfernt. Hierzu müssen Sie lediglich noch einmal den Button **Aus „Meine Musik" entfernen** bestätigen, schon ist die Playlist wieder verschwunden. Über das Herzsymbol ❻ fügen Sie die Playlist Ihren Favoriten hinzu; erneutes Antippen des Symbols deaktiviert den Favoritenstatus wieder.

Tippen Sie hinter einem Musiktitel auf den Button **Mehr** ❼, öffnet sich ein Menü, das Ihnen weitere Befehle anbietet. Sie können beispielsweise den nächsten Titel der Liste abspielen ❽ oder den Titel, über den Sie dieses Menü geöffnet haben, in die Liste der nächsten Titel ❾ aufnehmen, um etwa eine eigene Reihenfolge der zu spielenden Titel festzulegen. Sie können den Titel aber auch einer Ihrer Playlists hinzufügen ❿ oder daraus eine Genius-Playlist erstellen ⓫, also eine Playlist, die auf Basis des Beats dieses Titels automatisch ähnliche Titel zusammenstellt. Gefällt Ihnen der aktuelle Titel, können Sie ihn auch offline verfügbar machen ⓬, den Titel also auf Ihr iPhone laden.

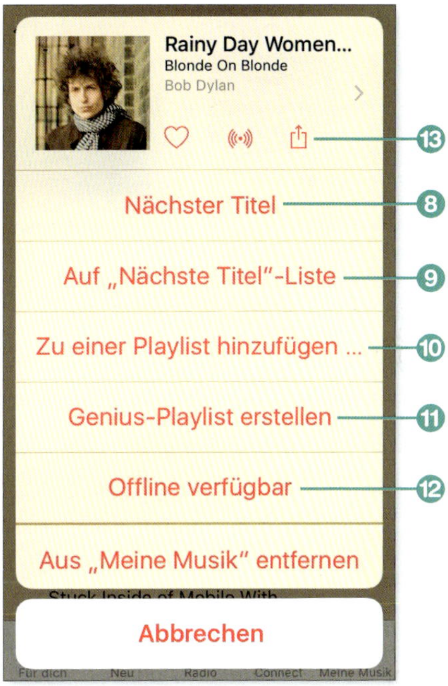

ACHTUNG

Offline-Titel unbegrenzt hören?

Haben Sie eines der beiden Abomodelle abgeschlossen, können Sie für die Dauer Ihres Abonnements die Musik auch herunterladen und so ohne bestehende Internetverbindung auf Ihrem iPhone hören. Kündigen Sie jedoch das Abo, können Sie auf diese Musiktitel nicht mehr zugreifen und sie nicht mehr abspielen, da die Rechte dazu mit Kündigung des Abos ebenfalls erloschen sind.

Wenn Sie den **Teilen**-Button ⓭ antippen, können Sie den Link zu dieser Playlist mit anderen per Nachricht, WhatsApp, Mail, Facebook, Twitter etc. teilen. Voraussetzung hierfür ist natürlich, dass Sie auch über die entsprechenden aktiven Accounts bei WhatsApp, Facebook und Twitter verfügen und diese auf Ihrem iPhone aktiviert sind.

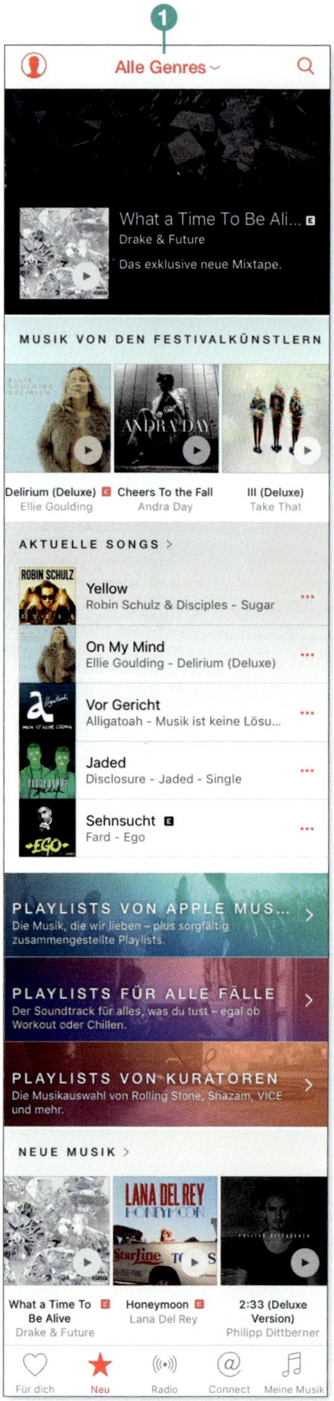

Der Tab **Neu** bietet Ihnen neue Songs und Alben unter anderem auch von solchen Künstlern, die bislang noch nicht so bekannt sind, aber durchaus das Potenzial dazu mitbringen. Zu Festivalzeiten wie dem Apple Music Festival in London sehen Sie hier die neuen Stücke der teilnehmenden Künstler. Ihnen werden hier aber auch unterschiedliche Toptitel, neue Alben bekannter Künstler oder tolle Playlisten und beispielsweise Entdeckungen aus der Rubrik **Auf Connect entdeckt: Audio** angeboten. Natürlich dürfen aber auch Klassiker und essenzielle Alben nicht fehlen. Sie sehen, es gibt hier eine ganze Menge zu entdecken. Wischen Sie diese Seite nach oben, um weitere Angebote zu sehen. Tippen Sie auf einen Titel, ein Album, eine Wiedergabeliste oder eine Rubrik, um weitere Details zu dem jeweiligen Inhalt aufzurufen. Möchten Sie hier lediglich Empfehlungen aus Ihren Lieblingsgenres sehen, tippen Sie am oberen Bildschirmrand auf **Alle Genres** ❶ und wählen aus insgesamt fünfzehn Genres-Rubriken aus. Stöbern Sie nach Herzenslust in den Genres Ihrer Wahl, und entdecken Sie so neue Musik, die womöglich bald schon zu Ihrer Lieblingsmusik wird. Diese Seite wird übrigens ständig aktualisiert, es lohnt sich also, immer mal wieder einen Blick darauf zu werfen.

Über den Tab **Radio** haben Sie Zugriff auf verschiedene Radiostationen, die Ihnen von Apple angeboten werden. Tippen Sie etwa auf den Button **Jetzt anhören** ❷, schalten Sie zum Internetradio *Beats 1*. Experten liefern hier die neueste Musik der unterschiedlichsten Genres. Allerdings ist nur dieser Kanal auch ohne Abo zu hören. Für die anderen Radiostationen wie **Charting now**, **Sound System** und **the Mixtape** benötigen Sie das Apple-Music-Abo. Die Rubrik **Kürzlich gespielt** ❸ zeigt Ihnen die letzten drei von Ihnen gehörten Sender an. Weitere Genres

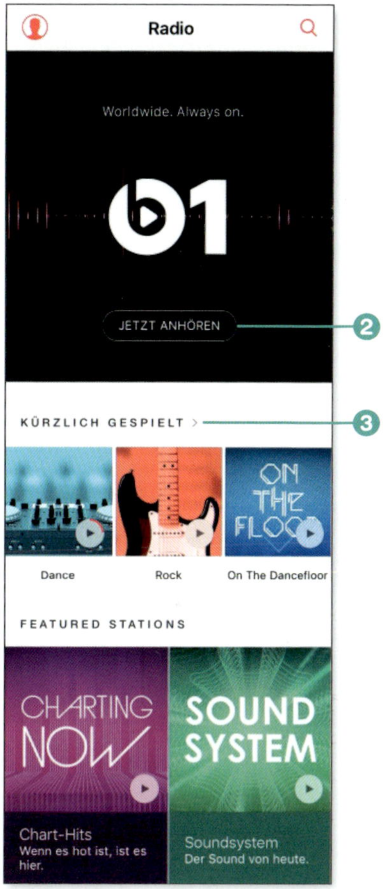

sind **Alternative**, **Dance**, **Electronic**, **Hip-Hop**, **Jazz**, **Klassik**, **Metal**, **News & Talk**, **Pop**, **R&B/Soul**, **Reggae**, **Rock** und **Workout** mit jeweils einigen Stationen. Sie können so also zukünftig Ihr Radioprogramm ganz nach Ihrem Geschmack wählen.

Auf dem Tab **Connect** können Sie Künstlern und Kuratoren folgen, die Sie besonders interessieren. Im folgenden Abschnitt erfahren Sie mehr zu dieser Funktion.

Der letzte Tab nennt sich **Meine Musik** und versammelt alle Ihre eigenen Songs, die Sie auf Ihrem Handy oder in der Cloud gespeichert haben. Mehr dazu erfahren Sie im Abschnitt »Musik auf dem iPhone speichern« ab Seite 338.

Mit Connect Künstlern folgen

Die Funktion *Connect* ähnelt etwas Facebook oder Twitter. Sie sehen in diesem Bereich neben neuen Stücken und Alben auch Neuigkeiten und Ankündigungen des jeweiligen Künstlers. So bleiben Sie bei Ihren Lieblingskünstlern immer auf dem Laufenden, vorausgesetzt natürlich, dass Sie Connect auch aktiv nutzen. Die Künstler, die Sie während des Einrichtungsvorgangs in Ihre Auswahl aufgenommen haben, sind bereits in der Auswahlliste vorhanden. Und so fügen Sie weitere hinzu.

1. Schieben Sie die Liste der vorgeschlagenen Künstler etwas nach oben, bis Sie einen finden, dem Sie gerne folgen möchten. Tippen Sie rechts auf den Button **Folgen** (1 auf Seite 336). Der Button ändert sich daraufhin in **Folge ich**.
2. Ist der gewünschte Künstler nicht in der Liste, können Sie rechts oben über das Lupensymbol 2 nach ihm suchen.

3. Haben Sie Ihre Wahl getroffen, tippen Sie auf **Fertig** ❸.
4. Ihnen werden nun auf dem Tab alle Beiträge der jeweiligen Künstler angezeigt, und Sie sehen, was diese posten ❹, wie viele Nutzer den Beitrag als Favorit ❺ markiert haben, beziehungsweise die Anzahl der Kommentare ❻ zum Beitrag.
5. Tippen Sie auf das Sprechblasensymbol, können Sie sich die Kommentare der anderen Nutzer auch ansehen.
6. Über das Feld **Kommentieren** ❼ können Sie auch selbst Kommentare posten. Geben Sie Ihre Nachricht ein, und tippen Sie anschließend auf **Posten** ❽. Direkt danach sehen Sie Ihren Post in der Liste der Kommentare ❾.

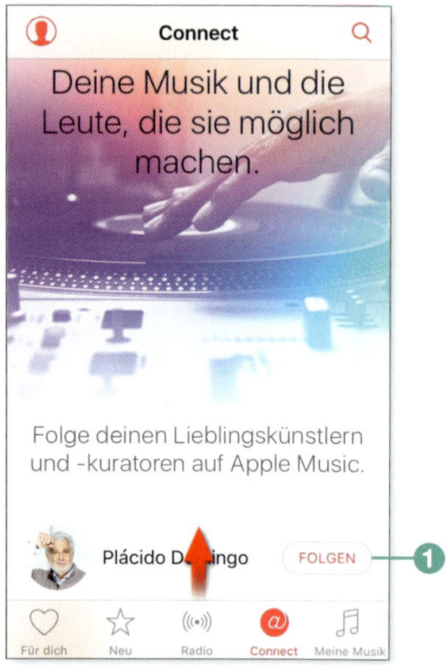

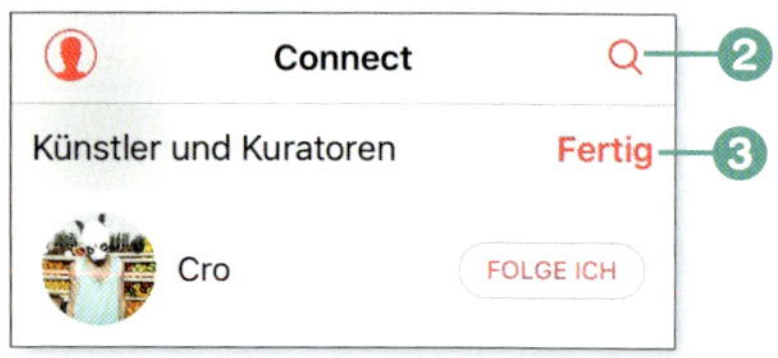

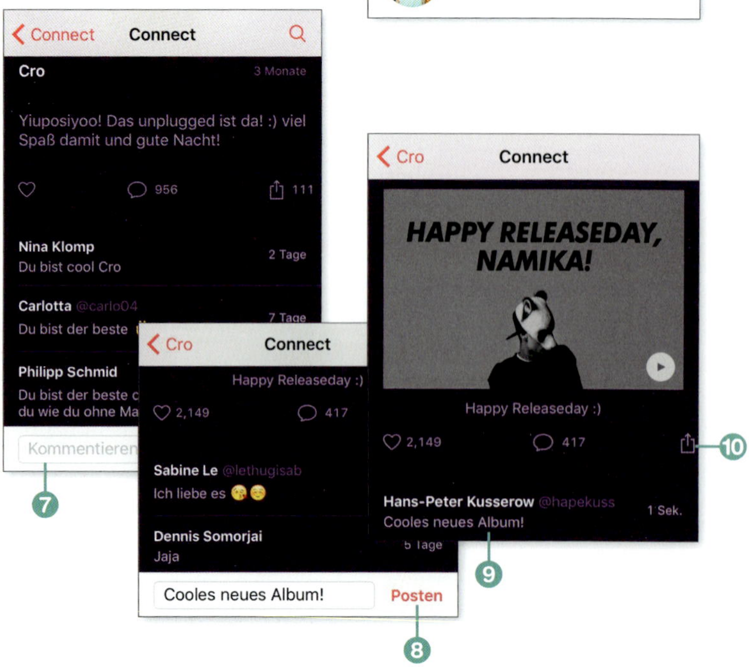

Beiträge Ihrer Lieblingskünstler auf Connect lassen sich selbstverständlich mit einem Fingertipp auf den **Teilen**-Button ⑩ auch mit anderen per Nachricht, WhatsApp, Facebook, Twitter etc. teilen.

Haben Sie Connect eine Weile genutzt, möchten Sie vielleicht nachsehen, von welchen Künstlern Sie Neuigkeiten abonniert haben, beziehungsweise einige wieder loswerden? Dann gehen Sie wie folgt vor:

1. Tippen Sie auf dem Tab **Connect** oben links auf die Silhouette ⑪, und tippen Sie danach auf der Seite **Account** auf den Menüpunkt **Folgen** ⑫. Daraufhin werden alle Künstler eingeblendet, denen Sie folgen.
2. Sie können hier auch wieder das Folgen eines Künstlers zurücknehmen, indem Sie auf **Nicht Folgen** ⑬ tippen. Möchten Sie Künstlern, deren Musik Sie zur Mediathek hinzugefügt haben, automatisch folgen, aktivieren Sie den entsprechenden Schalter ⑭.
3. Tippen Sie auf **Mehr Künstler und Kuratoren** ⑮, gelangen Sie wieder zu der Auswahlliste, und Sie können weitere Künstler auswählen, denen Sie folgen möchten.

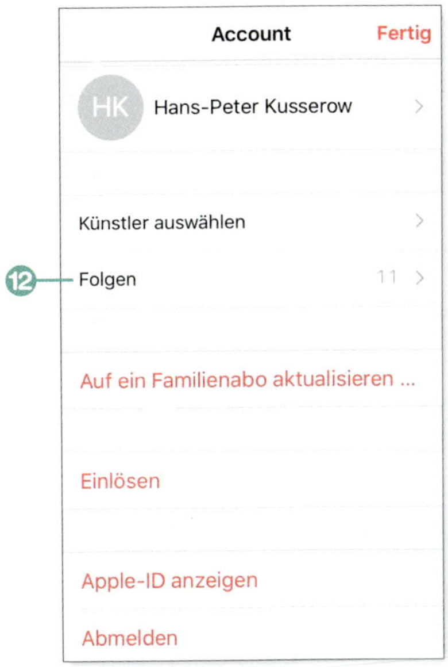

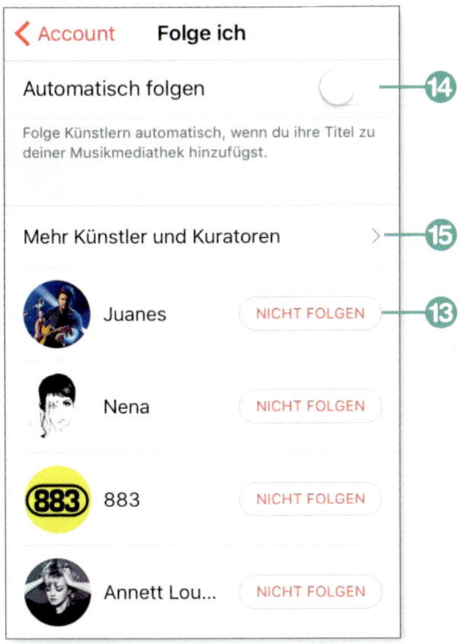

Bild und Spitznamen einfügen

Für den Fall, dass Sie auch mal einen Kommentar absetzen möchten, können Sie sich für Connect einen Spitznamen zulegen und Ihrem Account ein Bild hinzufügen.

1. Tippen Sie im Tab **Connect** oben links auf die Silhouette und auf der Seite **Account** auf Ihren Namen.
2. Im folgenden Bildschirm können Sie Ihr Bild und den Spitznamen einfügen. Tippen Sie dazu auf **Bearbeiten** ➊.
3. Fügen Sie nun hinter dem **@**-Symbol ➋ Ihren Spitznamen ein. Wenn Sie ein Foto einfügen möchten, tippen Sie auf den grauen Kreis mit Ihren Initialen ➌. Sie können dann entweder ein Foto aufnehmen oder eines aus Ihren Fotoalben auswählen. Tippen Sie abschließend auf **Fertig** ➍.

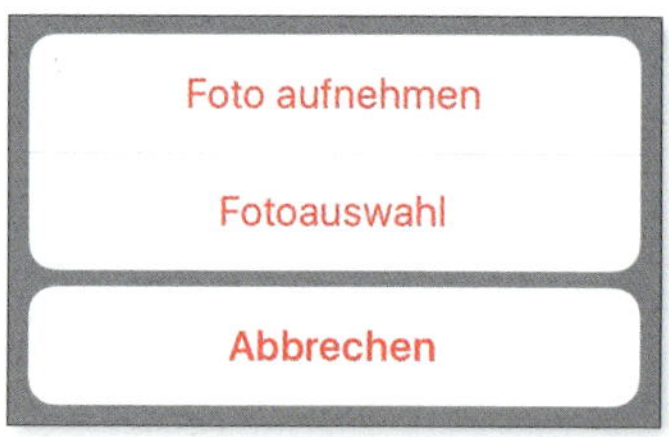

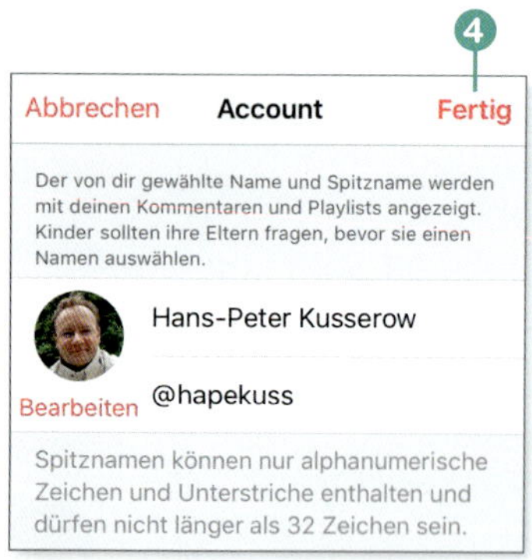

Posten Sie nun einen Kommentar zu einem Künstlerbeitrag, wird Ihr soeben festgelegter Spitzname angezeigt.

Musik auf dem iPhone speichern

In den vorangegangenen Abschnitten haben Sie bereits den Streamingdienst Apple Music kennengelernt, in diesem und den folgenden Abschnitten zeige ich Ihnen, wie Sie Ihre eigene Musik auf das iPhone übertragen und Ihre Musik abspielen können.

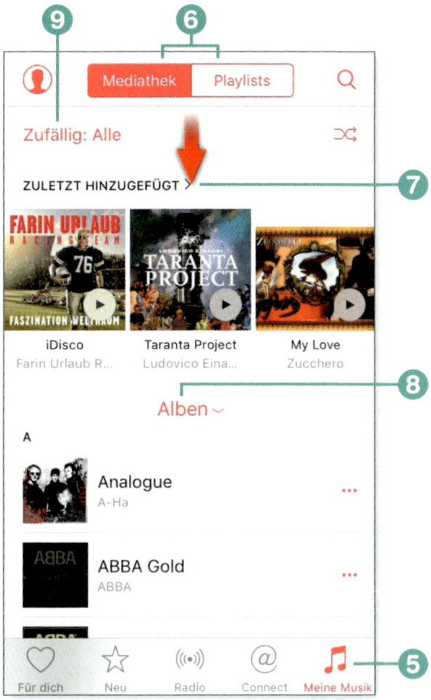

Hierbei übernimmt der Tab **Meine Musik** ⑤ eine zentrale Rolle ein, denn er versammelt all Ihre eigenen Musiktitel, die Sie entweder auf Ihrem iPhone oder in der Cloud gespeichert haben. Dieser Bereich ist in die Bereiche **Mediathek** und **Playlists** ⑥ eingeteilt. Im Bereich **Mediathek** befindet sich Ihre komplette Musik, der Bereich **Playlists** beinhaltet Ihre Wiedergabelisten, sowohl die, die Sie selbst zusammengestellt (lesen Sie dazu den Abschnitt »Wiedergabelisten anlegen« ab Seite 353), als auch die, die Sie über Apple Music hinzugefügt haben.

Tippen Sie auf **Zuletzt hinzugefügt** ⑦, sehen Sie die Alben oder Songs, die Sie als Letztes Ihrer Mediathek hinzugefügt haben. Darunter sehen Sie in alphabetischer Reihenfolge Ihre Inhalte je nach gewählter Darstellung, hier aktuell die einzelnen **Alben** ⑧. Mehr zu den verschiedenen Darstellungen erfahren Sie im Abschnitt »Die Ansichten des Tabs ›Meine Musik‹« ab Seite 347.

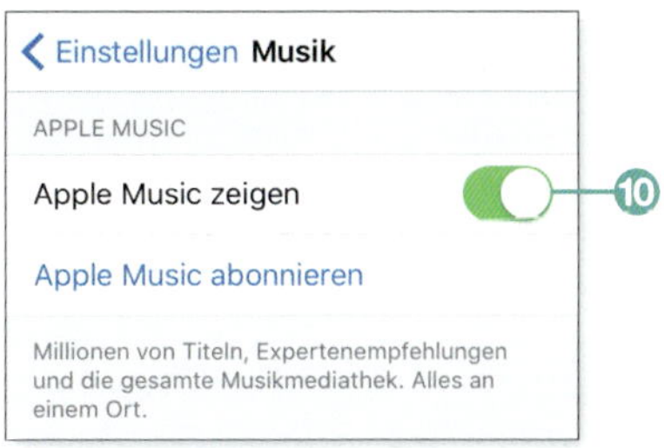

Wenn Sie den Bildschirm etwas nach unten schieben, haben Sie die Möglichkeit, über den Befehl **Zufällig: Alle** ⑨ Ihre gesamte Mediathek zufällig abzuspielen.

Zu Beginn dieses Kapitels habe ich Ihnen die Ansichten der Funktion Apple Music beschrieben, die die Musik-App dominieren. Verwenden Sie Apple Music jedoch nicht, möchten Sie vielleicht lieber vor allem die eigenen Inhalte im Blick halten. Das ist natürlich kein Problem, die entsprechenden Einstellungen finden Sie unter **Einstellungen ▸ Musik**.

Deaktivieren Sie hier den Schalter **Apple Music zeigen** ⑩, ändert sich in der Musik-App die Darstellung der Tab-Leiste. Der Tab **Meine Musik** wird nun an erster Stelle angezeigt, die Tabs **Für dich** und **Neu** werden nach der Deaktivierung vollständig ausgeblendet.

Die Tab-Leiste der Musik-App bei Verwendung von Apple Music (links) und ohne (rechts)

Musik automatisch übertragen

Es gibt verschiedene Alternativen, Musiktitel in die Musik-App Ihres iPhones zu übertragen. Sie können Ihre Musik entweder manuell verwalten, oder Sie wählen aus verschiedenen Wiedergabelisten und Sortierungen die Musik aus, die Sie hören möchten. Es besteht aber auch die Möglichkeit einer automatischen Übertragung Ihrer Musik. Wie das geht, erfahren Sie in diesem Abschnitt.

Öffnen Sie zunächst iTunes, und schließen Sie Ihr iPhone an Ihren Computer an. Wählen Sie Ihr iPhone in der Mediathekleiste aus, und klicken Sie in der Seitenleiste auf die Kategorie **Musik**. Wenn Sie das Häkchen bei **Musik synchronisieren** ❶ aktivieren, wird die Musik auf Ihrem Computer automatisch auf Ihr iPhone übertragen. Sie haben dabei die Wahl, ob die gesamte Musikmediathek übertragen werden soll oder nur bestimmte Titel oder Wiedergabelisten ❷.

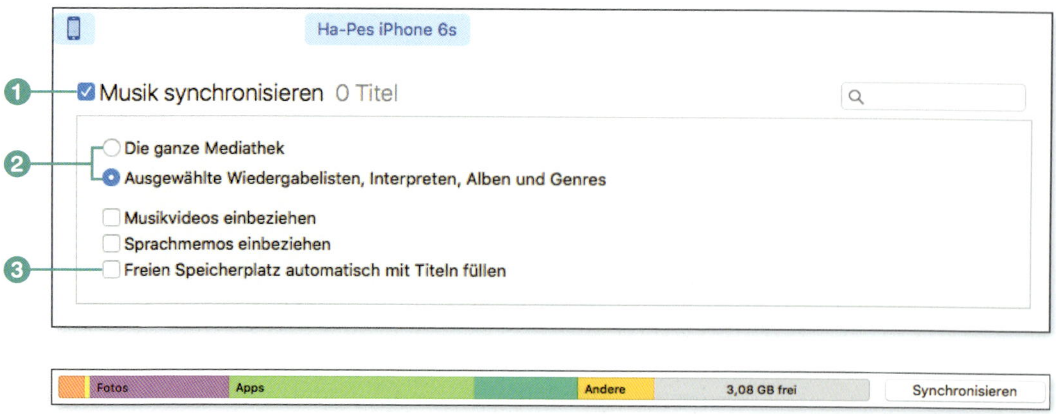

Über die Option **Freien Speicherplatz automatisch mit Titeln füllen** ③ können Sie festlegen, dass der gesamte freie Speicher des iPhones mit Musik gefüllt wird. Diese Einstellung ist allerdings sehr unpraktisch, schon deshalb, weil das iPhone ohnehin ständig mit Informationen bestückt wird – seien es neue Kalendereinträge, neue Kontakte, neue Einkäufe etc. Sie sollten also sicherstellen, dass für diese Daten immer genügend Platz zur Verfügung steht. Klicken Sie unten rechts auf **Anwenden**, werden Ihre Änderungen ausgeführt, und Ihre Musik wird automatisch verwaltet.

Die Funktion **Musik synchronisieren** ist hilfreich, wenn Sie Ihre Musik automatisch auf Ihr iPhone geladen haben möchten und Sie ohnehin nur über eine kleine Musikmediathek verfügen, die nicht so viel Speicherplatz einnimmt. Wenn Sie Ihren Speicherplatz auf dem iPhone aber lieber selbst verwalten möchten, lesen Sie am besten den nächsten Abschnitt.

Inhalte manuell verwalten

Aus den im vorangegangenen Abschnitt genannten Gründen bietet es sich an, die Inhalte der Musik-App auf dem iPhone manuell zu verwalten. Dazu müssen Sie im Vorfeld lediglich eine Einstellung in iTunes vornehmen.

1. Um die Inhalte manuell verwalten zu können, setzen Sie in iTunes in den iPhone-Einstellungen in der Kategorie **Übersicht** unter **Optionen** ein Häkchen vor **Musik und Videos manuell verwalten** ④.

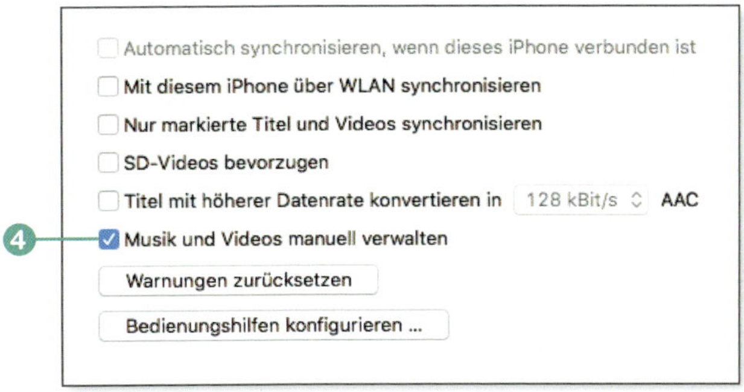

2. Das führt dazu, dass alle Optionen, die für die automatische Synchronisation von Audio- und Videodateien gelten, in der iTunes-Ansicht grau dargestellt werden, weil die Synchronisierungsfunktion ausgeschaltet

wurde, und auch das Häkchen vor **Musik synchronisieren** auf der Registerkarte **Musik** ist verschwunden ❶. Alle Dateien können von nun an nur noch manuell und nicht mehr automatisch synchronisiert werden.

3. Möchten Sie nun Audio- oder Videoinhalte manuell übertragen, ziehen Sie diese Inhalte per Drag & Drop (also mit gedrückter linker Maustaste) links oben auf das Bild Ihres iPhones. Am besten gelingt dies in der Alben-Ansicht ❷.

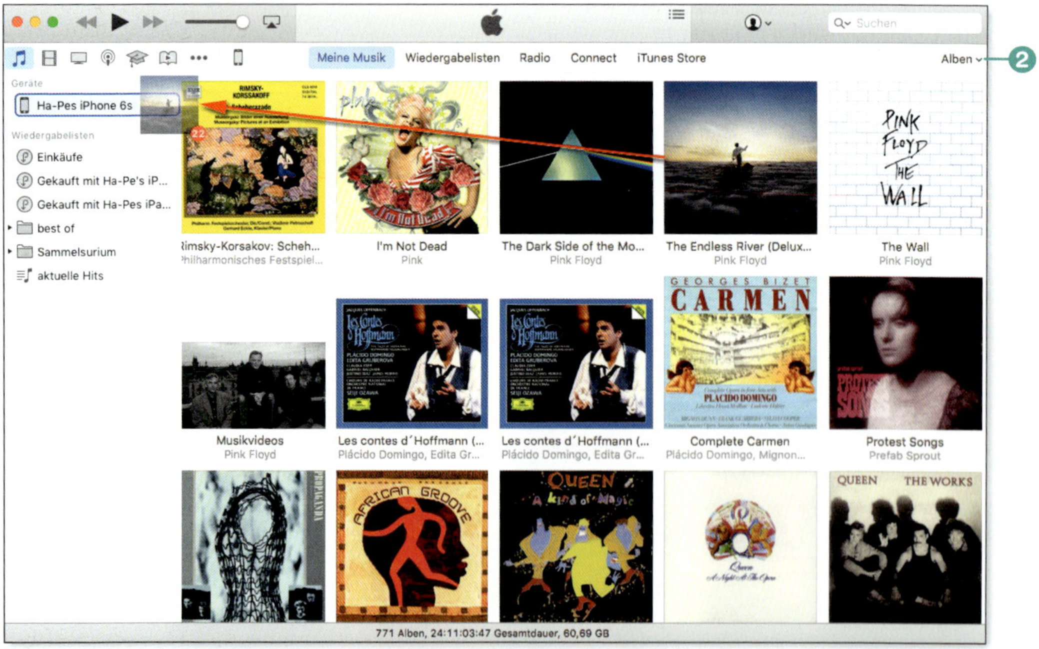

Auf die gleiche Weise können Sie auch einzelne Titel, Wiedergabelisten, Podcasts, Filme und andere Inhalte auf Ihr iPhone befördern. Bei dieser Methode haben Sie die volle Kontrolle über die Inhalte Ihres iPhones, daher ist sie der automatischen Synchronisation vorzuziehen.

Musik wiedergeben

Wenn Sie Ihr iPhone entsprechend mit Musik bestückt haben, können Sie sich die Titel nach Belieben unterwegs anhören. Wie das geht, erfahren Sie in der folgenden Anleitung:

1. Um Musik auf Ihrem iPhone wiederzugeben, tippen Sie auf die Musik-App und in der Tab-Leiste auf **Meine Musik** ❸.
2. Tippen Sie dann beispielsweise unter **Zuletzt hinzugefügt** auf das kleine Play-Symbol ❹ des Albums Ihrer Wahl oder in der Liste darunter auf eines der Albumcover ❺, und es wird sofort abgespielt. Das Play-Symbol ändert sich daraufhin in ein Pause-Symbol, und auch hier wird Ihnen der Abspielfortschritt an diesem Symbol durch eine rote, kreisförmige Linie angezeigt. Oberhalb der Tab-Leiste sehen Sie während der Wiedergabe zusätzlich das aktuell abgespielte Lied, den Albumnamen und das Play- beziehungsweise Pause-Symbol ❻. Tippen Sie auf diese Leiste, wird der Abspielmodus geöffnet.

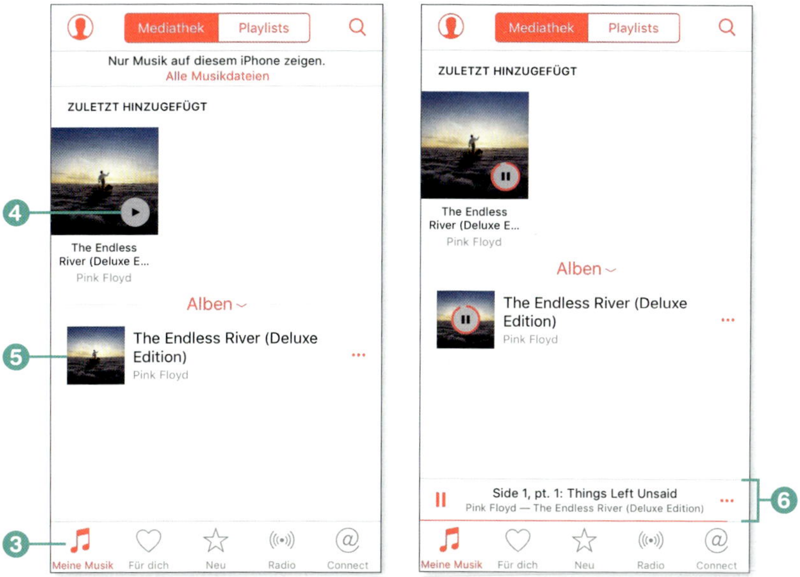

3. Möchten Sie sich ein bestimmtes Lied des Albums anhören, treffen Sie die Wahl am schnellsten per 3D Touch. Tippen Sie dazu etwas länger auf

das Albumcover, sodass Sie es in einer Vorschau ❶ sehen, dann etwas fester, um in der Liedreihenfolge das Lied auszuwählen, das Sie sich anhören möchten. Es wird dann umgehend abgespielt.

Sie sehen nun den klassischen Abspielmodus der Musik-App. Der Bildschirm ist in zwei Bereiche unterteilt, die ich Ihnen hier kurz vorstelle: Der obere Bereich zeigt Ihnen das Titelbild des aktuellen Albums. Der Pfeil ❷ oben links im Coverbild führt Sie zurück in die Titelauswahl des Albums beziehungsweise in Ihre Mediathek.

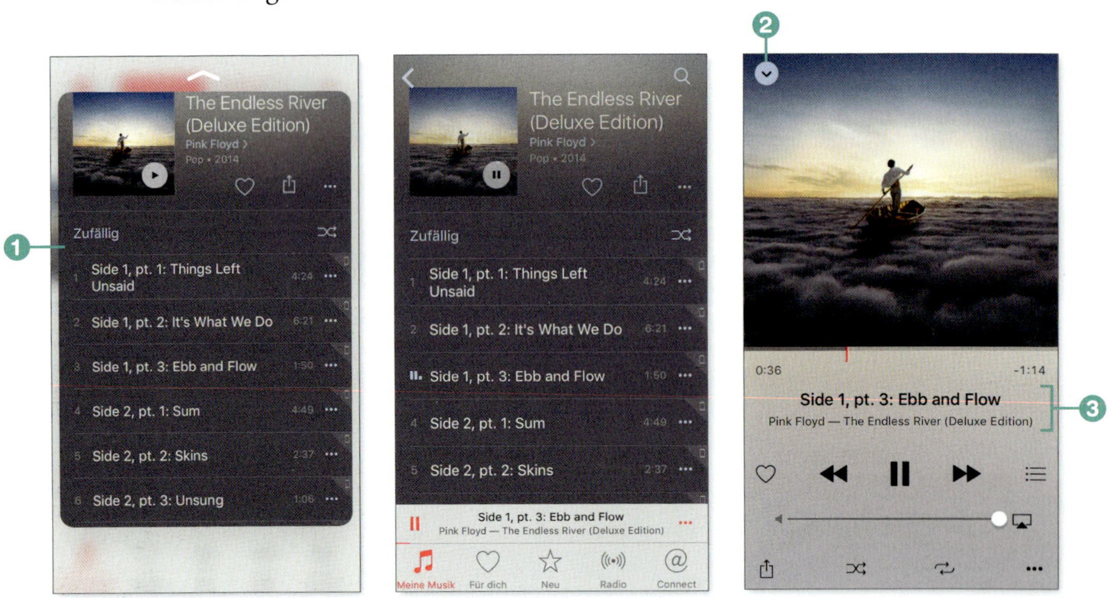

Der untere Bereich zeigt die Wiedergabe-Ansicht an. Hier werden Ihnen der Musik- und Albumtitel ❸ angezeigt. Wenn Sie darauf tippen, können Sie die Bewertung des Titels einsehen und anpassen ❹.

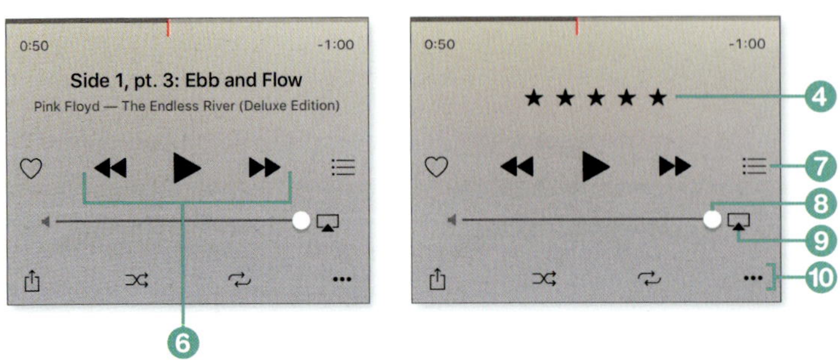

Darunter befinden sich neben dem Favoriten-Symbol ❺ die Bedienelemente Play/Pause, Vor- und Zurückspulen ❻ und die Schaltfläche **Nächste Titel** ❼. Über den Regler passen Sie die Lautstärke ❽ an. Tippen Sie auf das Airplay-Symbol ❾, können Sie bestimmen, ob Sie Ihre Musik über das iPhone oder über AirPlay-fähige Lautsprecher abspielen möchten (lesen Sie dazu den folgenden Infokasten »Inhalte per AirPlay übertragen«).

Am unteren Bildschirmrand stehen Ihnen in dieser Ansicht noch die Buttons **Teilen**, **Zufällig abspielen**, **Wiederholen** und **Mehr** ❿ zur Verfügung. Tippen Sie einmalig auf **Wiederholen**, wird das gesamte Album oder die Wiedergabeliste wiederholt, tippen Sie nun erneut, wird der aktuelle Titel wiederholt. Nochmaliges Tippen schaltet die Wiederholung wieder ab. Über die Schaltfläche **Mehr** können Sie den Titel beispielsweise einer Playlist hinzufügen oder das Album im iTunes Store einsehen.

INFO

Inhalte per AirPlay übertragen

AirPlay ist eine Funktion, mit der Sie Musik und Videos drahtlos über das heimische WLAN auf andere Geräte übertragen und dort abspielen können, z. B. auf die Stereoanlage und/oder den Fernseher. Sie können diese Funktion in der Musik-App über die **AirPlay**-Schaltfläche rechts neben dem Lautstärkeregler oder über das Kontrollzentrum einschalten. Ist Ihr iPhone mit einem AirPlay-Gerät verbunden, wird der Name des Geräts in der AirPlay-Schaltfläche im Kontrollzentrum angezeigt, und diese wird weiß dargestellt.

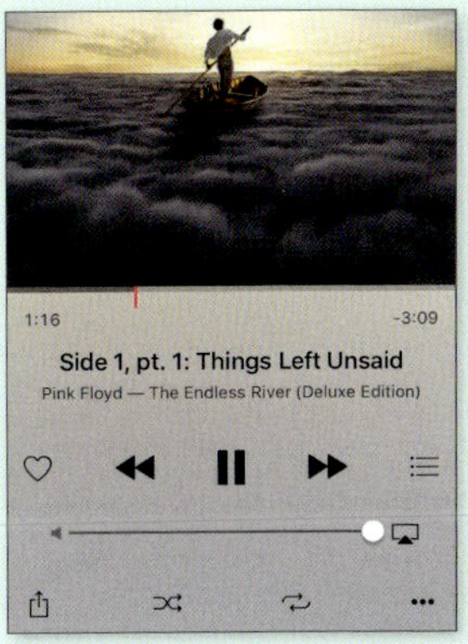

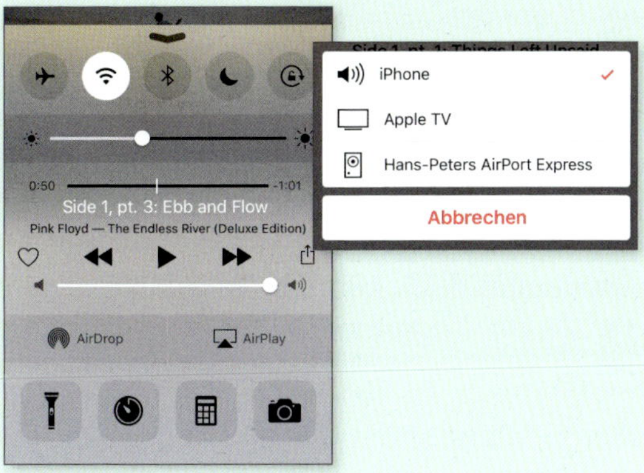

Die Wiedergabe im Sperrbildschirm und Kontrollzentrum steuern

Sie können auch bei gesperrtem Bildschirm weiterhin eine laufende Musikwiedergabe steuern. Wenn Sie die **Home**-Taste drücken, wird Ihnen das aktuell gespielte Lied angezeigt. Sie können darüber hinaus auf dem Sperrbildschirm die Wiedergabe anhalten, vor- und zurückspulen oder die Lautstärke anpassen.

Wenn der Sperrbildschirm aktiv ist und Sie gerade keine Musik wiedergeben, können Sie die Musikwiedergabe auch von hier aus starten. Öffnen Sie dazu das Kontrollzentrum, indem Sie es aus dem unteren Rand des Sperrbildschirms »heraufziehen«. Wenn Sie nun auf die **Play**-Schaltfläche ❶ tippen, beginnt die Wiedergabe des aktuellen Liedes. Im Hintergrund sehen Sie das Liedcover durchschimmern.

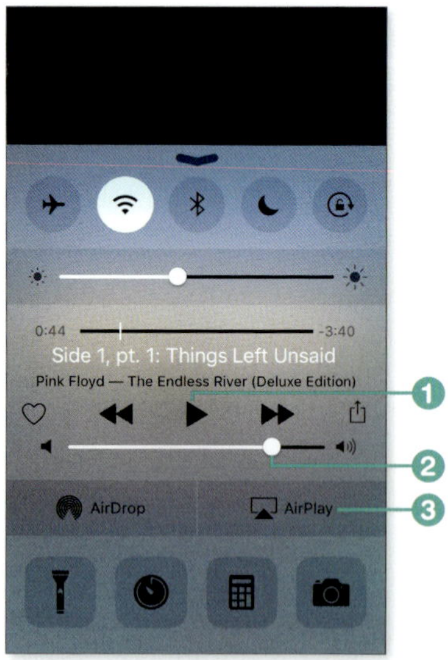

Selbstverständlich können Sie auch aus dem Kontrollzentrum die Wiedergabe erneut anhalten, vor- oder zurückspulen, die Lautstärke anpassen ❷ oder die AirPlay-Funktion aktivieren ❸. Um jedoch die Wiedergabe eines anderen Albums oder einer Wiedergabeliste zu starten, müssen Sie die Musik-App öffnen; dies funktioniert nicht aus dem Kontrollzentrum heraus, sofern das iPhone aktuell gesperrt ist.

Die Ansichten des Tabs »Meine Musik«

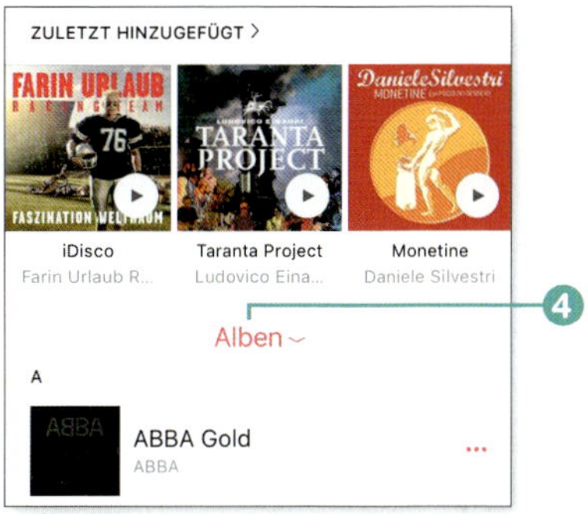

Bevor ich Ihnen die weiteren Bedienungsmöglichkeiten der Musik-App erläutere, werde ich Ihnen zunächst die verschiedenen Ansichten des Tabs **Meine Musik** vorstellen, damit Sie selbst entscheiden können, wie Sie Ihre Musik erleben möchten.

Haben Sie den Tab **Meine Musik** geöffnet, sehen Sie etwa in der Bildschirmmitte einen Button 4, über den Sie die verschiedenen Darstellungen auswählen können. Die Bezeichnung ändert sich je nach gewählter Darstellung, in der folgenden Abbildung sehen Sie etwa **Alben**, da diese Darstellungsweise derzeit aktiv ist. Tippen Sie auf diese Bezeichnung, können Sie in einem Menü 5 zwischen den Ansichten wechseln.

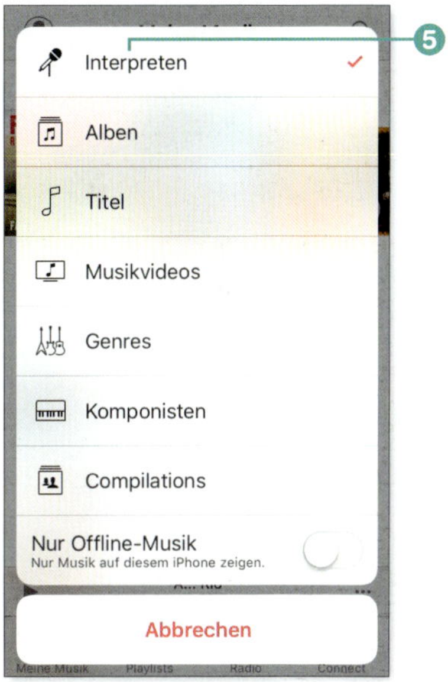

Die Ansicht »Interpreten«

Als erster Menüpunkt steht Ihnen die Ansicht **Interpreten** zur Verfügung. Hier haben Sie einen sehr guten Überblick über alle Songs und Alben eines bestimmten Interpreten auf Ihrem iPhone.

Die Ansicht **Interpreten** ist als Liste aufgebaut, wobei die Namen der Interpreten alphabetisch angeordnet sind, und Sie sehen bereits, bevor Sie einen Interpreten ausgewählt haben, wie viele Alben Sie von ihm besitzen (1 auf Seite 348) beziehungsweise wie viele Alben Sie aktuell auf Ihrem iPhone geladen haben. Tippen Sie etwas fester auf einen Interpreten, z. B. auf **Bob Dylan**, wird Ihnen dank 3D Touch eine Vorschau der gespeicherten Alben 2 angezeigt. Tippen Sie nun noch etwas fester, gelangen Sie auf die Künstlerseite, auf der Ihnen sämtliche geladene Alben und Songs dieses Interpreten angezeigt werden. Tippen Sie hier auf ein Albumcover, gelangen Sie in die Ansicht, in der Sie alle Titel des Albums sehen und abspielen können 3.

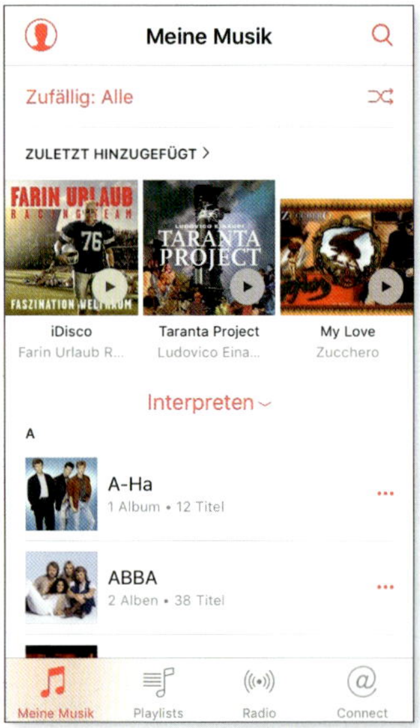

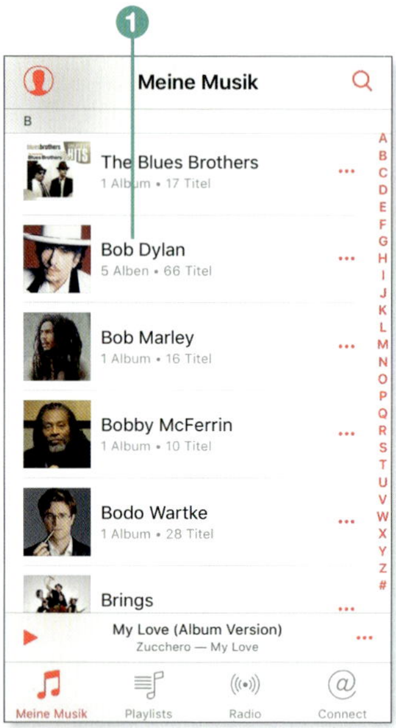

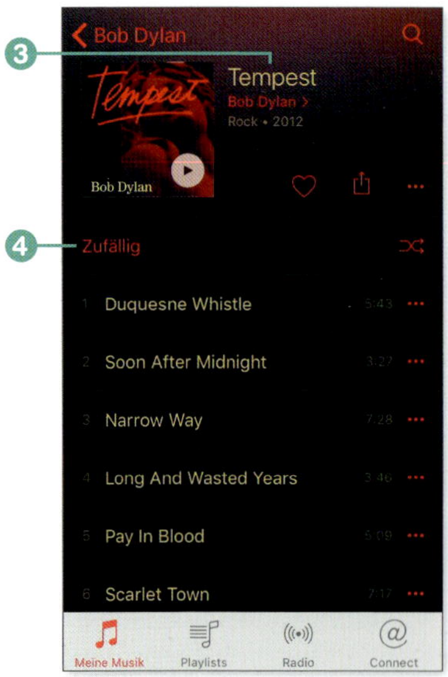

Direkt unterhalb des Künstlernamens können Sie die Funktion **Zufällig** aktivieren. Dabei werden alle vorhandenen Songs des gewählten Interpreten in einer zufälligen Reihenfolge wiedergegeben. Auf diese Weise können Sie die Songs Ihrer Lieblingsinterpreten mal in einer ganz neuen Zusammenstellung genießen. Sind Sie in der Ansicht eines einzelnen Albums, können Sie dieses ebenfalls zufällig abspielen, indem Sie unterhalb des Albumcovers auf **Zufällig** 4 tippen.

Die Ansicht »Alben«

Wenn Sie im Menü zur Wahl der Darstellung **Alben** antippen, erhalten Sie eine alphabetisch sortierte Liste aller Alben auf Ihrem iPhone. Tippen Sie in dieser Liste etwas fester auf ein Album, um per 3D Touch die Titelliste in einer Vorschau angezeigt zu bekommen 5. Schieben Sie die Ansicht etwas nach oben, wird ein Menü 6 eingeblendet, in dem Sie entscheiden können, die Musik wiederzugeben, zufällig abzuspielen oder aber das Album aus **Meine Musik** zu entfernen. Ein noch festerer Druck öffnet das Album dann komplett ⑦.

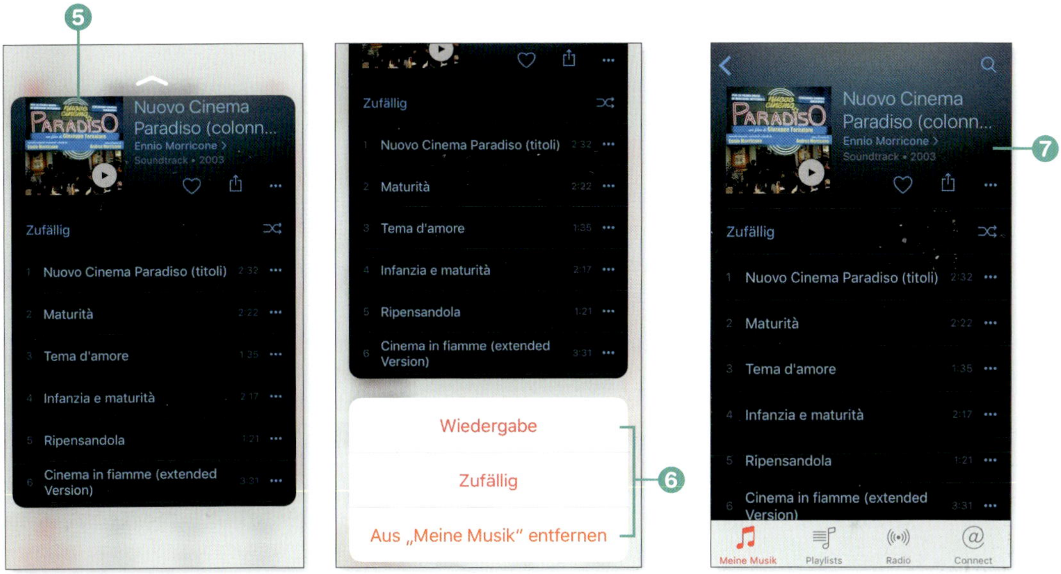

Von hier aus können Sie sich jeden einzelnen Titel anhören; oder Sie stellen auch hier eine zufällige Wiedergabe ein. Oben im Display sehen Sie auch das Albumcover, den Namen des Albums und das Veröffentlichungsdatum.

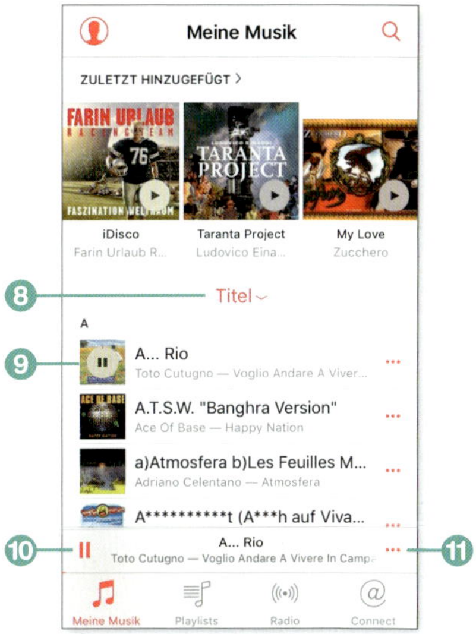

Die Ansicht »Titel«

Die Ansicht **Titel** ⑧ ist eigentlich die simpelste Ansicht. Sie zeigt alle Musiktitel, die sich auf Ihrem iPhone befinden, in alphabetischer Reihenfolge. Wird ein Titel angetippt, wird er sofort abgespielt. Daraufhin wird im Coverbild das Pause-Symbol ⑨ angezeigt, und Sie sehen die Wiedergabeleiste oberhalb der Tab-Leiste ⑩. Tippen Sie rechts auf den Button **Mehr** ⑪, können Sie im folgenden Kontextmenü sehen, was Sie alles mit dem jeweiligen Titel »anstellen« können.

Die Ansicht »Musikvideos«

Diese Ansicht ist ebenso aufgebaut wie die Ansicht **Titel**, nur dass hier ausschließlich Musikvideos aufgelistet werden. Wird eines davon angetippt, wird es wie üblich sofort abgespielt. Es öffnet sich dann die Abspielansicht, in dessen oberen Bereich das Video läuft. Mehr dazu erfahren Sie im Abschnitt »Musikvideos abspielen« ab Seite 359.

Die Ansicht »Genres«

Sind Sie ein Genre-Fan? Dann ist die gleichnamige Ansicht das Nonplusultra für Sie. Lassen Sie sich Ihre Titel nach Genres wie Rock, Pop, Blues oder Jazz geordnet anzeigen, und erfahren Sie auf diese Weise mehr über Ihre eigene Mediathek. Die Musik-App ordnet die Titel automatisch zu.

Wenn Sie z. B. auf **Alternative** ❶ tippen, werden Ihnen alle Alben angezeigt, die diesem Genre zugeordnet sind. Tippen Sie nun auf ein Album ❷, und Sie sehen – natürlich – eine Übersicht über alle Titel, die zu diesem Album gehören ❸.

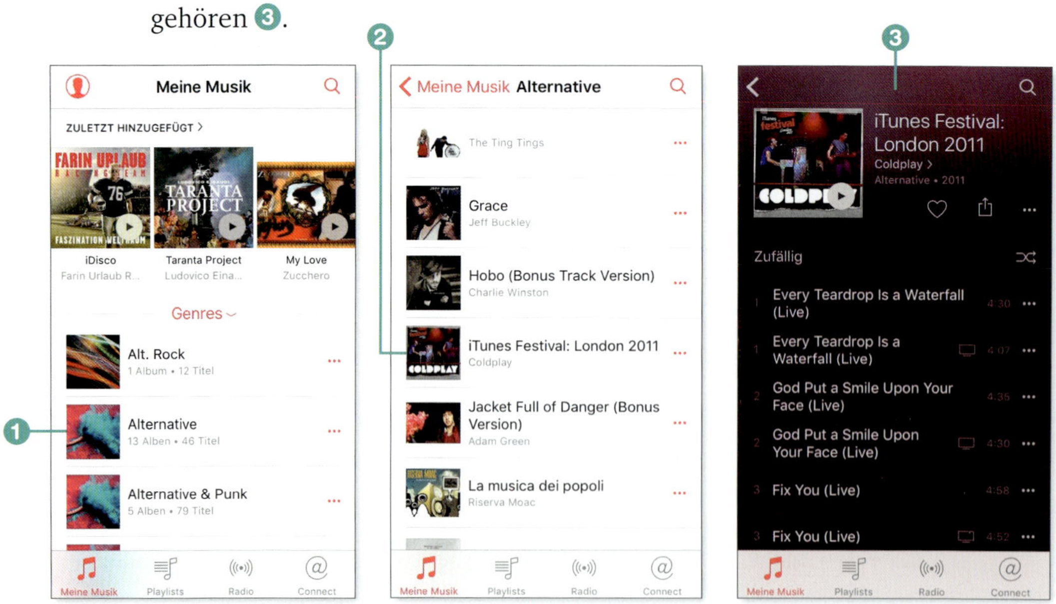

Links sehen Sie die Liste der Interpreten des ausgewählten Genres und rechts die Alben und die Titel des ausgewählten Künstlers.

INFO

Genres in iTunes anpassen

Genres werden in iTunes automatisch angelegt und können dort natürlich auch geändert werden. Dazu müssen Sie lediglich einen Song oder ein Album anklicken, und mit cmd + I beziehungsweise mit Strg + I können Sie dann in den Einstellungen des Lieds oder Albums das Genre selbstständig angeben.

Die Ansicht »Komponisten«

Bei der Ansicht **Komponisten** kommen Klassikfans voll auf ihre Kosten, denn sie suchen häufiger nach Komponisten als nach Interpreten. Allerdings geht es bei dieser Kategorie nicht allein um die großen Virtuosen Mozart oder Chopin: Mit »Komponist« sind immer diejenigen gemeint, die die Songs geschrieben haben (was oft nicht gleichbedeutend mit den Interpreten ist). Tippen Sie einfach auf den Namen eines Komponisten ④, dann auf ein Album ⑤, und jetzt können Sie die Musikstücke entweder einzeln auswählen oder zufällig abspielen lassen. Wobei natürlich bei klassischen Werken das zufällige Abspielen nicht sinnvoll ist, da hier ein Stück auf dem anderen aufbaut beziehungsweise alles ineinanderfließt.

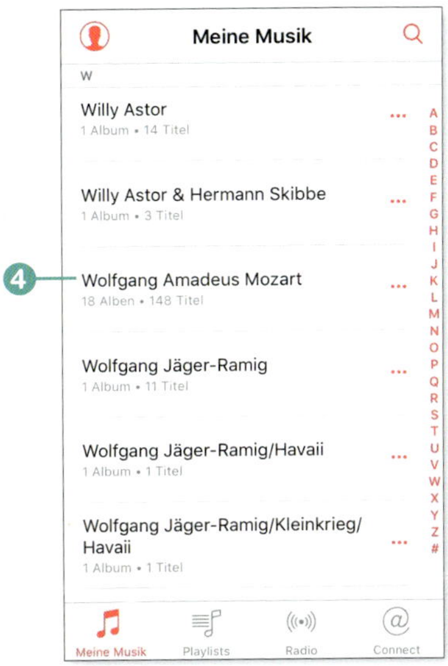

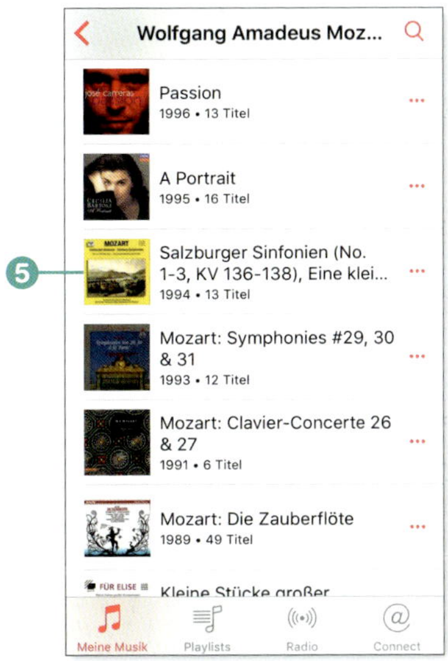

Die Ansicht »Compilations«

Wenn Sie häufig Musikzusammenstellungen – z. B. Best-of-CDs einzelner Künstler, Genres-Zusammenstellungen wie Jazz-Sampler oder Weihnachtsklassiker – hören, ist die Ansicht **Compilations** ❶ genau die richtige für Sie. Nur in dieser Ansicht können Sie derartige Zusammenstellungen genießen. Tippen Sie etwas fester auf ein Album, wird Ihnen dank 3D Touch wieder eine Vorschau des Inhalts angezeigt ❷. Schieben Sie nun die Ansicht etwas nach oben, erscheint ein Menü ❸, in dem Sie entscheiden können, ob Sie das Album wiedergeben, in zufälliger Reihenfolge abspielen oder löschen möchten. Drücken Sie noch etwas fester, wird auch in dieser Ansicht das Album geöffnet.

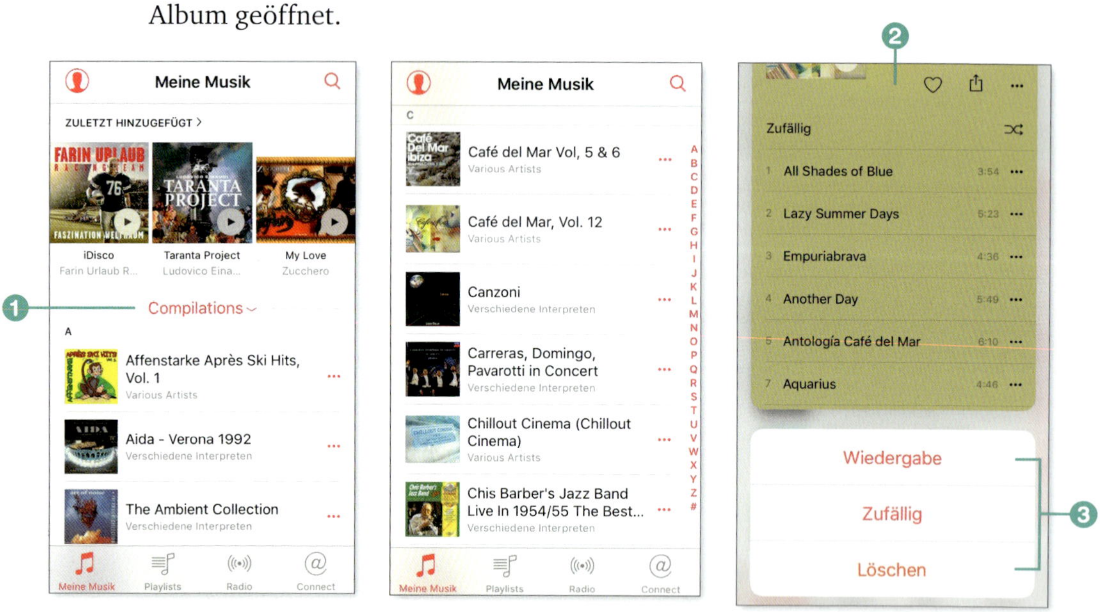

Dank 3D Touch können Sie sich auch in der Ansicht »Compilations« eine Vorschau des Albums anzeigen lassen.

Nur Offline-Musik anzeigen lassen

In dem Darstellungsmenü des Tabs **Meine Musik** können Sie außerdem entscheiden, ob Sie immer auf Ihre komplette in der iCloud gespeicherte Musik zugreifen möchten oder nur auf die Musik, die Sie tatsächlich auf Ihrem iPhone gespeichert haben. Tippen Sie dazu auf den Schalter **Nur Offline-Musk** ❹. Ist der Schalter aktiviert, wird nur noch die Musik, die auf Ihrem Handy gespeichert ist, angezeigt. Sie sehen einen entsprechenden Hinweis ❺ unterhalb der Titelleiste. Tippen Sie hier auf **Alle Musikdateien**, werden Ihnen auch wieder die in der Cloud gespeicherten Musiktitel und Alben angezeigt.

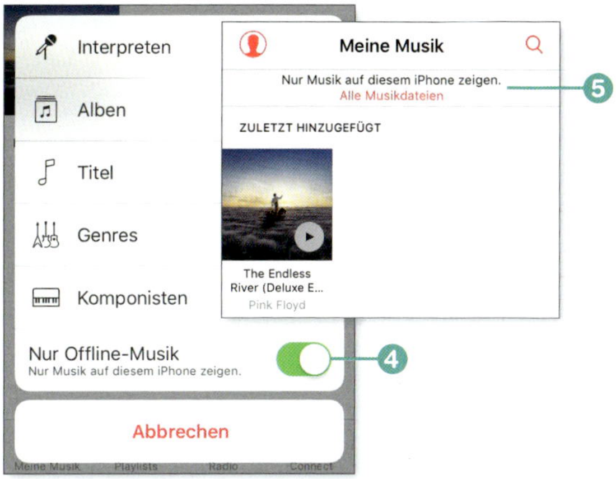

Wiedergabelisten anlegen

Die Wiedergabelisten sind eine gute Möglichkeit, Ihre Musik immer wieder anders kennenzulernen. Sie können direkt aus iTunes Ordner und Unterordner mit Wiedergabelisten auf Ihr iPhone kopieren (und finden sie dann in der Ansicht **Playlists**). Oder aber Sie legen direkt in der Musik-App solche Listen an.

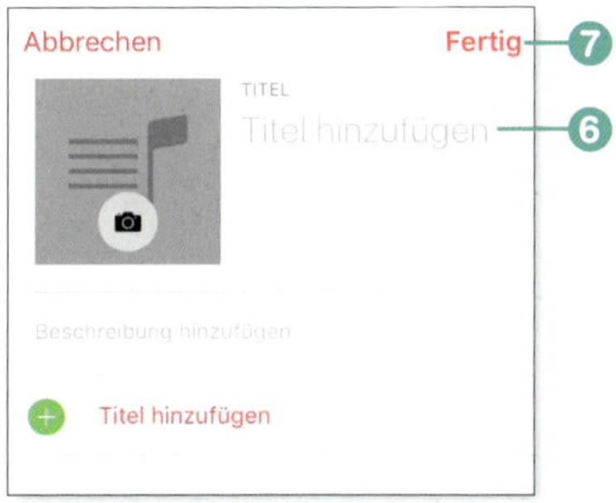

1. Um eine neue Wiedergabeliste zu erstellen, tippen Sie in der Playlists-Ansicht auf **Neu**.
2. Geben Sie auf dem nächsten Bildschirm den Titel Ihrer neuen Wiedergabeliste ein ❻, oder diktieren Sie ihn. Bestätigen Sie den neuen Namen, indem Sie auf **Fertig** ❼ tippen.
3. Bei Bedarf können Sie eine Beschreibung (❶ auf Seite 354) Ihrer Playlist eingeben oder ein eigenes Titelbild für Ihre Playlist festlegen. Hierzu tippen Sie auf das Kamerasymbol ❷ und können dann entweder eine Aufnahme machen oder ein Bild aus Ihren Fotos auswählen ❸. Wählen Sie kein eigenes Bild aus, erstellt die Musik-App ein Bild aus vier kleinen Albumabbildungen.

4. Nun können Sie durch Antippen des Plussymbols ④ Ihrer Wiedergabeliste Musik hinzufügen. Wählen Sie hier z. B. Titel ⑤ aus. Hinzugefügte Titel werden in der neuen Wiedergabeliste mit Cover dargestellt.

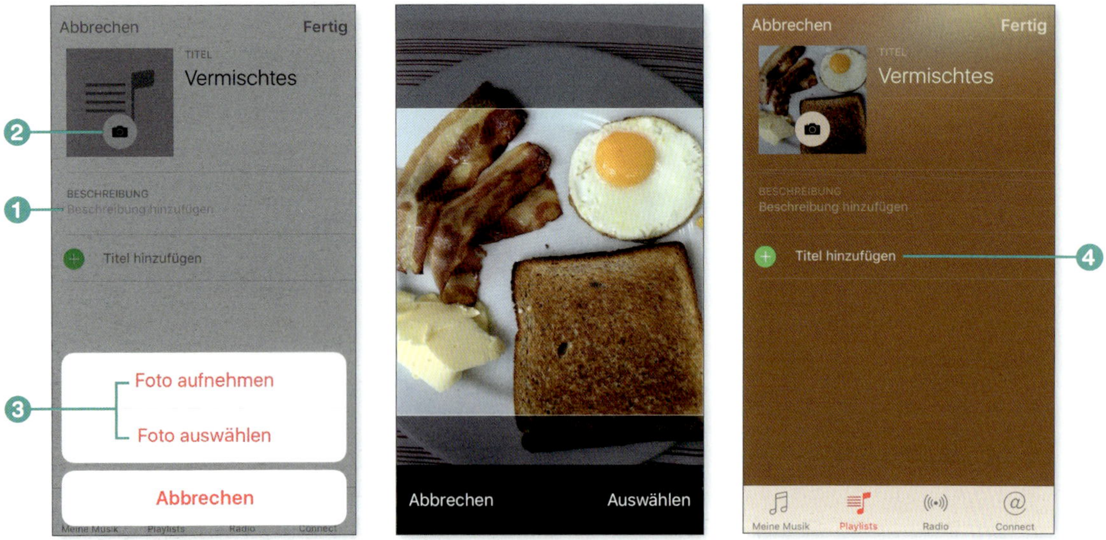

5. Die Reihenfolge der Playlisttitel lässt sich auch verändern, indem Sie mit dem Finger auf die drei Striche am rechten Rand ⑥ eines Songs tippen und diesen nach oben oder unten ziehen.

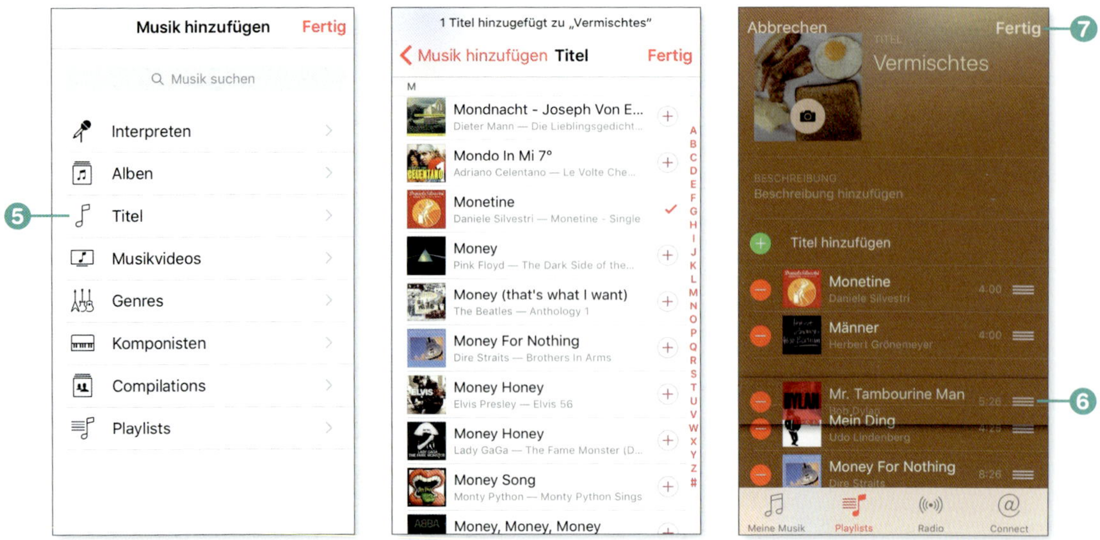

6. Haben Sie Ihre Auswahl getroffen und alle Titel arrangiert, bestätigen Sie das mit **Fertig** 7. Daraufhin sehen Sie den Inhalt Ihrer Wiedergabeliste, die Sie jederzeit bearbeiten können. Die neue Playlist reiht sich in die alphabetische Sortierung Ihrer Wiedergabelisten ein, die Sie in der Ansicht **Playlists** aufgeführt finden.

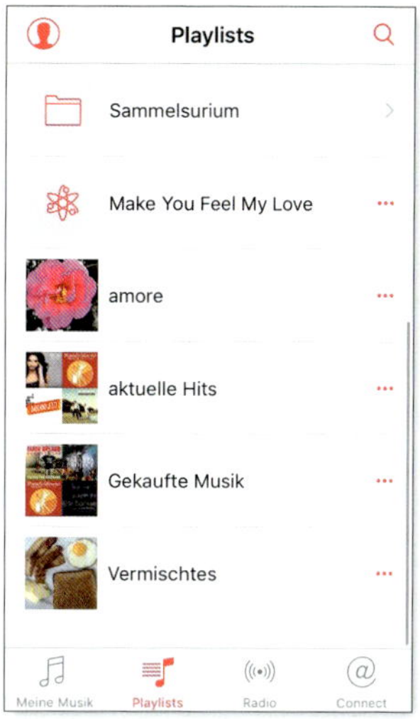

Die Wiedergabe einer Playlist starten Sie auf die gleiche Weise wie etwa bei einem Album. Und auch hier können Sie sich dank 3D Touch zunächst eine Vorschau der Liste ansehen.

Die Musikbibliothek durchsuchen

Geht es Ihnen auch so – Sie haben inzwischen so viele Musiktitel auf Ihrem iPhone, dass Sie den Überblick verloren haben? Sie wissen nicht mehr, wo ein bestimmter Titel abgespeichert ist? Dann suchen Sie doch einfach danach. In jeder der in diesem Kapitel beschriebenen Ansichten können Sie nach Liedern suchen. Tippen Sie dazu rechts oben in der Musik-App auf das Lupensymbol 1, eine Suchansicht erscheint.

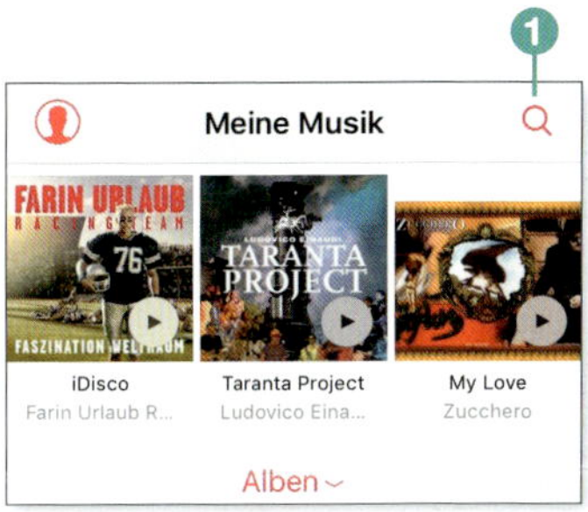

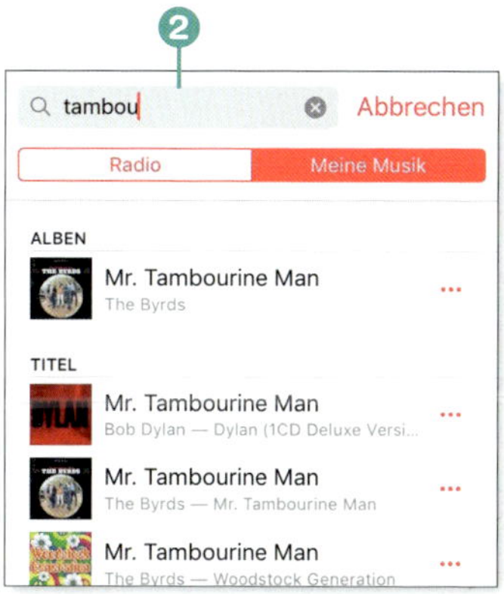

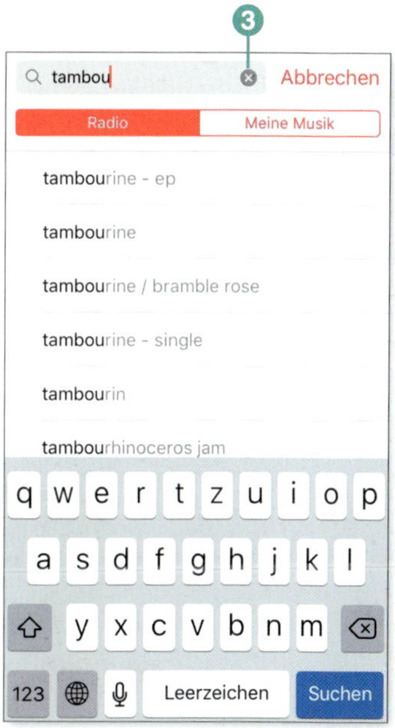

Tippen Sie in das Suchfeld, und geben Sie den entsprechenden Suchbegriff ein (❷ auf Seite 355), oder diktieren Sie ihn. Die Groß- und Kleinschreibung spielt bei der Suche nach einem Titel keine Rolle. Sie müssen noch nicht einmal auf die **Suchen**-Schaltfläche der Tastatur tippen, da die Suche sofort beginnt, sobald Sie den ersten Buchstaben eintippen. Ist ein passender Interpret, ein passendes Album oder ein passender Titel auf Ihrem iPhone vorhanden, wird das Ergebnis (oder mehrere Treffer) sofort angezeigt, und Sie können es mit einem Fingertipp öffnen. Um einen neuen Suchbegriff einzugeben, löschen Sie den ersten, indem Sie auf das Kreuzchen ❸ rechts im Suchfeld tippen.

In der übergreifenden Suche nach Liedern suchen

Sie müssen sich nicht unbedingt in einer Ansicht der Musik-App befinden, um nach Liedern zu suchen. Dies können Sie auch in der übergreifenden Suche auf Ihrem iPhone erledigen.

1. Tippen Sie unter **Einstellungen** auf **Allgemein**, dann auf **Spotlight-Suche**, und aktivieren Sie in der zugehörigen Liste den Eintrag **Musik**.
2. Jetzt können Sie in der iPhone-übergreifenden Spotlight-Suche nach Ihren Musiktiteln suchen. Diese Suche rufen Sie auf, indem Sie entweder auf dem Startbildschirm von oben nach unten oder den Startbildschirm von links nach rechts aus dem Bild wischen. Geben Sie in das Suchfeld den Titel des gesuchten Songs ein.

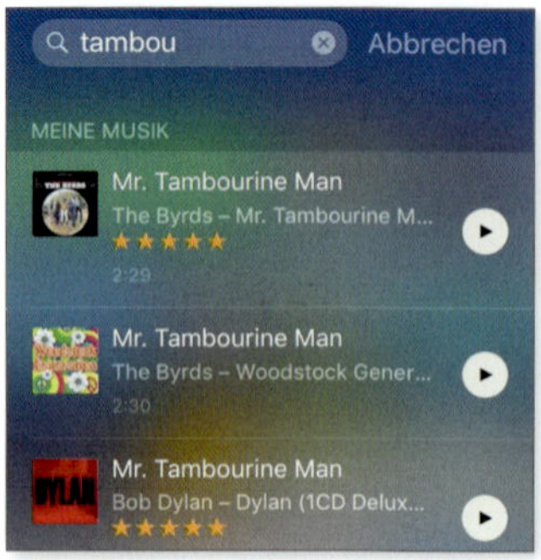

Schon bei der Eingabe wird eine Liste mit passenden Suchergebnissen eingeblendet. Ist das richtige Ergebnis dabei, müssen Sie den Titel nur einmal antippen, und schon wird er abgespielt. Sie sehen hier sogar den Abspielfortschritt anhand einer blauen Linie um den Kreis

Die Musikwiedergabe mit dem Headset steuern

Selbstverständlich können Sie die Musik, die Sie auf Ihrem iPhone gespeichert haben, auch mit dem mitgelieferten Headset steuern. Über die Plus- und Minustasten regeln Sie die Lautstärke, und über den Knopf in der Mitte spielen Sie Songs ab oder pausieren sie (einmal drücken) oder springen ein Lied vor (zweimal drücken).

Die Musikwiedergabe lässt sich auch dann starten, wenn die Musik-App nicht geöffnet ist und Ihr iPhone sich im Standby-Betrieb befindet. Die Musikwiedergabe beginnt dann dort, wo Sie sie das letzte Mal beendet haben.

Die Lautstärke anpassen

Sind die einzelnen Lieder Ihrer Wiedergabeliste oft von unterschiedlicher Lautstärke? Das ist etwas nervig, aber Sie können das leicht ändern. Passen Sie den Lautstärkepegel so an, dass er die einzelnen Lieder über Ihre Wiedergabeliste hinweg so in der Lautstärke angleicht, dass Sie ein harmonisches Klangerlebnis haben. Öffnen Sie dazu **Einstellungen ▸ Musik**, und aktivieren Sie den Regler **Lautstärke anpassen** 1.

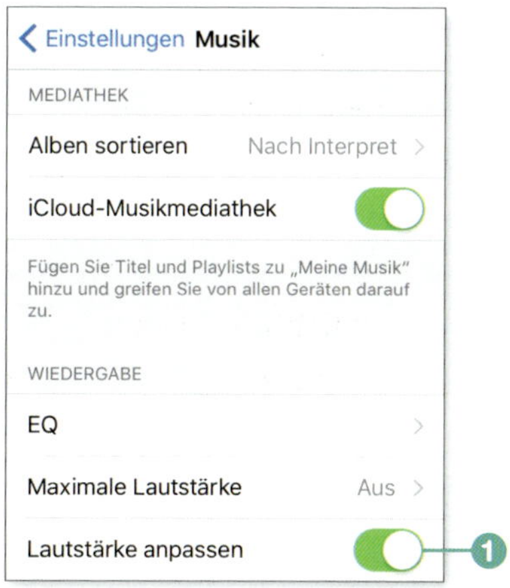

Von nun an regelt Ihr iPhone die Lautstärke der wiederzugebenden Titel eines Albums oder einer Wiedergabeliste selbstständig. Übermäßige Lautstärkeausschläge sind nun nicht mehr zu befürchten.

Darüber hinaus können Sie in Ihrem iPhone die maximale Lautstärke festlegen. Das ist insbesondere dann sinnvoll, wenn Sie Ihre Musik immer mit dem Kopfhörer hören, da zu laute Musik nachweislich Ihr Gehör schädigen kann. Damit das nicht passiert, können Sie in Ihrem iPhone die Lautstärke auf ein erträgliches Maß reduzieren.

1. Öffnen Sie dazu erneut das Menü **Einstellungen**. Dort tippen Sie auf **Musik** und dann auf **Maximale Lautstärke**.

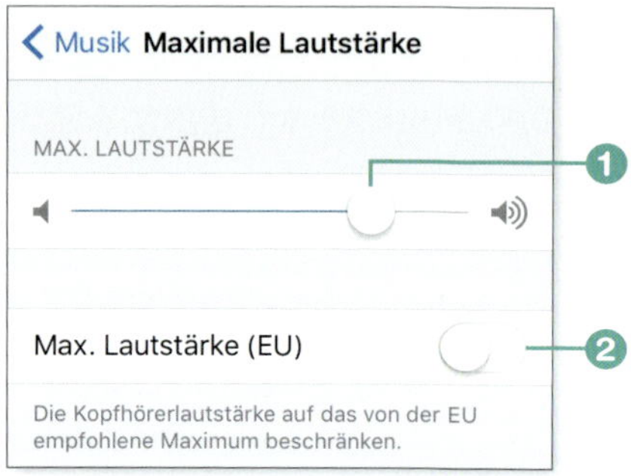

2. Regeln Sie die Lautstärke etwas herunter, indem Sie den Regler mit dem Finger nach links ziehen.
3. Wenn Sie den Schalter **Max. Lautstärke (EU)** ❷ aktivieren, wird die Lautstärke automatisch um ca. ein Drittel herabgesetzt und damit auf das von der EU empfohlene Maximum beschränkt.

Auf diese Weise können Sie sich selbst etwas beschränken (und die Mitreisenden nicht mehr mit zu lauter Musik belästigen). Die Funktion ist nicht automatisch aktiviert und die Lautstärke nicht von vornherein begrenzt, sondern Sie haben selbst die Wahl.

Ihre Lieder bewerten

Möchten Sie ein Lied während der Wiedergabe bewerten, tippen Sie einfach auf den Titel ❸. Daraufhin erscheint die Bewertungsansicht, und Sie können hier Ihre Sterne ❹ vergeben. Tippen Sie jeweils auf den Stern, der in Ihren Augen die richtige Bewertung für diesen Titel ist, oder wischen Sie über die Sterne. Wenn Sie anschließend wieder auf das Coverbild tippen, kehren Sie zur Wiedergabe-Ansicht zurück.

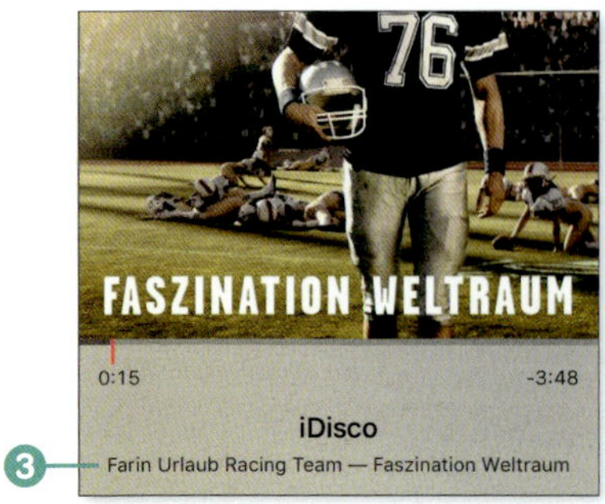

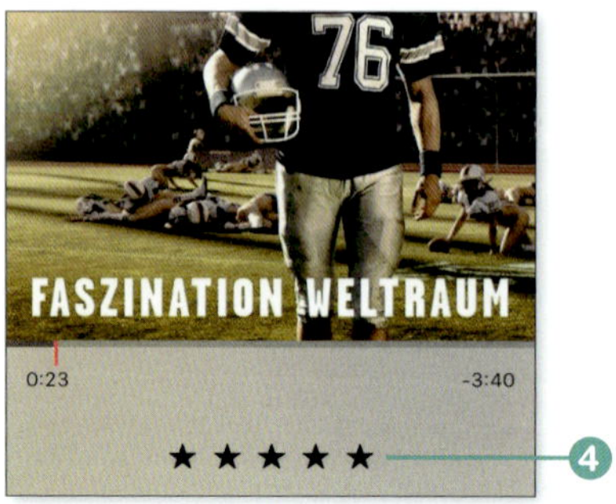

Eine Fünf-Sterne-Bewertung stellt, wie bei Hotels auch, die beste Bewertung dar. Um eine Bewertung zu entfernen, tippen Sie einfach einmal vor den ersten Stern. Über diese Bewertungen können Sie dann z.B. Ihre Mediathek in iTunes nach der Beliebtheit der Songs sortieren. Die Krönung der Bewertung ist aber das kleine Herzchen 5. Wenn Sie hierauf tippen, machen Sie das Album oder den Titel zu Ihrem Favoriten, und das Herzchen wird nun ausgefüllt dargestellt.

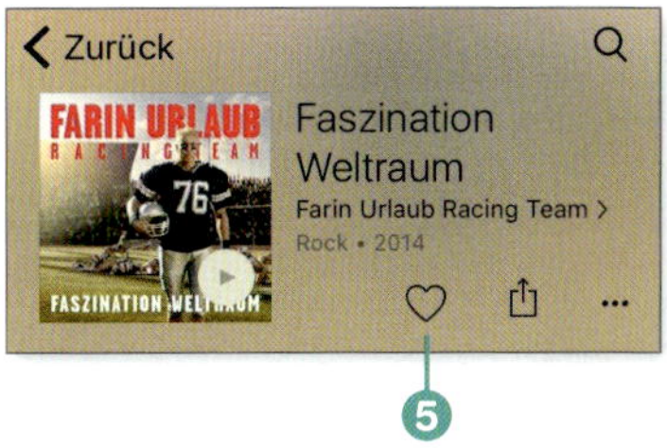

Musikvideos abspielen

Über Ihr iPhone können Sie natürlich auch Musikvideos abspielen, sofern Sie welche auf Ihrem iPhone gespeichert haben. Öffnen Sie die Musik-App, und wählen Sie im Tab **Meine Musik** über das Darstellungsmenü die Ansicht **Musikvideos** 6 aus. Haben Sie ein Musikvideo ausgewählt, das Sie wiedergeben möchten, tippen Sie einfach darauf, und es wird sofort abgespielt. Über die Steuerelemente können Sie die Wiedergabe wie auch bei der Musikwiedergabe beeinflussen.

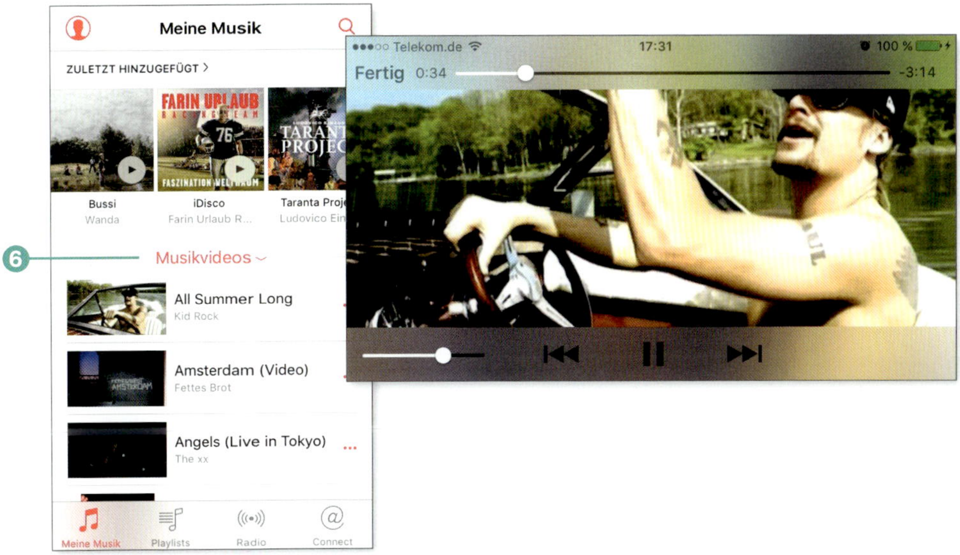

Um das Video im Vollbildmodus anzuschauen, drehen Sie einfach Ihr iPhone um 90 Grad. Auch hier können Sie wieder einige Steuerelemente einblenden. Tippen Sie dazu mittig auf den Bildschirm, und schon werden sie eingeblendet. Nach ein paar Sekunden Wiedergabe werden die Steuerelemente automatisch wieder ausgeblendet. Möchten Sie sie wieder einblenden, tippen Sie den Bildschirm erneut an.

Im iTunes Store können Sie bei manchen Alben gleich die zugehörigen Musikvideos mit erwerben, wenn Sie das komplette Album kaufen. In der Genres-Ansicht des Stores gibt es sogar eine Kategorie **Musikvideos**.

Kapitel 14
Musik und Videos kaufen im iTunes Store

Der iTunes Store ist Apples Musikladen auf dem iPhone. Er kann aber natürlich noch viel mehr. Laden Sie sich hier die neuesten Videos, TV-Serien oder Töne herunter. Auch Hörbücher finden Sie dort vor. In diesem Kapitel dreht sich alles um Ihre Unterhaltung. Begeben Sie sich auf eine virtuelle Einkaufstour im bekannten Shop von Apple.

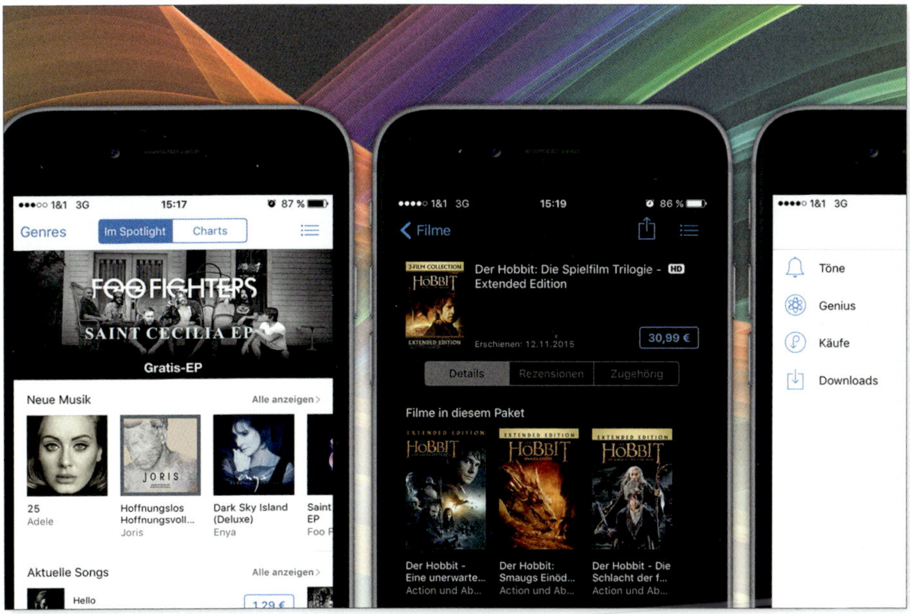

Der iTunes Store auf dem iPhone: Musik, Filme, TV-Serien, Hörbücher und dazu passende Rezensionen – alles das und noch viel mehr ist möglich.

Der iTunes Store im Überblick

Sie öffnen den iTunes Store über die gleichnamige App iTunes Store auf Ihrem iPhone. Ganz oben sehen Sie zwei Schaltflächen für die Ansicht: **Im Spotlight** ❶ und **Charts** ❷. Je nachdem, welcher Bereich unten in der Tab-Leiste aktiviert ist, verändern sich die Kategorien der beiden Ansichten. Im Folgenden erläutere ich Ihnen die Ansichten des Bereichs **Musik** ❸.

Wenn Sie den Musikbereich des Stores in der Ansicht **Im Spotlight** von oben nach unten durchscrollen, finden Sie verschiedene Kategorien, die Sie nach interessanten Musiktiteln durchstöbern können. Schauen Sie sich beispielsweise die Kategorien **Neue Musik** (mit gerade erschienenen Alben), **Aktuelle Songs**, **Essentielle Alben** oder **Vorbestellungen** (hier werden Ihnen Alben angezeigt, die Sie bereits kaufen können und die in Kürze erscheinen). Diese Kategorien werden ständig aktualisiert, sodass es sich immer wieder lohnt, durch das Angebot zu stöbern.

Über die Schaltfläche **Einlösen** ❹ am Ende der Ansicht **Im Spotlight** können Sie iTunes-Gutscheine einlösen und mit **Verschenken** ❺ einen Gutschein für den iTunes Store per E-Mail verschenken. Über die Schaltfläche **Apple-ID** ❻ rufen Sie Ihre Kennung auf und ändern sie, wenn Sie dies möchten.

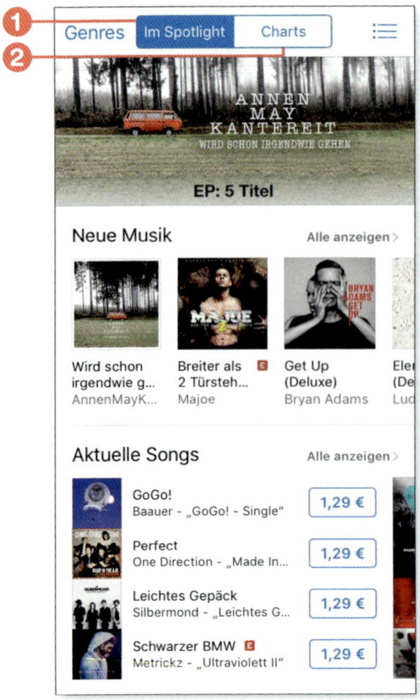

Die zweite Ansicht, die Sie im Musikbereich aufrufen können, ist die Ansicht **Charts**.

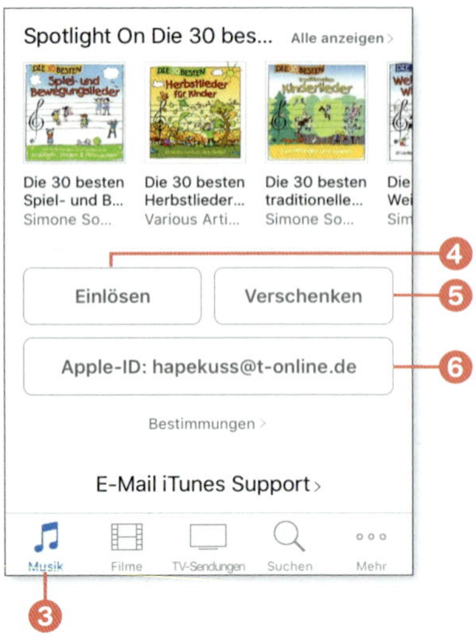

Darin finden Sie in den Kategorien **Songs**, **Alben** und **Musikvideos** die Top 150 der jeweiligen Charts.

In beiden Ansichten steht Ihnen natürlich die Tab-Leiste zur Verfügung, die beim Scrollen immer zu sehen ist. In dieser Tab-Leiste sehen Sie die Tabs **Musik**, **Filme**, **TV-Sendungen**, **Suchen** und **Mehr**, auf die ich in den folgenden Abschnitten noch näher eingehen werde. Hinter dem Bereich **Mehr** 7 verbergen sich weitere Tab-Kategorien: **Hörbücher**, **Töne**, **Genius**, **Käufe** und **Downloads**.

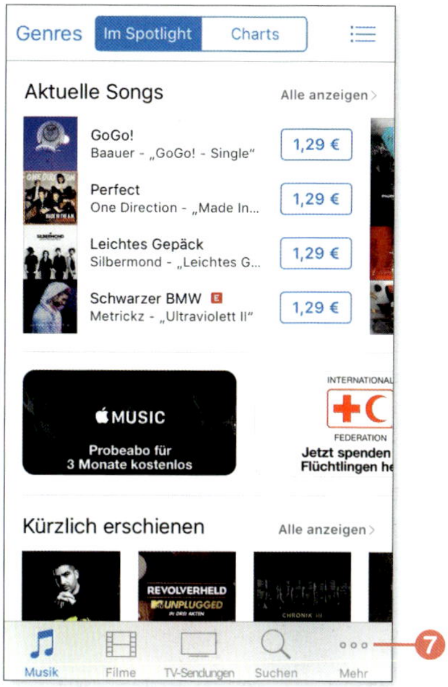

Die verschiedenen Ansichten im Music Store bieten Ihnen reichlich Möglichkeiten, Ihre Lieblingstitel aufzufinden.

Musik Probe hören

Bevor Sie im iTunes Store Musik kaufen, können Sie sich diese erst einmal anhören. Apple bietet Ihnen die Möglichkeit, jeden Song Probe zu hören – und so geht's:

1. Öffnen Sie den Store, indem Sie auf die iTunes-Store-App tippen.
2. Wählen Sie entweder einen einzelnen Titel 8 oder ein Album 9 aus, das Sie interessiert, und tippen Sie darauf. Beim einzelnen Titel wird dieser sofort abgespielt.

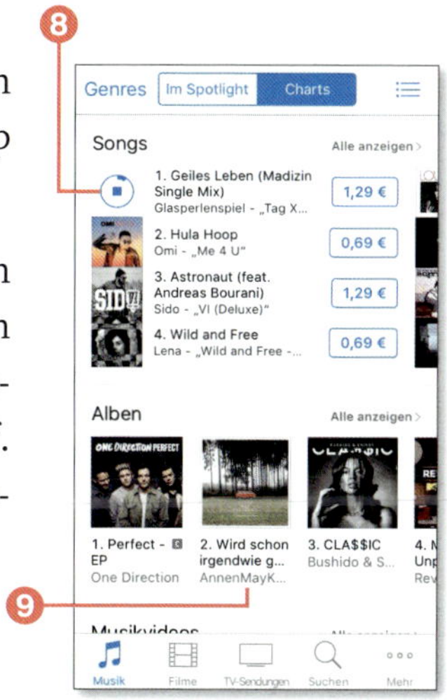

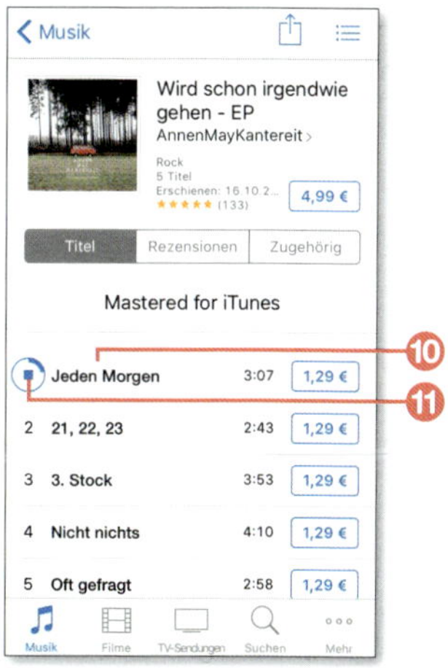

Haben Sie ein Album angetippt, öffnet sich eine Store-Seite, auf der Sie alle Titel des Albums angezeigt bekommen.

3. Tippen Sie auf einer solchen Übersichtsseite auf einen Liedtitel (10 auf Seite 363), können Sie ihn sich eine Zeit lang anhören.
4. Wenn Sie das Probehören beenden möchten, tippen Sie einfach auf das Quadrat 11 in der Mitte des Kreises.

Das Ganze können Sie natürlich auch mehrfach hintereinander machen. Und das Beste daran ist: Sie können das Probehören auch fortsetzen, während Sie den Store weiter durchstöbern.

INFO

»Gefällt mir«

Der **Gefällt mir**-Button ist Teil von Apples Social-Network-Strategie, die tief in das Betriebssystem iOS integriert ist und sich auf Facebook und Twitter konzentriert. Wenn Sie also im iTunes Store auf **Gefällt mir** tippen, können Ihre Facebook-Kontakte sehen, was Ihnen gefällt. Falls Sie die Facebook-App auf Ihrem iPhone installiert haben, können Sie Ihren **Gefällt mir**-Eintrag dort sofort einsehen. Selbstverständlich tauchen diese Einträge auch in Ihrer privaten Facebook-Chronik auf.

Die Vorschauliste ansehen

Der iTunes Store bietet Ihnen auch eine *Vorschau*-Funktion, die dem Verlauf Ihres Internetbrowsers ähnelt: In einer Liste werden die Lieder gesammelt, die Sie zuletzt probeweise angehört haben. Um die Vorschau im iTunes Store aufzurufen, tippen Sie oben rechts auf das Listensymbol 1.

Standardmäßig gelangen Sie zunächst in den Bereich **Wunschliste** 2 (lesen Sie dazu auch den Kasten »Eine Wunschliste anlegen« auf Seite 366). Tippen Sie rechts auf **Vorschau** 3, um die Vorschauliste aufzurufen. Hier sehen Sie nun, welche Lieder und Videos Sie sich in den letzten Tagen im iTunes Store angehört oder angesehen haben. Auf diese Weise müssen Sie Ihre Suche nach Liedern nicht immer wieder neu beginnen, wenn Sie sich vor dem Kauf ein wenig im Store »umhören« möchten. Tippen Sie in der Mitte auf **Siri** 4, sehen Sie alle Songs, die Sie in der letzten Zeit über Siri abgefragt haben. Sie können diese dann noch einmal hören beziehungsweise natürlich auch direkt kaufen.

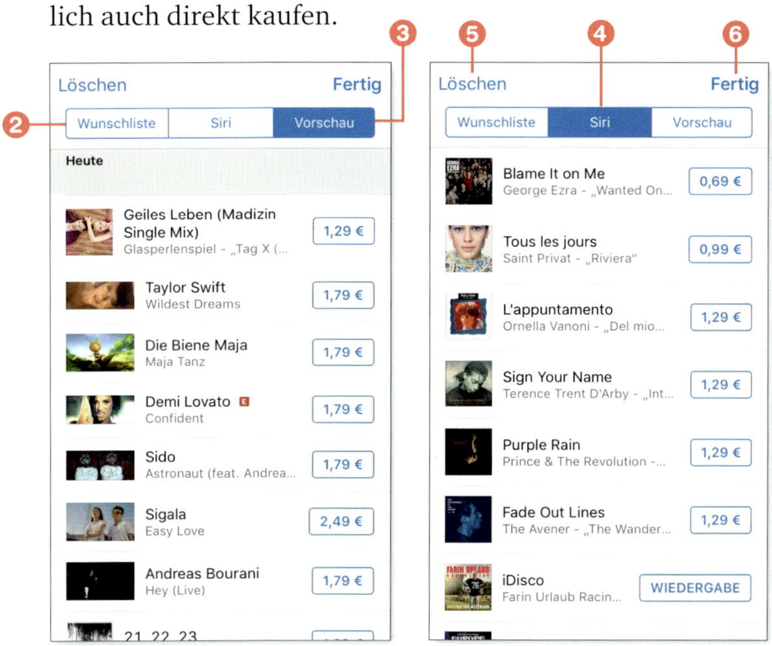

Mit der Zeit können die Listen relativ lang und unübersichtlich werden, wenn Sie sich häufig Titel im iTunes Store vorab angehört haben. Sie können die Siri- und Vorschauliste daher nach Belieben löschen. Tippen Sie dazu auf die Schaltfläche **Löschen** 5 oben links. Danach müssen Sie lediglich noch eine weitere Nachfrage bestätigen, mit der Ihr iPhone sichergeht, dass Sie die Liste auch wirklich leeren wollen, und schon ist die Liste gelöscht. Zum Verlassen der Vorschau tippen Sie einfach oben rechts auf **Fertig** 6, dann gelangen Sie wieder in die Store-Ansicht, die Sie zuvor verlassen haben.

Siri zuhören lassen und den Song in der Liste anzeigen lassen

Die Liste **Siri** haben Sie ja bereits kennengelernt, aber wie gelangen die Titel eigentlich in diese Liste? Sie können, wenn Sie ein Lied hören, das Ihnen gefällt, Siri mithören lassen. Siri zeigt Ihnen das Lied dann an und speichert es in der entsprechenden Rubrik (1), sodass Sie es später noch einmal in der Vorschau hören oder aber gleich kaufen können. Siri nutzt dafür den Dienst von *Shazam*, wie Sie rechts unten in der Ecke erkennen können.

INFO

Eine Wunschliste anlegen

Sie haben im iTunes Store die Möglichkeit, eine Wunschliste für einen späteren Einkauf anzulegen. Haben Sie ein Album oder ein Lied aufgerufen, das Sie zu einem späteren Zeitpunkt kaufen möchten, können Sie es Ihrer Wunschliste ganz einfach über die Schaltfläche **Teilen** in der oberen Menüleiste hinzufügen. Wählen Sie im zugehörigen Menü im unteren Bereich **Zur Wunschliste hinzufügen** aus. Möchten Sie Ihre Wunschliste aufrufen, tippen Sie im iTunes Store in der oberen Menüleiste rechts auf die Listenschaltfläche (siehe (1) auf Seite 364).

Musik und Videos kaufen

Wenn Sie sich die einzelnen Musikstücke angehört haben, können Sie sie natürlich auch kaufen. Dabei haben Sie zwei Möglichkeiten: Sie können einen einzelnen Musiktitel oder ein ganzes Album kaufen.

Einen einzelnen Musiktitel kaufen

Wenn Sie einen Song im Radio gehört haben, der Ihnen besonders gut gefällt, aber kein Interesse an dem Album haben, von dem der Song stammt, gehen Sie folgendermaßen vor:

1. Um einen einzelnen Musiktitel aus einem Album zu kaufen, tippen Sie auf die Schaltfläche, die den Preis für diesen Titel anzeigt ❷. Dieser Preis kann durchaus variieren; je nach Beliebtheit des Liedes liegt er zwischen 0,69 € und 1,29 €.

2. Der Button verwandelt sich dann in die Schaltfläche **Titel kaufen** ❸, die Sie ebenfalls antippen.
3. Der Download wird vorbereitet, Sie müssen allerdings zur Sicherheit noch das Kennwort zu Ihrer Apple-ID eingeben und den Kauf mit **OK** bestätigen. Wahlweise können Sie auch Touch ID zur Authentifizierung verwenden (zu dieser Funktion siehe auch den Abschnitt »Den Fingerabdrucksensor einrichten« ab Seite 392).

Der jeweilige Song wird daraufhin umgehend auf Ihr iPhone geladen, und Sie können ihn problemlos über die App Musik anhören.

Ein ganzes Album kaufen

Sie können natürlich auch das komplette Musikalbum kaufen. Dabei haben Sie oft die Gelegenheit, Songs zu erwerben, die nur mit dem Album selbst verkauft werden. Darüber hinaus bekommen Sie digitale Booklets oder weiteres Bonusmaterial, die nur zusammen mit dem Album erhältlich sind. Und nicht zuletzt – die einzelnen Songs sind dann natürlich auch günstiger, wenn Sie ein ganzes Album erwerben.

Sollten Sie sich ein Album ausgesucht haben, auf dem es Titel gibt, die Sie nur zusammen mit dem ganzen Album kaufen können ❶, oder eines mit einem Booklet beziehungsweise Bonusmaterial ❷, sehen Sie dies direkt in der Listenvorschau des Albums.

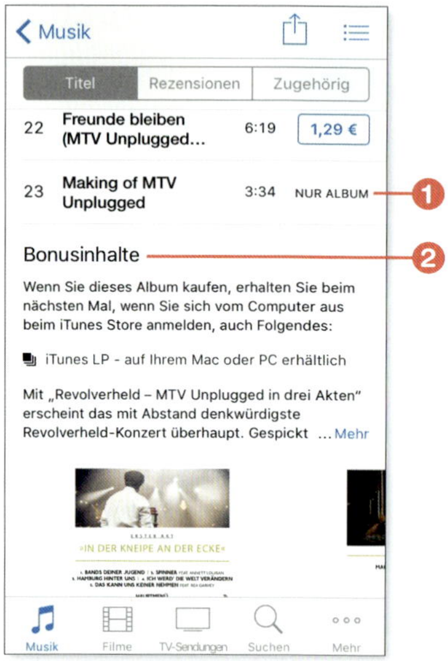

Das Kaufen beziehungsweise Laden eines Albums im iTunes Store funktioniert ähnlich, wie es im vorangegangenen Abschnitt für einen Einzeltitel beschrieben wurde. Tippen Sie zum Kauf allerdings auf die Preis-Schaltfläche für das gesamte Album. Das digitale Booklet und weiteres Bonusmaterial können Sie sich hinterher in iTunes auf Ihrem Computer ansehen, da es sich auf dem iPhone leider nicht darstellen lässt.

INFO

Klingeltöne

Sie müssen nicht mehr mit vorgefertigten Ruf- und SMS-Tönen vorliebnehmen. In der Kategorie **Mehr ▸ Töne** des iTunes Stores finden Sie Klingeltöne für Ihr iPhone, die Sie ebenso kaufen können wie andere Musik.

Filme und Musikvideos kaufen

Im iTunes Store können Sie natürlich auch Filme, TV-Serien und Musikvideos käuflich erwerben oder sie – im Falle von Filmen – auch ausleihen.

1. Wenn Sie einen Film, eine Folge Ihrer Lieblings-TV-Serie oder ein bestimmtes Musikvideo kaufen möchten, tippen Sie zunächst in der Tab-Leiste auf eine der beiden Kategorien **Filme** oder **TV-Sendungen** beziehungsweise im Bereich **Musik** oben links unter **Genres** auf **Musikvideos** oder **Konzertfilme**.

2. Wenn Sie eine Auswahl getroffen haben, tippen Sie auf die entsprechende Preis-Schaltfläche ❸.

3. Bestätigen Sie Ihre Wahl, indem Sie auf **Film kaufen** beziehungsweise **HD-Film kaufen**, auf **Staffelpass kaufen** ❹ oder **HD-Folge kaufen** oder – in der Kategorie **Musikvideos** – auf **Video kaufen** ❺ tippen.

4. Im iTunes Store können Sie Filme auch leihen, dann wird Ihnen der Film für eine begrenzte Zeit auf Ihrem iPhone zur Verfügung gestellt.

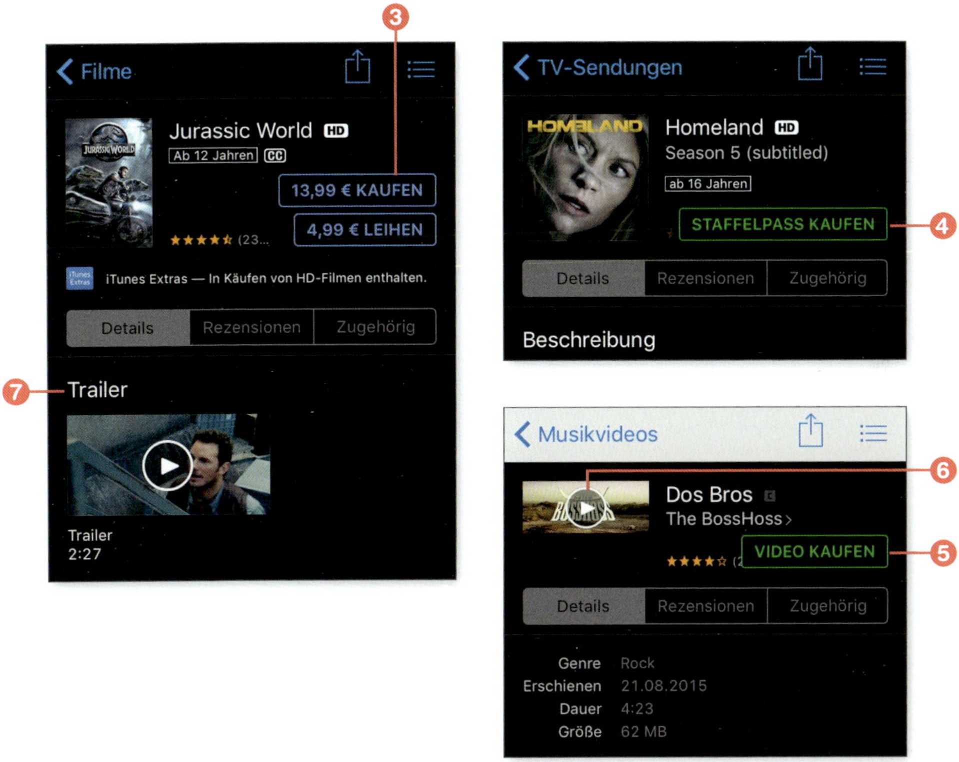

5. Schauen Sie sich die Vorschau einer Serie oder eines Musikvideos an, indem Sie auf die **Vorschau**-Schaltfläche ❻ tippen. Die Vorschau wird etwa zwei Minuten lang abgespielt. Für eine Vorschau bei Filmen wählen Sie die Vorschau in der Kategorie **Trailer** aus ❼. Beachten Sie bitte auch, dass nicht bei allen Filmen, Serien oder Musikvideos Vorschauen vorhanden sind.

INFO

Filme leihen

Wenn Sie sich einen Film ausleihen, steht er Ihnen für eine begrenzte Zeit zur Verfügung, bevor er wieder von Ihrem iPhone gelöscht wird. Sie haben insgesamt 30 Tage Zeit, sich den Film anzuschauen. Haben Sie einmal mit dem Abspielen des Films begonnen, bleiben Ihnen 48 Stunden, um den Film zu Ende zu schauen. Dabei ist es egal, wo Sie den Film schauen: auf Ihrem Computer, dem iPhone, einem iPad oder einem iPod touch.

Einkäufe immer wieder laden

Wenn Sie einmal ein Musikstück, einen Film oder eine TV-Sendung gekauft haben, können Sie Ihre Einkäufe immer wieder aus dem Store herunterladen, sollten Sie diese aus Platzgründen oder versehentlich einmal gelöscht haben.

1. Tippen Sie hierzu in der Tab-Leiste auf **Mehr** und danach auf **Käufe** ❶.

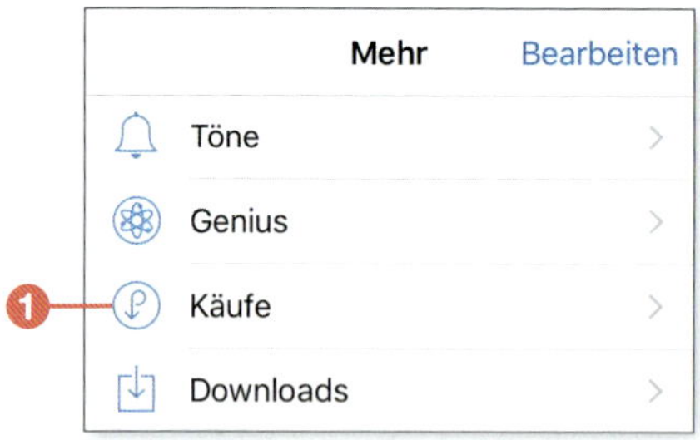

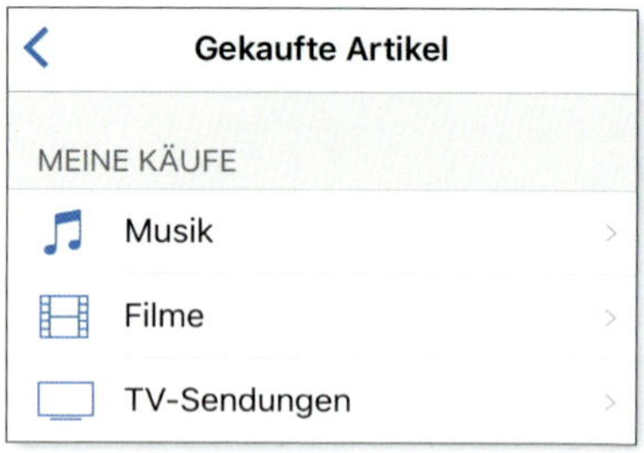

2. Ihre Käufe sind in die Kategorien **Musik**, **Filme** und **TV-Sendungen** unterteilt, und Sie können sie hier einsehen. Über den Tab **Nicht auf iPhone** können Sie sich ausschließlich die Artikel anzeigen lassen, die sich noch nicht auf dem Gerät befinden.

3. Tippen Sie auf das Musikstück, den Film oder die TV-Sendung und anschließend auf das Wolkensymbol ❷, und laden Sie das Objekt erneut auf Ihr iPhone.

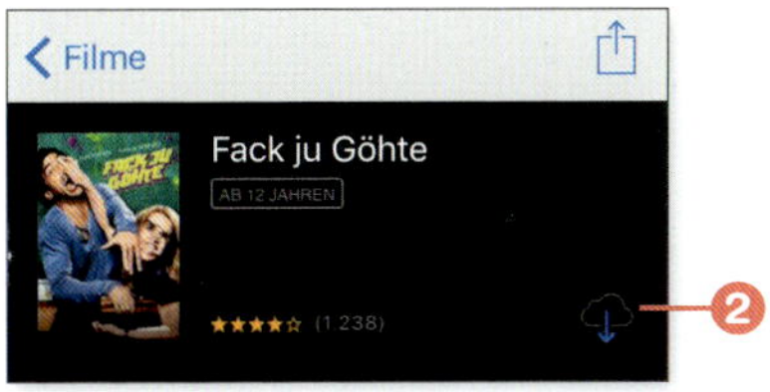

Familieneinkäufe

In den Käufen finden Sie übrigens auch die Familieneinkäufe. Wenn Sie Familienmitglieder per Familienfreigabe hinzugefügt haben, können Sie alle Käufe der Familienmitglieder ebenfalls kostenlos laden. Eine wirklich praktische Funktion, denn dann muss nichts mehr doppelt gekauft werden.

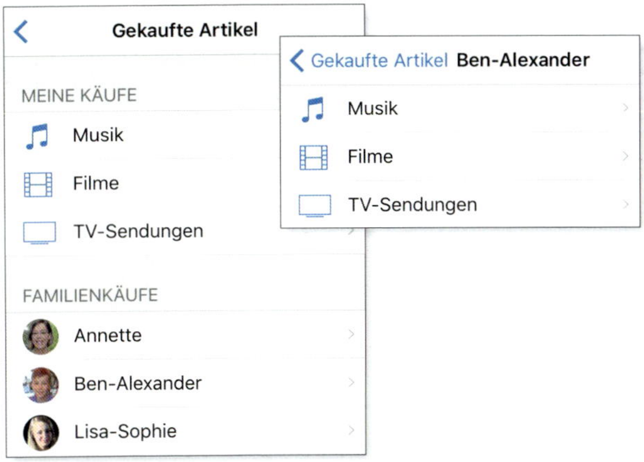

Im Prinzip können Sie mit jedem iOS-Gerät die Familienkäufe nutzen. Einzige Voraussetzung ist, dass mindestens das Betriebssystem iOS 8 auf dem jeweiligen Gerät installiert sein muss. Sie können in der Familienfreigabe bis zu sechs Familienmitglieder integrieren.

iTunes-Gutscheinkarte für Einkäufe aktivieren

Sie können Ihre Einkäufe nicht nur von Ihrem Bankkonto abbuchen lassen, sondern auch, ähnlich wie bei einer Prepaid-Telefonkarte, über eine iTunes-Gutscheinkarte Guthaben in Ihren iTunes Store laden. Ihre Einkäufe werden dann mit dem vorhandenen Guthaben verrechnet. Kaufen Sie dazu eine Gutscheinkarte an einer Tankstelle oder in einem Geschäft, das iTunes-Karten führt (REWE, dm-Markt etc.), und rubbeln Sie auf der Rückseite vorsichtig den Code frei. Haben Sie den Store derzeit nicht geöffnet, drücken Sie zum Einlösen einer Geschenkkarte etwas kräftiger auf das App-Symbol. Wählen Sie nun im Kontextmenü **Einlösen**. Befinden Sie sich derzeit im iTunes Store, tippen Sie in der Ansicht **Highlights** unten auf **Einlösen**, und fotografieren Sie den Code auf der Rückseite der Karte ab ❶, der, wird er richtig erkannt, grün dargestellt wird. Sie können den Code auch manuell eingeben ❷, wenn Ihnen das lieber ist. Auf Groß- und Kleinschreibung müssen Sie dabei übrigens nicht achten.

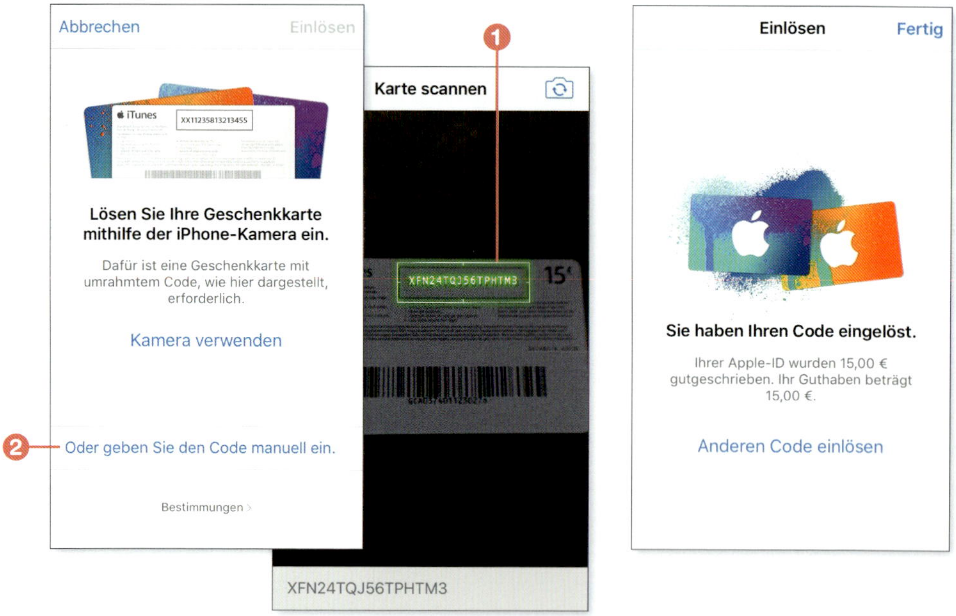

Ist alles erfolgreich verlaufen, wird Ihnen eine Bestätigung angezeigt, dass der entsprechende Betrag Ihrer Apple-ID gutgeschrieben wurde. Bei Ihren nächsten Einkäufen im iTunes Store können Sie dann auf dieses Guthaben zurückgreifen.

Kapitel 15
Apps kaufen und installieren über den App Store

Der App Store ist neben dem iTunes Store Apples zweiter Onlineladen, den Sie vom iPhone aus erreichen. Darüber können Sie die Funktionen Ihres iPhones mithilfe interessanter Apps deutlich erweitern.

Im App Store finden Sie alles gut sortiert vor: Neben den besten neuen Apps und Spielen gibt es auch die Möglichkeit, sich die Apps in Kategorien anzeigen zu lassen.

Getty Images: 79896191©Kyu Oh Photodisc

Der App Store im Überblick

Der App Store wurde, wie auch der iTunes Store, einem Facelifting unterzogen und sieht nun etwas frischer aus als in den letzten iOS-Versionen. Damit Sie sich im App Store zurechtfinden, werde ich Ihnen zu Anfang einen kurzen Überblick geben. Der App Store unterteilt sich in drei Bereiche, die Sie über die Tab-Leiste anwählen können:

- ❶ **Highlights**
- ❷ **Topcharts**
- ❸ **Entdecken**

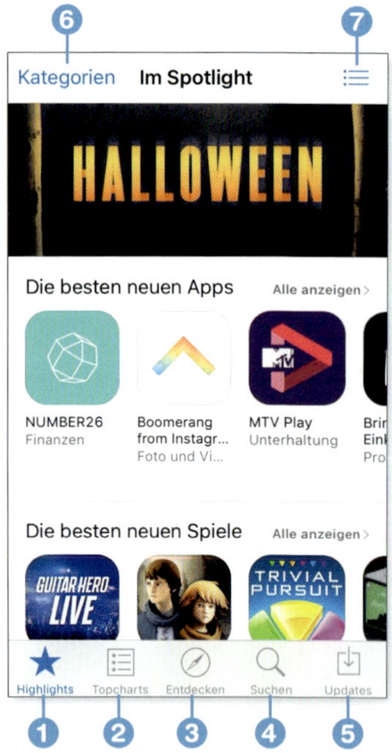

Außerdem starten Sie über die Tab-Leiste Ihre Suche ❹ und rufen Updates zu Ihren installierten Apps ❺ auf beziehungsweise sehen sich die Liste mit Ihren bisher geladenen Apps an. Sie können auch die verschiedenen Kategorien ❻ des App Stores aufrufen und darin stöbern und sich Ihre Wunschliste ❼ ansehen (siehe dazu auch den Kasten »Ihre Wunschliste« auf Seite 378).

An der Tab-Leiste erkennen Sie auf einen Blick, in welchem Bereich Sie sich gerade befinden, da der aktive Bereich immer blau hervorgehoben wird. Im Folgenden stelle ich Ihnen die verschiedenen Bereiche des App Stores vor, und Sie erfahren, wie Sie über die Funktion **Kategorien** schneller die gesuchten Apps finden.

Der Bereich »Highlights«

Wenn Sie den App Store zum ersten Mal öffnen, wird Ihnen standardmäßig der Bereich **Highlights** angezeigt. Auf der Startseite dieses Bereichs sehen Sie wie auch schon im iTunes Store eine Auswahl an interessanten Apps, sortiert in verschiedene Rubriken wie etwa **Die besten neuen Apps**, **Die besten neuen Spiele** und **App-Sammlungen**.

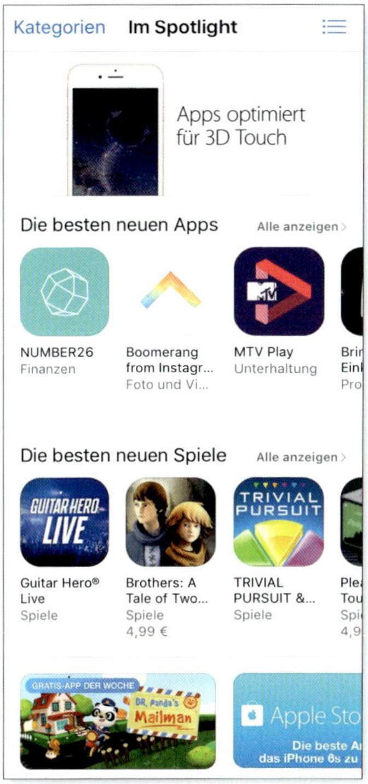

Wenn Sie nichts Bestimmtes suchen, können Sie in diesem Bereich also schon mal stöbern, ob etwas Passendes für Sie dabei ist. Schauen Sie etwa in der Rubrik **Die besten neuen Apps** nach aktuellen App-Veröffentlichungen, die Sie noch nicht kennen, oder schauen Sie sich z. B. die Neuigkeiten in der Kategorie **Essen und Trinken** an. Möchten Sie weitere Apps sehen, wischen Sie in der entsprechenden Rubrik von rechts nach links über die Apps.

Der Bereich »Topcharts«

Im Bereich **Topcharts** finden Sie die beliebtesten Apps, eingeteilt in die Kategorien **Gekauft** (meistgekaufte Apps), **Gratis** (am meisten geladene kostenlose Apps) und **Umsatzstärkste**.

Ihnen werden jeweils die ersten 300 Apps der drei Kategorien angezeigt, und Sie können die Liste einfach von unten nach oben wischen.

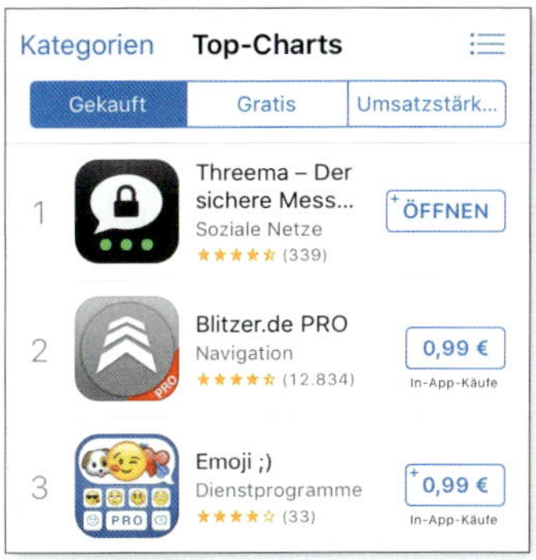

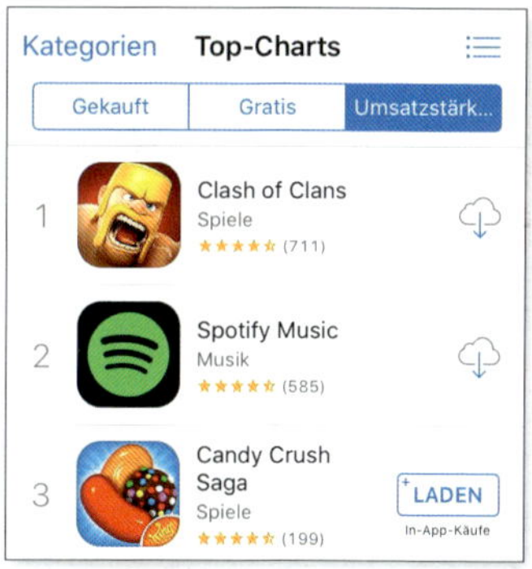

Die Kategorien im App Store

Wenn Sie in den Bereichen **Highlights** oder **Topcharts** oben links auf die Schaltfläche **Kategorien** (1 auf Seite 376) tippen, gelangen Sie zu einer Liste, die alle Kategorien des App Stores aufführt.

Bei der Vielzahl an iPhone-Apps ist das sehr praktisch, denn so können Sie schon mal eingrenzen, wonach Sie suchen. Wenn Sie eine Kategorie ausgewählt haben, gelangen Sie mit einem Tipp auf **Kategorien** ❷ wieder in die Standardansicht zurück.

Der App Store enthält unter anderem folgende Kategorien: **Kinder**, **Bildung**, **Bücher**, **Dienstprogramme**, **Essen und Trinken**, **Finanzen**, **Foto und Video**, **Gesundheit und Fitness**, **Kataloge**, **Lifestyle**, **Medizin**, **Musik**, **Nachrichten**, **Navigation**, **Produktivität**, **Nachschlagewerke**, **Reisen**, **Soziale Netze**, **Spiele**, **Sport**, **Unterhaltung**, **Wetter**, **Wirtschaft** und **Zeitungskiosk**. Bei den Kategorien **Kinder**, **Spiele** und **Zeitungskiosk** werden Ihnen Unterkategorien angeboten, die die Auswahl noch weiter eingrenzen.

Je nachdem, ob Sie die Kategorie aus dem Bereich **Highlights** oder dem Bereich **Topcharts** heraus aufgerufen haben, unterscheidet sich die Darstellung der in ihr enthaltenen Apps. Wenn Sie eine Kategorie ausgehend vom Bereich **Highlights ▸ Dienstprogramme** aufgerufen haben, ist sie in vier Rubriken unterteilt, die allerdings immer anders benannt sind. Im aktuellen Beispiel sind das die Rubriken: **Neue Tastaturen hinzufügen** ❸, **Helfer für den Alltag** ❹, **Rechnen und Umrechnen** ❺ und **Im Takt bleiben** ❻. Im Bereich

Topcharts werden die Apps der gewählten Kategorie wie gehabt in die drei Bereiche **Gekauft**, **Gratis** und **Umsatzstärkste** unterteilt (siehe den Abschnitt »Der Bereich »Topcharts« ab Seite 375).

Der Bereich »Entdecken«

Ganz besonders interessant zum Stöbern ist der Bereich **Entdecken** des App Stores. Hier können Sie sich Apps anzeigen lassen, die in der jeweiligen Kategorie beliebt sind. Hier finden sich einerseits aktuelle Neuerscheinungen, die häufig geladen werden, aber auch Apps, die seit langem Bestseller sind. Darüber hinaus werden Ihnen auch noch weitere Unterkategorien angeboten, die das Thema der Kategorie weiter unterteilen und die Sie durchstöbern können.

Wenn Sie auf **Entdecken** 7 tippen, gelangen Sie in eine Kategorienübersicht. Wählen Sie eine Kategorie aus, gelangen Sie zu einer weiteren Übersicht, die Ihnen beliebte Apps und wiederum weitere Unterkategorien anbietet. Stöbern Sie doch einmal in den einzelnen Kategorien, und lassen Sie sich neue Apps vorschlagen.

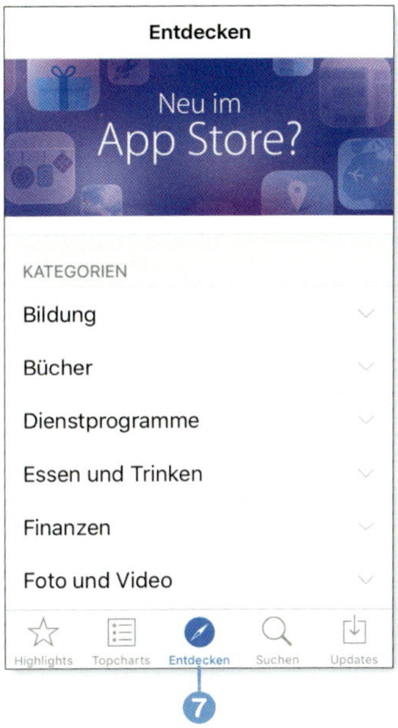

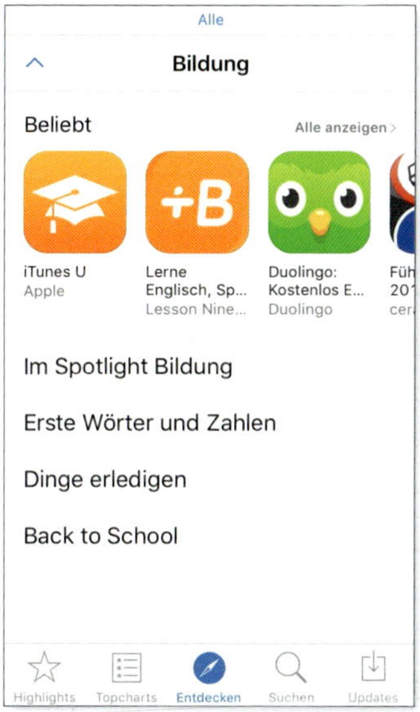

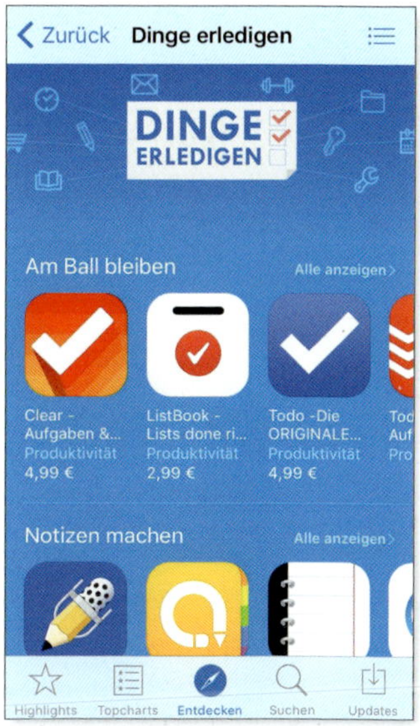

INFO

Ihre Wunschliste

Aus den Bereichen **Highlights** und **Topcharts** des App Stores können Sie schnell Ihre Wunschliste aufrufen und Apps, die Sie dort gespeichert haben, laden. Tippen Sie einfach auf die Listen-Schaltfläche rechts oben in der Menüleiste, sehen Sie die zuvor gespeicherten Apps. Um Ihrer Wunschliste Apps hinzuzufügen, öffnen Sie die Detailansicht der App und tippen dann auf die Schaltfläche **Teilen** in der oberen Menüleiste. Auf dem nächsten Bildschirm wählen Sie **Zur Wunschliste hinzufügen**.

Apps suchen

Das Angebot der im App Store erhältlichen Apps beläuft sich mittlerweile auf über 1,4 Millionen – und es werden jeden Tag mehr. Da verliert man schnell den Überblick, deshalb ist es wichtig, dass Sie gezielt nach Apps suchen können und diese dann auch schnell finden. Wie das geht, zeige ich Ihnen hier.

Angenommen, Sie suchen eine App, die sich mit dem Thema Kochen beschäftigt. Um etwas Passendes zu finden, gehen Sie wie folgt vor:

1. Tippen Sie in der Tab-Leiste auf **Suchen** ❶. Sie sehen dann schon eine Liste mit beliebten Suchbegriffen. Ist Ihr Begriff nicht dabei, tippen Sie ihn oben in das Suchfeld ein.
2. Geben Sie in der Suchleiste ❷ am oberen Rand den Begriff »Kochen« ein. Schon während der Eingabe werden Ihnen erste Vorschläge zu Ihrem Stichwort angezeigt.
3. Wenn das passende Ergebnis bereits dabei ist, tippen Sie einfach darauf. Wenn nicht, tippen Sie auf **Suchen** ❸, um alle entsprechenden Apps angezeigt zu bekommen.

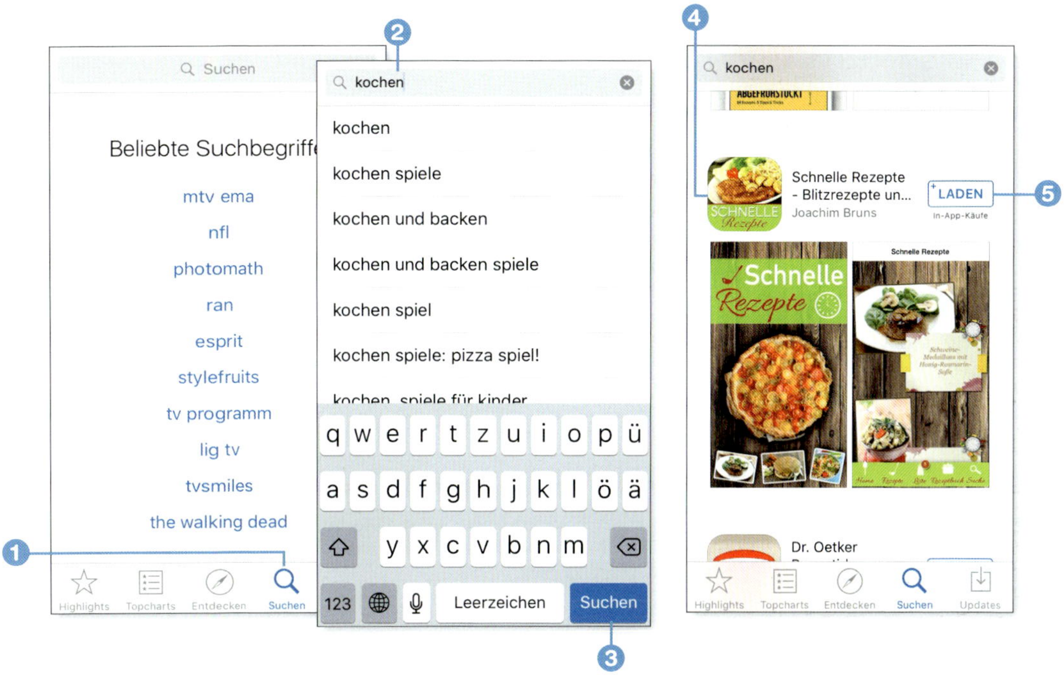

4. Es öffnet sich eine Liste der Apps, die mit dem Thema Kochen zu tun haben. Neben dem App-Symbol ④ sehen Sie verschiedene Infos, z. B. den Namen der App, den Namen der Firma, die diese App programmiert hat, und die Anzahl und den Durchschnitt der Bewertungen. Ganz rechts sehen Sie schließlich den Preis der App ⑤; in diesem Beispiel handelt es sich um eine kostenlose App.

Wischen Sie von unten nach oben durch die Trefferliste Ihrer Suchanfrage, um sich weitere Apps anzuschauen.

Haben Sie den App Store derzeit nicht geöffnet, geht das Suchen dank der neuen Funktion 3D Touch aber sogar noch schneller.

Tippen Sie zum Durchsuchen des Stores einfach auf dem Home-Bildschirm etwas fester auf das Symbol des App Stores. Im Menü wählen Sie den Befehl **Suchen**, und schon gelangen Sie zum Suchfenster und können Ihren Suchbegriff eingeben.

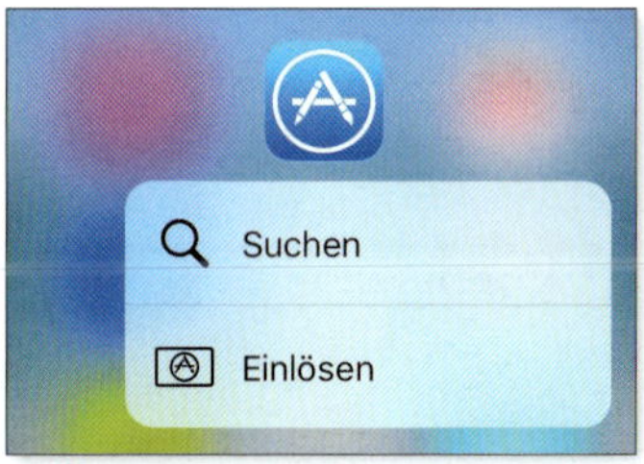

Übrigens können Sie über den zweiten Befehl **Einlösen** einen Gutschein einlösen. Wie das genau funktioniert, lesen Sie im Abschnitt »iTunes-Gutscheinkarte für Einkäufe aktivieren« ab Seite 371.

Erst schauen, dann kaufen

Insbesondere wenn es sich um eine App handelt, für die Sie Geld bezahlen müssen, ist es ganz nützlich, sich erst einmal anzuschauen, was genau die App Ihnen bietet.

1. Tippen Sie im Suchergebnis auf die Vorschau der App ①, für die Sie sich interessieren, öffnet sich eine Infoseite, die weitere Informationen über diese App liefert, z. B. weitere Screenshots, die Sie von rechts nach links über den Bildschirm schieben können.
2. Wenn Sie diese Seite nach oben wischen, erhalten Sie neben der allgemeinen Beschreibung weitere Informationen wie das Erscheinungsdatum, die Dateigröße oder Angaben zu den Systemvoraussetzungen dieser App.

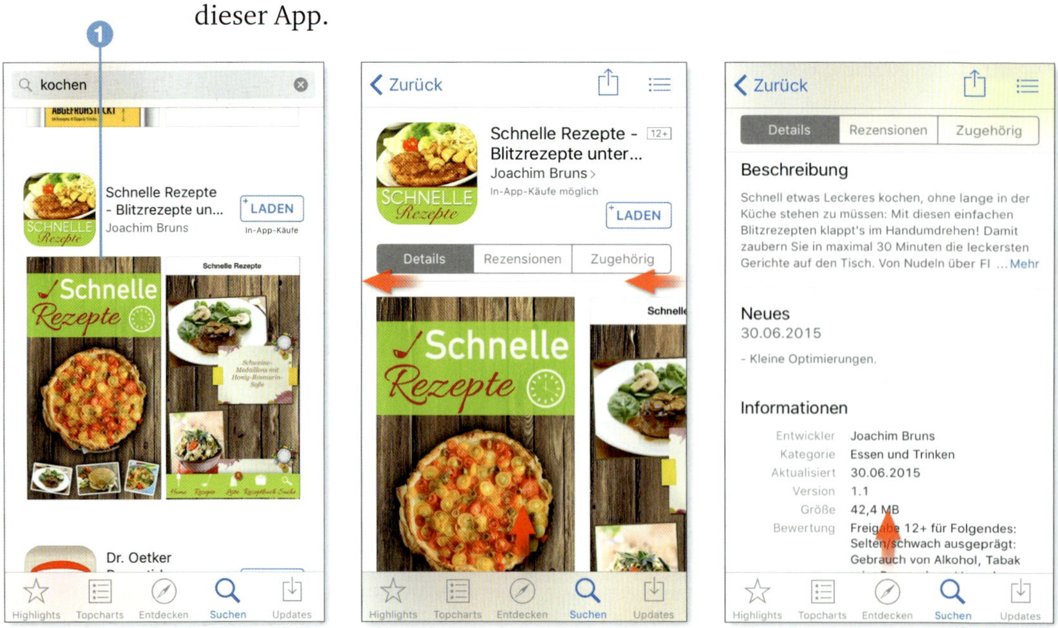

3. Interessieren Sie sich nach der Durchsicht aller Screenshots und der übrigen Informationen noch immer für die App? Dann tippen Sie auf den Preis ➋, und kaufen Sie die App mit einem Klick auf **Kaufen** ➌. (Bei Gratis-Apps steht hier **Laden** ➍ beziehungsweise **Installieren** ➎.)

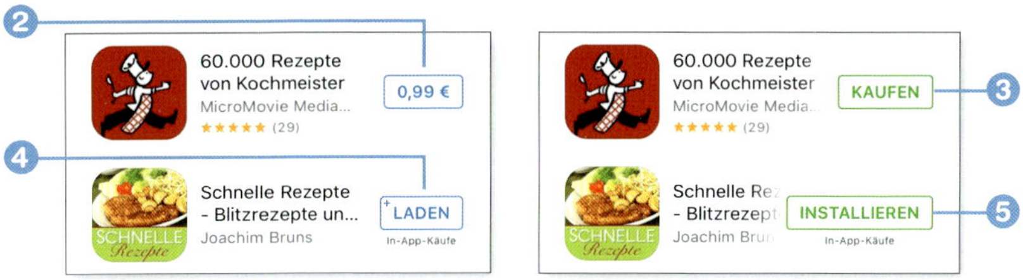

4. Geben Sie noch das Passwort zu Ihrer Apple-ID ein, beziehungsweise bestätigen Sie den Kauf mit Ihrem Fingerabdruck, wird die App auf Ihr iPhone heruntergeladen und automatisch installiert, sodass Sie sie ab sofort nutzen können.

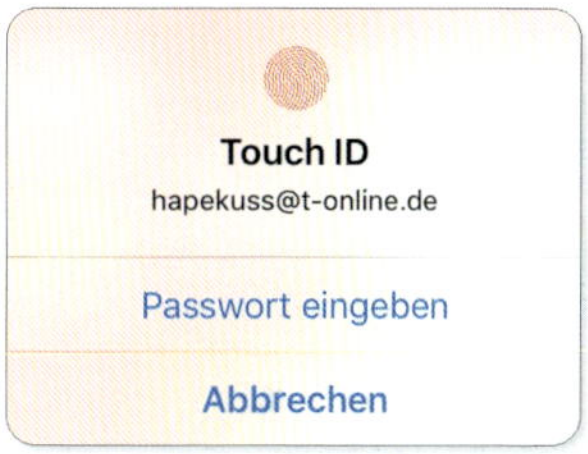

INFO

Warum das Passwort der Apple-ID bei Gratis-Apps eingeben?

Apple protokolliert genau, welche Apps Sie installiert haben, egal, ob gegen Bezahlung oder gratis. Das dient unter anderem dazu, Ihnen die App weiterhin zur Verfügung stellen zu können, auch wenn Sie sie einmal von Ihrem iPhone gelöscht haben. Sie können die App dann bei Bedarf jederzeit wieder aus dem App Store laden und müssen sie nicht erneut bezahlen. Bei Gratis-Apps dient das dazu, dass Sie einmal erworbene Apps schneller wiederfinden können, indem Sie im App Store unter **Updates ▶ Käufe** nachsehen (siehe dazu auch den Kasten »Bereits gekaufte Apps« auf Seite 382).

Kostenlose Apps finden

Wie Sie sich sicherlich denken können, gibt es im App Store aber nicht nur kostenpflichtige Apps. Um möglichst ohne Umwege an die Gratis-Apps zu gelangen, tippen Sie unten in der Tab-Leiste auf **Top-Charts** und wählen die Rubrik **Gratis** aus. Sie können aber auch in der Suche den Begriff »Gratis Apps« eingeben, und Sie bekommen dann eine unsortierte Liste aller Apps, die im App Store kostenlos zur Verfügung stehen. Selbstverständlich können Sie auch einen konkreten Begriff eingeben, um nach Apps zu einem Thema zu suchen. In den Suchergebnissen werden Sie dann auch Gratis-Apps finden.

INFO

Bereits gekaufte Apps

Wenn Sie eine App bereits »gekauft«, also aus dem Store geladen haben, sie aber aktuell nicht auf Ihrem iPhone installiert ist, können Sie sie schnell und unkompliziert nachladen. Anstelle des Wortes **Laden** oder **Kaufen** ist eine solche App mit dem Begriff **Öffnen** gekennzeichnet. Sie müssen nur einmal darauf tippen und eventuell noch einmal Ihr Apple-ID-Kennwort eingeben, und schon wird die App wieder auf Ihr iPhone geladen.

Die zweite Möglichkeit ist, dass Sie in der Tab-Leiste auf **Updates** tippen. Wählen Sie nun **Käufe** (1) und auf der nächsten Seite **Meine Käufe**. In der nächsten Ansicht sehen Sie oben zwei Tabs (2): **Alle** und **Nicht auf iPhone**. In letzterer Kategorie sind die Apps zu finden, die Sie schon gekauft, aber nicht auf Ihrem iPhone installiert haben. Tippen Sie darauf, und wählen Sie die App aus, die Sie erneut laden möchten, indem Sie auf die kleine Wolke (3) tippen. Der Installationsprozess beginnt, und Sie finden die App nach der Installation auf Ihrem Home-Bildschirm.

Apps weiterempfehlen

Über den App Store können Sie praktischerweise besonders interessante Apps gleich an Freunde weiterempfehlen und verschicken. Um das zu tun, gehen Sie folgendermaßen vor:

1. Tippen Sie eine App an, dann gelangen Sie auf die Detailseite, auf der Sie oben rechts die Schaltfläche **Teilen** ④ sehen. Tippen Sie darauf.

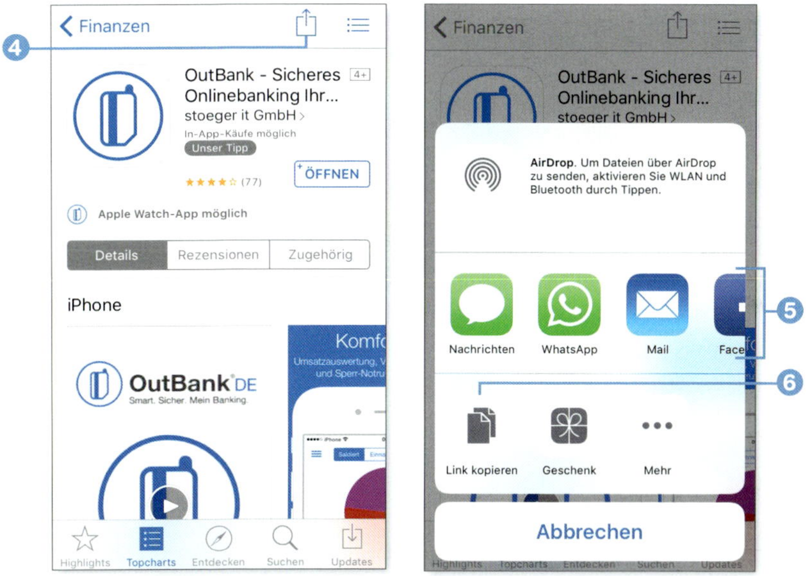

2. Wählen Sie nun den Weg aus, über den Sie Ihre Empfehlung weitergeben möchten ⑤.

3. Geben Sie einen Empfänger für Ihre Empfehlung an, schreiben Sie bei Bedarf noch einen persönlichen Text, und versenden Sie Ihre Empfehlung jeweils über **Senden** oder **Posten**.

4. Sie können aber auch den iTunes-Link zu dieser App kopieren ⑥ und ihn z. B. in der App Notizen speichern.

Eine andere Möglichkeit ist, die App über die integrierte AirDrop-Funktion mit anderen iPhones oder iPads in Ihrer Nähe zu teilen:

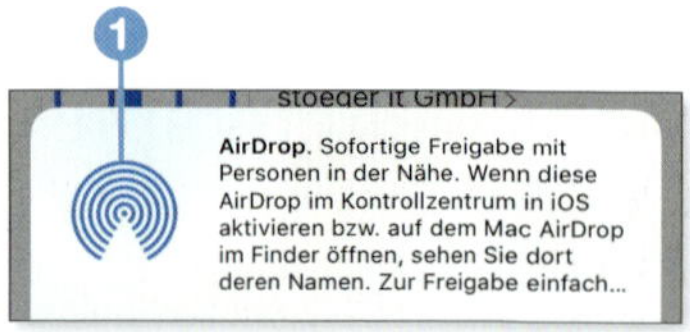

1. Wählen Sie eine App aus, die Sie per AirDrop an ein anderes iOS-Gerät (ab Version 7 bis 9) senden möchten, und tippen Sie oben rechts in der Menüleiste der Detailansicht auf **Teilen**.
2. Im nächsten Menü tippen Sie auf die Schaltfläche **AirDrop** ❶.
3. Dann müssen Sie im Kontrollzentrum festlegen, ob Sie AirDrop nur für Ihre Kontakte oder für jeden freigeben möchten ❷. WLAN und Bluetooth werden automatisch aktiviert.
4. Sobald sich nun ein iPhone oder ein iPad »nähert«, auf dem auch mindestens iOS 7 installiert ist, können Sie die Daten austauschen, indem Sie auf den erscheinenden Kontakt tippen ❸.

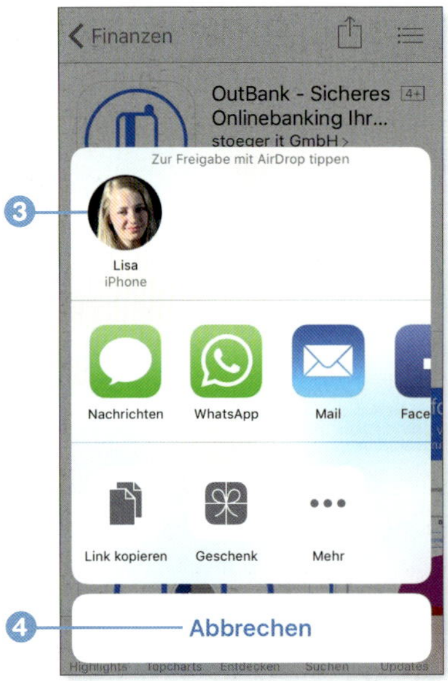

5. Daraufhin erhält der Empfänger eine Benachrichtigung zu dem Vorgang, den er entweder annehmen oder ablehnen kann.
6. Sobald der Hinweis zu der App erfolgreich übermittelt worden ist, beenden Sie den Vorgang mit einem Tipp auf **Abbrechen** 4.

Eine App verschenken

Wie Sie sicherlich schon gesehen haben, können Sie eine App auch verschenken.

1. Tippen Sie hierzu auf den **Teilen**-Button und dann auf **Geschenk** 5.

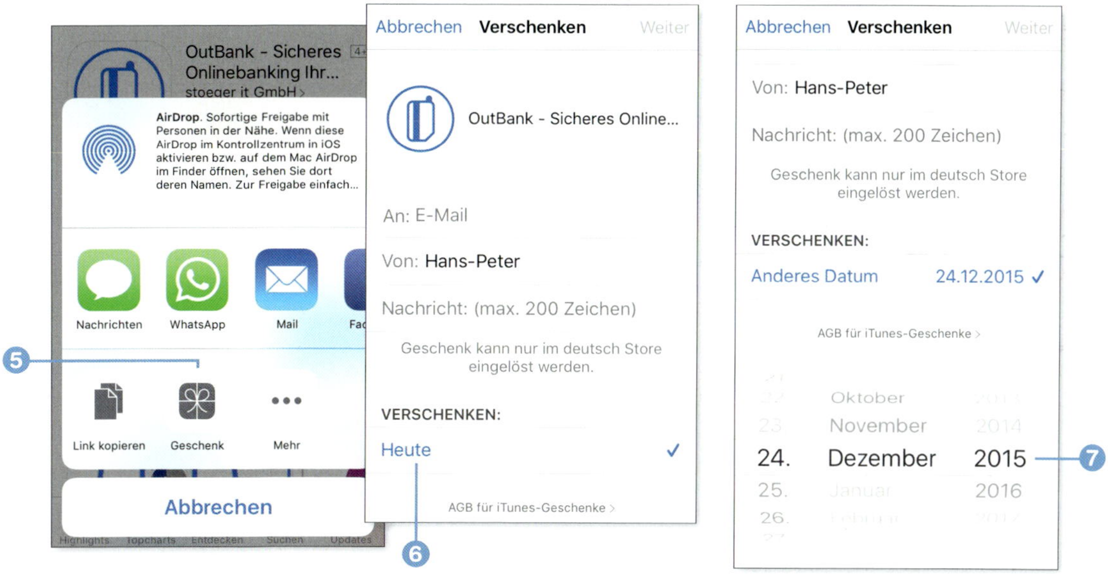

2. Geben Sie die E-Mail-Adresse des Adressaten ein, und schreiben Sie einen kurzen Text, der maximal 200 Zeichen umfassen darf.
3. Wollen Sie die App direkt verschenken, kann **Heute** 6 stehen bleiben. Wenn Sie sie zu einem bestimmten Datum verschenken wollen, tippen Sie auf **Heute** und stellen das entsprechende Datum 7 ein.

Wie Sie sehen, ist auch eine Empfehlung oder ein Geschenk direkt aus dem App Store heraus schnell erledigt. Ihre Freunde werden sich darüber freuen.

Familieneinkäufe anzeigen lassen

Sie können natürlich auch für Apps die Familienkäufe anzeigen lassen und so die Apps anderer Familienmitglieder nutzen. Tippen Sie hierzu wieder auf **Käufe**, und wählen Sie ein Familienmitglied aus, dessen Käufe Sie einsehen möchten.

Apps aktualisieren

Da die einzelnen Programmierer immer wieder einmal neue Versionen ihrer Apps herausbringen, ist es natürlich sinnvoll, hin und wieder diese Updates herunterzuladen, die häufig auch Programmverbesserungen und zusätzliche Features (Funktionen) mit sich bringen. Seit iOS 7 gibt es eine sinnvolle Funktion, über die Updates automatisch geladen werden. Dadurch sind Ihre installierten Apps immer auf dem neuesten Stand, und Sie müssen sich darüber keine Gedanken mehr machen. Um diese Funktion nutzen zu können, aktivieren Sie im Menü **Einstellungen** in der Rubrik **iTunes & App Stores** ❶ die Funktion **Updates** ❷ im Bereich **Automatische Downloads**.

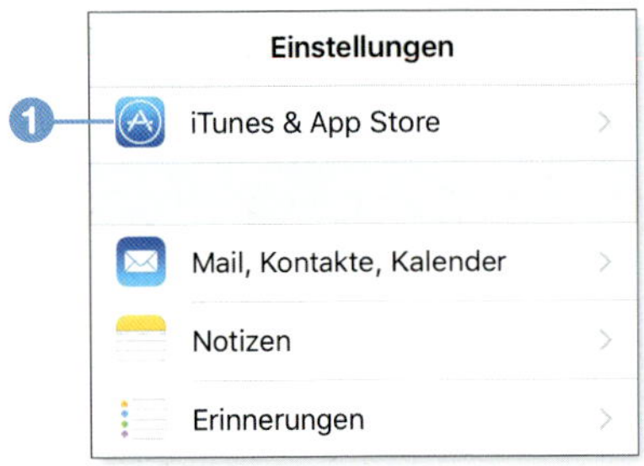

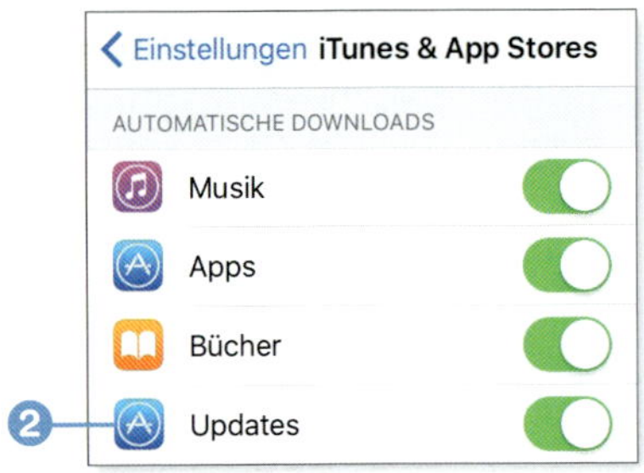

Wenn Sie verhindern wollen, dass sich die Apps auch dann automatisch aktualisieren, wenn das iPhone das mobile Datennetz nutzt, deaktivieren Sie einfach den Schalter **Mobile Daten verwenden**, den Sie durch Wischen nach oben erreichen. Die Apps werden dann nur aktualisiert, wenn Ihr iPhone in ein WLAN eingewählt ist. So sparen Sie Datenvolumen.

Wenn Sie diese Einstellungen abgeschlossen haben, werden alle Aktualisierungen für die Apps auf Ihrem iPhone zukünftig automatisch heruntergeladen und sofort installiert. Sie müssen nichts weiter tun, als abzuwarten.

Kapitel 16
Datensicherheit

Datensicherheit wird heutzutage, und ganz besonders nach den Enthüllungen rund um die Geheimdienstaffäre, großgeschrieben. Man hört allerorten von Hackerangriffen, unerlaubten Datenzugriffen und gestohlenen Passwörtern. Aus diesem Grund bietet das iPhone verschiedene Sicherheitseinstellungen, die Sie an Ihre Bedürfnisse anpassen können.

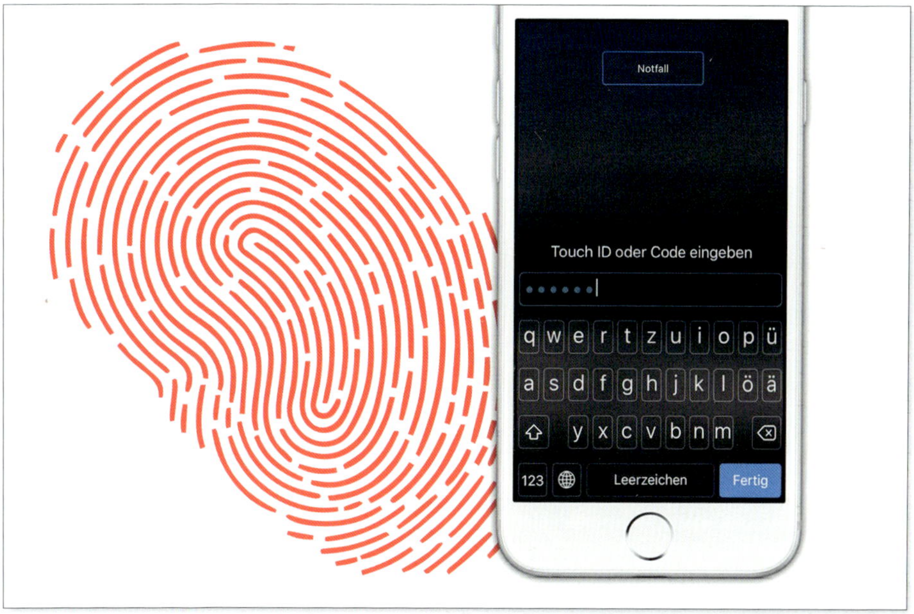

Mit der Eingabe eines einfachen oder eines komplexeren Codes können Sie Ihr iPhone vor dem Zugriff Dritter schützen.

Der PIN-Code der SIM-Karte

Auf jeder handelsüblichen SIM-Karte ist ein vierstelliger PIN-Code gespeichert. Das iPhone ist werksseitig so eingestellt, dass der PIN-Code der SIM-Karte, wenn Sie das iPhone komplett neu starten oder die SIM-Karte entfernen und wieder einsetzen, erneut eingegeben werden muss.

Wenn Sie das iPhone ohne SIM-Karte – oder nachdem Sie es ausgeschaltet haben – starten, bekommen Sie als Erstes die Nachricht **Gesperrte SIM-Karte** ❶. Entsperren Sie Ihr iPhone, indem Sie die Schaltfläche **Entsperren** ❷ nach rechts schieben, tippen Sie auf **Entsperren** ❸, und geben Sie Ihren vierstelligen PIN-Code ein ❹. Bestätigen Sie Ihre Eingabe, indem Sie neben dem Eingabefeld auf **OK** tippen.

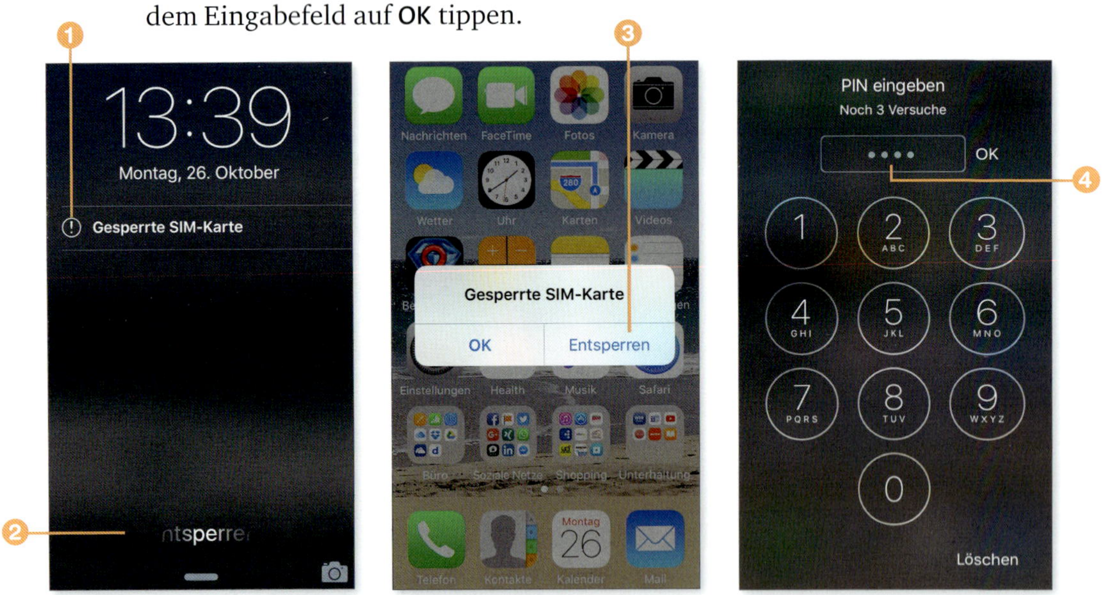

Darüber hinaus erkennen Sie den jeweiligen Zustand Ihres iPhones auch an der oberen Menüleiste. Eine gesperrte SIM-Karte wird als **SIM gesperrt** ausgewiesen. Wird die PIN eingegeben, sucht das iPhone nach Ihrem Netzanbieter. Ist er gefunden, wird er zusammen mit seiner Signalstärke angezeigt.

SIM-PIN ausschalten und ändern

Die SIM-Karten-PIN können Sie auch ausschalten (das empfehle ich Ihnen allerdings nicht) oder selbst ändern (z. B. in eine für Sie leichter zu merkende Zahlenkombination):

1. Um die SIM-Karten-PIN auszuschalten, wählen Sie im Menü **Einstellungen** Ihres iPhones den Menüpunkt **Telefon** und scrollen etwas nach unten, bis Sie zum Menüpunkt **SIM-PIN** gelangen. Tippen Sie ihn an, und schieben Sie auf dem nächsten Bildschirm den Regler 5 nach links, um die SIM-PIN auszuschalten.
2. Um eine ausgeschaltete PIN wieder zu aktivieren, schieben Sie den genannten Regler wieder nach rechts und geben die SIM-PIN erneut ein 6. Bestätigen Sie die Aktion mit **Fertig** 7.

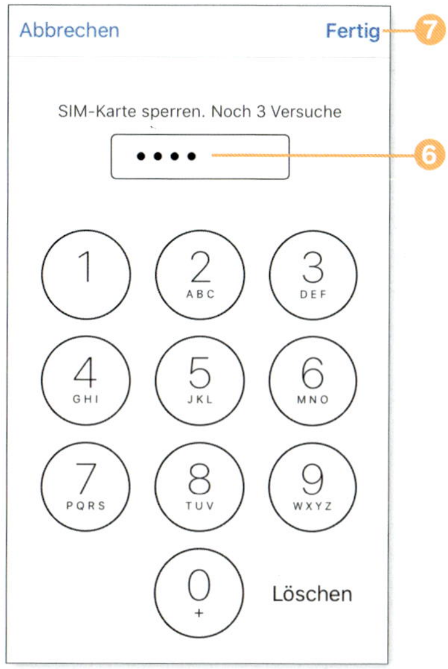

Seien Sie bei der Eingabe der SIM-PIN bitte vorsichtig. Wenn Sie die PIN zu oft falsch eingeben, bleibt Ihr iPhone gesperrt und kann erst mit dem PUK-Code wieder entsperrt werden (diesen finden Sie in Ihren Vertragsunterlagen). Funktioniert auch das nicht, müssen Sie bei Ihrem Provider kostenpflichtig eine neue Karte beantragen.

SIM-PIN ändern

Um Ihre SIM-PIN zu ändern, öffnen Sie ebenfalls das Menü **Einstellungen ▸ Telefon ▸ SIM-PIN** und tippen auf **PIN ändern**. Geben Sie Ihre aktuelle vierstellige PIN ein (1 auf Seite 390). Anschließend müssen Sie die neue PIN zweimal hintereinander eingeben (2 und 3). Tippen Sie dann jeweils oben rechts auf **Fertig** 4, um die Aktion abzuschließen.

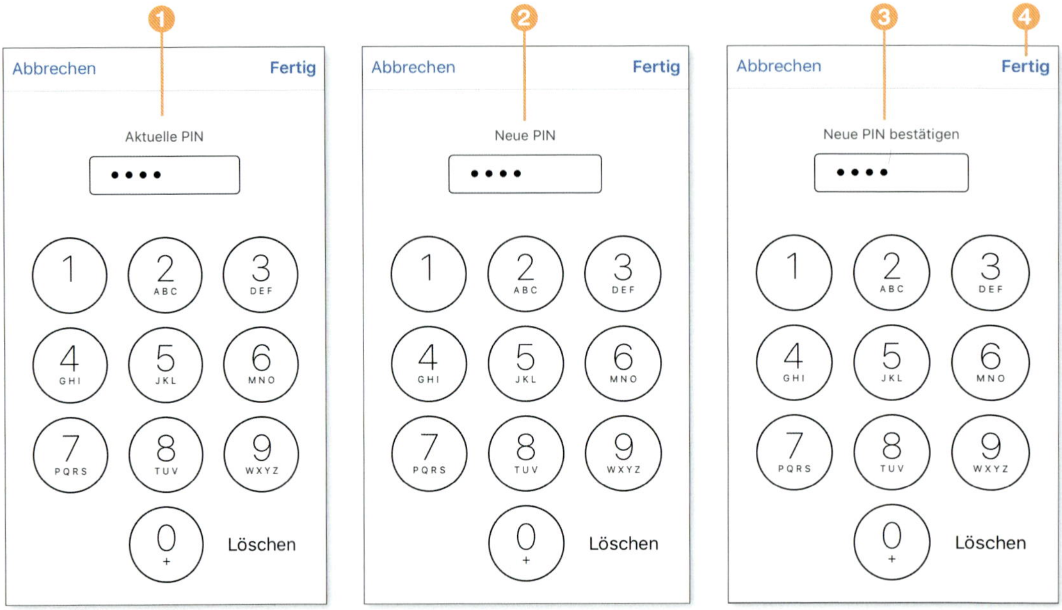

Haben Sie die PIN korrekt eingegeben, tippen Sie auf die Schaltfläche »Fertig«.

Die Code-Sperre

Die Code-Sperre ist neben der SIM-PIN eine zweite Sicherheitsstufe Ihres iPhones. Diese können Sie aktivieren, um Fremden den Zugriff auf Ihr iPhone zu verwehren, die versuchen, es aus dem Standby-Modus »aufzuwecken«. Im Standby-Modus ist das iPhone ja bereits entsperrt, sodass jemand es mitgehen lassen und dann leicht nutzen könnte. Die Code-Sperre dient auch als Sicherheitscode im Zusammenspiel mit dem Touch-ID-Sensor. Wird das iPhone ausgeschaltet, muss zuerst der Code eingegeben werden, bevor Touch ID wieder funktioniert. Sobald bei Ihrem iPhone im Standby-Modus eine Taste gedrückt wird, verlangt es die Eingabe des sechsstelligen Codes beziehungsweise der Touch ID. Und so richten Sie die Code-Sperre ein:

1. Tippen Sie im Menü **Einstellungen ▸ Allgemein** auf den Menüpunkt **Touch ID & Code** 5.

2. Tippen Sie auf **Code aktivieren** 6, und geben Sie einen beliebigen sechsstelligen Code ein, den Sie als Code-Sperre verwenden möchten 7. Den gleichen Code müssen Sie noch ein zweites Mal angeben, dann ist er automatisch gespeichert.

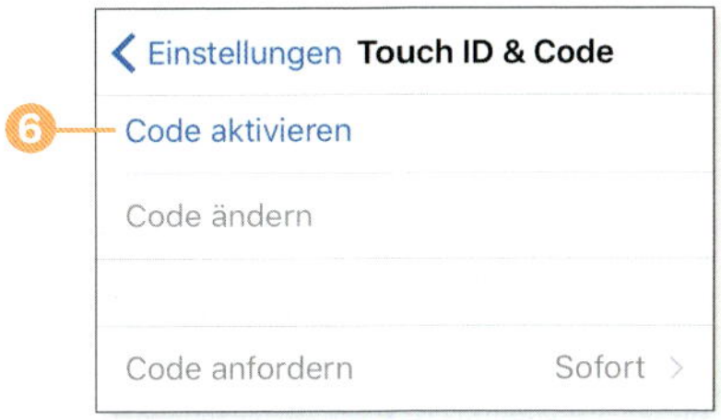

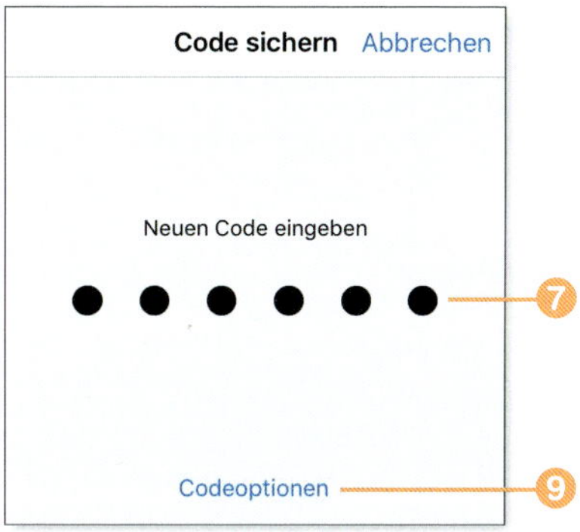

3. Um die Code-Sperre wieder zu entfernen, tippen Sie erneut auf den Menüpunkt **Touch ID & Code** und geben den eben angelegten sechsstelligen Code ein, um in das Einstellungsmenü für die Codes zu gelangen. Ohne die Eingabe des Codes gelangen Sie nicht in das Einstellungsmenü.

4. Sind Sie im Einstellungsmenü für die Code-Sperre angelangt, tippen Sie auf den Menüpunkt **Code deaktivieren** 8 und geben den Code erneut ein. Der Code ist nun wieder deaktiviert.

Über den Befehl **Code ändern** können Sie übrigens nachträglich Ihren eingerichteten Code wechseln. Von Zeit zu Zeit ist das aus Sicherheitsgründen durchaus empfehlenswert.

Ihr iPhone mit einem komplexeren Code schützen

Wenn Sie einen komplexeren Schutz möchten, gehen Sie genauso vor wie beim Erstellen des Codes im letzten Abschnitt, tippen Sie jedoch, bevor Sie den neuen Code eingeben, unten auf den Button **Codeoptionen** (9 auf Seite 391). Es öffnet sich ein Menü, in dem Sie durch Antippen wählen, ob Sie einen eigenen alphanumerischen Code eingeben möchten, einen eigenen numerischen Code oder den einfachen vierstelligen numerischen Code 1.

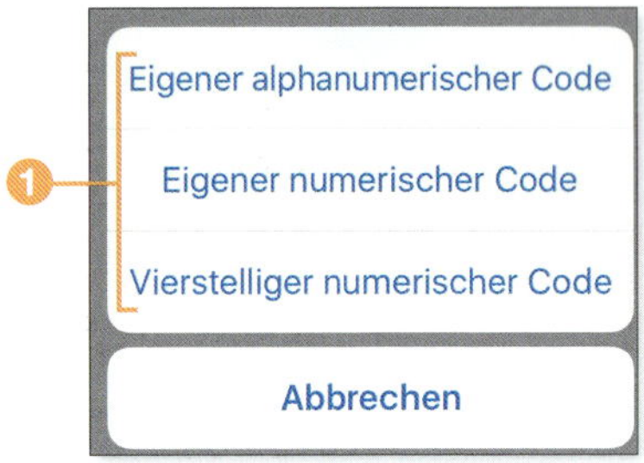

Wählen Sie beispielsweise einen komplexen alphanumerischen Code aus, d. h. einen Code beliebiger Länge, der aus Buchstaben, Zahlen und Sonderzeichen bestehen kann.

Anschließend werden Sie gefragt, ob Sie diesen Code auch als Sicherheitscode für iCloud verwenden möchten oder nicht. Treffen Sie hier Ihre Auswahl.

Danach ist Ihr neuer Code aktiviert. Beim nächsten Einschalten Ihres iPhones erkennen Sie die Verwendung des komplexeren Codes auch daran, dass Sie nun nicht mehr nur Zahlensymbole zur Codeeingabe vorfinden, sondern die komplette Tastatur.

Wenn Sie nun Ihr iPhone entsperren, wird dieser neue komplexe Code verlangt.

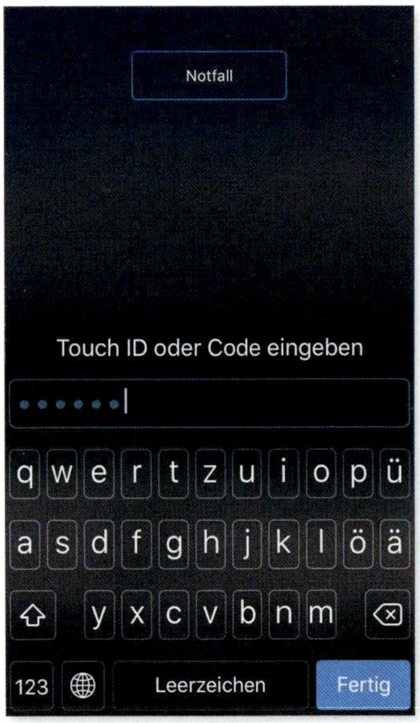

Den Fingerabdrucksensor einrichten

Die biometrischen Daten eines Menschen gelten als sicheres Datenmaterial bei Erkennungsverfahren. Unter diese Daten fällt auch der Fingerabdruck. Bei Ihrem iPhone 6s oder 6s Plus kann er sogar zum Entsperren verwendet werden. Über den Fingerabdrucksensor des iPhones, von Apple *Touch ID* genannt, weisen Sie sich mit Ihrem Fingerabdruck als rechtmäßiger Benutzer aus. Wenn Sie also Ihr iPhone irgendwo vergessen oder liegen lassen, müssen Sie keine Angst mehr haben, dass Ihre Daten gestohlen werden können, das ist nicht mehr ohne Weiteres möglich. Zu den sensiblen Themen

Datenschutz und -sicherheit lesen Sie die beiden Kästen »Wo wird mein Fingerabdruck gespeichert?« unten und »Ist Touch ID wirklich sicher?« auf Seite 395.

Touch ID lässt sich also dazu nutzen, Ihr iPhone zu entsperren. Wird jedoch fünf Mal erfolglos versucht, mit dem Fingerabdruck Ihr iPhone zu entsperren, kann das iPhone nur noch per Code entsperrt werden. Darüber hinaus können Sie diese Funktion für Ihre Einkäufe im iTunes Store, App Store oder iBooks Store verwenden. Sie können auch noch einer weiteren Person, etwa Ihrem Partner, Zugang zu Ihrem iPhone einräumen.

INFO

Wo wird mein Fingerabdruck gespeichert?

Zwar gelten die biometrischen Daten eines Menschen als ein sicheres Erkennungsverfahren, aber gerade deshalb sollte man bei der Verwendung dieser Daten besondere Vorsicht walten lassen. Laut Apple wird Ihr Fingerabdruck für die Verwendung der Touch-ID-Funktion nur auf Ihrem Gerät in einem gesonderten, in sich geschlossenen Speicherchip gesichert und nicht an Apple übermittelt oder etwa in iCloud gespeichert. Dieser gesonderte Chip verfügt über eine als *Secure Enclave* bezeichnete Sicherheitsarchitektur. Das bedeutet, dass der Fingerabdruck verschlüsselt auf dem Chip gespeichert wird. Secure Enclave verwaltet diese Verschlüsselung und ist außerdem von allen anderen Speicherbereichen des iPhones und von iOS abgeschirmt. Laut Apple wird Ihr Fingerabdruck hier nicht als Abbild gespeichert, sondern lediglich als mathematische Darstellung, sodass er aus dieser Darstellung nicht wiederhergestellt werden kann. Ein Zugriff von Dritten soll so nicht möglich sein, und Sie bleiben Herr über Ihre Daten.

Im Folgenden stelle ich Ihnen vor, wie Sie die Funktion Touch ID aktivieren und nach Ihren Bedürfnissen einrichten können. Zuerst müssen Sie wissen, dass der Fingerabdruck nur in Zusammenhang mit der Code-Sperre funktioniert. Um Änderungen an Ihren Fingerabdrücken vorzunehmen, müssen Sie also auf jeden Fall den vierstelligen Code eingeben.

1. Tippen Sie im Menü **Touch ID & Code** auf **Fingerabdruck hinzufügen**, öffnet sich ein Assistent, der Sie durch die Konfiguration Ihrer Fingerabdrücke führt.
2. Wenn Sie dazu aufgefordert werden, legen Sie bitte einen Finger leicht auf die Home-Taste, ohne diese zu drücken. Ihr Fingerabdruck wird gescannt. Sie sehen den Fortschritt des Scanvorgangs anhand einer schematischen Zeichnung eines idealen Fingerabdrucks.
3. Wiederholen Sie diesen Vorgang so lange, bis keine grauen Linien mehr auf der Schemazeichnung zu erkennen sind. Ist das der Fall, wird Ihnen der erfolgreiche Scan mitgeteilt.
4. Wenn Sie auf **Fortfahren** ❶ tippen, gelangen Sie ins Menü **Fingerabdrücke**, in dem Sie entscheiden können, ob Sie weitere Finger scannen lassen möchten. Tippen Sie dazu auf **Fingerabdruck hinzufügen** ❷. Insgesamt können Sie fünf verschiedene Finger scannen.

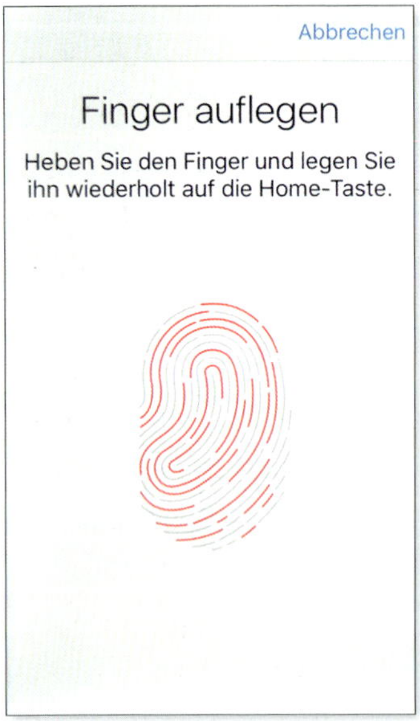

5. Selbstverständlich können Sie Ihre Fingerscans auch wieder löschen. Wischen Sie hierzu einfach von rechts nach links über das Display, und löschen Sie Ihren Fingerabdruck wieder.

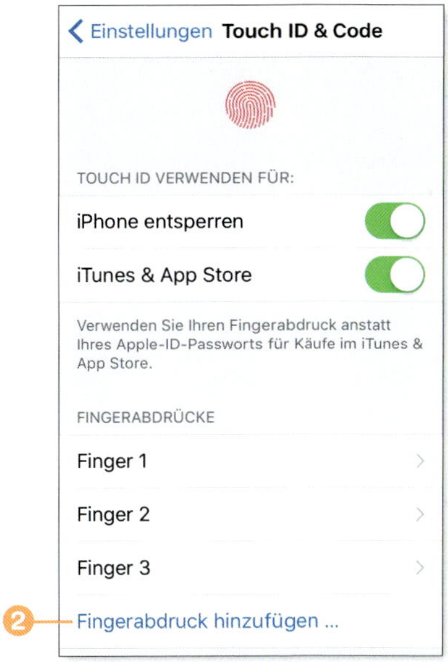

INFO

Ist Touch ID wirklich sicher?

Es ist Hackern bereits kurz nach der Veröffentlichung des iPhones 5s gelungen, den Fingerabdrucksensor auszutricksen. Dabei wurde das iPhone mit einer Kopie eines Fingerabdrucks entsperrt. Unter normalen Umständen ist dies allerdings nur sehr schwer umzusetzen, denn es wird ein vollständiger und gut erkennbarer Fingerabdruck benötigt, dessen Kopie unter Laborbedingungen erzeugt wird. Für den alltäglichen Gebrauch bietet Ihnen Touch ID daher ein gewisses Maß an Sicherheit. Sie sollten aber dennoch berücksichtigen, dass Sie Ihren Fingerabdruck täglich an vielerlei Orten hinterlassen. Touch ID kann daher ein gut gewähltes komplexes Passwort oder eine zusätzliche Code-Sperre nicht ersetzen. Daher empfehle ich Ihnen, für den Fall eines Diebstahls außerdem den iCloud-Dienst **iPhone löschen** zu benutzen (lesen Sie dazu den Abschnitt »Das iPhone fernlöschen« ab Seite 251).

Den Datenschutz einstellen

Sie können seit iOS 6 selbst weiterführende Datenschutzvorgaben auf Ihrem iPhone einrichten. Rufen Sie dazu unter **Einstellungen** den Menüpunkt **Datenschutz** ① auf.

Hinter diesem Punkt verbirgt sich eine Liste von Anwendungen und Apps, für die Sie jeweils spezielle Datenschutzeinstellungen einrichten können – etwa Kontakte, Kalender oder Fotos. Wenn Sie auf eine dieser Apps tippen, z. B. auf **Fotos** ②, öffnet sich ein neues Menü, aus dem Sie ablesen können, welche Anwendungen auf Ihre Fotos zugreifen. Per Schieberegler können Sie diesen Zugriff jeweils erlauben oder ablehnen.

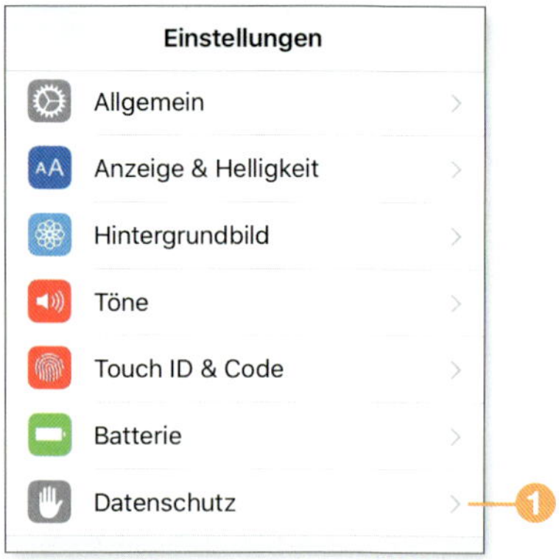

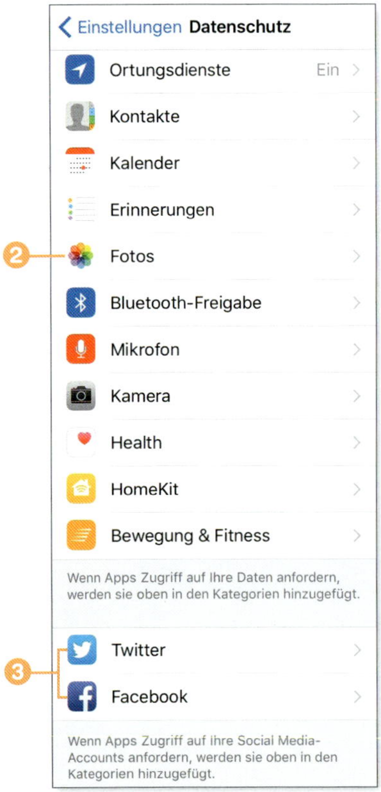

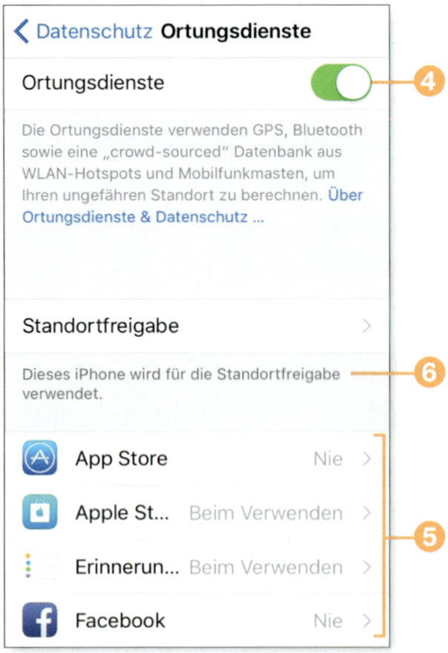

Bleiben Sie Herr Ihrer Daten – im Menü »Datenschutz« in den Einstellungen.

Außerdem können Sie in diesem Menü regeln, ob Sie auch Twitter und Facebook auf Ihrem iPhone nutzen möchten beziehungsweise welche Apps auf diese Accounts zugreifen 3. Da beide Anwendungen mittlerweile sehr tief im Betriebssystem verankert sind, werden Sie, wenn Sie den Zugriff hier beschränken, aus vielen Apps heraus nicht mehr auf Twitter und Facebook zugreifen (und z. B. Fotos teilen) können.

Auch die Möglichkeit, die Ortungsdienste des iPhones zu aktivieren oder komplett abzuschalten 4, finden Sie hier. Sie können über diese Funktion auch festlegen, welche App überhaupt auf die Ortungsdienste zugreifen darf 5 und in welchem Rahmen sie das tun kann.

Auf der Seite **Ortungsdienste** sehen Sie auch, ob Ihr iPhone für eine Standortfreigabe 6 vorgesehen ist.

Ganz am Ende der unter Umständen langen App-Liste im Menü **Datenschutz ▸ Ortungsdienste** sehen Sie noch den Punkt **Systemdienste**. Hinter diesem Menüpunkt verbirgt sich eine Reihe wichtiger Standarddienste, die Sie aber auch alle gemeinsam oder einzeln abschalten können. Das führt dann allerdings in manchen Fällen zu Einbußen in der flüssigen Nutzung Ihres iPhones. Zum Beispiel kann ohne diese Daten bei der **Funknetzsuche** 7, der **Kompasskalibrierung** 8, bei den Verkehrsinformationen 9 oder beim Einstellen der Zeitzone 10 keine sinnvolle Bedienung gewährleistet werden. Wenn Sie aber keinen Wert auf die Anzeige ortsabhängiger Werbung (*iAds*, 11) legen oder dies aus Datenschutzgründen nicht wünschen, können Sie diese Funktion hier getrost ausschalten.

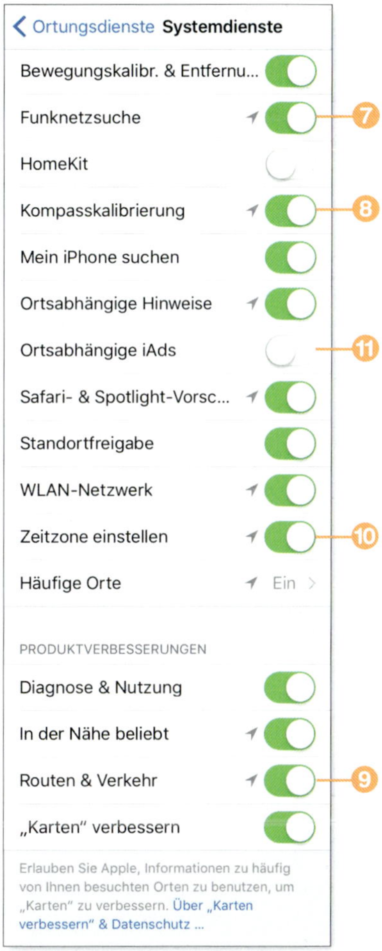

Die Sicherheitslücke Siri ausschalten

Siri, der intelligente Sprachassistent, funktioniert in der Standardeinstellung immer. Das bedeutet, dass Ihr iPhone auch dann bedienbar ist, wenn eine Touch ID beziehungsweise Code-Sperre für den Standby-Betrieb eingerichtet wurde. Um dies zu verhindern, müssen Sie den Zugriff auf Siri im Sperrzustand deaktivieren. Ich empfehle Ihnen dringend, das zu tun, denn auch wenn Siri in seinen Möglichkeiten begrenzt ist, lässt sich über diese Sicherheitslücke großer Schaden anrichten. Um zu verhindern, dass Fremde trotz einer Touch-ID- beziehungsweise Code-Sperre Ihr iPhone bedienen können, indem sie Siri benutzen, öffnen Sie das Menü **Einstellungen** und wählen den Menüpunkt **Touch ID & Code** ① aus.

Deaktivieren Sie den Zugriff auf Siri, indem Sie den Regler nach links schieben ②. Ab jetzt ist Ihr iPhone auch nicht mehr mit Siri zu steuern, wenn die Code-Sperre aktiviert ist. Auf die gleiche Weise können Sie auch die Funktionen **Wallet** und **Mit Nachricht antworten** ausschalten, denn beide Dienste sind ebenfalls vom Sperrbildschirm aus erreichbar.

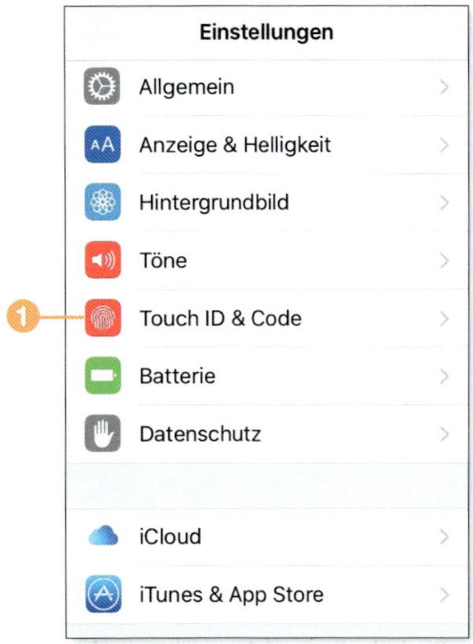

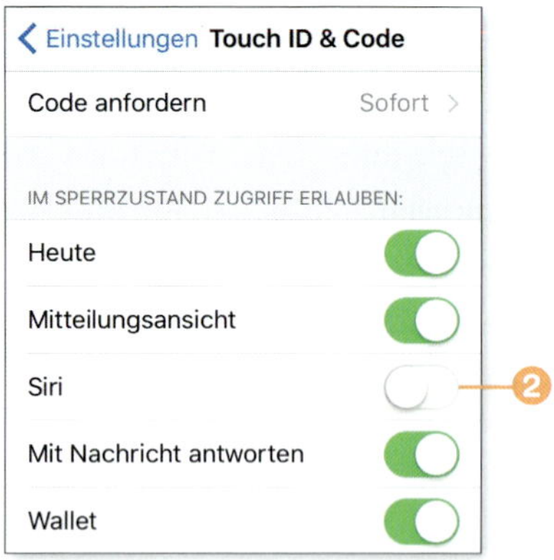

Wenn Sie Siri gar nicht verwenden möchten, schalten Sie diesen Dienst unter **Einstellungen ▸ Siri** einfach aus. Weitere Informationen zu Siri finden Sie im Abschnitt »Den intelligenten Assistenten Siri nutzen« ab Seite 35.

Die automatische Sperre einstellen

Sie können einstellen, ab wann Ihr iPhone in den Standby-Betrieb geschaltet und der Sperrbildschirm eingeblendet wird. Das funktioniert dann ähnlich wie die Tastensperre bei älteren Handys: Das Gerät kann nicht mehr aus Versehen bedient werden, und der Akku wird geschont.

1. Zum Einstellen der automatischen Sperre öffnen Sie das Menü **Einstellungen ▸ Allgemein**.
2. Tippen Sie auf den Menüpunkt **Automatische Sperre** ③.
3. Stellen Sie nun ein, nach welcher Zeit die automatische Sperre aktiviert werden soll. Dabei können Sie Zeitintervalle zwischen 30 Sekunden und 5 Minuten wählen ④. Mit **Nie** deaktivieren Sie die automatische Sperre.

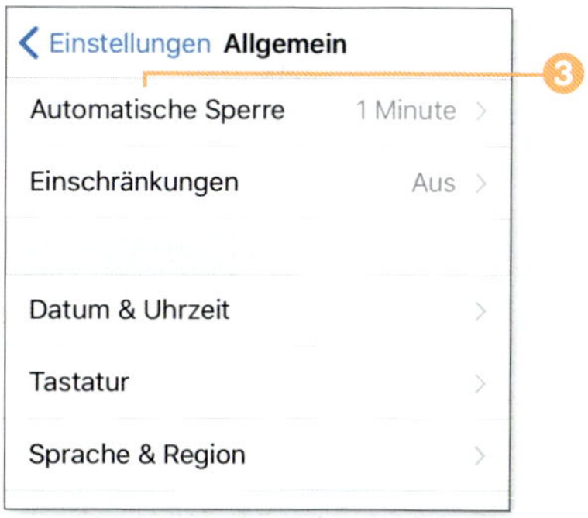

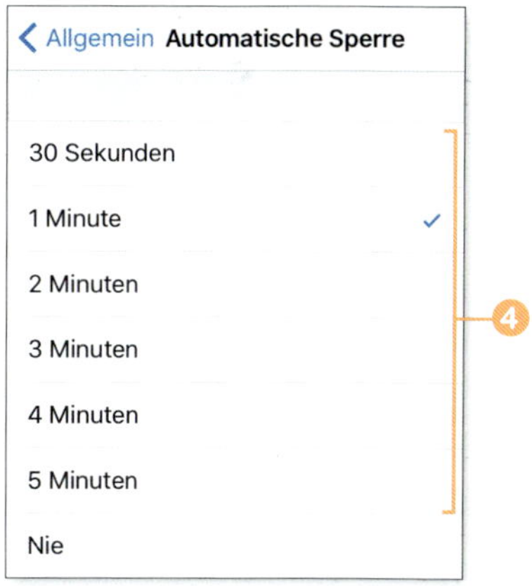

Wählen Sie die Einstellungen, die Sie für sinnvoll halten. Manchmal, z. B. wenn Sie mit einer gekauften Navigationssoftware arbeiten, ist es nützlich, die Option **Nie** einzustellen, denn so bleibt das Display immer aktiv, während Sie fahren, und wird nicht vom Sperrbildschirm überdeckt. Sie sollten dann allerdings das Ladekabel anschließen, denn ein eingeschaltetes Display und eine Navigation per GPS-Sensor »saugen« stark am Akku.

Zugriff auf Programme und Inhalte beschränken

Um den Umgang mit dem iPhone noch sicherer zu machen, können Sie bestimmen, welche Programme genutzt werden können und welche nicht. Sperren Sie den Zugang zu einzelnen Programmen und Diensten, sodass nur noch Sie selbst die Möglichkeit haben, darauf zuzugreifen, indem Sie den Code eingeben und die jeweilige Funktion wieder freischalten. Das ist z. B. hilfreich, wenn auch Ihre Kinder das iPhone nutzen.

Öffnen Sie im Menü **Einstellungen ▸ Allgemein** den Menüpunkt **Einschränkungen** 1, und tippen Sie auf **Einschränkungen aktivieren** 2. Dann geben Sie einen beliebigen vierstelligen Code ein. Bestätigen Sie ihn einmal. Dieser Code muss von nun an eingegeben werden, bevor Sie etwas an den Einschränkungseinstellungen ändern können. Die Liste der möglichen Beschränkungen ist sehr lang und erfordert einige Erklärungen.

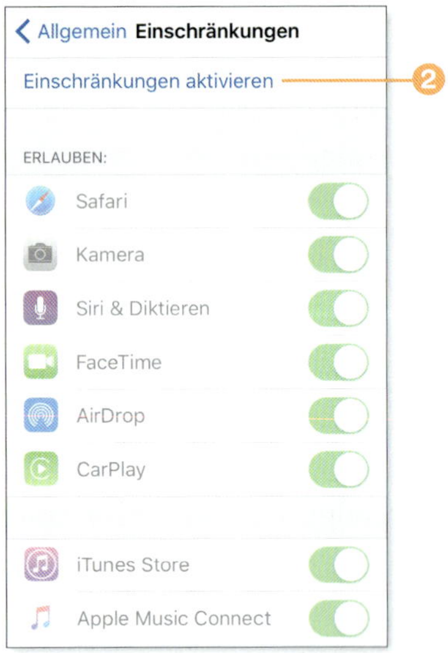

Geben Sie im ersten Bereich **Erlauben** 3 die Apps frei, deren Nutzung Sie erlauben möchten. Interessant ist dabei, dass Sie sowohl Siri hier deaktivieren können als auch einige Funktionen, die in Apps integriert sind, z. B. AirDrop. Auch das Installieren und Löschen von Apps sowie die In-App-Käufe reglementieren Sie hier.

Häufig verfügen Spiele-, Zeitschriften- oder Navigations-Apps über die Möglichkeit, Inhalte via In-App-Kauf nachzuladen. Diese Möglichkeit können Sie eliminieren, damit Ihnen keine unkalkulierbaren Kosten entstehen.

Im Bereich **Zulässiger Inhalt** können Sie den Zugriff einschränken, was z. B. zum Zweck der Kindersicherung und des Jugendschutzes praktisch ist.

4. Für welches Land möchten Sie z. B. die Altersfreigaben einstellen? In der Regel ist hier **Deutschland** bereits vorausgewählt.

5. Bestimmen Sie, ob Sie die Wiedergabe von anstößiger Musik, Podcasts und News zulassen möchten.

6. Legen Sie die Altersfreigabe für Filme, Sendungen und Bücher fest. Soll z. B. ein Kind Zugang zu Ihrem iPhone haben, können Sie den Zugriff entsprechend beschränken.

7. Auch für Apps gibt es Altersbeschränkungen, die Sie unter diesem Menüpunkt festlegen können.

8. Sie können z. B. bestimmen, ob der Sprachassistent Siri anstößige Sprache unterstützen und nach Webseiten suchen können soll.

9. Bei **Websites** legen Sie fest, welche Webseiten von Ihrem iPhone aus aufgerufen werden können. So können Sie z. B. nicht jugendfreie Inhalte einschränken oder nur das Aufrufen bestimmter Webseiten erlauben.

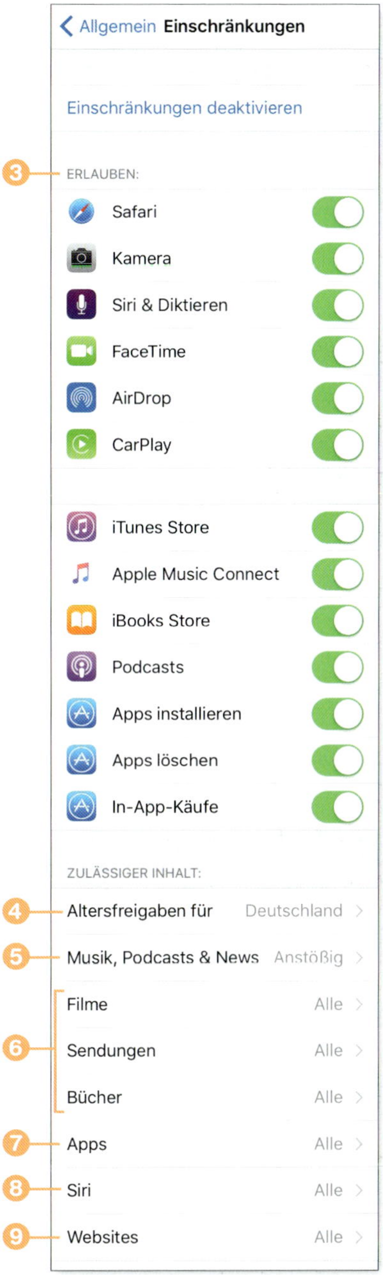

In der nächsten Kategorie **Datenschutz** (siehe Seite 402) können Sie Ihre Datenschutzvorgaben anpassen. Sie besteht aus den folgenden Bereichen:

1. Sie können Ortungsdienste gezielt für jede App freigeben oder sperren und darüber hinaus festlegen, ob Sie Änderungen an diesen Einstellungen zulassen möchten oder nicht.

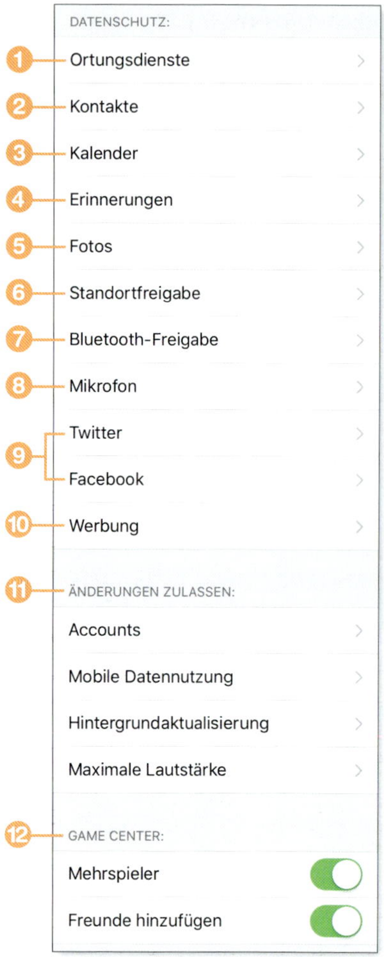

2 Sperren Sie den Zugriff verschiedener Apps auf Ihre Kontakte.

3 Legen Sie den Zugriff verschiedener Apps auf Ihren Kalender fest, sodass diese Apps bei Bedarf z. B. Kalendereinträge erzeugen können.

4 Hier können Sie lediglich festlegen, dass an bestehenden Erinnerungen keine Änderungen vorgenommen werden und neue Apps nicht auf von Ihnen angelegte Erinnerungen zugreifen können.

5 Legen Sie fest, welche Apps auf Ihre auf dem iPhone gespeicherten Fotos zugreifen dürfen.

6 Beschränken Sie hier die Standortfreigabe.

7 Über den Punkt **Bluetooth-Freigabe** verhindern Sie, dass irgendwelche Apps, die dafür nicht vorgesehen sind, Daten über Bluetooth versenden. Falls Sie Apps verwenden, die Bluetooth zur Datenübertragung nutzen, werden sie hier angezeigt, und Sie können entscheiden, wie Sie vorgehen.

8 Sperren Sie den Zugriff verschiedener Apps, wie YouTube oder Facebook, unter anderem auf das eingebaute Mikrofon.

9 Legen Sie fest, ob Sie die Twitter-Nutzung auf dem Gerät erlauben oder nicht beziehungsweise welche Apps auf Ihren Facebook-Account zugreifen dürfen und welche nicht.

10 Beim Punkt **Werbung** können Sie das sogenannte *Ad-Tracking* abschalten, wodurch verhindert wird, dass Werbetreibende Ihr Nutzungsverhalten verfolgen, um ihre Werbung zu optimieren.

In der Rubrik **Änderungen zulassen** 11 bestimmen Sie schließlich, ob Änderungen an Einstellungen der folgenden Bereiche erlaubt sind: **Accounts**, **Mobile Datennutzung**, **Hintergrundaktualisierung** und **Maximale Lautstärke**.

Zu guter Letzt können Sie im Bereich **Game Center** ⑫ noch Einstellungen für das Game Center vornehmen. Sie können die Mehrspielerfähigkeit beschränken und auch die Möglichkeit, Freunde hinzuzufügen.

Alles in allem haben Sie also eine ganze Reihe von Möglichkeiten, Ihr iPhone sicher zu machen und vor fremdem Zugriff zu schützen. Sollte es aber doch einmal in fremde Hände geraten, sperren Sie es via Fernsperre oder löschen die darauf enthaltenen Daten per Fernlöschen. Beide Themen behandle ich in Kapitel 9, »Synchronisieren mit iCloud«.

Backups verschlüsseln

Wenn Sie Ihr Backup mit iTunes erstellen – egal, ob über ein WLAN oder kabelgebunden –, können Sie es in jedem Fall verschlüsseln.

1. Um Backups zu verschlüsseln, öffnen Sie iTunes und klicken oben rechts auf die Schaltfläche **iPhone**, um in die Synchronisationseinstellungen zu gelangen.
2. Setzen Sie in der Rubrik **Übersicht** unter **Backups** ein Häkchen bei **iPhone-Backup verschlüsseln** ⑬.

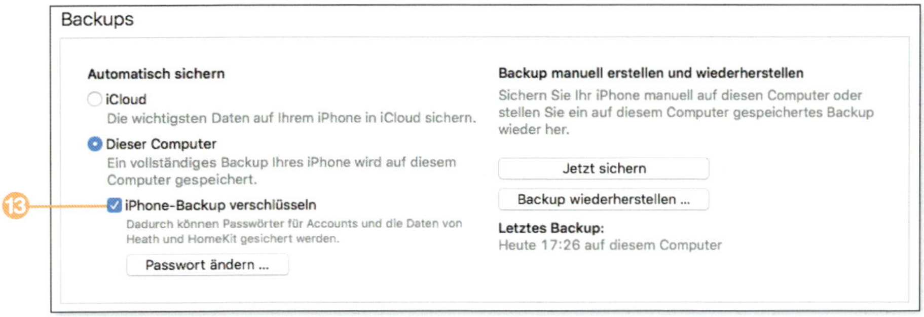

3. Daraufhin öffnet sich ein Fenster, in dem Sie ein Passwort für Ihr Backup eingeben und es zur Sicherheit noch einmal wiederholen müssen (② auf Seite 404).
4. Darüber hinaus können Sie noch entscheiden, ob Sie das Passwort in Ihrem Schlüsselbund speichern möchten ② (nur Mac).

5. Klicken Sie dann zur Bestätigung auf **Passwort festlegen** ③.

Fortan wird jedes Backup, das von Ihrem iPhone erstellt wird, verschlüsselt. Selbstverständlich können Sie bei Bedarf den Kennwortschutz auch wieder aufheben.

INFO

Was ist ein Backup?

Bei einem Backup handelt es sich um eine Sicherung Ihrer Daten, um einem Verlust vorzubeugen. Folgende Daten können Sie in ein Backup integrieren: alles, was Sie im iTunes Store, im App Store oder im iBookstore gekauft haben, Fotos und Videos des Albums **Aufnahmen**, alle Einstellungen Ihres iPhones 6s/6 Plus, App-Daten, das Aussehen des Home- und jedes weiteren Bildschirms, Ihre Nachrichten und Ihre Klingeltöne. Sollten Sie Ihr iPhone einmal verlieren, können Sie alle diese Daten später auf einem neuen Gerät aus dem Backup wiederherstellen.

Stichwortverzeichnis

B

C

D

E

J

K

N

O

P

Q

R

S

T

U

V